空間、身體與禮教規訓

——探討秦漢之際的婦女禮儀教育

林素娟著

臺灣 學生書局 印行

空間、身體與禮教規訓
——探討秦漢之際的婦女禮儀教育

目　　錄

緒　論

一、研究視域的提出

　　本論文希望透過空間的分配及象徵意義，以及儀式和生活中有關身體的容禮教育來探討禮教對婦女的規訓。❶為何從空間及身體的角度來探討禮教規訓呢？主要因為禮教的規訓往往透過生活場域與行禮空間的分配，空間的象徵意義，以及道德教育、落實在身體上的容禮教育、道德觀的身體實踐……種種方式約束甚至將之內化於身處其中的個人。人的存在往往是時空下的呈現，而人的教化與規訓亦往往透過時空加以進行，空間在禮教規訓上扮演極為重要的部分。空間絕非只是均值、等價的客觀存在，文化空間充滿象徵意涵，神聖、邪惡、陰陽、尊卑、中心、邊緣……透過空間的象徵，使身處其中者能在覺與不覺之間，實際經驗文化象徵系統對身心的形塑和改造。以宮殿空間來看，實是宇宙圖式以及倫理、權力分配空間的極致表現。空間的神聖性，賦予居處其中者以神聖的權力。

---

❶　本論文撰寫過程中，要特別感謝中正大學中文系賴錫三先生的鼓勵，並在論學之樂中，對於不同議題的對話與思考的深度上頗有助益，同時亦刺激了筆者的靈感和想法；謹以此書紀念夫妻患難扶持的歲月。

在對應宇宙論的思維下，空間與神秘數字、陰陽、五行等對應，使得居處其中者亦能契合於自然、天理的流行，同時與其相感相應。神聖空間所呈現的宇宙圖式，同時亦為道德、倫理的典範，宮殿建築尤其是神聖空間與倫理空間結合的表現，透過空間的象徵性和空間分配，時時傳達倫理和道德教化中的重要意涵，同時亦將倫理教化予以神聖化。正如布迪厄（Pierre Bourdieu）在《實踐感》中所提及的：

> 對身體經驗的一切象徵運用，首先是在一個以象徵方式結構化的空間內位移，強行實施了身體空間、宇宙空間和社會空間的一體化，按照同一些範疇──當然要以邏輯寬容為化價──思考人、自然世界和男女在性勞動分工和男女分工中，亦即在生理和社會再生產勞動中的互補而又對立的地位、行為之間的關係。❷

透過象徵的運用使宇宙空間、社會空間、身體空間一體化，唯有達到使禮教完全滲透入身體意識，而成為無意識的信念，並成為個人內化的種種文化價值觀，使個人成為自身行禮之觀察者、審視者，並在有意識與無意識之間均踐履社會所期待的行為舉止，形成共同的社會、文化氛圍，不斷循環、詮釋此文化禮教，如此，禮教的規訓才算成功。

---

❷ 布迪厄（Pierre Bourdieu）著，蔣梓驊譯，《實踐感》（南京：譯林出版社，2003），頁 119。

　　禮教的規訓中，身體的規訓是極為重要的一部分。身體為靈魂之安居、為個人通向世界的橋樑，亦為文化的載體，言至精微，甚至即為內在精神的彰顯。西方學者對身體在種族、文化、性別等諸多條件的形塑下，所受的制約與表現極為重視，並有深刻的探討與反省。為人所熟知的如莫斯（Marcel Mauss）、瑪利道格拉斯（Mary Douglas）、傅柯（Michel Foucault）、梅洛龐蒂（Merleau Ponty Maurice）、拜納姆（Bynum Caroline Walker）、貝爾（Bell Rudolph M）、布迪厄（Pierre Bourdieu）……他們或從文化對身體的教育訓練，導致此種教養在身體的內化與深化；或從潔淨與認同，秩序與脫序等角度進行瞭解；或從文明對人的規訓和限制，所導致異化等問題；或論及身體為內外世界的輻湊點；或對女性身體及文化角色的逆轉等問題深入探究。身體議題所涵攝的層面十分豐富，如社會學家約翰·奧尼爾（John O'neill）從世界、社會、政治、消費、醫學等五個層面來論現代社會的五種身體……等。身體課題對當代社會學、文化人類學、醫療人類學、心理學、女性主義……等研究均產生重要影響。

　　西方學者多從文化對身體的開顯與遮蔽、儀式與象徵等層面來探討身體的問題。至於東方，在強調成德之教及修練的背景下，對身心關係，以及氣、經絡等問題探究特別深入，如日人湯淺泰雄❸、石田秀實❹……等，或從身心關係，或從經絡、氣等角度對身體進行研究。近年來國內對身體問題的研究已為學人所重視，學者或從

---

❸　湯淺泰雄，《靈肉探微》（北京：中國友誼出版社，1990）。

❹　石田秀實著，楊宇譯，《氣、流動的身體》（臺北：武陵出版社，1996）。

氣的角度進行研究❺，或從醫療史的角度進行研究，或由方術、或由宗教、或由性別等角度研究身體觀，成果已頗可觀。身體作為文化的符碼，大宇宙小宇宙的輻湊點，的確反映了理想的宇宙圖式、文化教養、乃至個人生活經歷、生命狀態等諸多面向。

　　先秦兩漢儒家的身體觀，由士大夫的角度來說，禮教對身體的涵養與威儀、容禮、成德之教的密切關係；此部份學者已陸續累積研究成果。先秦時期強調威儀，關係著士人為官立身、出處進退；漢以後儒者對於容貌、顏色、聲氣、舉手投足、冠帶服飾，亦多所強調，期望君子舉手揚眉都為禮的顯現，此為容禮教育的重心所在。❻儒家不只就威儀、容禮來期許士人，達到所謂禮義的身體；更就心性道德由內擴充滲透，而如孟子所謂之「大體」、踐形──成德的身體。❼由威儀、容禮而至成德、踐形，是儒家成德之教的重要部份。

　　本論文選定女性身體的角度，而且將焦點集中於儒家禮教，主要原因是：儒家對女性身體的教育，在女性的身體形塑中居於核心

---

❺　如杜正勝，〈形體、精氣與魂魄──中國傳統對人認識的形成〉，《新史學》2 卷 3 期（1991 年 9 月）。楊儒賓，《儒家身體觀》（臺北：中央研究院中國文哲研究所，1996）、《中國古代的氣論與身體觀》（臺北：巨流圖書，1993）。

❻　關於士人的容禮，魯士春，《先秦容禮研究》（臺北：天工，1998）、彭美玲，〈君子與容禮──儒家容禮述義〉，《臺大中文學報》16 期（2002 年 6 月）、楊儒賓，〈儒家身體觀的原型〉，收入氏著《儒家身體觀》（臺北：中研院中國文哲研究所，2003），均有所論述。

❼　楊儒賓，〈論孟子的踐形觀〉，《清華學報》新 20 卷 1 期（1990 年）、〈知言、踐形與聖人〉，《清華學報》新 23 卷第 4 期（1993 年）。

地位，影響既深且遠。然而現有的關於身體觀的研究多由士人的角度著手，論及婦女者有限。再者，對身體的思考往往因關懷層面與角度不同，而有著重點的不同，如以民俗的角度來看，女性身體凸顯出不祥與禁忌的層面，成為避忌、祓除、厭勝的對象。至於秦漢的方技、醫書在陰陽、氣的宇宙圖式和信仰下，不同於禮教及民俗禁忌，展現出對女性身體的另一種思考——女子成了採補的對象，著重於食陰、補養等角度，並從中引申出對好女、惡女等看法，對後來的道教修練產生影響。❽諸女性身體觀之間亦並非不可相容，甚至存在相互影響、滲透的情況，然而不能否認的是，儒家的主張與理想經過了漢代政教各方面的努力及推行，影響層面最大而深遠，因此由儒家、禮教的角度探究女性身體觀則相形顯得重要。

　　婦女的身體教育是否與男子不同？其所展現的特色為何？女性身體教育在儒家思想下呈現出與士大夫成德之教不盡相同的面向；兩者相較，女性身體觀傳達出更濃郁的倫理色彩。女性身體教育與其說在成德，毋寧更側重於規訓與懲戒，或對男性德性威脅的解除與成全上。因為女性的身體在文化傳統下，一直存在著神聖與不潔的兩個面向，神聖關乎母性、母土與宇宙生命力之繁育；而不潔，在以父系家族為中心的立場思考下，女體往往充滿誘惑的張力，她是導致男性失德、家庭失和、社會失序⋯⋯的種種亂源，脫序意味

---

❽　林富士，〈略論早期道教與房中術的關係〉，《中央研究院歷史語言研究所集刊》，第 72 本第 2 分，頁 233-300。張珣，〈幾種道經中女人身體描述之初探〉，《思與言：人文社會科學雜誌》，35 卷 2 期（1997 年 6 月），頁 235-265。

著不潔與恐怖❾，在此種角度下，女體往往具有他者的性質而被賤斥❿，成為亟待規訓，馴服的對象。禮教如何規訓女體，如何順陰陽之性，別尊卑、男女，即成為關注的焦點。

　　本研究選定秦漢為研究時段，主要因為先秦至兩漢不但居於禮制與文化發展的源頭的地位，同時也在禮教奠基上扮演著關鍵時期。其間歷經政治、社會結構、經濟等多方面的重大變革；在思想文化及禮制上，儒者、經師對周文傳統提出不少的詮釋與建構，影響後世極深。至於選定女性為研究課題，還鑑於觀察近年來婦女問題的研究，雖已逐漸為學人所重視，成果蔚為可觀。但撇開通述各朝代婦女生活的著作不論，檢視重要的婦女史論文集，或女性議題為主的論文發現：研究時代多集中於中古以降迄近現代，先秦、兩漢時段相對較少。不少研究先秦、兩漢歷史、文化和習俗的著作，雖對婦女問題提供視野和幫助，但畢竟不以婦女議題為主軸，無法持續深入探討其中議題。至於論述上較集中於宮廷或貴族婦女，則

---

❾　瑪麗・道格拉斯（Mary Douglas）"Purity and Danger: an analysis of the concepts of pollutions and taboo" London, Rutledge, 1966。吳潛誠總校編，《文化與社會》，〈污染象徵秩序〉（臺北：立緒，2001），頁 186-193，以及史宗主編，劉彭譯，《二十世紀西方宗教人類學文選》（上海：上海三聯書店，1995），〈《利未記》的憎惡〉，頁 322-330。又可參考李亦園，〈說污染〉，《文化的圖像──宗教與族群的文化觀察》（臺北：允晨，2004），頁 206-212。有關中國婦女的不潔，可參考王長華，〈不潔的中國婦女〉，《思與言》，1982 年 1 月，頁 75-88。王明珂，〈女人、不潔與村寨認同：岷江上游的毒藥貓故事〉，《中央研究院歷史語言研究所集刊》，第 70 本第 3 分，1999 年 9 月。

❿　有關賤斥（abjection），詳參茱莉亞・克里斯蒂娃（Julia Kristeva）著，彭仁郁譯，《恐怖的力量》（臺北：桂冠，2003）。

是因為宮廷為禮教規訓與權力運作最為深密、細膩之場所，在「禮不下庶人」傳統的影響下，貴族婦女受到的文化薰陶及禮教規訓的要求較深，可以較完整反映禮教規訓的狀況。

二、研究方法及章節構想

　　本研究擬從秦漢儒家、禮教等層面著手，透過經書、史書、子書以及現代學科的視野和研究成果，探究秦漢之際禮教規訓下的女性身體教育及空間象徵之於禮教上的重要意義。由經的層面來說，本研究將深入三禮、《春秋》經傳等重要文獻中，探究經師有關婦女行禮、身體教育與規範等主張；並對主張歧異處進行深入分析及瞭解。尤其三禮中對於儀文的深意、行禮參贊自然運行之理、行禮場域的空間安排、行禮者的身體容態、服飾、行禮先後次序，社會文化、家族倫理的期許，乃至於違禮所引生的種種譴責和懲罰……等均有分析和探討。可以說禮書展現了理想的文化生活，而此種文化生活，不但參贊天理，而且可以安頓社會、政治、家族所衍生的種種複雜的人倫關係。如《周禮》展現了以禮治國的理想藍圖，《儀禮》對於行禮的場域、空間安排、行禮者之身體、容色等要求，儀式進行的具體狀態有詳細記載。《禮記》則對禮的精神及其深意進行深入探求。基於此種原因，本研究以三禮為核心。至於史的層面，對於傳統史料中所記婦女行禮及身體教育實況深入探究，並涉及《列女傳》、女誡等婦女教育理想陳述與現實狀況的對比。子書中對禮教的探討，可以反映其時的文化觀念；此外，法令與風俗可以反映其時生活的狀況，亦可備為參照。現代學科的視野及研

究成果，對婦女教育、身體、空間等議題均提供了多元的思考方式和洞見，如何以此視野在傳統文化研究中作恰當的理解和視域的開展，是一個值得深思的問題。

以下對各章節議題的重點進行說明：

探究禮教規訓下的女性身體觀，首先應對婦女的行禮的空間、方位、場域的限制有所理解，因為生活及行禮的場域、行禮時的方位、空間安排與限制往往反映出重要的觀念，如男女之別、尊卑之別、嫡庶之別、內外之別、動靜之別、情欲的節制，乃至於陰陽、五行等宇宙圖式。空間標幟著生活與生命的狀態，在生命過渡儀式（The rite of passage）中往往扮演著十分重要而關鍵的角色。[11]本研究首先透過經籍記載及考古研究成果，深入探究宮室建築中所呈現的性別、尊卑、嫡庶……等象徵意涵。在具有宇宙性及倫理性的多面意義的宮中居寢空間中，婦女被分配於相對於宮中何種場域居住？人數眾多的后妃如何分居於後宮之中？所屬的空間象徵著其所屬者的性質及身份狀態。身份狀態又深受倫理關係及其衍生的權力運作影響，以西漢后妃為例，於被廢、生育前後、皇帝死後眾妃妾之住所、外藩入繼大統……等特殊情況下，居處的空間均會發生改變，並透過所居的空間賦予身份象徵意義。

除了後宮婦女居住的空間具有濃厚的身份象徵意涵，婦女於生活中及行禮儀式中的空間安排，更透顯出倫理關係及身份尊卑，為

---

[11] 以門為例，由於介於內外空間的轉換處，因此門於通過禮儀及宗教、民俗上往往具有重要象徵意義，可參考王子今，《門祭與門神崇拜》（上海：上海三聯書店，1996）。劉增貴，〈門戶與中國古代社會〉，《中央研究院歷史語言研究所集刊》，第 68 本第 4 分，頁 817-897。

禮教中身體規訓的重要部分。透過《禮記》如〈曲禮〉、〈內則〉、〈坊記〉，《儀禮》、《周禮》、《左傳》、《國語》以及秦漢等史料、後人註解禮書等重要資料，我們將發現行禮的空間場域對階級、身份之別的重要性。因行禮者階級不同，天子、諸侯、各官吏的行禮場域不同。因所事對象不同，歆神、家事、私事等場域不同。因性別不同，男女各有其所。女子的生業主要被劃分在寢門之內，以此分隔內外。內外既被分出，寢門之內為女職、織紝的世界，寢門之外，則為另一個生活世界。環繞著內外觀念而有的行為規範也相應產生。除了劃分為寢門內與外的兩個世界，在寢門之內女性所屬的場所仍有劃分，堂上、堂下，房裏、房外則是更進一步的細分，此種區分在行禮儀式中屢有表現，《春秋》經傳記載魯國的宋伯姬守寡，不見傅母不下堂，終至逮火而死。《儀禮》、《禮記》所記婦女行禮時往往盥於內洗（北洗）有別於男子之南洗。又如在喪禮儀式中，婦女行禮多在堂上。若以堂上再作細分，則男子在堂（房外），婦人在房中。婦女所處的空間場域與行禮位置，規範於一連串的內外之別中。此外，行禮的方位亦十分重要，關係著尊卑、親疏、陰陽、遠近等區分，《禮記》〈禮器〉、〈郊特牲〉等諸篇將男女行禮方位與陰陽、日月運行的圖式相符應，行禮時男女往往有左右之別，如〈內則〉提到「凡男拜尚左手」、「凡女拜尚右手」，左右之別在不同文化中，往往具有特定的文化意涵，而左右之別往往與社會象徵系統相關。❷常態的行禮與特殊

---

❷　有關禮書中行禮方位的探討，可參考彭美玲《古代禮俗左右之辨研究：以三禮為中心》（臺北：臺灣大學文學院，1997）。

狀態的變禮，在空間、方位上亦有所呈現，標識著生命狀態的過渡與改變。

除了生前的空間分配具有極強的禮儀及教化上的意義，死後下葬的空間安排亦具有十分豐富的意涵，在禮制及身份倫理的認定上頗為重要。后妃喪葬之禮中，是否能祔葬於帝王，所葬墓地的方位與距離遠近……均有極強的象徵意義，亦是區別嫡庶的重要關鍵；甚至與權力、地位的擁有不無關係。而且伴隨著身份狀態的改變，喪葬的禮儀及安葬的空間分配亦隨之改變，如被廢之后、因罪而死之后的喪葬，妾子為君、女君死而攝女君、旁支入繼大統等情況下，下葬空間如何安排，此牽涉禮制的理想、法規的制定，及現實上的政治角力，情況頗為複雜，本部分將透過出土史料、經籍、禮儀文獻等記載進行探究。

如果說空間的限制、行禮的場域與方位的安排是身體的規範和塑造的重要部分，那麼行禮儀式本身對身體的儀態、容色、辭令等要求，則是更直接加諸於身體的教育。根據史料所見春秋時的威儀觀，對於行禮之視聽言行……種種儀態要求即非常嚴格，《左傳》中的例子比比皆是。漢代以後容禮教育仍為人所十分重視，《漢書》〈儒林傳〉，《禮記》〈玉藻〉、〈內則〉、〈曲禮〉、〈少儀〉，《大戴禮記》〈保傅〉，賈誼《新書》〈傅職〉、〈保傅〉、〈容經〉、〈胎教〉……等對於行禮的儀態容色等均有詳細說明。但士大夫的容禮與婦人容禮不論在精神上或具體的儀式要求上均有不同，本書第三章即深入禮書，對男女行禮的差異處，以及女子行禮的特殊要求進行探究，如拜禮、乘車禮、冠笄、食飲、授受、坐姿，乃至於儀態、容色、辭令要求，如不苟笑、不苟詈、貞

靜、寡言……等進行探討。除了容禮的教育外，經典教育更是十分
重要，尤其是《詩》教以及女訓書在婦女教育中扮演極為重要的一
環，透過經典教育形塑受教者的價值觀與道德感，使受教婦女能不
斷詮釋歷史裏受褒貶的婦女形象，並找到道德踐履的動力與價值。
同時，透過充斥於生活場域中無處不在的歷史人物圖像，教忠教
孝，使得道德教化於無形中，時時刻刻發揮著形塑身心的作用。

　　婦女的工作與職司，亦為身體教育，和形塑身體的重要部分，
本書第四章即就婦女的工作與職掌進行論述，並以《周禮》等禮書
為核心，以觀察禮教中認為婦女所應從事的工作特性，及其與馴服
心性，表現尊卑、區隔內外，以及傳統女性生育間的關係。

　　傅柯認為身體的控制和規訓，往往透過嚴密的時間與空間管
制，在空間上的封閉與區位劃分，在時間上的細分以及將身體的動
作與細分的時間結合，使得身體難以隱蔽、封藏不合禮教規訓等私
我的部分。並透過無所不在的監視、記錄和考核，以確保控管能確
實貫徹。❸傳統的社會控制雖不若現代式的管理，能將時、空作極
為細膩的劃分，並透過機械性的重覆動作，在分解的細微動作間，
如此巨細靡遺地規訓身體。亦不若現代科層制透過專業的記錄和管
理，使得身處其中者時時處於被化約、控制的狀態。但依然透過封
閉的空間、不斷勞動以剔除個人時間、個人空間的缺乏、輿論、身
心狀況的記錄、法律……等等，不斷確保禮教控制的有效性。本書

---

❸　傅柯（Michel Foucault）著、劉北成、楊遠嬰譯，《規訓與懲罰——監獄的誕
　　生》（臺北：桂冠，2003）。安東尼·紀登斯（Anthony Giddens）著，李
　　康、李猛譯，《社會的構成》（臺北：左岸，2002）。

第五章即透過後宮婦女的生活，探討禮教的規訓和懲罰。透過後宮婦女的生活場域的限制及出入管控，私人空間的嚴重缺乏，以不斷的工作而被壓縮的時間，圖版、名籍以及工作、生理狀況、是非功過的記錄，作為身體規訓的手段。成功的規訓是能使禮教成為身心的信念，成為自我價值的實現，透過經典教育以及儒家慎獨之教，使得個人即使在私下、臺後的空間亦能以道德自我要求。❹對於無法完全履行或不遵守禮教者，則透過輿論指責、災異附會、縮減財用、休棄、下永巷、掖庭審訊、囚禁……等種種方式以收恫嚇和禁止的功效。

女性的身體於是在無所不在的空間、儀式、容禮及文化象徵系統下，被層層規訓，在符應天理的信仰下又將此規訓神聖化，在眾多因素所薰染而成無所不在的氣氛中❺，逐漸形成自我的定位和認識❻及身心的習性與信念。❼

---

❹　有關臺後、臺前詳參高夫曼（Erving Goffman）著，徐江敏、李姚軍譯，《日常生活中的自我表演》（臺北：桂冠，2004）。又如約翰·伯格（John Berger）著，吳莉君譯，《觀看的方式》（臺北：桂冠，2005），分析文化形塑下女性的自我觀看。

❺　關於氣氛的定義詳參，伯梅（Gernot Böhme）著，谷心鵬、翟江月、何乏筆譯，〈氣氛作為新美學的基本概念〉，《當代》，188 期（2003 年 4 月），頁 10-33。何乏筆，〈氣氛美學的新視野——評介伯梅〈氣氛作為新美學的基本概念〉〉，《當代》，188 期（2003 年 4 月），頁 34-43。

❻　有關自我的形塑與社會的關係，詳參米德（George Herbert Mead）著，趙月瑟譯，《心靈、自我與社會》（上海：上海譯文出版社，1997）。

❼　布迪厄（Pierre Bourdieu），〈信念與身體〉，《實踐感》，頁 101-123。

第一章
秦漢後宮婦女居寢空間之安排
及其所蘊含的象徵意義

　　建築往往為宇宙圖式的呈現，同時亦為倫理價值的象徵和權力運作的符號化❶；尤其宮殿建築關係著建國的禮制理想，情況更是如此。宮室建築的前後、南北、內外、尊卑……等安排，均與神秘之數及陰陽的和諧密切相關。本篇論文重點在透過後宮居住者的空間安排，呈現宮廷空間的倫理性及權力性的一面。但由於宮廷空間

---

❶　人的習性往往透過空間及身體上具有豐富象徵意義的符號體系薰陶，在習焉不察，無所不在的氛圍中逐漸型塑而成。布迪厄（Pierre Bourdieu）認為，精神範疇的再現是以兩種方式被體現出來的，通過人們制作的物質建構（如，房屋）和通過與這些建構有關的他們的身體位置的擺放。他指出，總體上的結果便是身體空間和宇宙空間在被綜合起來。詳參 Pierre Bourdieu 著，蔣梓驊譯，《實踐感》（南京：譯林出版社，2003），〈住宅或顛倒的世界〉，頁 425-443。安德魯·斯特拉桑（Andrew J. Strathern）著，王業偉，趙國新譯，《身體思想》（瀋陽：春風文藝出版社，1999），頁 36。張意，《文化與符號權力——布爾迪厄的文化社會學導論》（北京：中國社會科學出版社，2005）。

亦為一神聖空間,並且此神聖空間使得倫理及權力空間的安排和分割獲得了神聖性的氛圍,後宮居寢之制如皇后的居寢,後宮人數的九人、十二人、百二十一人,後宮輪替進御的次序、后妃身份狀況不同的情況下所居宮室亦隨之改變……等,均與神秘之數相應。因此本文在進入後宮倫理及權力空間探討之前,有必要先略述神聖空間的幾點特質,以作為探討倫理空間的背景。

一、宮殿空間的神聖性

宮殿建築往往呈現宇宙圖式,以及陰陽諧和的精神。以現有明朝遺留的北京紫禁城建築來看,前朝部份主要有太和、中和、保和三大殿,均位於中軸線上,後寢主要有乾清、坤寧二宮亦位於中軸線上。前朝與後寢、帝宮與后宮一居前、一居後,前者為南、為陽,後者為北、為陰。前朝和後宮院落四角的對角線中點分別為太和殿和乾清宮,象徵帝王居中。前朝三大殿共處的工形大台基南北長及東西寬比例為 9：5,正象徵九五之尊。由於帝宮居中,上與天宮相應,天宮紫微為中垣,居於至中,因此漢朝即稱未央宮為紫微宮,象徵與天廷對應的至中地位。宮殿屋頂之用色亦以屬中央的黃色為據。❷此種建築的宇宙圖式早在《周禮·冬官·匠人》有關建都營國的記載中體現：

---

❷ 傅熹年,〈關于明代宮殿壇廟等大建築群總體規劃手法的初步探討〉,《建築歷史研究》第三輯(北京：中國工業建築出版社,1992),樓慶西,《中國古建築二十講》(北京：三聯書店,2004)〈從四合院到紫禁城〉,頁 33-48。

水地以縣，置槷以縣眡以景。為規識日出之景與日入之景。
晝參諸日中之景，夜考之極星以正朝夕。

匠人營國，方九里，旁三門，國中九經九緯，經涂九軌，左
祖右社，面朝後市。❸

建國必先決定宮廟之位，由於宮廟須位於「中」的位置，因此須先
於中央立測影之槷❹，以繩縣於槷之四角、四中，以正八方，並觀
測日景取其中，觀測天上之北辰❺，以使人間的帝廷居中和天廷相
應。鄭玄認為槷高八尺，八尺之說雖不見於正文，但在漢代應有神
秘數字作為支持。❻另外〈匠人〉所記都城的格局是前朝後市，左

---

❸　賈公彥，《周禮注疏》（臺北：藝文印書館，2001，以下簡稱《周禮》），
　　卷 41〈冬官·匠人〉，頁 642-643。

❹　《周禮》，卷 41〈冬官·匠人〉，頁 642，賈疏引〈天文志〉，謂：「夏日
　　至立八尺之表」，並引〈考靈曜〉：「從上向下八萬里」，《周髀算經》指
　　出髀長八尺，取天高八萬里。可見為古天文官習傳之說。

❺　極星，鄭注為「北辰」，邢昺，《爾雅注疏》（臺北：藝文印書館，2001，
　　以下簡稱《爾雅》），卷 6〈釋天〉，頁 98：「北極謂之北辰」，注：「北
　　極天之中以正四時」。

❻　班固著，顏師古注，《漢書》（臺北：鼎文，1979），卷 26〈天文志〉，頁
　　1294，屢言立八尺之表以測影。〈冬官·匠人〉賈公彥疏引《考靈曜》：
　　「從上向下八萬里，故以八尺為法也。」《易緯》更直接將八尺之表所測之
　　晷的度數與陰陽諧和、治道清明與否相關，范曄，《後漢書》（臺北：鼎
　　文，1978），〈律曆志上〉，頁 3016，注引《易緯》：「公卿大夫列士之意
　　得，則陰陽之晷如度數。夏至之日，如冬至之禮。冬至之日，樹八尺之表，
　　日中視其晷。晷如度者其歲美，人民和順。晷不如度者則歲惡，人民多譌
　　言，政令為之不平。晷進則水，晷退則旱。進一尺則日食，退一尺則月
　　食。」

祖右社，以每方三門，四方十二門象徵十二辰❼，並以陽數九作為經緯邦國的神秘數字。此與漢長安城之考古所得，神秘數字的使用、擇中、崇方（天圓地方）、左祖右社、面朝後市❽的等特色正相應合。

(一) 都城居中的神聖性

早期宮殿建築的宇宙性，以「中」的精神最為凸顯。帝王所居、所行「譬如北辰居其所，而眾星共之」。❾都城的選定講究地中，重要的禮制建築講求擇中，因為在巫術的思維中，空間不是均質、等價的，被選出來作為與神聖溝通的場域，在古人的觀念裏即具備「中」的特質。「中」代表宇宙的中心，亦是絕地天通後人類能和神聖溝通的管道，是宇宙能量的源頭。❿《左傳》指出當時人

---

❼ 《周禮》，卷 41〈冬官·匠人〉，頁 642，賈疏。

❽ 劉慶柱、李毓芳，《漢長安城》（北京：文物出版社，2003），頁 212-225。

❾ 邢昺，《論語注疏》（臺北，藝文，2001，以下簡稱《論語》），卷 2〈為政〉，頁 16。

❿ 伊利亞德（Mircea Eliade）對中軸有精闢的解說：「透過神聖感受，在那個產生層次間斷裂的地方，同時形成開口，向上開向神的世界，向下開向下界——死人的世界，這三個宇宙層次——地、天、下界，便得以聯繫。就像我們剛才所看到的，這種聯繫有時由宇宙柱的形象所表現，它同時連接並支持了天與地，而它的基礎深入到下面的世界（我們稱之為地獄）。這種宇宙柱只能在宇宙的中心，因為整個可居的世界均繞著它展開。因此我們所涉及的是一串宇宙論的形象與宗教觀念，它們相互關聯，並且組織在一個被我們稱之為傳統社會的「世界的系統」的體系中：(A)神聖空間在空間的均質性中構成斷裂。(B)這個斷裂被「開口」所象徵，透過這開口，才使得從一個宇宙區域到另一個區域的過渡成為可能（從天到地、從地到天、從地到下界）。(C)

認為：「民受天地之中以生」，人稟受著「天地中和之氣以得生育」⓫；不只是人，宇宙萬物亦得天地之中而生。「中」既是宇宙力量湧出之所，若能於土中建都，也就找到了神祕力量的源頭活水，能夠如莊子所說「得其環中，以應無窮」。⓬所以古代立國必找地中，祀神之地更在國之「中」，宮殿的建築亦須符應「中」的精神，希望能溝通天地，得到生之源頭而及於無窮。《周禮·地官·大司徒》提到建國找地中，以及地中的特性：

> 以土圭之灋測土深，正日景，以求地中。日南則景短多暑，日北則景長多寒，日東則景夕多風，日西則景朝多陰。日至之景，尺有五寸，謂之地中。天地之所合也，四時之所交也，風雨之所會也，陰陽之所和也，然則百物阜安，乃建王

與天的聯繫由參照宇宙柱而成的某些形象所表現，如柱子、梯子（生長的梯子）、山、樹、藤等。(D)繞著這個宇宙軸所展開的世界等於「我們的世界」。因為此軸位於中央，位於地的肚臍，它是世界的中心。」詳參伊利亞德著，黃海鳴譯，〈神聖空間及世界之神聖化〉，《雄獅美術》，第 256 期，頁 118。伊利亞德對於「中」的場域指出了三點原則：「1.聖山——天地交會之處——位於世界中心。2.所有的寺廟與宮殿——擴而充之，所有的聖城與王居——皆是聖山，因此也都是中心。3.聖城、寺廟等乃是宇宙之軸，為天、地、地下三界交會之點。」詳參伊利亞德著，楊儒賓譯，《宇宙與歷史——永恒回歸的神話》（臺北：聯經，2000），頁9。

⓫ 孔穎達，《左傳注疏》（臺北：藝文印書館，2001，以下簡稱《左傳》），卷 27〈成公十三年〉，頁 460。

⓬ 郭慶藩，《莊子集釋》（北京：中華書局，1995），卷 1 下〈齊物論〉，頁66。此部分關於中之詮釋，詳參楊儒賓，〈吐生與厚德——土的原型象徵〉，《中國文哲研究集刊》，第 20 期，2002 年 3 月。

國焉，制其畿方千里而封樹之。**⑬**

國都必須處於地中之上，此地中須透過法器及宗教儀式測得。由於地中位於宇宙之中心，沒有矛盾與傷害，陰陽和諧，是生命力湧現的樂園，因此萬物均安。地中所生之樹，正象徵神話中之宇宙樹。**⑭**立國建都尋找「地中」，在典籍中並非單一現象，其他的記載，如：

> 王來紹上帝，自服于土中。旦曰：其作大邑，其自時配皇天，毖祀于上下，其自時中乂，王厥有成命，治民今休。**⑮**

> 乃作大邑成周于土中，立城方千七百二十丈，郭方七十里，南繫繫洛水，北因于郟山，以為天下之大湊。**⑯**

> 君人者……欲近四旁，莫如中央，故王者必居天地之中，禮也。**⑰**

---

⑬ 《周禮》，卷 10〈地官·大司徒〉，頁 153-154。

⑭ 詳參張光直，《中國青銅時代》第二集（臺北：聯經，1990），頁 147-157。

⑮ 孔穎達，《尚書正義》（臺北：藝文印書館，2001，以下簡稱《尚書》），卷 15〈周書·召誥〉，頁 221。

⑯ 朱右曾，《逸周書集訓校釋》（臺北：世界書局，1975），卷 5〈作雒〉，頁 128。

⑰ 王先謙，《荀子集解》（北京：中華書局，1996）〈大略〉，頁 485。

王者必即土中者何？所以均教道，平往來，使善易以聞，為惡易以聞，明當懼慎，損於善惡。⓮

〈召誥〉「紹上帝，自服于土中」，注曰：「王今來居洛邑，繼天為治，躬自服行教化於地勢正中」，周王紹承上帝之命，以治理眾民於「地勢正中」處，亦由於居中，乃得「配皇天，毖祀于上下」。「聖人承天而制作」⓯，居中除了能取得天地神聖的力量外，亦有政治、教化上的實質義意，如王先謙注〈大略〉「王者必居天地之中」：「此明都邑居土中之意，不近偏旁，居中央，取其朝貢道里均」。《白虎通》則從均教道的角度立論。漢代婁敬認為周公營成周都雒，乃是：「以為此天下中，諸侯四方納貢職，道里鈞矣」⓰，將土中理解為納貢距離的均等上，此雖非「地中」之原始意含，不過亦傳達出「中」的觀念在政教上的重要性。

　　建國需找地中，祀神通幽明更要居「中」，如《呂氏春秋·慎勢》所指出的：「古之王者擇天下之中而立國，擇國之中而立宮，擇宮之中而立廟」。⓱以考古出土的宮殿遺址來看，都城建築的擇中，中軸對稱先秦時期即已存在，具有久遠的歷史。⓲以漢代長安

⓮　陳立，《白虎通疏證》（北京：中華書局，1997），卷 4〈京師·建國〉，頁 157。
⓯　《白虎通疏證》，卷 4〈京師·建國〉，頁 158。
⓰　《漢書》，卷 43〈婁敬〉，頁 2119。
⓱　王利器，《呂氏春秋注疏》（成都：巴蜀書社，2002），卷 17〈慎勢〉，頁 2055。
⓲　重要禮制建築的空間位置均處於中軸線上，中軸線之兩側呈對稱格局。考古遺址甚至發現「幾組西漢大型建築群的軸線，竟與漢長安城南北軸線相合」

城未央宮來看「未央官的擇中觀念,對後代都城的建設也多有影響。東漢洛陽城南郊的辟雍、明堂、靈台的主體建築均位于各自院落的中央」。㉓

㈡ 宮殿符應天官系統

除了擇中外,史書記載秦始皇之宮殿建築,即已仿天官的宇宙圖式,如《史記·秦始皇本紀》:

> 作信宮渭南,已更命信宮為極廟,象天極,自極廟道通酈山,作甘泉前殿,築甬道,自咸陽屬之。是歲,賜爵一級,治馳道。㉔

所謂極廟,司馬貞《索隱》為:「宮廟象天極,故曰極廟」。㉕即對應天極以成宮殿。至於阿房宮,《史記·秦始皇本紀》:

詳參秦建明、張在明、楊政,〈陝西發現以漢長安城為中心的西漢南北向超長建築基線〉,《文物》,1995 年 3 期,頁 4-15。考古出土宮殿遺址中軸對稱起源十分早,在周代以前即已存在,詳參楊鴻勛,《宮殿考古通論》(北京:紫禁城出版社,2001),〈從東周諸侯國宮城遺址看周朝宮殿制度〉,頁 122-142。戴震為《周禮·考工記》繪宗廟、宮室之圖,亦呈現中軸線左右對稱格局,認為天子至於士「廣狹有等差而制則一」,詳參戴震,《考工圖記》,《續修四庫全書》(上海:上海古籍出版社,2002),頁 109-110。

㉓　《漢長安城》,頁 218。

㉔　司馬遷著,司馬貞索隱、張守節正義、裴駰集解,《史記三家注》(臺北:鼎文,1979,以下簡稱《史記》),卷 6〈秦始皇本紀〉,頁 241。

㉕　《史記》,卷 6〈秦始皇本紀〉,頁 242。

（阿房宮）周馳為閣道，自殿下直抵南山。表南山之顛以為闕。為復道，自阿房渡渭，屬之咸陽，以象天極閣道，絕漢抵營室也。㉖

所謂「象天極閣道，絕漢抵營室」，亦和天廷星象對應。《史記·天官書》：「天極紫宮後十七星，絕漢抵營室，曰閣道」。《三輔黃圖》則更清楚指出：「秦始兼天下，都咸陽，因北陵營宮殿，則紫宮象帝宮，渭水貫都，以象天漢，橫橋南度以法牽牛」㉗，由此可知，秦之宮殿建築與星相間的密切關係。

漢代在天人感應思想的盛行下，天廷與人間宮廷的對應至關重要，因為「眾星列布，體生於地，精成於天」、「在野象物，在朝象官，在人象事」㉘，如〈天官書〉指出：

中宮天極星，其一明者，太一常居也；旁三星三公，或曰子屬。後句四星，末大星正妃，餘三星後宮之屬也。環之匡衛十二星，藩臣。皆曰紫宮。……紫宮左三星曰天槍，右五星曰天棓，後六星絕漢抵營室，曰閣道。㉙

《漢書·李尋傳》對此作進一步說明：

㉖　《史記》，卷6〈秦始皇本紀〉，頁256。
㉗　《史記》，卷86〈荊軻〉，頁2535，正義引《三輔黃圖》。
㉘　《史記》，卷27〈天官書〉，頁1289，正義引張衡說。
㉙　《史記》，卷27〈天官書〉，頁1289-1290。

《書》云「天聰明」蓋言紫宮極樞，通位帝紀，太微四門，廣開大道，五經六緯，尊術顯士，翼張舒布，燭臨四海，少微處士，為比為輔，故次帝廷，女宮在後。聖人承天，賢賢易色，取法於此。❸

又如離宮甘泉宮「乃上比於帝室紫宮」❸，至於長安城的設計，可能仿效天象北斗❸；未央宮為帝廷所在，更不例外。漢代將紫宮為帝廷的代稱，天官紫宮之災異更與皇帝息息相關。❸直至東漢，士

---

❸　《漢書》，卷 75〈李尋〉，頁 3179。

❸　《漢書》，卷 87 上〈楊雄傳〉，頁 3535。

❸　張閭聲校，《校正三輔黃圖》（臺北：世界書局，1963，以下簡稱《三輔黃圖》），卷 1〈漢長安故城〉，頁 7：「城南為南斗形，北為北斗形。至今人呼漢京城為斗城是也。」

❸　如《後漢書》，〈天文志〉，頁 3223：「紫宮，天子之宮，彗加其藩，除宮之象，後三年，光武帝崩。」頁 3232：「流星過，入紫宮，皆大人忌。後四年六月癸丑，明德皇后崩。」「客星晨出東方，在胃八度，長三尺，歷閣道入紫宮，留四十日滅。閣道、紫宮，天子之宮也。客星犯入留久為大喪。後四年，孝章帝崩。」未央宮除了上應天官紫宮外，由於地處秦之離宮興樂宮側，故亦有厭勝之說，如《史記》，卷 8〈高祖本紀〉，頁 386 正義引顏師古曰：「未央殿雖南嚮，而當上書奏事謁見之徒皆詣北闕，公車司馬亦在北焉。是則以北闕為正門，而又有東門、東闕，至於西南兩面，則無闕矣。蕭何初立未央宮，以厭勝之術理宜然乎？」按：「北闕為正者，蓋象秦作前殿，渡渭水屬之咸陽，以象天極閣道絕漢抵營室。」集解則引《關中記》曰：「東有蒼龍闕，北有玄武闕」，《索隱》：「東闕名蒼龍，北闕名玄武，無西南二闕者，蓋蕭何以厭勝之法故不立也。《說文》云「闕，門觀也」高三十丈。秦家舊處皆在渭北，而立東闕北闕，蓋取其便也。」

人仍以「紫宮」指帝王之宮。❸❹東漢班固對於漢朝宮室建築之宇宙性體會頗深：

> 其宮室，體象乎天地，經緯乎陰陽，據坤靈之正位，放太、紫之圓方。樹中天之華闕，豐冠山之朱堂……承以崇臺閒館，煥若列星，紫宮是環。❸❺

由以上來看，天文星象與人間官僚統治相對應，天上的星名往往與地上萬物之名相對應❸❻，人間的百官系統亦對應天上百官星座❸❼，

---

❸❹　如《後漢書》，卷 48〈霍諝傳〉，頁 1617：「呼嗟紫宮之門，泣血兩觀之下」，注：「天有紫微宮，是上帝之所居也，王者立宮，象而為之。」

❸❺　《後漢書》，卷 40 上〈班彪傳〉，頁 1340。

❸❻　如陳久金，《中國星座神話》（臺北：臺灣古籍，2005），頁 320：「中國星座的命名完全摹仿地上的格局，天上的赤道就如地上的赤道，北天極就如地上的北極，銀河就如中國境內的黃河。地上有湖海農田，天上也有東海、南海、積水、天淵、天田、天園、天苑。前者為積水之處，後者為人們養殖之地。地上有碼頭、驛站、道路、車、船，星空也有天津、傳舍、閣道、輦道、天船、天駟、五車等。」又如陳遵媯，《中國天文學史》第二冊（臺北：明文書局，1985），頁 23，指出：「天上世界名稱，都反映了地下人間社會的事物，這樣看了屬於某星座中的變化現象，就可以占和它相應的人間社會事物的吉凶禍福。」

❸❼　如皇帝居於紫宮之中，天帝居於紫微垣中，天上之紫宮中有正妃、次妃、御女、女史之星，人間皇宮前朝後寢，天帝紫微垣之南亦有太微垣、天市垣為文武百官如三公、九卿、上相、次相、上將、次將、左執法、右執法、謁者、虎賁、郎將等辦事之處。詳參陳遵媯，《中國天文學史》第二冊，頁 1-50。《中國星座神話》第二編〈紫微垣、太微垣、天市垣及二十八宿外諸星座——天上帝廷結構和人間的社會組織〉，頁 209-260。

天區與人間州域、天上諸侯封國之星與人間諸侯封國相對應❸，人之富貴吉凶與所稟星氣息息相關❹，甚至人體的脈學亦與天文系統密切相關❹，天地人彼此息息相關，相應相感。除了未央宮外，其他宮室亦與宗教、祭祀、溝通天地鬼神，密切相關，根據《漢舊儀補遺》記載：

> 皇帝祭天居雲陽宮，齋百日，上甘泉通天臺，高三十丈，以候天神之下，見如流火，舞女童三百人，皆年八歲，天神下

---

❸ 透過星占觀察日月星辰的變化，人間的諸侯封國、郡縣分佈亦呈現於星象中，從而能根據某個星座的位置及對應的諸侯國或郡縣而分辨出吉凶發生的地區及其性質，有關分野之說，如《周禮》，卷 26〈春官・保章氏〉，頁405-406：「掌天星以志星辰日月之變動，以觀天下之遷，辨其吉凶。以星土辨九州之地，所封封域皆有分星以觀妖祥」，鄭玄解釋：「九州州中諸國中之封域，於星亦有分焉」，為按十二次分配，另如《史記・天官書》按二十八宿及五星分配，《呂氏春秋・有始覽》：「天有九野，地有九州」，將二十八宿分別配於九野對應人間之九州，《淮南子・天文訓》亦提及分野之說，詳參陳遵嬀，《中國天文學史》，頁 177-184、陳久金，《中國星座神話》，頁 319-339。馮時，《中國天文考古學》（北京：社會科學出版社，2001），〈分野體系的建立與發展〉，頁 76-80。

❹ 在漢代此種思想並不少見，如王充指出，人之貧賤富貴皆稟於「眾星之精」、「天所施氣，眾星之氣在其中矣。人稟氣而生，含氣而長，得貴則貴，得賤則賤。貴或秩有高下，富或貲有多少，皆星位尊卑小大之所授也。」詳參黃暉，《論衡校釋》（北京：中華書局，1996），卷 2〈命義〉。又如前文曾提及張衡〈靈憲〉：「眾星列布，體生於地，精成於天。列居錯峙，各有所屬，在野象物，在朝象官，在人象事」，亦為其例。

❹ 李建民，《死生之域──周秦漢脈學之源流》（臺北：樂學書局，2001），第三章〈醫在天官──古典學的王官傳統〉，頁 107-156。

壇，所舉烽火，皇帝就竹宮中，不至壇所。甘泉臺去長安三
百里，望見長安城，皇帝所以祭天之圓丘也。

武帝於甘泉宮，更置前殿，始廣諸宮室，有芝生甘泉殿邊房
中。芝有九莖，金色、綠葉、朱實，夜有光，乃作芝房之
歌。

通天臺上有承露仙人掌，擎玉杯承雲表之露，元鳳間臺自
毀，橡桷皆化為龍鳳，隨風雨飛去。❹

甘泉宮不論其建築形制、齋戒、祭祀儀式、天神下臨……等記載皆
充滿神秘色彩，甚至還有臺橡桷化為龍鳳飛去的傳說，其建築中之
通天臺、承露仙人掌、玉杯等具有濃厚的宗教意味，自不待言。

(三) 應合神秘之數

　　前引《周禮‧冬官‧匠人》有關建都營國的記載：「匠人營
國，方九里，旁三門，國中九經九緯，經涂九軌」，可見神秘數字
九的使用。先秦時已頻繁使用「九」這個數字❹，尤其在戰國至兩

---

❹　衛宏，《漢舊儀補遺》（臺北：臺灣商務，1981），卷下，頁2。

❹　如孔穎達，《毛詩正義》（臺北：藝文，2001，以下簡稱《毛詩》），卷20
　　之3〈商頌‧玄鳥〉，頁794：「方命厥后，奄有九有」，卷20之4〈商
　　頌‧長發〉，頁803：「帝命式于九圍」，卷11之1〈小雅‧鶴鳴〉，頁
　　377：「鶴鳴于九皋，聲聞于天」；《孫子》（臺北：臺灣中華書局，
　　1978），卷4〈軍形〉，頁4：「善守者藏於九地之下，善攻者動于九天之
　　上，故能自保而全勝也。」；王聘珍，《大戴禮記解詁》（北京：中華書
　　局，1998），卷7〈五帝德〉，頁124-125：「巡九州，通九道，陂九澤，度
　　九山。」

漢「與天地合度」的想法下，自然事象常被拼湊或壓縮成「九□」的模式，如戰國時鄒衍提出大九州的想法，《呂氏春秋》提到：「天有九野，地有九州，土有九山，山有九塞，澤有九藪」❹，《淮南子》卷四〈墜形〉亦然；卷三〈天文〉將九野分為中央鈞天、東方蒼天、東北變天、北方玄天、西北幽天、西方顥天、西南朱天、南方炎天、東南陽天，為四正、四隅並配屬星象的宇宙圖式。❹《淮南子》又有九天❹的說法，並且將天地人相符應，卷三〈天文〉提及：「孔竅肢體，皆通於天，天有九重，人亦有九竅」，《黃帝內經·素問》亦在此天人相應的思想下進行發揮：

---

❹ 陳奇猷，《呂氏春秋校釋》（臺北：華正書局，1985；以下簡稱《呂氏春秋》），卷 13〈有始覽〉，頁 657。

❹ 關於四隅與四正，最明顯的莫過於表現在考古所發現式盤上，而這種式盤正是數術對應系統的實際運用工具，此可證諸李零對考古發現的考證：「式是一個小小的宇宙模型，它的空間、時間結構和配數、配物的原理，處處都帶有模擬的特點。但這裏要講的是，古人發明這個模型，目的不僅僅在于『模仿』，還想籍助它做各種神祕推算，提出問題和求得答案，以溝通天人」、「先秦兩漢時期，天文學上流行的宇宙模式是『蓋天說』。觀察者把天穹看作覆碗狀，而把大地看作沿『二繩四維』向四面八方延伸的平面。天穹以斗極為中心，四周環布列星，下掩而與地平面切。二者按投影關係，可視為方圓迭合的兩個平面。式就是模仿這種理解而做成的。式圖的空間結構經分解，包括四方、五位、八位、九宮、十二度等不同形式。」詳參李零，《中國方術考》〈式與中國古代的宇宙模式〉，頁 150、120。

❹ 如劉文典，《淮南鴻烈集解》（北京：中華書局，1989），卷 1〈原道訓〉，頁 27：「上通九天，下貫九野」，卷 6〈覽冥訓〉，頁 192：「上通九天，激厲至精」、頁 207：「上際九天，下契黃壚」、頁 209：「登九天，朝帝於靈門」，卷 15〈兵略〉，頁 515：「放乎九天之上，蟠乎黃盧之下」，卷 19〈脩務〉，頁 658：「今不稱九天之頂，則言黃泉之底」。

> 天地之至數，始於一，終於九焉。一者天，二者地，三者
> 人，因而三之，三三者九，以應九野……三而成天，三而成
> 地，三而成人，三而三之，合則為九。九分為九野，九野為
> 九藏。㊻

關於九的性質與神秘性，王逸爲〈九辯〉作敘論時，對此提出了說
明：

> 九者，陽之數，道之綱紀也。故天有九星，以正機衡；地有
> 九州，以成萬邦；人有九竅，以通精明。屈原懷忠貞之性，
> 而被讒衰，傷君闇蔽，國將危亡，乃援天地之數，列人形之
> 要，而作《九歌》、《九章》之頌，以諷諫懷王。明己所
> 言，與天地合度，可履而行也。㊼

天子是天的象徵，在與天地合度的想法下，宮殿中廣用九以傳達其
屬陽、至尊之屬性。除了神秘數字九外，《三輔黃圖》記長安城建
築，神秘數字亦被頻繁使用：

> 長安城中經緯各長三十二里十八步，地九百七十三頃，八
> 街、九陌、三宮、九府、三廟、十二門、九市、十六橋，地

㊻　山田業廣，《素問次注集疏》（北京：學苑出版社，2004），卷 6〈三部九
　　侯論〉，頁 476-483。

㊼　王逸，《楚辭章句》（臺北：藝文印書館，1974），卷 8〈九辯〉，頁 245-
　　246。

皆黑壤。❹

　　宇文愷引《黃圖》提及漢宮殿的形制上更無處不符應神秘之數：

> 堂方百四十四尺，法坤之策也，方象地。屋圓楣徑二百一十
> 六尺，法乾之策也，圓象天。室九宮，法九州。太室方六，
> 法陰之變數。十二堂法十二月，三十六戶法極陰之變數，七
> 十二牖法五行所行日數。八達八風，法八卦。通天臺徑九尺，
> 法乾以九覆六。高八十一尺，法黃鍾九九之數。二十八柱，
> 象二十八宿。堂高三尺，土階三等，法三統。堂四向五色，法
> 四時五行。殿門去殿七十二步，法五行所行。門堂長四丈，
> 取太室三之二。垣高無蔽目之照，牖六尺，其外倍之。殿垣
> 方，在水內，法地陰也，水四周於外，象四海，圓法陽也。
> 水闊二十四丈，象二十四氣。水內徑三丈，應覲禮經。❹

其中廣泛使用三統、四海、四時、五行、五色、六合、八卦、八
達、八風、九州、十二月、二十四氣、二十八宿，以及三十六與七
十二等干支、五行所行之數。❺

---

❹　《三輔黃圖》，卷 1〈漢長安故城〉，頁 7。

❹　孫詒讓，《周禮正義》（北京：中華書局 1987），卷 84〈冬官·匠人〉，頁
　　3456，宇文愷議引《黃圖》。

❺　有關神秘數字，詳參葉舒憲、田大憲著，《中國古代神秘數字》（北京：社
　　會科學文獻出版社，1998）。

　　又如路寢的形制，鄭玄認為宗廟及路寢制如明堂，有五室十二堂，堂上五室象徵五行❺❶，每室四戶❺❷，天子於十二月聽朔於十二堂❺❸，每堂上圓下方❺❹，為天圓地方的形象化。明堂為宇宙圖式的呈現，其形制後人眾說紛紜。❺❺路寢仿明堂形式，為天子祭祀所在，至於明堂的形制，《大戴禮記・明堂》指出：

　　　明堂者，古有之也。凡九室，一室而有四戶八牖，三十六戶，七十二牖。以茅蓋屋，上圓下方……明堂月令，赤綴戶也，白綴牖也。二九四七五二六一八。堂高三尺，東西九筵，南北七筵，上圓下方。九室十二堂，室四戶，戶二牖，其宮方三百步。❺❻

其中充滿神秘數字，如「二九四七五三六一八」，王聘珍謂：

---

❺❶　《周禮》，卷 41〈匠人〉，鄭注，頁 643-644。《周禮》，卷 6〈天官・宮人〉，頁 91，賈疏。

❺❷　《周禮》，卷 41〈匠人〉，頁 644，賈疏引。

❺❸　《周禮》，卷 26〈大史〉，頁 402，鄭注。

❺❹　賈公彥，《儀禮注疏》（臺北：藝文，2001，以下簡稱《儀禮》），卷 1〈士冠禮〉，頁 8，賈疏。

❺❺　鄭玄的說法亦有反對的聲音，如李如圭、江永、金鶚均持反對的態度，主要認為徵諸古文獻如《尚書・顧命》等其制不合，詳參《周禮正義》，卷 11〈天官・宮人〉，頁 417-418。另參王國維，《明堂寢廟通考》，《觀堂集林》（石家庄：河北教育出版社，2002），頁 72-83。楊鴻勛，《宮殿考古通論》，〈從考古學材料推斷「周人明堂」形制〉，頁 104-119。張一兵，《明堂制度研究》（北京：中華書局，2005）。

❺❻　《大戴禮記解詁》，卷 8〈明堂〉，頁 149-151。

蓋二四三一為四正，九七六八為四角。三八二七四九一六皆
左旋。五為中央，為太廟太室。二為明堂太廟，七為明堂右
个，明堂右个即總章之左个，是火而兼金。四為總章太廟，
九為總章右个，總章右个即玄堂之左个，是金而兼水。一為
玄堂太廟，六為玄堂右个，玄堂右个即青陽之左个，是水而
兼木。三為青陽太廟，八為青陽右个，青陽右个即明堂之左
个，是木而兼火矣。

王聘珍之解釋根據鄭注《易·繫辭傳》：「天一生水於北，地二生
火於南，天三生木於東，地四生金於西，天五生土於中。陽無耦，
陰無配，未得相成。地六成水於北，與天一并；天七成火於南，與
地二并；地八成木於東，與天三并；天九成金於西，與地四并；地
十成土於中，與天五并也」❺❼，為五行配合五方相衍而成之數。小
寢則每寢各一堂二房一室❺❽，五寢方位與明堂五室同，孔穎達對此
加以說明：

周禮王有六寢，一是正寢，餘五寢在後，通名燕寢，其一在

---

❺❼ 孔穎達，《禮記注疏》（臺北：藝文，2001，以下簡稱《禮記》），卷 14
〈月令〉，頁 283。

❺❽ 《毛詩》卷 11 之 2〈小雅·鴻鴈之什·斯干〉，頁 384：「築室百堵，西南
其戶」，鄭箋：「築室者，謂築燕寢也。百堵，百堵一時起也。天子之寢有
左右房，西其戶者，異於一房者之室戶也，又云南其戶者，宗廟及路寢制如
明堂，每室四戶，是室一南戶爾。」《周禮正義》，卷 11〈天官·宮人〉，
頁 417，解釋鄭意謂：「路寢者，一寢而五室十二堂；小寢五者，五寢寢各
一堂二房一室也。小雖不如明堂制，然五寢方位亦與明堂五室同。」

> 東北，王春居之，一在西北，王冬居之，一在西南王秋居
> 之，一在東南，王夏居之，一在中央，六月居之。凡后妃以
> 下更以次序而上御王於于寢之中也。⑲

五小寢為一寢居中，其他四寢分居四隅的格局，如〈月令〉所述，
帝王隨著時序之轉化，居所亦隨之轉換。燕寢與明堂的格局均呈現
方和中的特色，姑且不論其與考古出土帝王宮室前朝後寢、中軸對
稱、層層深進的特色是否相應，經師的主張反映出居處的宮室與宇
宙時令符應的努力。

(四) 宮殿建築與所居者的密切感應

宮殿建築與所居之帝王后妃有密切的感應關係，帝王居於紫微
宮中，上應天官，自不待言。至於王后，居於後宮、北宮，屬陰，
宮殿建築亦與其生命狀態相感應，如《漢書·王莽傳》：

> 莽以皇后有子孫瑞，通子午道，子午道從杜陵直絕南山，徑
> 漢中。⑳

張晏曰：「時年十四，始有婦人之道也。子，水；午，火也。水以
天一為牡，火以地二為牝，故火為水妃，今通子午以協之」。師古
曰：「子，北方也。午，南方也。……此則北山者是子，南山者是

---

⑲　《禮記》，卷 4〈曲禮下〉，頁 81，孔疏。
⑳　《漢書》，卷 99 上〈王莽傳〉，頁 4076。

午，共為子午道」。按《黃帝內經》女子「二七而天癸至，任脈通，太衝脈盛，月事以時下，故有子」[61]，王冰注為：「癸，謂王癸，北方水干名也。任脈、衝脈皆奇經脈也。腎氣全盛，衝任流通，經血漸盈，應時而下，天真之氣降，與之從事，故云天癸也」天癸至後，天一之氣通，開始行經，始能生育。子、午分屬陰陽、牡牝，通子午亦即疏通陰陽，以此助皇后早孕。

宮室建築對應天官、應合陰陽、象數、五行、干支、生理……反映出當時數術系統下[62]，對應宙論（Correlative Cosmology）的想法。[63]在天人對應、人副天數的宇宙圖式架構下，宮殿建築取法天地之道、符應天地陰陽之數，甚至就是天地之道的具體呈現。在陰陽五行和象數的對應形成了一套彌天蓋地的數術系統下，人身小宇宙與人世所有的行事，皆須與大宇宙相對應，並企圖在此對應的圖式下，達到相互感應乃至和合的功效。

---

[61] 《素問次注集疏》，卷1〈上古天真論〉，頁27。

[62] 李零，《中國方術考》（北京：人民中國出版社，1993），頁32-33：「古代數術是個比較複雜的體系，如《漢志·數術略》把它分為六類：「天文」、「曆譜」是研究天象和曆數，但也包括星氣之占（星象和雲氣之占）；「五行」是以式占（用一種模擬宇宙結構的工具即式進行占卜）；「雜占」是以占夢、厭劾（驅鬼除邪）、祠禳（祈福禳災）為主；「形法」則屬相術，包括地形、相宅墓和相人、畜、物等，可以反映數術的大致範圍。」

[63] 若以安德森（J.B. Henderson）的分類來說，漢代的數術系統所預設的對應宇宙論（Correlative Cosmology）可區分為四種類型：一是人和宇宙之間的對應，二是政體和宇宙之間的對應，三是建立在五行基礎上的數術對應系統，四是根據易經和十翼所發展出來的對應模式。J.B. Henderson, *The Development And Decline Of Chinese Cosmology*, (Columbia, 1984), pp.2-19。

二、禮書及經師關於後宮居寢
空間安排的主張

　　宮殿建築除了是宇宙圖式的呈現，同時也是倫理及權力運作的空間，以後宮空間之分配及居宿狀況來看，頗能彰顯此一面象。後宮之規劃與制度如何？經師的看法頗能反映當時對婦女生活場域及倫理空間的思考。

㈠ 后六宮及后妃居寢制度

　　先以帝王所居之宮室來看，《周禮·天官·宮人》：「宮人掌王之六寢之脩」，所謂「六寢」鄭玄認為指：「路寢一，小寢五」[64]，路寢即正寢，小寢即燕寢。后妃所居之宮室，經生認為亦與王宮相應，而有六宮，如《周禮·天官·內宰》：「以陰禮教六宮」，鄭司農認為：

> 六宮後五前一，王之妃百二十人，后一人、夫人三人、嬪九人、世婦二十七人、女御八十一人。[65]

鄭司農說法承自《禮記·昏義》，所謂六宮指王之後宮，而鄭玄則認為六宮所指為皇后：

----

[64]　《周禮》，卷6〈天官·宮人〉，頁91。
[65]　《周禮》，卷7〈天官·內宰〉，頁110，鄭注。

> 六宮謂后也。婦人稱寢曰宮，宮，隱蔽之言。后象王，立六
> 宮而居之，亦正寢一，燕寢五。教者不敢斥言之，謂之六
> 宮，若今稱皇后為中宮矣。⑥⑥

不論六宮被認為是夫人自女御的百二十人，或是皇后一人的代稱，
後宮被認為正寢一、燕寢五與王宮相應，在態度上是一致的。⑥⑦
《禮記·昏義》所配置的後宮人數與帝六官人數相應：

> 古者天子后立六宮，三夫人、九嬪、二十七世婦、八十一御
> 妻，以聽天下之內治，以明章婦順，故天下內和而理。天子
> 立六官，三公、九卿、二十七大夫、八十一元士，以聽天下
> 之外治，以天下之男教，故外和而國治。⑥⑧

六宮與六官，一內一外，一陰一陽，后之六宮與帝王之六官，不僅
在數目上相應，在形制上也相應。孔穎達認為：「后亦象王立宮，
亦後五前一，在王六寢之後為之，南北相當耳」⑥⑨，即後宮在王宮
之後，一南一北，形制相對稱。根據鄭玄的看法，六宮中正寢制如

---

⑥⑥ 《周禮》，卷7〈天官·內宰〉，頁110，鄭注。
⑥⑦ 《周禮》，卷1〈天官·冢宰〉，頁18：「寺人，王之正內五人」賈疏：
　　「謂在后之路寢耳，若王之路寢不稱內，以后宮故以內言之。故先鄭下注后
　　六宮前一後五，前一則路寢。」
⑥⑧ 《禮記》，卷61〈昏義〉，頁1002。
⑥⑨ 《周禮》，卷7〈天官·內宰〉，頁110，孔疏。

明堂而在前，五寢為燕寢居於後。❼⓪

　　依據經師所說，后之六宮形制與王宮相同，人數眾多的后妃如何分居於六宮之中呢？鄭玄認為：

> 夫人以下分居之六宮者，每宮九嬪一人，世婦三人，女御九人，其餘九嬪三人，世婦九人，女御二十七人從后，唯其所燕息焉。從后者五日而沐浴，其次又上十五日而徧。❼①

賈公彥對此加以說明：

> 后不專居一宮，須往即停。故云唯其所燕息焉。云從后者五日而沐浴者，凡侍尊者，須潔淨，故須沐髮浴身體也。其次又上十五日而徧云者，鄉所分居六宮，九嬪以下皆三分之一，一分從后，兩分居宮。假令月一日一分從后，至月五日，從后者五日滿，則右邊三宮之中舊居宮者，來替此從后者，從后者又來入右邊三宮；從后者至十日又滿，則左徧三宮者來替此從后者，從后者來居左邊三宮；又至十五日，則三番摠徧，故云十五日而徧。❼②

也就是將后妃人數分為三組，六宮分為左右二邊，每隔五日輪替一

---

❼⓪　《毛詩》，卷 11 之 2〈小雅·斯干〉，頁 385。

❼①　《周禮》，卷 7〈內宰〉，頁 113，鄭注。

❼②　《周禮》，卷 7〈內宰〉，頁 113，賈疏。

組跟隨王后輪流居於左右宮中，十五日一輪。鄭玄的說法粗看之下
與他主張群妃御見於王所十五日一輪相應，然而其中卻也有不少問
題須要進一步釐清。鄭玄所主張的群妃御見之法是：

> 凡群妃御見之法，月與后妃其象也。卑者宜先，尊者宜後，
> 女御八十一人當九夕，世婦二十七人當三夕，九嬪九人當一
> 夕，三夫人當一夕，后當一夕，亦十五日而徧，云自望後反
> 之。孔子云：「日者天之明，月者地之理，陰契制，故月上
> 屬，爲天使，婦從夫，放月紀。」❼❸

鄭玄堅持在十五日中別尊卑而御遍群妃，主要與月象密切配合，反
應當時房中與求育的若干想法。❼❹群妃之居所分配，雖也遵從月象
以十五日為一循環，以五日為一小單位，眾妃隨后輪流居住。但鄭
玄的說法不免觸及許多問題，甚至不無矛盾，因為鄭玄為了遵行十
五日而御遍的原則，採取的是后妃三分法，並將六宮分為左右二
邊，此說法與前述王宮一路寢、五燕寢的格局顯然有所出入。第
二，在居住空間的尊卑分別上，難以顧及。第三，鄭玄與賈公彥的
說法，均採〈昏義〉一后、三夫人、九嬪、二十七世婦、八十一御
妻的後宮人數，然而《周禮》卻未見相關后妃人數的記載。經師為
了節制後宮人數，以及配合神秘數字，而有一娶九女、十二女、百

---

❼❸　《周禮》，卷 7〈天官·九嬪〉，頁 116。《禮記》，卷 28〈內則〉鄭注，
　　頁 533。

❼❹　高羅佩著，李零、郭曉惠等譯，《中國古代房內考》（上海：上海人民出版
　　社，1990），頁 63-69。

二十一女等多種說法，鄭玄的說法並非唯一的一種。徵諸現實，帝王后妃人數顯然不只此數❼，鄭玄的后妃人數預設顯然受到挑戰。第四，后之六宮與天子一樣分為一正寢五燕寢，天子路寢仿明堂形式「不齊不居其室」，后之正寢是否可以如燕寢一般使用，如若不行，那麼鄭玄等所謂后妃住宿之說將受到影響。第五，鄭玄所謂后妃之居所未及於三夫人，三夫人該如何居處？孔穎達在解釋《禮記·祭義》所謂「三宮之夫人」時，認為：「言三宮之夫人，亦容天子三夫人，人各居一宮也」❼，六宮由「九嬪以下分居之，其三夫人雖不分居六宮，亦分主六宮之事，或二宮則一人也」❼，顯然孔穎達對此亦不無疑問。除了三夫人外，《周禮·冬官·匠人》提及：「內有九室，九嬪居之；外有九室，九卿朝焉」❼，前面既已提及九嬪於六宮的配置中輪流和王后居宿的情況，對於此處的「九室」，該如何解釋呢，賈公彥的回應是：

> 按〈內宰〉，王有六宮，九嬪已下分居之。若然，不復分居九室矣。此九嬪之九室與九卿九室相對而言之，九卿九室是治事之處，則九嬪九室亦是治事之處，故與六宮不同。是以鄭引九嬪職掌婦學之法，則九室是教九御之所也。❼

---

❼　可參考拙作，〈漢代經師對媵婚制度的理解及其主張的背景〉，《臺大中文學報》，16 卷，2002 年 6 月，頁 49-104。

❼　《毛詩》，卷 18 之 5〈大雅·蕩之什·瞻卬〉，頁 696。

❼　《禮記》，卷 61〈昏義〉，頁 1002-1003，孔疏。

❼　《周禮》，卷 41〈冬官·匠人〉，頁 644。

❼　《周禮正義》，卷 84〈冬官·匠人〉，頁 3469。

將「九室」特別解釋為治事婦教之所，而非寢室，以避免主張上的矛盾。胡培翬則進一步將其解釋為后朝之配置：

> 《左傳》成十八年，諸侯夫人有內宮之朝，則后正宮之前當亦有朝。故〈昏義〉云：「后聽內治」，九卿之九室在正朝之左右，則九嬪之九室當亦在后朝之左右也。⑧

然而此說充滿了附會的推測，亦可以看出經師有關后妃居處之法仍有不少矛盾處有待縫合。

以上所述後宮居處制度，疑點頗多，後人亦提出不少批評，如金鶚指出：

> 六宮兼正寢而言，正寢非居息之所也。王之五寢隨時而居，以王有巡狩四方之義，婦德主于貞一，宜恒居中，不可游居各宮也。……嬪、婦、女御，或分居，或隨后，何所分別乎？一宮十三人已不能容，若王后至其宮，又加四十人，何以容之乎？⑧

孫詒讓亦認同金鶚的說法，認為：

---

⑧　《周禮正義》，卷 84〈冬官·匠人〉，頁 3468，疏引。

⑧　金鶚，《求古錄禮說》（濟南：山東友誼書社，1992），卷 2〈天子世婦女御考〉，頁 112。

此經九嬪、世婦、女御，敘官並不言數，又不見三夫人，固不可援〈昏義〉內官百二十人之說以定其居。又后六宮，正寢為聽內治及齋居之宮，金謂非居息之所，亦至當不易。❷

反映出鄭玄的說法於禮制、於實際的實行上均會發生難題。金鶚於是從媵婚制的角度提出天子一娶十二女之制：后一人，三媵為三夫人，姪娣共計八人為世婦。天子娶八人雖為定數，但又常設九嬪、九御各九人，如此後宮共計三十人，法一月三十日之數。王后六宮，亦正寢一、燕寢五。正寢為外朝，非寢息之所，小寢分為南宮為皇后內朝。中宮，為皇后常居之所，其後之北宮及東、西宮則為三夫人及世婦所居：

> 王后六宮，一宮為正寢，五宮為小寢。后居中宮，其南宮為王后內朝，正寢為外朝，亦猶天子之有內外朝也。北宮、東宮、西宮，三夫人分居之，以北為上，次東、次西，姪娣各隨其長。每宮夫人一，世婦二，三宮合九人，后之姪娣與王后同宮，亦一宮三人，女御則各從九嬪而居九室也。❸

金鶚此說不但將后六宮與王六宮相對應，具備外、內朝的形制。而且能顧及王后居中、居前，為中宮，三夫人居後的尊卑格局。亦回應〈考工記〉九嬪居九室之文，顯然較鄭玄所說完備許多，可以說

---

❷　《周禮正義》，卷 13〈內宰〉，頁 536。
❸　《求古錄禮說》，卷 2〈天子世婦女御考〉，頁 111。

是此議題成熟、縝密的思考。不過天子一娶十二人之說，原本即為經師符應神秘數字而有的婚制思考，徵諸現實屢多不合。將世婦視為王后及三國來媵者之姪娣，共計八人，且地位提升於九嬪之上，推翻《禮記·昏義》之說，於經、史文獻上證據薄弱。由於金鶚此說以《周禮》為準則，然而《周禮》中〈春官·世婦〉每宮配置卿二人，則六宮為十二人，〈天官·世婦〉則不記配置人數，與金鶚所謂之世婦八人，並不相合。❽金鶚既強調天子一娶十二女之定數，但額外又加上九嬪、九御等十八人，九嬪之說固為文獻所有，九御之說從何而來？以后妃人數配置，地位越卑則人數越多，女御

---

❽ 《周禮》天官與春官均提到世婦一職，〈天官·世婦〉，頁18，不言人數，賈公彥認為：「世婦、女御不言數者，君子不苟於色，有婦德乃充之」，至於〈春官·世婦〉，頁261，記其配置為「每宮卿二人，下大夫四人，中士八人，女府二人，女史二人，奚十有六人」，鄭玄認為：「漢始大長秋、詹事中、少府、太僕亦用士人」，顯然認為擔任此職者非婦女。賈公彥於是明說：「案彼天官之內職，內有婦人者，皆用奄人，獨此宮卿大夫士與下女府、女史、奚同居不用奄，非其宜，但經不言奄，故鄭亦不言奄，其實是奄可知。是以賈、馬皆云奄卿也。然鄭云：漢始大長秋，亦見周時用奄之義也。」鄭玄等所以將世婦理解為奄卿，主要考慮其為掌理後宮婦女的官職，若非婦人，則須用奄人為宜。《周禮》中雖未註明此職為男子掌理，然而註明卿、下大夫、中士等職，在婦人無爵的傳統下，似乎不能將之理解為婦人的職稱，於是鄭玄以漢時大長秋的官職加以比況。然而將世婦一職理解為奄卿，於古籍上又頗多牽強，因此學者又從《禮記·郊特牲》：「婦人無爵，從夫之爵」著眼，認為此處所錄爵稱係從夫而稱。關於此部分詳參劉善澤，《三禮注漢制疏證》（長沙：岳麓書社，1997），卷5〈春官宗伯〉，頁151-153。孫志祖，《讀書脞錄》續編（上海：上海古籍，1997），亦持此看法，將〈春官·世婦〉理解為卿大夫之妻：「天官世婦，王之妾也。春官世婦，卿大夫士之妻也。尊卑不嫌同名，故可俱稱世婦。」

地位既在九嬪之下，何以仍維持九人？金鶚的回答是：「女御不復增多者，以足法一月之數也」，仍是為法十二、三十等神聖數字，又為顧及十二為天子娶婦定數，因此強調「嬪、御有其人則充，無其人則闕，無定數者」、「世婦、九嬪、女御皆天子之妃妾，竝非婦官，故周官皆不言數以別之，夫人更尊，與三公等，且不列其職矣」[85]，九嬪、九御若無定數，則法三十之數將受危及，若有定數，則天子后妃人數又不只十二人。金鶚雖極力彌縫、解釋其說與《周禮》的關係，可謂用心良苦，然而卻不乏矛盾。

(二) 諸侯夫人三宮及嬪妃居寢的嫡庶之別

除了天子后立六宮外，經師推測諸侯應有三宮，因此諸侯夫人亦相應有三宮。《禮記・祭義》述及天子、諸侯之公桑蠶室時提及由「三宮夫人、世婦」之吉者浴蠶種於川，所謂「三宮」，鄭玄認為：「諸侯夫人三宮，半皇后也」。[86]孔穎達認為：「言三宮，據諸侯夫人有三宮，言三宮之夫人」。[87]有關三宮，《公羊傳・僖公二十年》：

> 西宮災。西宮者何？小寢也，小寢則曷為謂之西宮？有西宮則有東宮矣。魯子曰：「以有西宮，亦知諸侯之有三宮」，

---

[85]　以上金鶚所說，均引自《求古錄禮說》，卷 2〈天子世婦女御考〉，頁 101-114；亦可參考〈廟寢宮室制度考〉，頁 141-169。

[86]　《禮記》，卷 48〈祭義〉，頁 819。

[87]　《毛詩》，卷 18 之 5〈大雅・蕩之什・瞻卬〉，頁 696。

西宮災，何以書？記異也。⑧

何休即以此解釋諸侯的後宮狀況：

> 西宮者，小寢內室，楚女所居也。禮，諸侯娶三國女，以楚
> 女居西宮，知二國女於小寢內各有一宮也，故云爾。禮，夫
> 人居中宮，少在前。右媵居西宮，左媵居東宮，少在後。
> 是時僖公為齊所脅，以齊媵為嫡，楚女廢在西宮而不見恤，
> 悲愁怨曠之所生也。言西宮不繫小寢者，小寢夫人所統妾之
> 所繫也，天意若曰楚女本當為夫人，不當繫於齊女。⑧

媵婚制下，諸侯取一國而二國往媵之，並各以姪娣從⑨，即一娶九
女。其中又分為正嫡和左、右媵，何休認為居處上正嫡居中宮而稍
前，右媵居西宮、左媵居東宮。並將《公羊傳》此處「西宮災」認
為是嫡庶失序所引生的災異。後來之經師即在此基礎上指出《左
傳》中提及的左、右公子，應為左、右媵之子⑨，何休並以此進一

---

⑧ 徐彥，《春秋公羊傳注疏》（臺北：藝文，2001，以下簡稱《公羊傳》），
卷 11〈僖公二十年〉，頁 142。

⑧ 《公羊傳》，卷 11〈僖公二十年〉，頁 142。

⑨ 《公羊傳》，卷 8〈莊公九年〉，頁 97。

⑨ 如孔穎達：「公子法無左右，明其因母為號，《公羊》稱諸侯取一國，則二
國往媵之，以有二媵，故分為左右，說《公羊》者，言右媵貴於左媵，義或
當然。此左右公子，蓋宣公之兄弟也。」《左傳》，卷 7〈桓公十六年〉，
頁 128。

步區別繼承權順位。❷

有關僖公二十年之「西宮災」解釋有多種，《漢書·五行志
上》：

> 釐公二十年「五月（乙巳），西宮災」，《穀梁》以為愍公宮，
> 以諡言之則若疏，故謂之西宮。劉向以為釐立妾母為夫人以
> 入宗廟，故天災愍宮，若曰，去其卑而親者，將害宗廟之正
> 禮。董仲舒以為釐娶於楚，而齊勝之，脅齊使立以為夫人。
> 西宮者，小寢，夫人之居也，若曰，妾何為此宮！誅去之意
> 也。以天災之，故大之曰西宮也。左氏以為西宮者，公宮也，
> 言西，知有東，東宮，太子所居。言宮，舉區皆災也。❸

《左傳》認為西宮為公宮，與東宮相對比。《公羊傳》亦同此意。
《穀梁》認為乃閔公宮。三傳對「西宮」的解釋均非後宮，可知何
休的詮釋有別於三傳，且此說在西漢早期的董仲舒即已提及，反映
漢代經師重視后妃嫡庶之辨的態度。董仲舒的說法至何休更為完
備，不但將西宮與諸侯夫人三宮的說法結合，將三宮分為中、東、
西，以中為尊，西宮次之，東宮再次之。

何休的說法在徵諸史料記載時，亦面臨不少的挑戰，如諸侯后
妃人數往往不只九人，眾多后妃該如何安排即成問題。並且何休這
種將媵分為左右、身份又較姪娣為高，並以此作為繼承權利的依

---

❷ 《公羊傳》，卷 1〈隱公元年〉「立適以長不以賢，立子以貴不以長」解
詁，頁 11。

❸ 《漢書》，卷 27 上〈五行志上〉，頁 1323。

據，勢必會遇到兩國陪媵的女子誰左誰右的爭議，《白虎通》的確也慮及此：

> 二國來媵，誰為尊者？大國為尊。國同以德，德同以色。❾

德、色固然難有定準，難服人心，即便是第一原則，假設兩大來媵，問題依舊存在。可是在史料中卻絲毫看不到相關的爭議及記載，這是不合理的。可見，《公羊傳》將媵與姪娣分開，何休等並在媵的身份上進一步細別，以作為爵位繼承順位依據的說法，可信度恐怕有些薄弱。

前面所述天子、諸侯後宮的居處配置仍存有不少問題，鄭玄、何休之說顯然不易實行，孫詒讓於是另提出后居燕寢中之一宮，而餘四宮由嬪御所居，身份更卑下的則居側室的說法：

> 竊謂六宮除正寢及燕寢中宮為后自居外，餘四宮為嬪御所居。其旁尚有側室，則內官之爵秩較卑者居之。諸侯三宮，夫人亦自居二宮，餘一宮及側室，為嬪御所居。……后夫人寢數，或六或三，等殺有定；而側室之數，則多少無定，取足容居處而已。❾

此說一方面將正寢與中宮隸屬於皇后與夫人，並且透過側室在數量上不受限制，來解決后妃眾多，難以安排的問題。

---

❾　《白虎通疏證》，卷 10〈嫁娶〉，頁 471。
❾　《周禮正義》，卷 13〈內宰〉，頁 536。

　　前述經生有關後宮居處之說法，往往顧及宇宙圖式的符應，如路寢如明堂，燕寢五宮分為四維和中央；女子受臨幸須配合月象的需要（十五日而遍），後宮人數與神秘數字的配合，如九人、十二人、百二十一人的說法，帝宮與后宮分屬陰陽且相應對，如《禮記》後宮女官人數與後宮之制與帝宮相對應，天子六官、后六宮，諸侯三宮，諸侯夫人亦三宮；天子路寢一、燕寢五，後宮亦然。為展現宮室居處的宇宙性下，多方配合和附會使得經生的說法出現種種矛盾的現象，並且與史實和出土史料印證亦常有出入。

三、考古與史料中所見
西漢后妃空間安排

　　帝王宮殿的結構為宇宙圖式的呈現，帝宮及後宮所在的方位、前後、南北、與陰陽、尊卑密不可分。就漢長安城宮室遺址來看：

> 長安城全城地勢是西南、東北低，以西南部為最高。城內各種建築的安排是皇宮——未央宮在長安城西南隅，太后之宮——長樂宮在長安城東南隅，后妃之宮——桂宮、北宮在長安城中部，市場、手工業作坊和百姓生活區則在長安城北部。❾❻

未央宮有如天官中的紫宮，形制方正，主體之正殿居中，而整個未

---

❾❻　《漢長安城》，頁 212-213。

央宮居於地勢最高的西南部。象徵皇帝所在之未央宮地勢位於最高之處，除了有防止水患的實用考量外，其所象徵的最高統治權力，恐怕才是重點。宮室面南，以此分出前後——以南為陽、為前，北為陰、為後。陰陽、前後既分，尊卑亦分，如《周禮·天官·內宰》：「中春詔后帥外內命婦始蠶于北郊，以為祭服」，鄭注：「蠶于北郊，婦人以純陰為尊」❾，又如《禮記·祭統》：「天子親耕於南郊」，鄭玄認為諸侯屬少陽，天子以純陽為尊，因此天子耕於南郊，諸侯則於東郊。后蠶于北郊，亦因純陰為尊使然。❾漢代皇后所在的椒房宮位於未央宮前殿之後，但相較於其他后妃所在的北宮、桂宮則屬在前。北宮為相對位置而言，如后六宮在帝王燕寢之北，故曰北宮。北有幽陰之義，故廢后亦常居北宮（詳後文）。市為百姓聚集之所，性質屬陰，因此又在北宮、桂宮之後（北）。《周禮·天官·內宰》：「凡建國佐后立市，設其次，置其敘，正其肆、陳其貨賄、出其度量淳制，祭之以陰禮。」❾鄭注：「建國者必面朝後市，王立朝而后立市，陰陽相承之義」。至於宗廟等祭拜之所，則集中於南郊，位於未央宮之南。

西漢太后所居之長樂宮，位於未央宮、椒房宮之後，北宮、桂宮之前，與未央宮分屬東西，有東朝之稱。❿以《儀禮》所記之宮

---

❾　《周禮》，卷 7〈天官·內宰〉，頁 113。

❾　《禮記》，卷 49〈祭統〉，頁 831。

❾　《周禮》，卷 7〈天官·內宰〉，頁 112。

❿　如《漢書》，卷 43〈叔孫通傳〉，頁 2129：「惠帝為東朝長樂宮」，又如《漢書》，卷 52〈灌夫傳〉，頁 2389：「具告言灌夫醉飽事，不足誅。上然之，賜嬰食，曰：『東朝廷辯之』。」

室格局，「坐北朝南」、「左東右西」、「左陽右陰」，以左
（東）為尊❿，故東階為主人之階，西階為賓階的情況來看，太后
宮位於未央宮之東，似乎有些特殊，然而據《史記‧高祖本記》所
記，長樂宮原為高祖布政之宮，至惠帝時移居於未央宮，長樂宮才
為太后所居，至東漢時則由北宮、南宮的形制所取代，反映出太后
居東宮為特殊狀況。

　　根據未央宮的考古顯示，椒房與掖庭、北宮、桂宮、明光宮為
宮女主要居所，東宮為太后所居，以此正好形成眾宮拱紫宮（未
央）的格局。後宮亦為前朝後寢的格局，椒房殿為正殿，「正殿以
北有配殿和廂房等，這應屬于皇后椒房殿的『燕寢』、或謂『小
寢』」。⓬至於《漢官儀》所載：「婕妤以下皆居掖庭」，掖庭，
應在椒房殿北。⓭初被選入宮中者，亦在此待詔，如《漢書‧元帝
紀》：「賜單于待詔掖庭王檣為閼氏」，應劭曰：「郡國獻女未御
見，須命於掖庭，故曰待詔」⓮，即為此例。

　　后妃於後宮所居，隨身份尊卑之別而不同。以後宮級等來看，

<hr>

❿　有關行禮中左右問題，詳參彭美玲，《古代禮俗左右之辨研究──以三禮為
　　中心》（臺北：臺灣大學，1997）。
⓬　劉慶柱，〈漢長安城考古發現及相關問題研究〉，《古代都城與帝陵考古學
　　研究》（北京：科學出版社，2000），頁136。
⓭　《宮殿考古通論》，頁241，認為掖庭為較高級宮人之居所：「這種表現正
　　是低于皇后的嬪妃地位所用的建築，而不可能是一般宮人能夠居住使用的。
　　揭露部份已表明它是以天井為單位的若干宮殿群落，初步判斷有可能就是文
　　獻所記十四位嬪妃的寢宮。」
⓮　《漢書》，卷9〈元帝紀〉，頁297。

西漢「自武、元之後，世增淫費，至乃掖庭三千，增級十四」[105]，所謂的十四等為：

> 昭儀位視丞相，爵比諸侯王。倢伃視上卿，比列侯。娙娥視中二千石，比關內侯。傛華視真二千石，比大上造。美人視二千石，比少上造。八子視千石，比中更。充依視千石，比左更。七子視八百石，比右庶長。良人視八百石，比左庶長。長使視六百石，比五大夫。少使視四百石，比公乘。五官視三百石。順常視二百石。無涓、共和、娛靈、保林、良使、夜者皆視百石。上家人子、中家人子視有秩斗食云。[106]

除皇后外，自昭儀以下共十四等。屬十四等者人數眾多，單就這些位號來看，後宮人數至少就在二十人以上了，班固〈兩都賦〉謂其動輒以百數[107]，甚至有掖庭三千之說。雖經西漢末長安大亂，光武入京前，「掖庭中，宮女猶有數百千人」[108]，都可以證明後宮女子的人數甚可觀。[109]

眾多的后妃如何居住於後宮？漢時皇后所居稱中宮，即身份高

---

[105] 《後漢書》，卷10上〈皇后紀〉，頁399。

[106] 《漢書》，卷97上〈外戚傳〉，頁3935。

[107] 《後漢書》，卷40上〈班固傳〉，頁1341。

[108] 《後漢書》，卷11〈劉盆子傳〉，頁482。

[109] 東漢開國之初勵行簡約，《後漢書》，卷10上〈皇后紀〉，頁400：「及光武中興，斲彫為朴，六宮稱號，唯皇后、貴人。貴人金印紫綬，奉不過粟數十斛。又置美人、宮人、采女三等，並無爵秩，歲時賞賜充給而已。」但孝章以後又「漸用色授，恩隆好合」，後宮人數顯然不少。

者保持居中位置，前文述及何休認為：夫人居中宮、右媵居西宮、左媵居東宮，眾多妃妾中以身份高者居中。⑩漢代時後宮應依身份高低分為多區，如《漢書·外戚傳》提及孝成班倢伃被選入宮時：「始為少使，蛾而大幸，為倢伃，居增成舍」⑪，應劭解釋曰：「後宮有八區，增成第三也」。應劭所謂的八區，《漢書》並未提及，但據《三輔黃圖》記載：

> 武帝時，後宮八區，有昭陽、飛翔、增成、合歡、蘭林、披
> 香、鳳皇、鴛鴦等殿，後有增修安處、常寧、茝若、椒風、
> 發越、蕙草等殿，為十四位。⑫

認為後宮八區為武帝時所有。後宮八區的說法，很可能與漢儒一娶九女的主張有關。⑬東漢時，明德馬皇后立時，亦有所謂「有司奏請立長秋宮，以帥八妾」⑭的講法。何休依據媵婚制度一娶九女，來陳述宮女依據身份高低，嫡庶之別而分居中、東、西宮，亦為其例。

---

⑩　衛宏，《漢舊儀》（臺北：臺灣中華書局，1981），卷下，頁 1。《漢舊
　　儀》指出：「皇后五日一上食，食賜上左右酒肉，留宿，明日平旦歸中
　　宮」。

⑪　《漢書》，卷 97 下〈外戚傳〉，頁 3983。

⑫　《三輔黃圖》，卷 3，頁 21。

⑬　關於諸侯一娶九女之制，請參考拙作，〈漢代經師對媵婚制度的理解及其主
　　張的背景〉，前揭文。

⑭　周天游輯注，《八家後漢書輯注》（上海：上海古籍，1986），卷 1〈后妃
　　傳·明德馬皇后〉，頁 313。

　　後宮十四等級確立則在成帝時，因此八區自成帝時可能還有相應的變動，《三輔黃圖》將後宮分為十四區，此十四區正可以配合後宮十四等級的后妃所居。根據《漢書·佞幸傳》，哀帝時董賢「女弟以為昭儀，位次皇后，更名其舍為椒風，以配椒房」，師古注：「皇后殿稱椒房。欲配其名，故曰椒風」❶❶❺，可見椒風殿之名仿椒房而生，比擬其似皇后之位，後來增置的宮殿未必等級排序於後。❶❶❻確切的宮殿等級該如何排序？且《漢書·外戚傳》所列位屬十四等級有無涓、共和、娛靈、保林、良使、夜者之稱號，如何安排，史料所限，仍待探索。

　　若以具體的後宮狀況來看，則於八區或十四區的安排亦往往有出入之例，如以武帝時後宮的情形來看，鉤弋趙倢伃「居鉤弋宮，大有寵」，根據師古注：「鉤弋宮在城外。《漢武故事》曰在直門南也」❶❶❼，趙鉤弋雖貴為倢伃所居卻不在所列的八區之中。又據《三輔黃圖》：

　　　武帝求仙起明光宮，發燕趙美女二千人充之。率取二十以
　　　下，十五以上，年滿三十者，出嫁之。掖庭令總其籍，時有

---

❶❶❺　《漢書》，卷93〈佞幸傳〉，頁3733-3734。
❶❶❻　葉大松，《中國建築史》（臺北：信明出版社，1973），頁403。其中頁422
　　　圖示十四區以昭陽殿居前，由南至北依序排列，前者居南，近未央宮近，後
　　　者居北，距未央宮遠，雖符合於身份尊卑安排，然而不知所據為何，且將武
　　　帝以後之宮殿級等均依序列於九至十四級等，有待商榷。
❶❶❼　《漢書》，卷97上〈外戚傳·孝武鉤弋趙倢伃〉，頁3956。

死出者，隨補之。⑱

明光宮中有大量美女，其等秩的安排不在前引的十四等級中，居住亦不在此八區中。

　　以成帝時後宮的情況來看，皇后居於椒房殿⑲、孝成趙昭儀居昭陽殿⑳，其時「昭陽特盛，隆乎孝成」㉑，其時倢伃的地位僅次於皇后和昭儀，除皇后外，應屬第二等，應劭為何將之置於第三區？成帝時的許美人居於「上林涿沐館，數召入飾室中若舍，一歲再三召，留數月或半歲御幸」㉒，若如《漢官儀》所述：「婕妤以下皆居掖庭」㉓，美人位居第五等，理應住於前所述後宮中，為何住於上林？又如孝成趙皇后與趙昭儀姐妹驕妒，孝成班倢伃「恐久見危，求共養太后長信宮，上許焉。倢伃退處東宮」㉔，除了因趙昭儀姐妹顓房而排斥其他后妃的原因外，十四等后妃所居的宮室可能因具體狀況的不同而有不少的變異性，甚至有為數不少的宮女並未住於掖庭中。但整體來看，后妃所居住的宮室與身分尊卑密切相關。

　　在事死如事生的觀念以及禮「重於喪祭」想法下，墓葬與宗廟

---

⑱　《三輔黃圖》，卷3，頁28。
⑲　《漢書》，卷97下〈外戚傳〉，頁3974。
⑳　《漢書》，卷97下〈外戚傳〉，頁3989。
㉑　《後漢書》，卷40上〈班固傳〉，頁1341。
㉒　《漢書》，卷97下〈外戚傳〉，頁3993。
㉓　《漢舊儀》，卷下，頁1。
㉔　《漢書》，卷97下〈外戚傳·孝成班倢伃〉，頁3985。

建築往往模仿死者生前所居，反映出社會文化中宗法實行的狀況及嫡庶身份之認定等問題。⑫兩漢帝、后陵園，世家大族的墓葬，亦牽涉宗法、昭穆等議題。后妃是否與皇帝合葬、陵墓所在的位置、形制、墳土的高低都標示身份的差別。在正常的情況下，后與帝合葬，位於帝陵之東。位於東似乎與傳統宮室尚左的說法不合，學者或認為是地道尊右使然。⑫

---

⑫ 舉例來說，戰國時期河北省平山縣中山王陵出土的「兆域圖」，反映出當時的陵園規劃，以及主人生前的階級、生活場域狀況。在并列的五堂中，除了外二側夫人堂形制較小外，以王居中，哀后、王后分兩側的三堂，則大小尺寸相等。以王居中身份有別於后，不過二后與王形制相同，則與宗法精神並不相符。同時期的河南輝縣固圍村遺址，中堂高於東西二堂，而東西二堂的絕對尺寸亦不相等，後者較前者反映出更分明的階級之別，亦透露出宗法禮制的思想，以及后妃間身份、地位的差別。詳參傅熹年，〈戰國中山王𰯄墓出土的《兆域圖》及其陵園規制的研究〉，《考古學報》1980 年 1 期，頁 97-119。楊鴻勛，〈戰國中山王陵及兆域圖研究〉，《考古學報》1980 年 1 期，頁 119-137。劉來成、李曉東，〈試談戰國時期中山國歷史上的幾個問題〉，《文物》1979 年 1 期，頁 32-36。中國科學院考古研究所，《輝縣發掘報告》（北京：科學出版社，1956 年）。

⑫ 黎靖德，《朱子語類》（北京：中華書局，2004），卷 89，頁 2286：「堯卿問合葬夫婦之位，曰：『某當初葬七室，只存東畔一位，亦不曾考禮是如何』安卿云：『地道以右為尊，恐男當居右』，曰：『祭以西為上，則葬時亦當如此方是。』《逸周書集訓校釋》，卷 4〈武順〉，頁 83：「天道尚左，日月西移。地道右，水道東流。人道尚中，耳目役心。心有四佐，不和曰廢。地有五行，不通曰惡。天有四時，不時曰凶。天道曰祥，地道曰義，人道曰禮。知祥則壽，知義則立，知禮則行。禮義順祥曰吉，吉禮左，順天以利本，武禮右旋，順地以利兵，將居中軍，順人以利陳，人有中曰參。」有關喪葬空間安排可參考本書第三章。

四、居寢之場域所標幟的身份狀態
——以西漢后妃居處狀況為例

(一) 被廢

　　后妃若被廢，廢后居處與未央宮的距離、皇帝可能遊幸的頻率，與其處境密切相關。以西漢廢后來看，孝惠張皇后於呂氏之亂後被貶居於北宮❶，孝成趙皇后於成帝崩後亦被貶居北宮。❶孝哀帝皇后於傅氏失勢後退居桂宮。❶三者均為皇帝崩後，因政治因素被廢的狀況。北宮、桂宮位於未央宮以北，北宮又位於桂宮以東❶，由於位置偏東、偏北，因此多為廢后或不得意之后妃所居。

　　后妃被廢之居處與未央宮的距離亦為觀察其處境的線索，《漢書・外戚傳》所記孝宣霍皇后「立五年，廢處昭臺宮。後十二歲，

---

❶　《漢書》，卷 97 上〈外戚傳・孝惠張皇后〉，頁 3940。

❶　《漢書》，卷 12〈平帝紀〉，頁 347：「貶皇太后趙氏為孝成皇后，退居北宮。」

❶　《漢書》，卷 97 下〈外戚傳・孝哀傅皇后〉，頁 4005，哀帝崩後，王莽下詔：「今令孝哀皇后退就桂宮」，後月餘，復與孝成趙皇后廢為庶人，就其園自殺。

❶　《史記》，卷 40〈外戚世家〉，頁 1969：「卒滅呂氏，唯獨置孝惠皇后居北宮」索隱按：宮在未央北，故曰北宮。正義引《括地志》：「北宮在雍州長安縣西北十三里，與桂宮相近，在長安故城中。」《漢書》，卷 97〈外戚傳〉，頁 3940：「獨置孝惠皇后，廢處北宮」師古注：「北宮在未央宮北」，《漢書》，卷 10〈成帝〉，頁 302：「師古曰：《三輔黃圖》桂宮在城中，近北宮，非太子宮」。有關北宮、桂宮的位置可參考劉慶柱，〈漢長安城的宮城和里布局形制述論〉，頁 162-176。

徙雲林館,乃自殺,葬昆吾亭東」❸,昭臺宮根據師古注「在上林中」,而雲林館根據霍后自殺葬於昆吾亭東,應是就近而葬的情況來看,昆吾在藍田,雲林館應該也位於藍田境內。以距離來看,位於藍田的雲林館較位於上林的昭臺為遠,上林為皇帝畋獵、冶遊之所,亦為賦家筆下極欲誇飾帝國富強的地方,而藍田則位於長安之東,歷來為軍事要地,皇帝之遊幸自然較少。被廢的霍皇后於十二年後,再次被遷於更遠而稀落之處,其處境愈形險惡孤立,最終以自殺收場。

　　《漢書・外戚傳》記孝成許皇后因寵愛衰弛,而:「為媚道祝詛後宮有身者王美人及鳳等」,最後被「廢處昭臺宮,親屬皆歸故郡山陽……在昭臺歲餘,還徙長定宮」❸,許皇后亦被廢於上林苑中的昭臺宮。長定宮之位置,根據師古引《三輔黃圖》:「林光宮有長定宮」❸,以及《括地志》:「秦之林光宮,漢之甘泉,在雍州雲陽西北八十里。秦始皇作甘泉宮,去長安三百里,望見長安。」❸「漢雲陽宮……有通天臺,即黃帝以來祭天圜丘之處。武帝以五月避暑,八月乃還也」❸,長定宮位於雲陽,為皇帝避暑祭神之所在,武帝鉤弋夫人被賜死於此❸、孝元馮昭儀被廢為庶人後

---

❸　《漢書》,卷 97 上〈外戚傳〉,頁 3968-3969。

❸　《漢書》,卷 97 下〈外戚傳〉,頁 3982。

❸　又據《史記》,卷 10〈孝文本紀〉,頁 425,索隱引應劭:甘泉「宮名,在雲陽,一名林光。」

❸　《史記》,卷 110〈匈奴列傳〉,頁 2902。

❸　《史記》,卷 12〈孝武本紀〉,頁 471。

❸　《史記》,卷 49〈外戚世家〉,頁 1985-1986。

亦徙雲陽宮。⑬

　　廢后所居較特殊的狀況是孝武陳皇后「罷退居長門宮」⑱，所謂長門宮，根據《漢書·東方朔傳》即竇太后之女，長公主之陵園。⑲陳皇后被廢後，退守母親之陵園。

　　歸納前所分析西漢廢后居處來看，若皇帝已死，因政治因素被廢的太后往往居於北宮、桂宮等長安城內的地方；若被廢為庶人，如平帝祖母，則更遠一層，至雲陽宮。若皇帝親自廢后，廢后的地點亦隨其犯罪情節輕重而有不同，常有的地點如上林苑中的昭臺宮以及位於甘泉用以通天、避暑的雲陽宮。不論北宮、桂宮、昭臺宮或雲陽宮，往往與事神關係密切。如北宮之中有「前殿、壽宮、神仙宮、太子宮、甲觀和畫室」⑭，其中壽宮與神仙宮為供奉神明所在，武帝時即奉神君於壽宮。⑭神仙宮顧名思義亦為奉祀神明所在。根據《三輔黃圖》的記載：「北宮有神仙宮、壽宮，張羽旗，設供具，以禮神君，神君來則肅然風生，帷帳皆動」。⑭桂宮中有明光宮，應武帝求仙而起，有眾美人居其間。又如甘泉宮，為「秦

---

⑬　《漢書》，卷97下〈外戚傳·孝元馮昭儀〉，頁4007。

⑱　《漢書》，卷97上〈外戚傳〉，頁3948。

⑲　《漢書》，卷65〈東方朔傳〉，頁2853：「更名竇太主園為長門宮」，頁2854，如淳注「竇太主園在長門。長門在長安城東南。園可以為宿館處所。」

⑭　《漢長安城》，頁113。

⑭　《史記》，卷12〈孝武本紀〉，頁459-460。又正義引《括地志》：「壽宮、北宮皆在雍州長安縣西北三十里長安城中。」

⑭　《三輔黃圖》，卷3，頁23。

皇帝以來天圜丘處」❸，雲陽宮上有通天臺，為祭天處。武帝非常信好鬼神與長生之術，於甘泉宮「中為臺室，畫天地泰一諸鬼神，而置祭具以致天神」。❹武帝信奉神君，所謂神君為難產而死之鬼，以依附於妯娌的形式呈現，武帝將神君安置於「上林中蹄氏館」。由武帝生病時，神君與之言曰：「天子無憂病。病少瘳，強與我會甘泉」❺，而後武帝病癒，可見甘泉宮於事神之重要性。由於事神之處幽陰，除了象徵著廢后的處境，可能也以此懺悔祈求，以渡過充滿恐懼與羞辱的殘生。

(二) 生育前後

產育被認為不潔❻，須要隔離與避忌❼，婦女產育所居，有別

---

❹ 《漢書》，卷 25 上〈郊祀志〉，頁 1219。
❺ 《漢書》，卷 25 上〈郊祀志〉，頁 1220。
❻ 孕婦生產和新生兒的誕生被視為不潔，所謂的不潔並不是指一般的骯髒，而是不祥。這種不祥從人類學的角度來看，主要來自於三方面，一是婦女經血的不潔，二是原有的秩序遭受破壞，這又可從兩個方面來說，即：在團體中的身份轉變、團體中成員的減少或增加，第三則是事件的發生者身份處於轉變的中介狀態，難以透過定義而得到約束和定位，所以被視為是危險的存在。由於產育不潔的特質，因此必須加以隔離。隔離的過程，一方面可以避免團體直接受到嚴重衝擊，而有緩衝的時空去調適，另一方面，對當事人來說，這亦是一個象徵死亡而再生的過程，透過隔離來幫助當事人完成生命的轉化。從通過儀式及生命狀態改變的失序來看產育不潔，詳參瑪麗・道格拉斯（Mary Douglas）"Purity and Danger: an analysis of the concepts of pollutions and taboo" London, Routledge, 1966, P.12；又史宗主編，劉彭譯，《二十世紀西方宗教人類學文選》（上海：上海三聯書店，1995），頁 326-328。維克托・W・特納（Victor Turner），認為處在過渡階段的人具有強大的力量，具

有五個特徵，詳參〈模棱兩可：過關禮儀的閾限時期〉，《二十世紀西方宗教人類學文選》，頁 512-530。在中介身份狀態的人常會被隔離於有秩序的社會生活之外，一方面，當然因為他們被認為是危險的，所以要保持距離，但隔離的目的還為了要使當事人能夠順利地完成意識及身份的轉化、並以新的身份再與團體連結。處於中介身份狀態者的隔離，積極意義是要幫助當事人能夠順利地完成意識的轉化，除與神聖連結外，並醞釀新的社會關係的連結。詳參埃德蒙·R·利奇（E.R. Leach），〈關於時間的象徵表示〉，《二十世紀西方宗教人類學文選》，頁 500，將儀式的神聖時間以其性質分為四個階段：首先是「神聖化的禮儀或隔離的禮儀。有德之人從凡俗世界被轉入神聖世界；他死了。」其次是邊沿狀態「有德之人處於一種神聖狀態，即一種假死狀態之中。日常的社會時間已停止了。」再來是「非神聖化禮儀或聚合禮儀。有德之人從神聖世界被帶回世俗世界；他再生了，世俗時間重新開始。」這以後是「常規的世俗生活階段，是前後節慶的中間間隔。」利奇將儀式時間分為一般世俗的時間，其次是進入隔離與象徵死亡的時間、停留在隔離狀態，社會和世俗活動停止的時間，最後是象徵再生、融入世俗的時間。值得注意的是，進入隔離的分裂階段與連結世俗的聚合階段、邊緣狀態與融入世俗的時間有角色逆轉的現象，就像是死亡與再生，神聖與世俗的不同一般，在儀式的手法上也要採取逆轉的方式，以幫助當事人意識的轉化。有關作月子禁忌詳參翁玲玲，《麻油雞之外：婦女作月子的種種情事》（臺北：稻香出版社，1994）。

⑰　不只是產婦，甚至連生下來的新生胎兒與胞衣亦被視為不潔，漢代王充記載了當時的習俗，《論衡校釋》，卷 23〈四諱篇〉，頁 975：「諱婦人乳子，以為不吉，將舉吉事、入山林、遠行、度川澤者皆不與之交通；乳子之家亦忌惡之，丘墓廬道畔，踰月乃入，惡之甚也，暫卒見若為不吉。」「夫婦人之乳子也，子含元氣而出。元氣，天地之精微也，何凶而惡之？人，物也；子，亦物也。子生與萬物之生何以異？諱人之生謂之惡，萬物之生又惡之乎？生與胞俱出，如以胞為不吉，人之有胞，猶木實之有扶也。包裹兒身，因與俱出，若鳥卵之有殼，何妨謂之惡？如惡以為不吉，則諸生物有扶殼者，宜皆惡之。」王充的記述中江南在家室外另擇生產之處，必須「踰月乃入」。產婦除了與丈夫的家人隔離外，亦不能回娘家生產，《風俗通義》就說：「不宜歸生，俗云令人衰」，隔離的時間常為一個月，但視情況而增

於平時，《禮記‧內則》：

> 妻將生子及月辰，居側室，夫使人日再問之，作而自問之，
> 妻不敢見，使姆衣服而對。至于子生，夫復使人日再問之。
> 夫齊則不入側室之門。[148]

有關側室，鄭玄認為是：「夫之室，次燕寢」，孔穎達進一步加以
說明：

> 夫正寢之室在前，燕寢在後，側室又次燕寢在燕寢之旁，故
> 謂之側室。妻既居側室，則妾亦當然也。故《春秋》傳云：
> 「趙有側室曰穿」，是妾之子也。生子不於夫正室及妻之燕
> 寢，必於側室者，以正室、燕寢尊故也。[149]

孔氏認為不論是嫡妻或是妾皆於側室生產，不過〈內則〉提及子生
三月之末必須舉行儀式以脫離初生狀態，其日「夫入門，升自阼
階」，鄭注：「入門者，入側室之門也。大夫以下見子就側室，見

加，所以常稱為作月子。〈內則〉所提隔離的時間似乎是在命名儀式以後才
開始夫妻同房，進入正常生活，如此則為三個月，二者的差別可能由於時代
或地域的特殊風俗，或是由於貴族身份與平民不同，或是有特殊原因，待考
究。有關婦女生產過程所涉問題詳參李貞德，〈漢唐之間醫書中的生產之
道〉，《中央研究院歷史語言研究所》第 67 本第 3 分（1996 年九月），頁
533-651。

[148] 《禮記》，卷 28〈內則〉，頁 534。
[149] 《禮記》，卷 28〈內則〉，頁 534，孔疏。

妾子於內寢，辟人君也」，孔疏則進一步解釋諸侯見適子於路寢，
見適子之弟於外寢、見庶子於側室。而大夫以下，見適子於側室，
見庶子于內寢。⓯孔穎達之說一則可以看出隨著新生兒所屬身份的
不同，儀式舉行的地點有所區別；其次鄭注、孔疏將側室置於妻之
內寢前，認為此乃夫燕寢旁之別室。因產育的不潔而隔離的狀態，
必須等到舉行三月命名儀式後才告結束，此後「妻遂適寢」⓯，回
復平時生活狀態。

　　後宮產育亦充滿避忌，甚至發生因宮中婦人生產而廢祭的現
象，東漢時蔡邕就曾對此進諫言：

> 清廟祭祀，追往孝敬，養老辟雍，示人禮化，皆帝者之大
> 業，祖宗所祇奉也。而有司數以蕃國疎喪，宮內產生，及吏
> 卒小汙，屢生忌故。竊見南郊齋戒，未嘗有廢，至於它祀，
> 輒興異議。豈南郊卑而它祀尊哉？……忘禮敬之大，任禁忌
> 之書，拘信小故，以虧大典。禮，妻妾產者，齋則不入側室
> 之門，無廢祭之文也。所謂宮中有卒，三月不祭者，謂士庶
> 人數堵之室，共處其中耳，豈謂皇居之曠，臣妾之眾哉？自
> 今齋制直如故典，庶荅風霆災妖之異。⓯

蔡邕時宮中往往因為喪、產、病等禁忌而廢祭，根據《禮記》：

⓯　《禮記》，卷28〈內則〉，頁535，孔疏。
⓯　《禮記》，卷28〈內則〉，頁536。
⓯　《後漢書》，卷60〈蔡邕列傳〉，頁1993-1994。

「喪三年不祭，雖祭天地、社稷為越紼而行事」🄓，明白指出祭天地社稷不受大喪影響，照常舉行，不過《後漢書·禮儀志》認為遇大喪時，祭天仍照常舉行，祭地以下因大喪而延至百日之後🄔，與〈王制〉所記略有差異。蔡邕認為宮中人員眾多，若因為喪事而延遲祭祀，甚至廢祭，是極為不敬的事情。祭禮避喪事，主要考量到喪事不祥，產育、疾病亦被認為是不潔之事，因此亦忌在此時行祭禮。蔡邕特別指出，依據禮書產育應於側室中進行，男子齋戒則不入側室之門，已作了防護和隔離措施，因此不須因產育而延遲祭禮。蔡邕的諫言反映出當時對於產育的禁忌心理，正因產育充滿禁忌，所以生產所居有別於平時。

　　以西漢后妃生產所居的情況來看，《史記·外戚世家》記「孝景帝即位，王夫人生男」，《索隱》引《孝武故事》：「帝以乙酉七月七日生於猗蘭殿」🄕，猗蘭殿位於未央宮中🄖，其確切位置則不可考。至於宣帝許皇后生太子，根據《漢書·外戚傳》所記，女醫淳于衍與霍光妻欲毒害許皇后，「即擣附子，齎入長定宮。皇后

🄓　《禮記》，卷 12〈王制〉，頁 238。

🄔　《後漢書》，〈禮儀志〉，頁 3104：「凡齋，天地七日，宗廟、山川五日，小祠三日。齋日內有汙染，解齋，副倅行禮。先齋一日，有汙穢災變，齋祀如儀。大喪，唯天郊越紼而齋，地以下百日後乃齋，如故事。」

🄕　《史記》，卷 49〈外戚世家〉，頁 1975-1976。武帝出生被神化，如郭憲，《洞冥記》（臺北：黎明文化公司，1996），卷 1，頁 9393：「漢武帝未誕之時，景帝夢一赤彘從雲中直下，入崇蘭閣，帝覺而坐于閣上，果見赤氣如烟霧來蔽戶牖，望上有丹霞蓊鬱而起，乃改崇蘭閣為猗蘭殿。」

🄖　據宋敏求，《長安志》（上海：上海古籍出版社，1993 年），頁 93-94。

免身後，衍取附子并合大醫大丸以飲皇后」[157]，可見皇后生產於長定宮。值得注意的是長定宮位於雲陽，為皇帝避暑、祭神之所在，同時亦為廢后所居之地，武帝鉤弋夫人被賜死於此、孝元馮昭儀被廢為庶人後徙雲陽宮、孝成許皇后被廢亦於長定宮。皇后生產與廢后均取於此，蓋取於僻靜、邊遠，遠離中心之所。

孝成皇帝生時元帝尚為未登基，《漢書·元后傳》對其有詳細記載：

> 宣帝聞太子恨過諸娣妾，欲順適其意，乃令皇后擇後宮家人子可以虞侍太子者，政君與在其中……皇后使侍中杜輔、掖庭令濁賢交送政君太子宮，見丙殿。得御幸，有身。先是者，太子後宮娣妾以十數，御幸久者七八年，莫有子，及王妃壹幸而有身。甘露三年，生成帝於甲館畫堂，為世嫡皇孫。[158]

成帝「生甲觀畫堂」[159]，所謂甲觀畫堂，應劭曰：「甲觀在太子宮甲地，主用乳生也。畫堂畫九子母」，師古則認為：「甲者，甲乙丙丁之次也。〈元后傳〉言見於丙殿，此其例也。而應氏以為在宮之甲地，謬矣。畫堂，但畫飾耳，豈必九子母乎？霍光止畫室中，是則宮殿中通有綵畫之堂室。」[160]根據《三輔黃圖》記載甲觀畫堂

---

[157]　《漢書》，卷 97 上〈外戚傳〉，頁 3966。

[158]　《漢書》，卷 98〈元后傳〉，頁 4015-4016。

[159]　《漢書》，卷 10〈成帝紀〉，頁 301。

[160]　《漢書》，卷 10〈成帝紀〉，頁 301。

位於北宮。⑯

　　除了皇后生子須避離王宮以外，其他身份之宮中婦女亦然，
《漢書・外戚傳》記孝成班倢伃產子事：

> 孝成班倢伃，帝初即位選入後宮。始為少使，蛾而大幸，為
> 倢伃，居增成舍，再就館，有男，數月失之。⑯

所謂「再就館」，注引蘇林曰：「外舍產子也」，雖貴為倢伃亦外
舍產子。⑯關於此事，孝成班倢伃在自作賦傷悼身世時提及：「痛
陽祿與柘館兮，仍繈褓而離災」，服虔認為「陽祿」、「柘館」乃
是倢伃「生子此館，皆失之也」，師古注：「二觀並在上林中。」⑯
倢伃居增成舍於未央宮，而產子則至上林苑，應非偶然。

　　其他宮女，如漢成帝時宮史曹宮因御幸而有子，「乳掖庭牛
官令舍」⑯，即於掖庭牛官令舍中產子，牛官令應為掖庭中掌牛之
官⑯，於其舍中產子。⑯又如王莽欲諂媚太后，即使連「太后旁弄

---

⑯　《三輔黃圖》，卷3，頁24。
⑯　《漢書》，卷97下〈外戚傳〉，頁3983-3984。
⑯　《漢書》，卷97下〈外戚傳・孝元馮昭儀〉，頁4005：「昭儀始為長使，
　　數月至美人，後五年就館生男，拜為倢伃。」可見馮昭儀當初生男時亦「就
　　館」於外舍產子。
⑯　《漢書》，卷97下〈外戚傳〉，頁3985。
⑯　《漢書》，卷97下〈外戚傳〉，頁3990。
⑯　荀悅，《前漢紀》，頁270，載為：「生而掖庭才官令舍」。
⑯　畜牲所飼應於邊僻處，如〈淮陽于庄漢墓發掘簡報〉，《中原文物》1983年
　　1期，指出居室最內靠近北牆為豬圈、廚房、廁所。於畜圈中產子最為人所

兒病在外舍，莽自親侯之」**⑯**，根據服虔注「弄兒」即「官婢侍史生兒」，太后身邊之宮女生兒亦於外舍。

　　由上所述可知，上至皇后下至宮女生子均須避忌日常住所，皇后生子處所往往與后妃被廢時所居相同，避開未央宮，而常於上林或雲陽等地。至於宮女產子亦於外舍，有時則取於邊僻養畜牲之所，脫離中心而居於邊緣，以免污染宮室。

㈢ 皇帝死後眾妃妾之住所

　　後宮人數眾多，嬪妃在皇帝死後當如何處置？此與后妃是否曾受臨幸，是否有子……等身份狀態有關，出宮人、守陵等在漢時均曾實行過，而死後的葬處亦具有象徵意涵，此部分將集中於本書第三章述及，此處暫不贅述。

㈣ 太后所居及藩后居處上的嫡庶之別

　　漢代時太后居於長樂宮，由於位於未央宮之西，故謂之東宮。如《漢書》，卷九十七上〈外戚傳〉「（文帝竇太后）遺詔盡以東宮

稱道的是大任生周文王之事蹟，詳參韋昭注，《國語》（臺北：里仁，1980），卷 10〈晉語四·胥臣論教誨之力〉，頁 387，胥臣對晉文公提及周代時「大任娠文王不變，少溲於豕牢，得文王而不加疾焉」，又《列女傳》，卷 1〈周室三母〉亦提及文王之母大任「溲於豕牢，而生文王」，後代史書中記載此事蹟者甚多。胥臣對君主所說當為春秋時流傳的傳說，不論是真實事蹟還是後人附會，均透露出當時認為宮中婦女產育應擇取遠離中心的僻靜之所，與禮書所記相謀合。

⑯　《漢書》，卷98〈元后傳〉，頁4031。

金錢財物賜長公主嫖」，師古曰：「東宮，太后所居」[169]，又如武帝與太后在民間所生女相認姐弟後，「載至長樂宮，與俱謁太后」。[170]東宮為太后的代稱，象徵太后的權力，皇后孝養東宮，為婦德之象徵，如孝宣許皇后「五日一朝皇太后於長樂宮，親奉案上食，以婦道共養」，孝宣霍皇后立，亦遵從許后故事。[171]孝成帝時由於常發生災異，大臣歸咎後宮，皇帝下詔皇后要謹守婦德，其中除了要守太后之成法，亦當於朔望至東宮行朝謁之禮：

> 皇太后，皇后成法也。假使太后在彼時不如職，今見親厚，又惡可以踰乎！皇后其刻心秉德，毋違先后之制度，力誼勉行，稱順婦道，減省群事，謙約為右。其孝東宮，毋闕朔望，推誠永究，爰何不臧！養名顯行，以息眾讙，垂則列妾，使有法焉。[172]

太后對於選后、立后頗有權力。如漢成帝時如「趙飛燕貴幸，上欲立以為皇后，太后以其所出微，難之。長主往來通語東宮，歲餘，趙皇后得立，上甚德之」[173]，成帝欲立趙飛燕而不可得，淳于長透過不斷的討好太后，最終順利如願，使成帝甚為高興。淳于長還與被廢的孝成許皇后姐私通，並欺哄她：「我能白東宮，復立許后為

---

[169] 《漢書》，卷97上〈外戚傳〉，頁3945。

[170] 《漢書》，卷97上〈外戚傳〉，頁3948。

[171] 《漢書》，卷97上〈外戚傳〉，頁3968。

[172] 《漢書》，卷97下〈外戚傳〉，頁3981。

[173] 《漢書》，卷93〈淳于長〉，頁3730。

左皇后」❶，以此看出太后於立后上所具有的權力。此外如孝成趙
昭儀欲殺成帝所幸曹宮之子，曹宮大呼「奈何令長信得聞之」❶，
長信即太后之代稱。直至東漢如馬皇后被立，太后均發揮關鍵力
量。❶

　　除了選后、立后等後宮事務外，太后於政務的決策中亦佔重要
位置，此不免引起外戚干政之譏，如「孝景時，吳楚七國，景帝往
來東宮間，天下寒心數月」。❶又如霍光主政時，「光以為群臣奏
事東宮，太后省政，宜知經術，白令勝用尚書授太后，遷長信少
府，賜爵關內侯，以與謀廢立，定策安宗廟，益千戶」❶，所謂東
宮即太后之代稱，而東宮顯然在特殊情況下對於幼帝的廢立具有極
大的影響力。成帝時劉向即以黜外戚進諫皇帝：

> 夫明者起福於無形，銷患於未然。宜發明詔，吐德音，援近
> 宗室，親而納信，黜遠外戚，毋授以政，皆罷令就弟，以則
> 效先帝之所行，厚安外戚，全其宗族，誠東宮之意，外家之
> 福也。❶

---

❶　《漢書》，卷 97 下〈外戚傳·孝成許皇后〉，頁 3983。

❶　《漢書》，卷 97 下〈外戚傳〉，頁 3991。

❶　《後漢書》，卷 10 上〈皇后紀〉，頁 409：「永平三年春，有司奏立長秋
　　宮，帝未有所言，皇太后曰：『馬貴人德冠後宮，即其人也』，遂立為皇
　　后。」

❶　《漢書》，卷 59〈張湯傳〉，頁 2641。

❶　《漢書》，卷 75〈夏侯勝〉，頁 3155。

❶　《漢書》，卷 36〈楚元王傳·劉向〉，頁 1962。

終漢朝之世，帝王與外戚勢力的權衡與對抗一直是個極被重視的問題，作為與西宮對襯的東宮，象徵著外戚的勢力，一直是政治上被關注的焦點。

東宮既為外戚勢力的象徵，在一般情況下由太后坐鎮，然而若發生外藩入繼大統的狀況，又該如何安排，最值得注意的是孝元王皇后與孝元傅昭儀、孝元馮昭儀的例子。由於成帝崩時無子繼承，故以孝元傅昭儀之孫，由外藩入繼大統，為哀帝。哀帝顧及私親，欲尊本生父母，臣子投其所好，先有高昌侯董宏上書提及宜比照秦莊襄王俱稱本生母及華陽夫人為太后之先例，「立定陶共王后為皇太后」。[180]此事為左將軍師丹與大司馬王莽共同反對，導致董宏因「誑誤聖朝，非所宜言，大不道」的罪名被彈劾。其後在傅太后的憤怒和爭取下，哀帝終於追尊定陶共王為共皇，尊傅太后為共皇太后，丁后為共皇后。[181]

在哀帝給私親加尊號的狀況下，哀帝一朝有所謂四太后：

> 帝太太后為皇太太后，稱永信宮，帝太后稱中安宮，而成帝母太皇太后本稱長信宮，成帝趙后為皇太后，並四太后，各置少府、太僕，秩皆中二千石。[182]

根據《漢官儀》：「帝祖母稱長信宮，帝母稱長樂宮」，哀帝時仍

---

[180] 《漢書》，卷86〈師丹傳〉，頁3505。

[181] 此過程詳述於本書第三章，此處不再贅述。

[182] 《漢書》，卷97下〈外戚傳·孝元傅昭儀〉，頁4001。

稱嫡祖母為長信宮，而改稱自己祖母為永信宮，稱無子的成帝趙皇后為皇太后，而稱己生母為中安宮，在稱號上仍有所區別。嫡庶上的區別更反映在居處上，四位太后居於何處？據史書所載，孝元王皇后（為成帝母、王莽姑），居於太后之長樂宮，而哀帝之祖母孝元傅昭儀，為避孝元王皇后，其居所應於何處曾引發討論，《漢書·孔光傳》：

> 哀帝即位……時成帝母太皇太后自居長樂宮，而帝祖母定陶傅太后在國邸，有詔問丞相、大司空：「定陶共王太后宜當何居？」光素聞傅太后為人剛暴，長於權謀，自帝在襁褓養長教道至於成人，帝之立又有力。光心恐傅太后與政事，不欲令與帝旦夕相近，即議以為定陶太后宜改築宮。大司空何武曰：「可居北宮」，上從武言。北宮有紫房復道通未央宮，傅太后果從復道朝夕至帝所，求欲稱尊號，貴寵其親屬，使上不得直道行。[183]

所謂永信宮、中安宮、長信宮的稱號，乃是「以太后所居宮為名也」，就如官職的稱號「居長信宮則曰長信少府，居長樂宮則曰長樂少府也」[184]，若依稱號顯示，永信宮與中安宮均不在長安城內[185]，正符合漢家故事藩后不得留置京師[186]，然而傅昭儀循私親的管道，

---

[183]　《漢書》，卷81〈孔光傳〉，頁3356。

[184]　《漢書》，卷19上〈百官公卿表〉，頁734。

[185]　據《三輔黃圖》，卷3，頁25，所載二者居於甘泉宮中。

[186]　王莽欲顓國權，有鑑於丁、傅行事，立平帝後，下令「母衛姬及外家不當得

極欲接近哀帝，且因哀帝在位而徇私親，傅氏勢盛的結果，只得在京師為其安置住處，由於其身份非正嫡，因此無法居於長樂宮，霍光欲另立宮室，拉遠傅太后對哀帝的影響。何武卻投上所好，建議居於北宮，主要原因在於北宮有復道可通未央宮❿，哀帝採納此議，種下外戚勢盛的隱憂。除了北宮外，傅太后亦居於桂宮，《漢書·五行志》對此事附會以災異：

> 哀帝建平三年正月癸卯，桂宮鴻寧殿災，帝祖母傅太后之所居也。時傅太后欲與成帝母等號齊尊，大臣孔光、師丹等執政，以為不可，太后皆免官爵，遂稱尊號。❿

> 莽復奏言：「前共王母生，僭居桂宮，皇天震怒，災其正殿」。❿

由外藩入繼大統的太后在居處上有別於正嫡太后，理應不得留置京師，即使於京師，亦應於長樂宮外別覓居處。

至於太后所居的長樂宮，據《水經注》所記：

至京師」（《漢書》，卷 97 下〈外戚傳·中山衛姬〉，頁 4008）。靈帝之母董太后因與媳婦何皇后不合，何皇后於靈帝崩後以「蕃后故事不留京師。輿服有章、膳羞有品，請永樂后遷宮本國。」（《後漢書》，卷 10 下〈皇后紀·孝仁董皇后〉，頁 447。）

❿　《後漢書》，卷 1 上〈光武帝紀〉，頁 25：注引蔡質《漢典職儀》曰：「南宮至北宮，中央作大屋，複道，三道行，天子從中道，從官夾左右，十步一，兩宮相去七里。」

❿　《漢書》，卷 27 上〈五行志〉，頁 1337。

❿　《漢書》，卷 97 下〈外戚傳·定陶丁姬〉，頁 4004。

明渠又東，逕漢高祖長樂宮北，本奏之長樂宮也。周二十
里，殿前列銅人，殿西有長信、長秋、永壽、永昌諸殿。⑩

長信宮位於長樂宮中，常為漢太后之居所，故以此為太后的代稱⑪，
孝元王皇后居長樂宮而號長信宮，即為此例。至於長秋宮，位於長
樂宮之西，往往為皇后的代稱，《三輔黃圖》引《通靈記》曰：
「后宮在西，秋之象也。秋主信，故宮殿皆以長信、長秋為名」，
又如師古謂：「秋者，收成之時；長者，恒久之義；故以為皇后官
名」。⑫以長秋宮作為皇后的代稱，此在漢代非常普遍。⑬而總理
皇后事務之官職以長秋為名，掌理皇太后之官職以長信為名。⑭關
於長秋一職，《後漢書》，〈百官志·大長秋〉，對其沿革和制度
有詳細介紹：

　　右屬大長秋。本注曰：承秦，有詹事一人，位在長秋上，亦
　　宦者，主中諸宮。成帝省之，以其職并長秋。是後皇后當法

---

⑩　陳橋驛，《水經注校釋》（杭州：杭州大學，1999），卷 19〈渭水〉，頁
　　337。

⑪　所謂的長信宮，根據司馬光編，《資治通鑑》（北京：北京古籍出版社，
　　1956），卷 35〈孝哀皇帝下·元壽元年〉，頁 1122，注：「長樂宮以長樂宮
　　中長信殿為稱，亦可言長樂宮也」。

⑫　《漢書》，卷 19 上〈百官公卿表〉，頁 735。《資治通鑑》，卷 25〈漢紀·
　　孝平皇帝上·元始二年〉，頁 1138。

⑬　《東觀漢記校注》，卷 6〈明德馬皇后〉，頁 196，李賢明白指出：「長者，
　　久也，秋者，萬物成熟之初也，故以名焉。請立皇后，不敢指言，故以宮稱
　　之。」，尤其東漢，立皇后往往以立長秋宮為言。

⑭　詳參《漢書》，卷 19 上〈百官公卿表〉，頁 734。

駕出，則中謁、中宦者職吏權兼詹事奉引，訖罷。宦者誅後，尚書選兼職吏一人奉引云，其中長信、長樂宮者，置少府一人，職如長秋，及餘吏皆以宮名為號，員數秩次如中宮。本注曰：帝祖母稱長信宮，故有長信少府，長樂少府，位在長秋上，乃職吏皆宦者，秩次如中宮。長樂又有衛尉，僕為太僕，皆二千石，在少府上，其崩則省，不常置。⑲

帝祖母長信宮之職吏員數秩次比照皇后之長秋宮。⑯長樂宮中還有「永壽、永寧殿，皆后所處也」⑰，太后所居之長壽宮，應即為永壽之意。⑱西漢末年王莽欲討好太后，而將元帝廟改為文母篹食堂，並命名為長壽宮。⑲將廟命名為長壽宮，實為仿生時所居名，具有事死如事生的精神。⑳由哀帝時四太后所居，可以明顯看出身份尊卑、嫡庶對所居的影響。

---

⑲　《後漢書》，〈百官志·大長秋〉，頁 3607。

⑯　以《三輔黃圖》、《長安志》等記載長秋殿位於長樂宮中，然而長樂宮為母后所居，皇后當居於未央宮中，未央宮中有長秋門，如《漢書》，卷 63〈武五子傳〉，頁 2743：戾太子起事前「使舍人無且持節夜入未央宮殿長秋門，因長御倚華，具白皇后。」入長秋門而見皇后，宮亦名長秋。

⑰　《三輔黃圖》，卷 3，頁 19。

⑱　《漢書》，卷 53〈景十三王傳·廣川惠王劉越〉，頁 2430，就曾述及昭信因為妒嫉劉去的寵妃，於是「諸幸於去者，昭信輒譖殺之，凡十四人，皆埋太后所居長壽宮中，宮人畏之，莫敢復迕。」太后居長壽宮中。

⑲　《漢書》，卷 98〈元后傳〉，頁 4034。

⑳　眾嬪妃於死後喪葬及祭祀的空間安排，亦仍依循其身份的嫡庶之別，詳參拙著，〈漢代后妃的嫡庶之辨——以葬禮及相關經義為核心進行探究〉，《中國文哲研究集刊》，2005 年 3 月，26 期，頁 321-357。

圖一　測景圖

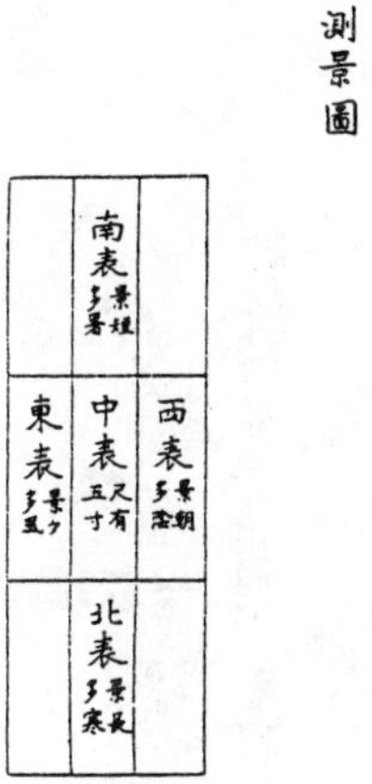

測景圖

南表 多景短	
中表 尺有五寸	西表 多景多
東表 多景多	
北表 多景長	

資料來源：陳祥道，《禮書》。

圖二　為規識景圖

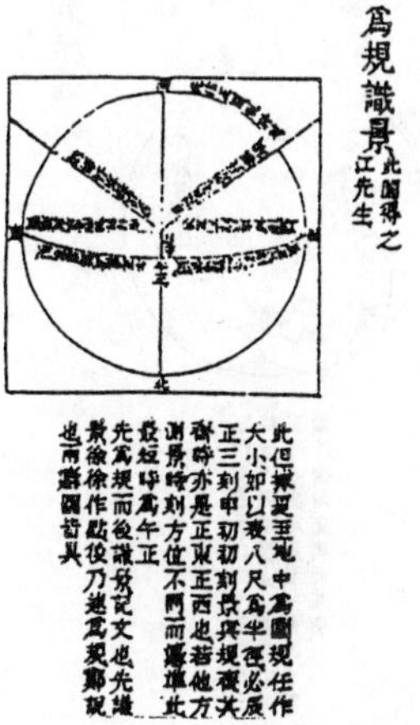

為規識景圖

資料來源：戴震，《考工記圖》。

圖三　璿璣圖

禮書圖
璿璣

資料來源：陳祥道，《禮書》。

圖四　測北極高下圖

測北極高下

資料來源：戴震，《考工記圖》。

圖五　黃赤道圖　　　圖六　《禮書》中所繪之九州

資料來源：戴震，《考工記圖》。　　資料來源：陳祥道，《禮書》。

圖七　《禮書》中所繪之十二分

資料來源：陳祥道，《禮書》。

圖八　《禮書》中所繪之十二分

資料來源：陳祥道，《禮書》。

圖九　曾侯乙墓出土漆箱蓋上二十八宿圖摹本

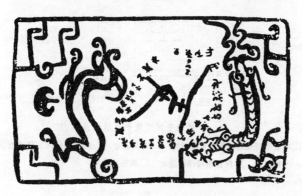

資料來源：陳遵媯，《中國天文學史》。

圖十　漢長安城遺址平面圖

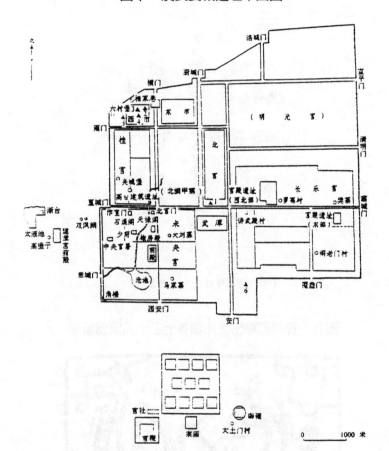

漢長安城遺址平面示意圖

1. 北宮南部燒製磚瓦的官窯遺址　2. 鑄幣遺址　3. 燒製陶俑的官窯遺址

4. 冶鑄遺址　5. 民營製陶作坊遺址　6. 高廟遺址

資料來源：劉慶柱、李毓芳，《漢長安城》。

圖十　長安志圖

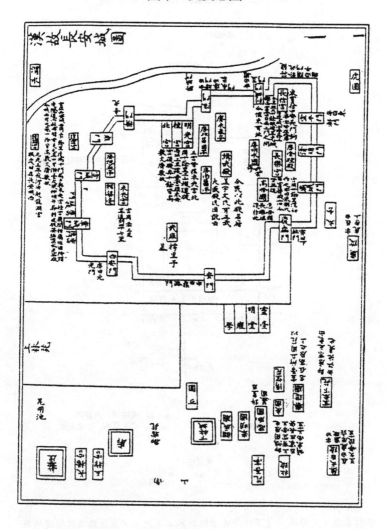

資料來源：元代李好文，《長安志圖》。

圖十二　東漢雒陽城禮制建築圖

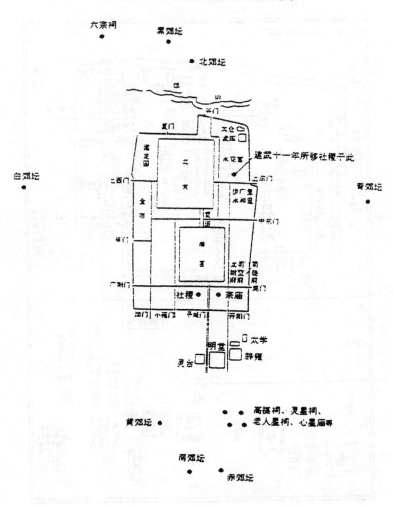

資料來源：王仲殊，《漢代考古學概說》，姜波，《漢唐都城禮制建築研究》略作添加。

圖十三 戴震《考工記圖》所錄之王城

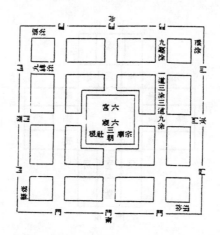

資料來源：戴震，《考工記圖》。

圖十四 戴震《考工記圖》所錄之世室

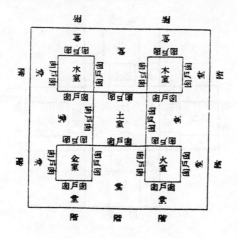

資料來源：戴震，《考工記圖》。

圖十五　王國維《明堂寢廟通考》所錄之大寢圖

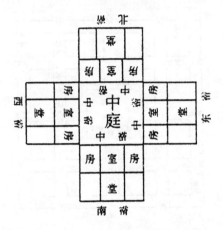

資料來源：王國維，《明堂寢廟通考》。

圖十六　王國維《明堂寢廟通考》所錄之燕寢圖

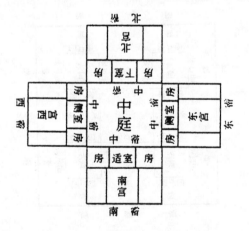

資料來源：王國維，《明堂寢廟通考》。

圖十七　六寢圖

圖十八　六宮配置圖

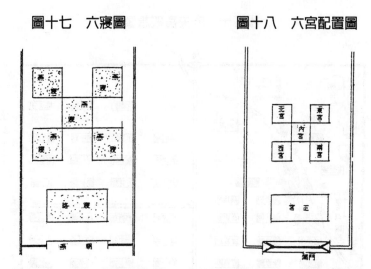

資料來源：葉大松繪，《中國建築史》。　資料來源：葉大松繪，《中國建築史》。

圖十九　路寢平面圖

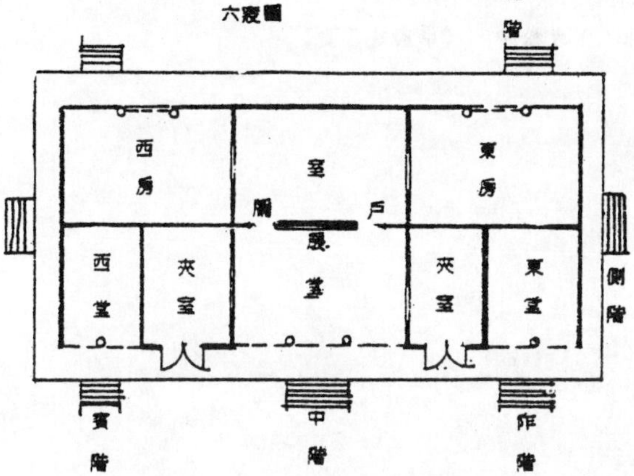

資料來源：葉大松繪，《中國建築史》。

圖二十　未央宮闕想像圖

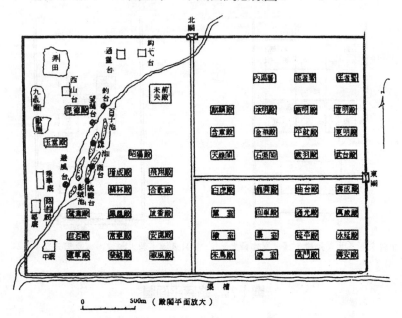

資料來源：葉大松繪，《中國建築史》。

第二章
婦女行禮的儀式空間及
生活場域的分配與限制
——以內外、男女之別為核心進行探究

　　在前一章中，透過禮書及史料分析宮中婦女因其陰之屬性、身份嫡庶、階級尊卑，而被分置於宮中相對屬陰、後、北、卑等宮室居住，當身份發生被廢或被寵幸、生產等狀況，所居寢之空間及與王宮的距離……等亦隨之改變。本章將進一步就生活起居的室內空間及儀式空間的分配，分析其所具有的文化象徵意涵。以及彰顯禮教規訓透過空間的分配和區隔，以使身心於無時無刻中均受到禮教的薰習，在無所不在的文化象徵中深化乃至內化禮教的目的。皮埃爾・布迪厄（Pierre Bourdieu）對於居住空間的分類圖式及其所反映的文化象徵系統頗有見地：

　　　居住空間——首先是房舍——乃是使生成圖式客觀化的特殊
　　場所，而且這一物化的分類系統，通過對物、人和實踐活動

所作的劃分和等級化，不斷灌輸和強化文化任意性的基本分類原則。因此，右禁區和左禁區、男子名譽和女子名節、具有保護和生殖能力的男子和神聖而又招禍的女人之間的對立被物化，具體表現在男人議會場所、市場、田地等男性空間和女子名譽的庇護所即房舍及其庭院等女性空間的劃分上；其次還體現在房舍內部空間區域、物體和活動的對立區分上，而這一區分的依據是看它們屬于乾、火、高、熱、晝這類男性天地，還是屬于濕、水、低、生、夜這樣的女性天地。❶

空間分類系統不斷將文化象徵體系透過隱喻的方式傳達出來，並與身處其中的個體作不斷相互循環的詮釋。透過身心的體驗互證而達成身體空間、宇宙空間、社會空間、倫理空間……相互交融、滲透的目的。

以下透過內外及男女之別的角度進行分析。

一、寢門外的男女之別

㈠ 婦女無外事

婦女被視為主內者，不參與外事。《穀梁傳·僖公九年》記葵

---

❶ 皮埃爾·布迪厄（Pierre Bourdieu）著，蔣梓驊譯，《實踐感》，〈信念與身體〉，頁118-119。

丘之會，周王室及魯、齊、宋、衛、鄭、許、曹等諸侯國間達成共識之一即為：「毋使婦人與國事」。❷不參與國事自然包括不能參與會盟❸、勞軍等事；雖然國際間違反此原則者不乏其例，但不免遭受非議。如魯僖公二十二年，鄭文夫人羋氏、姜氏勞楚子於柯澤，批評者引用當時的成規：「婦人送迎不出門，見兄弟不踰閾，戎事不邇女器」❹，認定此舉屬非禮行為。

除了不參與國事，婦人亦須謹守「既嫁不踰竟」的原則，即使是與娘家親人會面，亦受到限制。如魯桓公將往齊國議事，文姜欲隨行，申繻即以：「女有家，男有室，無相瀆也，謂之有禮，易此必敗」❺，加以阻止。《穀梁傳·莊公五年》對魯夫人姜氏會齊侯于禚的評論是：「婦人既嫁不踰竟，踰竟非正也」。❻除非發生重大變故，否則「婦人不越疆而弔人」❼，《禮記·雜記》指出：「婦人非三年之喪不踰封而弔，如三年之喪則君夫人歸。夫人其歸也以諸侯之弔禮」❽，踰封指越境，根據《儀禮·喪服》「女子子在室為父」服斬衰，「子嫁反在父之室，為父三年」，父在為母服

---

❷　《穀梁傳》，卷 8〈僖公九年〉，頁 80，葵丘之盟的約定：「毋雍泉，毋訖糴，毋易樹子，毋以妾為妻，毋使婦人與國事。」齊桓公在葵丘之盟時和諸侯國相互約定，不讓婦女參與政事，同時亦反映出當時婦女參與政事等違禮的事件存在的事實。

❸　《穀梁傳》，卷 5〈莊公七年〉，頁 48-49：「婦人不會，會非正也」。

❹　《左傳》，卷 15〈僖公二十二年〉，頁 249。

❺　《左傳》，卷 7〈桓公十八年〉，頁 130。

❻　《穀梁傳》，卷 5〈莊公五年〉，頁 46。

❼　《禮記》，卷 9〈檀弓〉，頁 164。

❽　《禮記》，卷 43〈雜記〉，頁 750。

齊衰期年，父卒則為母齊衰三年，「女子子適人者，為其父母，昆弟之為父後者」服齊衰期。❾已嫁婦女在不并尊的情況下為娘家父母之喪服由在室之三年降服至期年，此處言三年之喪是以本親的角度來說，也就是在奔父母之喪的狀況下，婦人方才被准許越境奔喪。

在婦人無外事的傳統下，因為懼怕婦女干政以及美色引來他國垂涎，對貴族婦女會見賓客有許多嚴格的限制。《儀禮·聘禮》中述及夫人聘禮儀節，其中提到使者到達受聘國近郊，該國國君與夫人對其進行慰勞，「夫人使下大夫勞以二竹簋方」❿，又在使者聘問卿的當天傍晚，夫人派下大夫身著韋弁服向使者饋贈禮物。⓫夫人參與聘禮儀節為象徵意義，須透過下大夫執禮，未親自面見賓客。何休對此加以解釋：

> 禮，婦人無外事，明知此使下大夫歸禮者是君使之，可知而稱夫人使者，以其致辭於賓客時當稱寡小君，故稱夫人使下大夫，其實君使之也。⓬

若國君與夫人聘於他國，夫人於男賓固然須要迴避，與他國夫人仍是象徵性行禮，賈疏：「聘於鄰國夫人，當受命於夫人，使者還，反命於夫人，但婦人無外事，雖聘夫人亦君命之……夫人既無外

---

❾　《儀禮》，卷 30〈喪服〉，頁 347、349、359。
❿　《儀禮》，卷 23〈聘禮〉，頁 238。
⓫　《儀禮》，卷 22〈聘禮〉，頁 266：「夕，夫人使下大夫韋弁歸禮」。
⓬　《儀禮》，卷 22〈聘禮〉，頁 266。

事，而承君命聘鄰國夫人者，以其夫婦一體共事社稷」❸，夫人聘他國夫人仍受命於君，實為君命使然，宣稱夫人行聘禮主要目的在於象徵夫婦共事社稷。❹

(二) 道路男子由右、女子由左

　　禮的精神在於別異，男女之別，為其重要的部分，此種別異的精神，反映在行禮空間上特別的明顯，且由外而內滲透到生活極細微處。婦女被劃分為內的範疇，於宮室之外的活動受到極大的限制，學者在強調男女之別的同時，往往把男女異路視為理想。如《禮記・王制》將「道路，男子由右，婦人由左，車從中央」❺，作為治國教民的重要方針。《禮記・內則》亦有相同的記載，鄭玄並特別說明男子由右主要是「地道尊右」使然。❻男子行於較尊的方位，在分隔男女的同時，尊卑之別已包含其中。亦有學者主張男子由右，婦女由左，乃是為了使「男子必靠自己的右手邊走，與迎面來者（同為男性）從左手邊交錯而過；這樣作是為了降低彼此的敵意，維持公共場所的秩序」❼，這是從古人習用右手的角度著眼，男性會面而過時，以左手交錯，降低爭鬥的風險。由於男女異路具體落實了男女有別的禮制理想，後人認為此乃孔子任大司寇時的重

---

❸　《儀禮》，卷 23〈聘禮〉，頁 274。

❹　有關貴族婦女會見賓客的限制以及婦女無外事在食、衣、住、行中的象徵呈現，詳參第三、四章。

❺　《禮記》，卷 13〈王制〉，頁 267。

❻　《禮記》，卷 27〈內則〉，頁 520。

❼　彭美玲，《古代禮俗左右之辨研究——以三禮為中心》，頁 176。

要政績，為聖人治世之道，如何休認為：「孔子由大司寇攝相事，政化大行，粥羔豚者不飾，男女異路，道無拾遺」。❶又如時代稍後的《孔子家語》亦提及：「孔子初仕，為中都宰，制為養生、送死之節，長幼異食，強弱異任，男女別涂」❶，均將男女異路視為孔子的重要政績。

除了道路男女分途，戰國時期有女軍的記載❷，男女於軍中亦分道而行，避免接觸。如《墨子》中提及：「女子到大軍，令行者男子行左，女子行右，無並行，皆就其守，不從令者斬」❷，軍中所行與日常男女所行左右相反，主要原因為軍中尚左，以左為生位、尊位的緣故。落實在軍旅行伍中，根據《禮記·少儀》指出：「軍尚左，卒尚右」❷，將軍主生位，能使軍隊不敗績，士卒主死位，以顯其效死之心。❷

漢代時男女異路的理想廣為流傳，並成為治道良好的重要象徵。宣帝時的潁川大守黃霸，因善教化人民而聲名遠播，宣帝特別下詔嘉獎：

---

❶ 《公羊傳》，卷 26〈定公十四年〉，頁 334。

❶ 王肅注，《孔子家語》（臺北：世界，1983），〈相魯〉，頁 1。

❷ 王子今，《古史性別研究叢稿》（北京：社會科學文獻出版社，2004），〈戰國秦漢時期的女軍〉，頁 86-100。

❷ 孫詒讓，《墨子閒詁》（北京：中華書局，2001），卷 15〈號令〉，頁 591。

❷ 《禮記》，卷 25〈少儀〉，頁 634。

❷ 彭美玲，《古代禮俗左右之辨研究──以三禮為中心》，頁 177，認為《墨子》此主張有別於禮書所載，乃因：「(1)《墨子·備城門》以下諸篇雜有晚出之制，與禮書之周制不同。(2)此屬軍中行法，處在作戰的非常狀況，因而與平日國中行法不同。」

> 潁川太守霸，以宣布詔令治民，道不拾遺，男女異路，獄中
> 無重囚，賜爵關內侯，黃金百斤。❷

男女異路為其中重要政績。黃霸從此倍受賞識而位至丞相，其治郡事廣為流傳。❷王莽時崇古改制，重要指標為：

> 市無二賈，官無獄訟，邑無盜賊，野無飢民，道不拾遺，男
> 女異路之制，犯者象刑。❷

王莽男女異路的政令，為太傅唐尊所執行：

> 出見男女不異路者，尊自下車，以象刑赭幡汙染其衣。❷

透過染漬其衣，將觸犯禁令者標幟出來❷，達到懲罰和監視的效果。王莽對唐尊的作法大表贊同，並「下詔申敕公卿思與厥齊」，

---

❷　《史記》，卷96〈張丞相列傳〉，頁2688。

❷　《漢書》，卷89〈循吏傳‧黃霸〉，頁3632：張敞論述黃霸重要政績「為民興利除害，戶口歲息，有耕者讓畔，男女異路，道不拾遺。」

❷　《漢書》，卷99上〈王莽傳〉，頁4076。

❷　同上，卷99下，頁4164。

❷　《漢書》，卷6〈武帝紀〉，頁161，武帝下詔賢良曰：「朕聞昔在唐虞，畫象而民不犯，日月所燭，莫不率俾。」應劭曰：「二帝但畫衣冠，異章服，而民不敢犯也」，師古曰：「《白虎通》云：『畫象者，其衣服象五刑也。犯墨者蒙巾，犯劓者以赭著其衣，犯髕者以墨蒙其髕象而畫之，犯宮者扉，犯大辟者布衣無領。』」

此制一直到後代仍有踵繼奉行者。㉙

　　男女異路是否曾在歷史上全面付諸實行，懷疑者亦不乏其人，東漢王充就認為「男女異路」不過是儒家表述理想的空言，對於此制曾經付諸實行，深表懷疑：

> 言男女不相干，市價不相欺，可也；言其異路，無二價，褒之也，太平之時，豈更為男女各作道哉？不更作道，一路而行，安得異乎？㉚

這是由實行上的困難來推測此政令不可行，王充將異路理解為不走同一條路，在實行上當然會有困難。若如〈王制〉所謂男子在道路左邊，女子在道路右邊，中央由車馬而行，實行上亦仍有若干問題須要解決。如異性所行一方的街坊該如何過去？回程又如何走？若一邊各有兩列，似乎可以暫時解決此問題，然而，若都城人口十分密集，如《戰國策》〈蘇秦為趙合縱說齊宣王〉中所述齊國的臨淄城：「舉袂成幕，揮汗成雨」㉛的狀況，實行上可能更加困難。

　　儘管男女異路要全面實行存在著一定的困難，但由《儀禮·既

㉙　如李延壽，《南史》（臺北：鼎文，1976），卷 51〈梁宗室上·侯勣〉，頁 1262。宋濂，《元史》（臺北：鼎文，1977），卷 119〈脫脫〉，頁 2943，所錄皇帝詔書：「男女異路，古制也，況掖庭乎？禮不可不肅，汝其司之。」

㉚　黃暉，《論衡校釋》（北京：中華書局，1996），卷 17〈是應〉，頁 754。

㉛　劉向輯錄，《戰國策》（上海：上海古籍出版社，1978），卷 8〈齊·蘇秦為趙合縱說齊宣王〉，頁 337。

夕禮》論及喪禮朝於祖廟時，所行之次序分別為：「重先，奠從，燭從，柩從，燭從，主人從」，鄭玄的註解是：

> 主人從者，丈夫由右，婦人由左，以服之親疏為先後，各從其昭穆，男賓在前，女賓在後。❸

賈公彥對鄭注加以解釋：

> 鄭惣舉男子、婦人并五服而言，知男子由右，婦人由左者，以〈內則〉云：「道路，男子由右，女子由左」，鄭云：「地道尊右」，彼謂吉時，此雖凶禮，亦依之也。云親疏為先後，各從其昭穆者，假令昭親則在先，昭疏則在後，就同昭穆之中，又以年之大小為先後，男從主人後，女從主婦後。云男賓在前，女賓在後者，謂無服者亦各從五服，男子、婦人之為序也。❸

在喪禮朝廟儀式中，送喪的親人有嚴格的男女、親疏、尊卑、昭穆之別，男子以主人為首，女子以主婦為首，男子由右、女子由左，與《禮記·內則》所述相符，可見不論在家族內部的親友間，或行於道路，男女分道而行，均為禮制的理想。

---

❸　《儀禮》，卷38〈既夕〉，頁450，鄭注。
❸　《儀禮》，卷38〈既夕〉，頁450，賈疏。

二、生活場域的內外、男女之別

(一) 寢門之內婦人治其業

　　男女在空間上的內外之別，最基本劃分是以寢門為界。寢門內與寢門外分屬二個不同的世界，春秋時期頗受敬重的魯敬姜，她的言行及對婦女生活的場域的論述，可以反映當時貴族階級對此事的看法：

> 公父文伯之母如季氏，康子在其朝，與之言，弗應，從之及寢門，弗應而入。康子辭於朝而入見，曰：「肥也不得聞命，無乃罪乎？」曰：「子弗聞乎？天子及諸侯合民事於外朝，合神事於內朝；自卿以下，合官職於外朝，合家事於內朝；寢門之內，婦人治其業焉，上下同之。夫外朝，子將業君之官職焉；內朝，子將庀季氏之政焉，皆非吾所敢言也。❸❹

> 公父文伯之母，季康子之從祖叔母也。康子往焉，闈門與之言，皆不踰閾。❸❺

以上引文牽涉外朝、內朝、寢門等宮室禮制，以及倫理空間之劃

---

❸❹ 韋昭注，《國語》（臺北：里仁，1980），卷 5〈魯語下·公父文伯之母論外朝與內朝〉，頁 203-204。

❸❺ 同上，〈公父文伯之母別於男女之禮〉，頁 209。

分、儀式上身份過渡等問題。此處先述及門朝制度所涉及內外等問題後，再折回說明敬姜的言行所反映的意義。

　　傳統宮殿建築透過中軸對稱以及深進平遠、開放以及閉合的空間交遞，營造出神聖的空間場域，行禮者於其中「經驗的空間觀念的轉換實際上代表了時間觀念的推移。當朝拜者最後進入層層『閉合空間』的中心，在宗教意義上也就是歸返至宗族的本原」。❸❻層層深進的空間，以天子宮室來說，漢代經師大致認為有五門三朝。❸❼如鄭司農的認為：「王有五門，外曰皋門，二曰雉門，三曰庫門，四曰應門，五曰路門。路門一曰畢門，外朝在路門外，內朝在路門內」。❸❽鄭司農以庫門為中門，而鄭玄五門的排序與鄭司農略有不同，認為雉門屬第三門為中門。❸❾後代學者或循二鄭五門之說

❸❻　巫鴻著，鄭岩、王睿編，鄭岩等譯，《禮儀中的美術——巫源中國古代美術史文編》（北京：三聯書店，2005），〈從廟至墓——中國古代宗教美術發展中的一個關鍵問題〉，頁549-568。

❸❼　宮室制度屢經演進，王國維認為室為宮室之始，又為宮室之主，早期宮室由室而逐漸擴充出堂與房，形成前朝後寢的格局。杜正勝認為此時期：「前面的堂是議政和祭祀之處，也叫作『廟』，後面的室是起居偃息之所，也叫作『寢』。在這階段堂寢同在一屋頂下，可謂廟寢合一。」而後隨著政治、社會的發展，廟寢逐漸發展成獨立建築，發展出禮書所述的五門三朝制度。詳參王國維，〈明堂寢廟通考〉，《觀堂集林》（石家庄：河北教育出版社，2002），頁72-85。杜正勝，〈宮室、禮制與倫理〉，《古代社會與國家》（臺北：允晨，1992），頁748-778。

❸❽　《周禮》，卷35〈朝士〉，頁532。

❸❾　鄭司農與鄭玄關於五門三朝的說法，詳參《周禮》，卷七〈天官·閽人〉，頁114-115，卷35〈朝士〉，頁532。

而略有擇別❹，或提出天子、諸侯甚至大夫皆為三門之說。❹關於五門三朝以及諸侯三門二朝之說，爭議十分多❹，於本議題來看，最重要的是牽涉出外朝、內朝、燕朝的分布以及中門、廟在何處等問題，因為這些議題將影響到婦女行禮空間場域中相關內外議題的討論。

有關外朝、內朝、燕朝分布及功能，根據《周禮·秋官·小司寇》其職掌為外朝之政，聚集眾民而謀議「詢國危」、「詢國遷」、「詢立君」等大事。外朝的位置根據鄭玄的主張在「雉門之外」❹，而雉門即是鄭玄所謂的中門，以中門之外為外朝，更精確

---

❹ 關於後代學者的看法，詳參《周禮正義》，卷 14〈天官·閽人〉，頁 541-543。以及卷 4〈天官·大宰〉，頁 121-124。許多學者從後鄭之說，不過亦有從先鄭者如黃以周，《禮書通故》〈宗室〉即認為五門之次序當從先鄭之說。

❹ 如戴震，主張天子亦三門，為皋門、應門、路門：「天子三朝，諸侯三朝，天子三門，諸侯三門，其數同，君國之事，侔體合也，朝與門無虛設也。」詳參《考工記圖》收於《續修四庫全書》（上海：上海古籍出版社，2002），頁 105。金鶚則認為天子至大夫皆三門，詳參《求古錄禮說》（濟南：山東友誼書社，1992），〈大夫三門考〉，頁 36-41。賀業鉅主張天子三門，《考工記營國制度研究》（北京：中國建築工業出版社，1987），頁 72-85。

❹ 由於不是本文論述的重點，因此對細部的論述不再贅述。詳參《求古錄禮說》，卷 1〈大夫三門考〉、〈廟在三門內說〉，頁 36-41、52-57。杜正勝，《古代社會與國家》（臺北：允晨，1992），〈宮室、禮制與倫理〉，頁 748-763。王建文，《奉天承運》（臺北：東大，1995），第六章〈國家結構在空間關係上的體現〉，頁 191-230。賀業鉅，《考工記營國制度研究》，前揭文。

❹ 《周禮》，卷 35〈秋官·小司寇〉，頁 523。

說則在庫門之外。鄭玄並認為：「周天子、諸侯皆有三朝，外朝
一，內朝二，內朝之在路門內者，或謂之燕朝」❹，另外路門之
外，正朝儀之位，即為正朝，相對於外朝，仍為內朝❺，此即孔穎
達所謂：「內朝者，謂路門外朝為內朝，對皋門內應門外朝為外
朝，通路寢庭朝為三朝」。❻賈公彥則認為：「內朝在路寢庭，正
朝在路門外，應門外無朝，外朝當在皋門外」❼，內朝之說一致，
外朝位置則略有不同，或認為在應門外，或認為在雉門外，甚至認
為在庫門外。清人包世榮，統合前人所說，對天子五門由外而內的
結構，敘述頗為詳細：

> 天子五門，一曰皋門，其內為外朝，二曰庫門，其內左宗
> 廟，右社稷。三曰雉門，一名中門，其內治朝，治朝左右有
> 九室，九卿治事之處也，亦曰朝，亦曰館。外朝與治朝皆平
> 地無堂，故曰朝廷。四曰應門，應門之廣二丈有四尺，一名
> 正門。五曰路門，路門之廣丈有六尺，一名虎門，一名畢
> 門，其內燕朝。❽

雖然三朝的位置仍有爭議，如將治朝置於雉門之內，應門之外，與

---

❹　《周禮》，卷 35〈秋官·朝士〉，頁 532。

❺　《周禮》，卷 31〈夏官·司士〉，頁 470，鄭注：「王日視朝事於路門外之
　　位」。

❻　《周禮》，卷 31〈夏官·司士〉，頁 471。

❼　《儀禮》，卷 24〈聘禮〉，頁 282。

❽　包世榮，《毛詩禮徵》（臺北：臺灣力行，1970），頁 399-400。

鄭玄:「正門謂之應門,謂朝門也」,賈公彥:「應門內,路門外有正朝」的看法不同。不過由外而內為外朝、治朝、燕朝,且燕朝位於路門之內,治朝位於路門之外的理解大致被接受。外朝的功能已如上引〈小司寇〉所述,至於治朝及燕朝的功能呢?治朝為天子、諸侯日視朝事之處,如《周禮·天官·大宰》提及「王眂治朝則贊聽治」**⑲**,是群臣治事之所。江永,《鄉黨圖考·治朝考》:

> 古者視朝之儀,臣先君入,君出路門,立於宁,徧揖羣臣,則朝禮畢。於是君退釋路寢聽政,諸臣至官府治事,處治文書。**⑳**

至於更往內的燕朝,則為宗族議事之所。如《禮記·文王世子》提到:

> 公族朝于內朝,內親也。雖有貴者以齒,明父子也。**㉑**

此處公族聚會的內朝即指燕朝而言。根據《禮記·玉藻》:

> 諸侯玄端以祭,禪冕以朝,皮弁以聽朔於太廟,朝服以日視朝於內朝,朝辨色始入。君日出而視之,退適路寢聽政,使

---

⑲ 《周禮》,卷2〈天官·大宰〉,頁37。

⑳ 江永,《鄉黨圖考》(新安:致和堂,乾隆丁未年重鐫),卷 4〈治朝考〉,頁27。

㉑ 《禮記》,卷20〈文王世子〉,頁402。

人視大夫，大夫退，然後適小寢釋服。㉒

諸侯視朝的內朝即「路寢門外之正朝」，其外別有太廟與外朝。正朝之內有路寢，供君王治事之所，路寢之後尚有小寢供君王燕息之用。根據《周禮‧宮人》所記「王之六寢」，鄭玄認為：「六寢者，路寢一，小寢五」㉓，路寢以聽政，小寢用以燕息。賈公彥對此解釋為：

> 君日出而視朝者，尊者體盤，故日出始出路門而視朝，退適路寢聽政者，謂路門外朝罷，乃退適路寢以聽政……朝罷，君退適路寢之時，大夫各鄉治事之處，君使人視大夫，大夫退還舍，君然後適小寢，釋去朝服，服玄端。㉔

由外而內，層層過渡，由國而家，由公而私，燕寢之內有後宮，為后妃所居之所。由以上所說來看，不論天子為五門或三門，諸侯階級為三朝或二朝，外朝、治朝、燕朝等均非婦女所宜居處、議論之處。

婦女雖無法參與外朝、內朝等議事，然而宗廟祭祖時必須參與禮事，宗廟位於寢前㉕，鄭玄認為於中門外，即雉門外，庫門

㉒ 《禮記》，卷 29〈玉藻〉，頁 545。

㉓ 《周禮》，卷 6〈宮人〉，頁 91。

㉔ 《周禮》，卷 6〈宮人〉，頁 91，賈疏。

㉕ 如《左傳》，卷 48〈昭公十八年〉，頁 843，記子產簡兵大蒐，必須清除場地，當地「子大叔之廟在道南，其寢在道北」必須加以拆毀，由於子產仁

內。❺戴震、金鶚、任啟運等則認為應於中門之內。❼根據《穀梁傳》送別新嫁女子，「母不出祭門」，諸母不出闕門❽，祭門即為廟門，闕門還在祭門之外。可以看出廟門、闕門為婦人行禮向外空間的極限。禮教關於婦女的空間限制中，中門具有重要的象徵意義。根據《周禮·天官·閽人》其重要職責為：「掌守王中門之禁」，中門區隔出內外，為通往內的重要門禁，中門「以時啓閉」，並須對往來者進行稽查，「喪服凶器不入宮，潛服賊器不入宮，奇服怪民不入宮」、「凡外內命夫、命婦出入則為之闔」。❾《禮記·內則》亦記女子深居於宮內而不出，由閽人管制出入。孫詒讓特別點出閽人掌守中門的重要性：

> 天子五門，本皆有閽人，此獨言掌守中門之禁，以皋門內之
> 外朝，三詢觀法之地，嘉石、肺石所在，萬民皆得出入，其
> 守禁較寬，又有師氏同守之，非閽人所專司。唯庫門以內三
> 門，廟舍府庫及官府次舍羅列其閒，地居要近，閽人專掌其

心，不忍毀人之廟，故最後「毀於北方」，即毀寢不毀廟。此處之寢，杜預
認為是居處之宅，李如圭認為是「廟之寢」（《儀禮釋宮》，「寢之後有下
室」條）。不論是生者所居之寢，亦或是死後象生人所居的廟後之寢，寢均
在廟之後、北的位置。

❺　《周禮》，卷19〈春官·小宗伯〉，頁290。

❼　《考工記圖》，頁105。《求古錄禮說》，〈廟在中門內說〉，頁52-57。任
啟運，〈朝廟宮室考〉，《皇清經解續編》，卷136，詳參《續經解三禮類
彙編》（臺北：藝文印書館，1986），857-868。

❽　《穀梁傳》，卷3〈桓公三年〉，頁31。

❾　《周禮》，卷7〈天官·閽人〉，頁114-115。

守禁，故經特舉中門言之，非謂中門之外，遂非閽人所守。[60]

中門之外出入人等較多，中門之內門禁更為森嚴。廟門是否在中門之內，牽涉問題不只一端，然而從婦女禮教空間來看，廟在中門內之說頗具啟發，值得參考。

除了外朝、內朝非婦女所當參與議事之處，公父文伯之母還點出，婦女空間主要在寢門之內，此處所謂寢門韋昭認為指正室之門。仔細推敲前引之文，寢門出現二次，第一次出現於康子在朝與敬姜言談，敬姜不應，康子只好跟隨敬姜至寢門，敬姜仍不應而入寢門。敬姜於寢門內才願意回答康子的問題，並指出「寢門之內」，方才為婦人治業的場所。此處所用的二個寢門意涵相同，並相對於外、內朝而言，寢門為一分隔、過渡的邊界，連結並轉換著內外二個不同的場域。韋昭以正室之門來解釋此處的寢門，主要著眼於婦女居處的空間主要在堂後的室和房，然而如此解釋置於正文中頗顯牽強。因為根據禮書與婦女有關的行禮儀式記載中，寢門多相對於廟門而言，如男子行成年禮後出廟門入寢門，見母親及姑姐，賈公彥的解釋是：「男子居外，女子居內，廟在寢門外，入見，入寢門可知」[61]，此處之寢門相對於廟門，為日常起居宮室之門。賈公彥並認為：「大夫唯有兩門，寢門、大門而已，廟在寢門外之東」。[62]姑且不落入前文有關天子、諸侯、大夫各有幾門的爭

60　《周禮正義》，卷 14〈天官·閽人〉，頁 543。

61　《儀禮》，卷 2〈士冠禮〉，頁 22。

62　《儀禮》，卷 4〈士昏禮〉，頁 40。

議,此處之寢門,明顯指總稱為寢的生活起居空間之門。如《左傳·成公十年》記晉侯夢大厲:「壞大門及寢門而入,公懼,入于室,又壞戶」[63],再如《儀禮·士昏禮》新婦入門:「婦至,主人揖婦以入,及寢門,揖入,升自西階」,寢門在室、西階之外,非正室之門。又如喪禮過程中婦人主要行禮空間均在堂上,然而當迎尸時,主婦隨主人迎於寢門外,寢門亦非指正室之門亦非常明確。[64]此類例子極多,不再一一列舉。

公父文伯之母為魯國貴族婦女行禮的代表人物,其事蹟在《國語》中有多則記載,孔子特別讚揚其「知禮」。由二則引文所述可以看出行禮的空間場域對階級、身份之別的重要性。因行禮者階級不同,天子、諸侯、各官吏行禮場域不同。因所事對象不同,歆神、家事、私事場域不同。因性別不同,男女各有其所。女子的生業主要被劃分在寢門之內,以此分隔內外。內外既被分出,寢門之內為女職、織紝的世界[65],寢門之外,則為另一個生活世界。環繞著內外觀念而有的行為規範也相應產生。寢門內外的分界點在「梱」、「閾」,因此往往也成為行禮或行為規範的所依準的標幟點。《禮記·曲禮》:「外言不入於梱,內言不出於梱」,「梱」即閾,指門限[66],門限之外為男職官政之所,門限之內為婦職所

---

[63] 《左傳》,卷 26〈成公十年〉,頁 450。

[64] 《儀禮》,卷 43〈士虞禮〉,頁 510。

[65] 《禮記》,卷 2〈曲禮〉孔疏,頁 37:「內言,女職也。女職謂織紝。」

[66] 《爾雅》,卷 5〈釋宮〉,頁 72。如《儀禮》,卷 37〈士喪禮〉,頁 442,提及卜葬時婦人「闑東扉,主婦立于其內,席于闑西閾外。」婦人立於廟門之內,在門橛西門限外布席,闑指廟門之門限。

在。在第二則引文中，魯敬姜與季康子交談，敬姜雖屬康子的祖母
輩，但仍謹守男女之別的分際，敬姜不踰閾而出，康子亦不踰閾而
入，閾既是門限，分隔了內與外，因此敬姜不踰閾而與康子交談，
象徵婦人不參與議論政事及外事。

　　在行禮儀式中，婦人送女出嫁、迎客、送客皆以門為限，此門
若在寢則指寢門，若於廟中行禮則指廟門。如婚禮中父送女不下
堂，母即使下堂，亦不出廟門（詳下文）。喪禮中，若有賓客弔
唁，主人送迎於大門之外，主婦則于門內，《禮記·喪大記》：

> 夫人弔於大夫、士，主人出迎于門外……夫人入，升堂，即
> 位。主婦降自西階，拜稽顙于下……夫人退，主婦送于門
> 內，拜稽顙，主人送于大門之外，不拜。❼

本文所記為夫人來喪家弔唁，因此由主婦進行答禮，主婦如主人一
般「從西階而下，拜稽顙於堂下，如男主」❽，即使主婦有如男
主，但送客仍於寢門之內，以不出寢門為原則。主人則送客于大門
外，主人不拜是因為主婦已拜，在「喪無二主」的原則下，不重覆
再拜。喪禮中，若「無女主，則男主拜女賓于寢門內；其無男主，
則女主拜男賓于阼階下」。❾又如行虞禮時，主婦拜女賓，鄭玄指
出：「不言出，不言送，拜之於闈門之內」❿，表現出女主活動空

---

❼　《禮記》，卷45〈喪大記〉，頁785。
❽　《禮記》，卷45〈喪大記〉，頁785，孔疏。
❾　《禮記》，卷44〈喪大記〉，頁767。
❿　《儀禮》，卷43〈士虞禮〉，頁510：「主婦亦拜賓」，鄭注。

間主要在寢門之內的特質。若婦人必須參與廟中祭儀，亦以不出廟門為常態。若出於門外，則事屬特別，如行卒哭祭時，尸出門以待設席，此時「主人出，即位于門東少南，婦人出，即位于主人之北」❼，此時主婦出於門外，乃是因為「重餞尸」❼才有的特殊情況。

(二) 婦人無事不下堂

前文述及婦女的行禮空間被限制於寢門之內，若進一步以門內為行禮場域，女子之行禮空間則被確定在堂上及房內。為配合婦女行禮不下堂，獻酒及饋食所須之洗的設置亦分設於內外處，《儀禮·士昏禮》：「婦洗在北堂，直室東隅，篚在東，北面盥」❼，北堂位於房中北半部份，婦人在行禮儀式中，若須盥洗，須回房中。至於男子，則另設洗。如《儀禮·士昏禮》：「舅洗于南洗，姑洗于北洗」❼，鄭玄注：「南洗在庭，北洗在北堂」，所謂在庭，相對於在房之洗而言，「凡庭洗設于阼階東南」。此於〈鄉飲酒〉、〈鄉射〉、〈特牲饋食禮〉、〈少牢饋食禮〉均一再提及。❼

---

❼ 《儀禮》，卷43〈士虞禮〉記，頁510。

❼ 《儀禮》，卷43〈士虞禮〉記，頁510，鄭注。

❼ 《儀禮》，卷6〈士昏禮〉，頁62。

❼ 《儀禮》，卷5〈士昏禮〉，頁55。

❼ 設洗之處因應行禮而不同，如《儀禮》，卷1〈士冠禮〉，頁8：「設洗直於東榮」，阼階為主人行禮之位，故其東南為洗常設處，如卷4〈士昏禮〉，頁43：「設洗於阼階東南」，卷8〈鄉飲酒禮〉，頁82：「設洗于阼階東南」，卷11〈鄉射禮〉，頁110：「設洗于阼階東南」，卷14〈燕禮〉，頁158：「設洗篚於阼階東南」，卷16〈大射禮〉，頁191：「設洗于阼階東

婦人洗爵之處於北堂，而男子則在堂下，一內一外，頗為分明。在行禮儀式中「主婦盥于房中」❼⑥，乃是因為「婦人相饗無降」❼⑦，行禮不下堂的緣故。

以具體行禮來看，婚禮父母送女皆不下堂，《儀禮・士昏禮》：

> 父醴女而俟迎者，母南面于房外，女出于母左，父西面戒之……母戒諸西階上，不降。❼⑧

《穀梁傳・桓公三年》：

> 禮，送女，父不下堂，母不出祭門，諸母、兄弟不出闕門。❼⑨

根據〈士昏禮〉的記載父母送女均於堂上，不下堂。《穀梁傳》則認為父送女不下堂，母送女不出廟門❽⓪，諸母、兄弟雖於廟門外，但仍應於兩觀內❽①，二者所說有差異。《公羊傳》對齊侯送桓公夫

南」。行虞禮時，則有別於生時之位，故設洗於西階西南，卷 42〈士虞禮〉，頁 493：「設洗于西階西南」。《禮經釋例》，卷 2〈通例下〉，頁 150。

❼⑥　《儀禮》，卷 45〈特牲饋食禮〉，頁 529。
❼⑦　《儀禮》，卷 6〈士昏禮〉，頁 62。
❼⑧　《儀禮》，卷 6〈士昏禮〉，頁 61。
❼⑨　《穀梁傳》，卷 3〈桓公三年〉，頁 31。
❽⓪　同上，注：「祭門，廟門也。」
❽①　同上，注：「闕，兩觀也，在祭門之外。」

人姜氏於讙的評論是:「諸侯越竟送女,非禮也」❽,何休進一步
解釋:「禮,送女,父不下堂,姑姐妹不出門」,雖未提及母是否
下堂,然而姑姐妹則下堂,與《穀梁傳》精神大體一致。至於《左
傳》則僅及於不越竟送女,未有進一步的說明。對於婦女在昏禮中
送女是否下堂的差異,經師將之歸因於諸侯昏禮與士昏禮的不
同。❽考查婦女其他禮儀,則多以不下堂為準。如《禮記・喪大
記》指出:

> 婦人迎客送客不下堂,下堂不哭。男子出寢門見人不哭。❽

鄭注:「婦人所有事自堂及房,男子所有事自堂及門,非其事處而
哭,猶野哭也」❽,明白指出男女所主的空間不同,男子主外,以
堂至門為主要空間,女子主內,故以堂上向後至房內為主要空間,
非其所當處,則不主其事。上文已指出若國君夫人來弔,由於身份
尊貴,主婦特別為其下堂,一如喪主與之行禮。在一般的情況下,
婦人的喪位均於堂上,《禮記・喪大記》提及初死時的哭位:

> 既正尸,子坐于東方;卿、大夫、父、兄、子姓立于東方;
> 有司、庶士哭于堂下,北面;夫人坐于西方;內命婦、姑、

---

❽　《公羊傳》,卷 4〈桓公三年〉,頁 50。

❽　《儀禮》,卷 6〈士昏禮〉,頁 61,賈疏。

❽　《禮記》,卷 44〈喪大記〉,頁 767。

❽　《禮記》,卷 44〈喪大記〉,頁 767,鄭注。

姐妹、子姓立于西方；外命婦率外宗哭于堂上，北面。**❽**

《儀禮·士喪禮》：

> （主人）入坐于牀東，眾主人在其後，西面。婦人俠牀，東面。親者在室。眾婦人戶外，北面；眾兄弟，堂下，北面。**❽**

婦人依身份親疏與尊卑或坐或立於堂上。親者在前，疏者於後，於後者可立於室戶之外。在室內以尸西、尸東為男女之別，在室外者以堂上、堂下為男女之別，謹守婦女禮位不於堂下的原則。至於賓客的弔唁，則於身份匹敵者，迎客、送客不下堂。〈喪大記〉：「夫人為寄公夫人出，命婦為夫人之命出，士妻不當斂則為命婦出」**❽**，所謂「出」，鄭注：「拜之於堂上也。此時寄公夫人、命婦位在堂上、北面，小斂之後尸西，東面」，亦均保持婦人堂上行禮的原則。若身份更高者如國君夫人來弔唁，則「主婦下堂至庭稽顙而不哭」，因為婦人所屬之事以堂和房為主要範圍，因此在特殊情況下堂亦須謹守「下堂不哭」的原則，避免野哭之譏。

除了行禮儀式外，在日常生活中婦女的生活空間亦被限制在堂上。守寡婦女限制更嚴，魯國之女宋伯姬故事在春秋時期流傳頗廣，《公羊傳》：

---

❽　《禮記》，卷 44〈喪大記〉，頁 763。

❽　《儀禮》，卷 35〈士喪禮〉，頁 410。

❽　《禮記》，卷 44〈喪大記〉，頁 765。

> 秋七月叔弓如宋,葬宋共姬,外夫人不書葬,此何以書,隱
> 之也,何隱爾?宋災,伯姬卒焉。其稱謚何?賢也,何賢
> 爾?宋災,伯姬存焉,有司復曰:「火至矣,請出」伯姬
> 曰:「不可,吾聞之也,婦人夜出,不見傅母不下堂」,傅
> 至矣,母未至也,逮乎火而死。❽

《左傳》對此事的看法是:

> 甲午,宋大災,宋伯姬卒,待姆也。君子謂宋共姬女而不
> 婦,女待人,婦義事也。❾

《左傳》與《公羊傳》對伯姬的評論雖有差異,一認為伯姬成就了
婦女之賢行,另一則認為成熟的婦人應有遇事權宜的能力,伯姬未
具資格,因此批評其「女而不婦」。顯然在當時婦女的教育中,下
堂與否牽涉禮教至關重要的內外之別,因此婦女下堂,尤其在黑
夜,為了要防嫌,須有傅母陪伴。在貴族婦女的嚴於內外之別的禮
教氛圍下,使得伯姬於生死交關之際,對此仍耿耿於懷,最後甚至
以生命作為代價以踐履此禮教規範。

㈢ 婦女行禮主要空間於房

　　堂以上的行禮場域中,若再進一步細分,婦女多以房為其行禮

---

❽　《公羊傳》,卷21〈襄公三十年〉,頁268-269。
❾　《左傳》,卷40〈襄公三十年〉,頁681。

之所。房的位置在堂的後方，鄭玄對堂的構造及格局的解釋是：「是制五架之屋也，正中曰棟，次曰楣，前曰庪」⑨，又如〈士昏禮〉提及納采禮，入廟門後，三揖三讓而至於階，「賓升西階，當阿，東面致命。主人阼階上，北面，再拜」，賈公彥的解釋是：「凡士之廟，五架為之。棟北一楣，下有室戶，中脊為棟，棟南一架為前楣，楣前接簷為庪」。以堂上至室房的空間來說，前後共立五柱，分別為楣前接簷的庪、前楣、棟、後楣、庪。後楣以前均為堂的進深，後楣至後庪為室與房的進深。李如圭謂：「後楣之下以南為堂，以北為室與房。房東而室西，相連為之」。⑨以此來看，房居於堂後，空間十分迫狹。堂上之楣、棟，常為行禮空間的標幟，如〈士昏禮〉中賓客納采登堂，當阿致命，鄭玄認為：「入堂深示親親也」，主要因為棟在房、室外，為堂的內部，表示彼此關係的親近。一般狀況，如《儀禮·鄉射禮·記》所謂：「序則物當棟，堂則物當楣」，堂上當以前楣為行禮常位。

　　前文所述行禮之洗分設二處，一外一內，婦人之洗設於房中的北半部，正為婦人行禮常處之位。於日常生活乃至於行禮時「男女不雜坐」，即是男女坐席的空間分開，「男子在堂，女子在房」。⑨以內外之別來看，男子在外，在南，女子在內，在北，內外、陰陽各得其所。除非衰老以至無防嫌的必要，否則男外女內的空間分配不可打破，而此內外的界限以房和堂為別。

---

⑨　《儀禮》，卷13〈鄉射禮·記〉，頁148，鄭注。
⑨　李如圭，《儀禮釋宮》（臺北：臺灣商務，1966），頁2。
⑨　《禮記》，卷2〈曲禮上〉，頁37，鄭注。

祭祀時，所處場域亦男女有別，如《禮記·禮器》所謂「君在阼，夫人在房」、〈祭統〉：「君卷冕立于阼，夫人副褘立于東房」❹，君於堂上，夫人於房中為正位。有關祭祀燕飲之位，鄭玄指出：

宗子以與族人燕飲于堂，內賓婦之庶羞主婦以燕飲於房。❺

孔穎達亦指出：

王與族人燕於堂上，則后與宗婦燕於房中。❻

又如祭祖儀式過程，婦人多處於房中，只有進獻食飲時方才入室。如祭祖開始時，祝布席于奧，尸尚未入席時，「主婦纚笄宵衣立于房中，南面。主人及賓兄弟群執事，即位于門外」❼，在尸入席後，「主婦洗爵于房，酌，亞獻尸」、獻尸之後「主婦適房」，而後入房向祝獻酒，「卒，以爵入于房」。❽其後洗爵再次入室，獻酒於主人，行禮後，「主婦出，反于房」。而後主人親至房中向主婦獻酒，主婦「席于房中，南面」。在行禮儀式中，主婦往還於房與室中，入室均為獻酒行禮之需要，行禮之後即反回房中。由主人

---

❹　《禮記》，卷 49〈祭統〉，頁 836。
❺　《儀禮》，卷 46〈特牲饋食禮〉，頁 545，「徹庶羞設于西序下」，鄭注。
❻　《毛詩》，卷 9 之 2〈常棣〉，頁 322，孔疏。
❼　《儀禮》，卷 44〈特牲饋食禮〉，頁 524。
❽　《儀禮》，卷 45〈特牲饋食禮〉，頁 533。

入房向主婦獻酒，亦可看出主婦以房為其主要行禮場域。

　　《儀禮》之〈少牢饋食禮〉主婦亦同於〈特牲饋食禮〉往還于房與室中，而以房為主要場域。如祝與主人入室後，「主婦被錫衣移袂，薦自東房」，其後「主婦興，入于房」，之後「主婦自東房執一金敦黍」，而後「主婦興，入于房」。❾尸入席受饗時，婦人主要於房中，而後「有司贊者取爵于篚以升，授主婦贊者于房戶。婦贊者受以授主婦，主婦洗于房中，出酌，入戶，西面拜獻尸」。❿行禮後「主婦受爵以入于房」。⓫又如《儀禮》〈有司徹〉：「主婦自東房薦韭菹醓，坐奠于筵前……取邊于房……興，退」⓬，取邊於房，而後又退於房，可見不論是士或是大夫之主婦，祭禮時主要的行禮場域均於房中。

(四) 男女不共席、不共用物

　　男女生活空間之別，落實在坐席上。前文已提及「男女不雜坐」，行禮時男子坐於堂，女子坐於房中。⓭於日常生活中滿七歲之男女，即「不同席」⓮、「群居五人，則長者必異席」⓯、「父

---

❾　《儀禮》，卷 48〈少牢饋食禮〉，頁 568。

❿　《儀禮》，卷 48〈少牢饋食禮〉，頁 572。

⓫　《儀禮》，卷 48〈少牢饋食禮〉，頁 574。

⓬　《儀禮》，卷 49〈有司徹〉，頁 582。

⓭　又如高宗敕編，《續文獻通考》（臺北：臺灣商務，1987），卷 86〈大夫士庶家廟〉，頁 3559，祭祀之時設筵享祭饌，強調「男女異席」。

⓮　《禮記》，卷 28〈內則〉，頁 538。

⓯　《禮記》，卷 1〈曲禮〉，頁 19。

子不同席」[106]，一張席以四人為節，男女、父子、身份尊卑不等者均不共席。[107]即使是屬於親屬關係的男女，不論是否在婚姻狀態，均有防嫌的考量。貴族男子十歲「出就外傅，居宿於外」[108]，而女子則「十年不出」，生活場域內外區隔十分明顯。若已嫁之姑姐妹女子返家，亦不與兄弟「同席而坐」。[109]即使親如夫妻，亦當異席，〈內則〉提及：「夫不在，斂枕篋，簟、席襡器而藏之」[110]，妻不敢使用夫之簟席。根據〈士昏禮〉記載行共牢合巹禮之次日清晨，新婦見舅姑，此時舅「席于阼」，姑「席於房外」[111]，夫妻並不共席，且以舅居主位，居東、居前，而尊於姑所席之位。

舅姑異席的狀況至死後廟見受祭時亦然，如新婦初入門時若舅姑已歿，依據〈士昏禮〉的記載：「婦入三月乃奠菜，席于廟奧，東面，右几。席于北方，南面」[112]，舅席布於室內之西南角，奧之處；而姑之席則於北牆之下，舅姑異席。在一般的情況下夫婦合葬後則同几受祭，按《周禮》〈司几筵〉「喪事設葦席」，鄭注：

---

[106]　《禮記》，卷 2〈曲禮〉，頁 37。

[107]　獨坐以中為尊，卑者不獨坐，因此子若未與父異宮則「坐不中席」（《禮記》，卷 1〈曲禮〉，頁 20）。二人以上共坐一席，亦有尊卑之別，如孔穎達指出：「一席四人，則席端為上」、「共坐則席端為上，獨坐則席中為尊，尊者宜獨，不與人共，則坐常居中，故卑者坐不得居中也。」

[108]　《禮記》，卷 28〈內則〉，頁 538。《大戴禮記》，卷 3〈保傅篇〉，頁 60 則認為：「古者年八歲而出就外舍，學小藝焉，履小節焉。」年齡較〈內則〉所記為早，王聘珍認為《大戴禮記》所記為世子之禮。

[109]　《禮記》，卷 51〈坊記〉，頁 873。

[110]　《禮記》，卷 28〈內則〉，頁 533。

[111]　《儀禮》，卷 5〈士昏禮〉，頁 53。

[112]　《儀禮》，卷 6〈士昏禮〉，頁 59。

周禮雖合葬，及同時在殯，皆異几，體實不同。祭於廟同几，精氣合。⑬

停殯時事死如生，故而異几，既然異几則「男，男尸，女，女尸」⑭，男尸女尸各自為之。平時之吉祭則以男子一人為尸，所以〈祭統〉提及祭祖時「鋪筵設同几，為依神也」⑮，即死後之禮有別於生時，依照「穀則異室，死則同穴」的原則，於廟中祭祀用同几，既同几則同席。⑯此處新婦奠菜，舅姑何以異席？賈公彥認為：

> 既廟見若生時見舅姑，舅姑別席異面，是以今亦異席，別象生，不與常祭同也。⑰

也就是三月廟見情況特殊，比照舅姑生時，媳婦侍奉公婆的儀節辦理。反映出舅姑生時異席的狀況，於室中接受供養時舅席於奧，姑席於北牆下，以舅居主位、尊位。夫妻日常所居，不但異席，並且布席之所，所鄉之方位均有陰陽、尊卑的考量。⑱

　　井與浴室均為日常生活之必需，為了防隔內外，故「外內不共

---

⑬　《周禮》，卷 20〈司几筵〉，頁 310。

⑭　《儀禮》，卷 43〈士虞禮〉，頁 507。

⑮　《禮記》，卷 49〈祭統〉，頁 835。

⑯　《朱子語類》，卷 90〈祭禮〉，頁 2315：問：「生時男女異席，祭祀亦合異席。今夫婦同席，如何？」曰：「夫婦同牢而食」。

⑰　《儀禮》，卷 6〈士昏禮〉，頁 59，賈疏。

⑱　《禮記》，卷 2〈曲禮〉，頁 34。

井」，即使是夫婦亦「不敢共湢浴」。⑲除了在生活場域上有內外之分，於生活用物上亦男女有別，不可共用，〈曲禮〉與〈內則〉對此多所著墨：

> 男女……不同椸枷，不同巾櫛，不親授。⑳

> 非祭非喪，不相授器。其相授，則女受以篚，其無篚，則皆坐奠之而后取之。
> 外內……不通寢席，不通乞假，男女不通衣裳。㉑

總之生活場域與生活用物有內外之別，即使是夫婦亦不用同一衣架，衣服、寢被不放在一起，不共用浴室。男女不共用同一器物，其中或許部分受到女子不潔的禁忌影響，但透過內外之別以維持倫理秩序的穩定則為重要的原因。

根據〈內則〉所記：「夫婦之禮，唯及七十，同藏無間。故妾雖老，年未滿五十，必與五日之御」㉒，其中值得注意的是，妾年五十之後可以不與夫同房，與《黃帝內經·素問》卷一〈上古天真

---

⑲　《禮記》，卷 28〈內則〉，頁 533。沐浴為男女私人空間所為，故分內外，劉增貴，〈中國古代的沐浴禮俗〉，《大陸雜誌》，98 卷 4 期（1999 年 4 月），頁 9-30。

⑳　《禮記》，卷 2〈曲禮上〉，頁 37。

㉑　《禮記》，卷 27〈內則〉，頁 520。

㉒　《禮記》，卷 28〈內則〉，頁 520、533。

論〉所說女子之生理變化之階段性以七為度，男子以八為度⑫等術
數之說有關。女子四十九歲後停經，失去生育能力，故不再同房；
男子六十四歲後亦形衰而無生育力。因此〈內則〉所謂七十同藏無
間，應是就男子歲數而言，至於婦女則以六十為度。關於男女無嫌
的年紀，《毛詩》傳曾為此特別舉例加以說明：

> 昔者顏叔子獨處于室，鄰之釐婦又獨處于室，夜暴風雨至而
> 室壞，婦人趨而至，顏叔子納之，而使執燭放乎旦，而蒸盡
> 揣屋而繼之，自以為辟嫌之不審矣。若其審者，宜若魯人
> 然。魯人有男子獨處于室，鄰之釐婦又獨處于室，夜暴風雨
> 至而室壞，婦人趨而託之，男子閉戶而不納，婦人自牖與之
> 言曰：「子何為不納我乎？」男子曰：「吾聞之也，男女不
> 六十不間居，今子幼，吾亦幼，不可以納子。」婦人曰：
> 「子何不若柳下惠然，嫗不逮門之女，國人不稱其亂。男子
> 曰：「柳下惠固可，吾固不可，吾將以吾不可學柳下惠之
> 可。」，孔子曰：「欲學柳下惠者，未有似於是。」⑫

六十歲不間居應是就婦女之年歲而言。此二則例子中，被贊許的魯

---

⑫　詳參山田業廣，《素問次注集疏》（北京：學苑出版社，2004），卷 1〈上
　　古天真論〉，頁 26-29。李建民，〈任脈索隱〉，《氣的文化研究：文化、氣
　　與傳統醫學學術研討會論文》，中央研究院民族研究所主辦，2000 年 10
　　月、楊宇譯，石田秀實，《氣、流動的身體》（臺北：武陵出版社，
　　1996），頁 62-64。
⑫　《毛詩》，卷 12 之 3〈小雅·節南山之什·巷伯〉，頁 428。

人嚴守男女不六十不間居的原則,儘管在特殊危難時,仍不踰矩。
先不論此說法與儒家權變之說的關係,漢代經生藉此傳說所欲表達
的是態度是:男女未及六十歲不得雜居,此為聖人強調之禮。孔穎
達認為:

> 吾聞男女不六十不間居者,謂禮男女年不滿六十則男子在
> 堂,女子在房,不得間雜在一處而居,若六十則間居也。此
> 六十據婦人言耳,男子則七十,〈內則〉「唯及七十同藏無
> 間是也」必男子七十、女六十同居者,以陰陽道衰,故無嫌
> 也。⑫

男子七十歲以後,已無生育能力,婦女六十以後已停經,彼此性禁
忌不再強烈,婦女的經血禁忌亦不存在時⑫,居處及用物上的禁忌
才趨於緩和。

---

⑫ 《毛詩》,卷 12 之 3〈小雅·節南山之什·巷伯〉,頁 429。
⑫ 婦女於經期中有諸多禁忌,如《說文解字注》(臺北:天工書局,1987),
  頁 625-626,「姅」字指「婦人汙也,漢律:見姅變不得待祠」,段玉裁曰:
  「姅謂月事及免身及傷孕皆是也。見姅變,如今俗忌入産婦房也。」另外民
  俗、醫書中亦有經期不得行房及月經所生妖異等說法,由於所涉層面複雜,
  須專文處理,此處不一一列舉。

三、禮書中婦女行禮空間之象徵意涵

㈠ 男女於儀式中所處方位的象徵意義

行禮的儀式過程中，空間往往具有濃厚的象徵意涵，《禮記·鄉飲酒義》對行禮空間的象徵意義闡釋就是很好的說明：

> 賓、主象天地也，介、僎象陰陽也，三賓象三光也。讓之三
> 也，象月之三日而成魄也。四面之坐，象四時也。天地嚴凝
> 之氣始於西南而盛於西北，此天地之尊嚴氣也，此天地之義
> 氣也。天地溫厚之氣，始於東北而盛於東南，此天地之盛德
> 氣也，此天地之仁氣也。主人者尊賓，故坐賓於西北，而坐
> 介於西南以輔賓。賓者，接人以義者也，故坐於西北；主人
> 者，接人以德厚者也，故坐於東南；而坐僎於東北，以輔主
> 人也。仁義接，賓主有事，俎、豆有數，曰聖。聖立而將之
> 以敬曰禮，禮以體長幼曰德。德也者，得於身也。⓵

鄉飲酒禮進行時賓、主、介、僎坐位皆具有濃厚的象徵意涵，主人
位於東南，東與南皆陽位，象徵天地溫厚之氣。賓客位於西北，西
與北皆屬陰位，坐於西北而面朝東南，展現出對賓客特別的尊崇之

⓵　《禮記》，卷61〈鄉飲酒義〉，頁1005。

意，也展現賓客之威儀。⑱孔穎達認為：「主人東南象夏始，賓西北象冬始，僎東北象春始，介西南象秋始，其四時不離天地陰陽之內，而坐即是賓主介僎之所象也」，儀式中之坐位與儀節，象徵陰陽、四時等宇宙圖式，因此儀式過程也符合感應於宇宙創造之神秘性。

行禮之坐席往往因所事對象、所處空間不同而有變易，根據《禮經釋例》：「凡設席，南鄉、北鄉，于神則西上，于人則東上；東鄉、西鄉，于神則南上，于人則北上」⑲，孔穎達認為「凡坐隨於陰陽」⑳，坐席隨陰陽而別尊卑。葉國良進一步對堂上下及室內，賓客及君臣相見尊卑位次加以分別：

> 賓主在堂上相見，賓在西，東向；主在東，西向；彼此抗禮為敵體，並無尊卑之分。若君臣在堂上下相見，則君南向，臣北向，此時彼此之地位自然分出尊卑。
>
> 古人還有在室中相見之禮，其坐次的尊卑方位，與在堂上者更不可混為一談。若在室中，由於戶開於室之南方東側，東向最接近隱蔽的，所以東向為最尊，南向者在東向者之左次之，北向者在東向者之右又次之，西向者最接近戶，可以後

---

⑱　席之所鄉及尊位問題，詳參葉國良，〈從名物制度之學看經典詮釋〉，《人文學報》，20、21期合刊（88年12月至89年6月），頁1-20。

⑲　《禮經釋例》，卷2〈通例下〉，頁160-163。凌廷堪並對《禮記》，卷2〈曲禮〉，頁34：「席南鄉、北鄉，以西方為上，東鄉、西鄉，以南方為上。」，提出批評，認為此條所指乃為神席。

⑳　《禮記》，卷2〈曲禮〉，頁34，孔疏。

入先出為最卑。若東向者不止一人，則以偏南（近奧）最
尊，偏北次之。⑬

堂上賓主之禮以東為尊，室內為牽就戶之出入，而以西為尊，最尊
位為西南之奧⑫，其他之坐次則以最尊位之左、右分出尊卑。根據
《儀禮》〈士昏禮〉記載新婚夫婦成婚之夜共牢、合巹、施席都於
正寢「奧」之處進行⑬，新婚夜施席夫在東，婦在西，與共牢時
「婦尊西，南面」正好相反，孔穎達以陰陽諧和的角度來理解：

> 前布同牢席，夫在西，婦在東，今乃夫在東，婦在西，易處
> 者，前者示有陰陽交會有漸，故男西女東。今取陽往就陰，

---

⑬　葉國良，〈從名物制度之學看經典詮釋〉，頁12。

⑫　奧因為隱密深邃，成為通神所在，所以是家長、宗子的象徵之所，《禮
記》，卷1〈曲禮上〉，頁20，提到：「為人子者，居不主奧」，即因奧為
象徵主人的尊位。卷49〈曾子問〉，頁382，稱宗子殤祭為「陰厭」，而不
同於庶子殤祭的「陽厭」，宗子殤祭稱陰厭，鄭玄認為是因為：「宗子而殤
祭之於奧之禮」的緣故。奧為通神的神秘所在，《儀禮》，卷47〈少牢饋食
禮〉，頁561記載：「司宮筵于奧」，鄭注認為是於奧處「布陳神坐也」，
使祝能於此與神明交通。因為奧是溝通幽明之所，所以人死後大斂儀式，也
於奧進行，《儀禮》，卷37〈士喪禮〉，頁435記載：「乃奠燭，升自阼
階，祝執巾席，從設于奧。」奧既是房室中溝通幽明的重要場所，也因為主
人、宗子身負著祭祀承宗與祖先溝通的重任，所以奧成為主人、宗子的象徵
之所。

⑬　《儀禮》，卷5〈士昏禮〉，頁50-52記載，新婚夫婦成婚之夜共牢、合巹、
施席都於正寢「奧」之處進行：「婦至，主人揖婦以入，及寢門，揖入，升
自西階，媵布席于奧。夫入于室即席，婦尊西，南面。」「御衽于奧，媵衽
良席在東，皆有枕，北止。」

故男女各於其方也。⑭

在古禮儀式中往往以男居於左、女居於右為正位⑮，所以就枕席之位為男女正位，而共牢之位，反於正位，展現婚禮中以男下女，同尊卑、相親愛的精神。新婚之夜，施席於奧，也具有神聖而特殊的意含。一般情況則男女異席，呈現尊卑之別，已如前述。

男女在行禮中所在之場域與方位，往往符應日月、陰陽等宇宙運行之理，如《禮記·禮器》：

> 天道至教，聖人至德，廟堂之上，罍尊在阼，犧尊在西。廟堂之下，縣鼓在西，應鼓在東。君在阼，夫人在房，大明生於東，月生於西，此陰陽之分，夫婦之位也。君西酌犧象，夫人東酌罍尊，禮交動乎上，樂交應乎下，和之至也。⑯

祭祀之禮，主人位於阼階，主婦位於房中，主人為日之象徵，主婦為月的象徵，因此儀式中之移動，主人由東而至西酌犧尊，主婦由西向東酌罍尊，仿於日月之運行。天道設教，人間的祭祀正與其相應。南與北、東與西被賦予陽和陰的象徵，於行禮之位中，運用廣泛，如《禮記·祭統》：

---

⑭ 同上，頁 52，孔穎達疏。

⑮ 《古代禮俗左右之辨研究——以三禮為中心》，第四章第二節〈性別與左右〉，頁 161-210。

⑯ 《禮記》，卷 24〈禮器〉，頁 471。

凡天之所生，地之所長，苟可薦者，莫不咸在，示盡物也。
外則盡物，內則盡志，此祭之心也。是故天子親耕於南郊，
以共齊盛，王后蠶於北郊，以共純服。諸侯耕於東郊亦以共
齊盛，夫人蠶於北郊，以共冕服。天子、諸侯非莫耕也，王
后、夫人非莫蠶，身致其誠信，誠信之謂盡，盡之謂敬，敬
盡然後可以事神明，此祭之道也。❿

《周禮·天官·內宰》：

中春詔后帥外內命婦始蠶于北郊，以為祭服。❿

於祭祀之禮中，為表示祭者竭誠齊敬之心，祭物的供奉充滿神聖
性，而此神聖性中，人事符應天地之陰陽，天子、諸侯親耕於南
郊、東郊，王后及夫人蠶於北郊。鄭玄認為南郊屬純陽，故為人君
之所，北郊屬純陰為夫人之所。東、西郊亦以陰陽分，東郊屬少陽
為諸侯親耕之所，至於夫人原對應之位於西郊，仍保持在北郊，鄭
玄謂為「婦人禮少變」使然。❿

(二) 變：因身份狀態不同而造成行禮空間的改變

1.母於子冠禮中之空間迴避

---

❿ 《禮記》，卷 49〈祭統〉，頁 831。
❿ 《周禮》，卷 7〈天官·內宰〉，頁 113。
❿ 關於桑蠶之方位與儀典所具有的象徵意義，詳於本論文第四章。

　　男子加冠禮於廟中舉行，母親及姑姐妹未於廟中觀禮。根據
《儀禮·士昏禮》：子加冠後「降自西階，適東壁，北面，見于
母」[140]，所謂「東壁」，位於闈門之外[141]，而「闈門」，根據《爾
雅·釋宮》釋為宮中之門[142]，此處所指為廟中之門，此門非正門。
當受冠者於加冠儀式後出了闈門才見到母親，可見行冠禮時母親未
於廟中。至於姑姐，於見過母親後，「入見姑姐，如見母」，鄭
注：「入，入寢門也，廟在寢門外，如見母者，亦北面，姑與姐亦
俠拜也。不見妹，妹卑」[143]，均可看出男子行冠禮時，母及姑姐妹
未在廟中，而於寢門內。冠禮時母、姑、姐輩之迴避，可能與男子
行冠禮後被期許為成人，將正式被納入社會身份有關。冠禮是一個
通過儀式，三加分別授予受冠者關於治人、田獵、祭祀等方面的責
任與權力，有別於未成年時被照護的角色[144]，因此在行禮上刻意與
母、姑、姐等角色分離，以象徵身份進入新階段。已冠後「見於
母，母拜之」[145]，亦在強調子已擁有客觀社會身份，母於此客觀身
份亦須表示尊重。

---

[140]　《儀禮》，卷2〈士昏禮〉，頁21。

[141]　《儀禮》，卷2〈士昏禮〉，頁21，鄭注：「東壁者，出闈門也，時母在闈
　　　門之外，婦人入廟由闈門。」

[142]　《爾雅》，卷5〈釋宮〉，頁74。《周禮》，卷41〈匠人〉，頁644：「闈
　　　門容小扃參个」，賈疏：「廟中之門曰闈門是也」。

[143]　《儀禮》，卷2〈士冠禮〉，頁22。

[144]　有關成年禮的儀節及禮沿革，詳參葉國良、李隆獻、彭美玲著，《漢族成年
　　　禮及其相關問題研究》（臺北：大安，2004）。

[145]　《禮記》，卷61〈冠義〉，頁998。

2.由女至婦身份轉變在行禮空間上的呈現

(1)新婦入門至主婦身份確定

　　根據〈士昏禮〉所記待嫁之女「立于房中南面」❿，姆位於其右，陪嫁者位於其後。當女出房時，母位於其西，父位於其東❿，父母對待嫁女作婚前告誡。然後新婦跟從新婿降自西階，而至夫家。新婦初入門由西階升堂❿，新婿為了引導新婦入門，因此亦從西階升堂。西階為賓階，象徵新婦此時身份一如賓客。其後，新婦坐於尊之西，尊的位置在「室中北墉下」❿，行共牢合巹禮。

　　入夫家後第二日，婦見舅姑：

> 質明，贊見婦于舅姑，席于阼，舅即席。席于房外，南面，姑即席。❿

舅於阼階，姑於房外，位在舅之西，符合男子東、婦人西的原則。新婦「升自西階」，而後「贊醴婦，席于戶牖閒」，賈疏：「以其賓客位於此，是以禮子、禮婦、禮賓客皆於此，尊之故也。」❿新婦此時仍以賓客位行禮。其後，舅姑共饗婦以一獻之禮，「舅姑先

---

❿　《儀禮》，卷 5〈士昏禮〉，頁 49。
❿　《儀禮》，卷 6〈士昏禮〉，頁 61。
❿　《儀禮》，卷 5〈士昏禮〉，頁 50：「婦至，主人揖婦以入，及寢門，揖入，升自西階。」
❿　《儀禮》，卷 4〈士昏禮〉，頁 43。賈疏此時婿為東面，可見婿位於西，婦在東。
❿　《儀禮》，卷 5〈士昏禮〉，頁 53。
❿　《儀禮》，卷 5〈士昏禮〉，頁 54，賈疏。

降自西階，婦降自阼階」[152]，新婦由西階升而於成婦禮後由阼階降，象徵「授之室，使為主，明代己」[153]的意涵。因為阼階為主人身份的象徵[154]，婦女入門之初，先由西階而升，次日見舅姑仍由西階而升，還是賓客身份，直至成婦禮後，舅姑讓新婦降至阼階，而自己降自西階，象徵舅姑「授之室」，將管理家內的權力授予新婦，象徵新婦身份轉成主婦。

(2)已嫁女返家奔喪之行禮空間

根據《禮記・雜記》諸侯夫人因三年之喪而返家奔喪，「夫人至，入自闈門，升自側階，君在阼，其他如奔喪禮然」[155]，闈門位於宮中東西，類於漢代後宮的掖門。[156]「闈門」此處所指為廟中之側門。出嫁的女兒奔喪不同於女賓，女賓弔喪按〈喪大記〉：「夫人弔於大夫、士，主人出迎于門外……夫人升堂，即位」[157]，女賓入自大門而升自正階，出嫁女兒入自側門而升至側階。關於二者的

---

[152] 《儀禮》，卷5〈士昏禮〉，頁55。

[153] 《儀禮》，卷5〈士昏禮〉，頁55，鄭注。

[154] 《禮記》，卷3〈曲禮〉，頁54，提及居喪之禮「升降不由阼階」，因為「阼階，主人之階也。孝子事死如事生，故在喪思慕猶若父在，不忍從父阼階上下也。」《儀禮》，卷35〈士喪禮〉，頁411，記主人剛死，喪禮主人（子）「升降自西階」、「即位於西階下」，〈士喪禮〉，頁426記小斂後「主人出于足，降自西階」，〈士喪禮〉，頁437記大斂為尊重死者，故由足繞行，至西階而下。君臨臣喪，「主人西楹西北面，升公卿大夫，繼主人，東上」，主人由西階上堂，公卿大夫上堂於主人之西，以東方為上位。阼階所象徵的身份意義於此可見一斑。

[155] 《禮記》，卷43〈雜記〉，頁750。

[156] 《儀禮》，卷43〈士虞禮〉，頁510，鄭注。

[157] 《禮記》，卷45〈喪大記〉，頁785。

不同，孔穎達認為：「夫人至，入自闈門者，謂夫人至於父母之國，入自旁側闈門，不由正門，異於女賓也。升自側階者，謂夫人升自旁側之階，不升正階，亦異於女賓也」、「女子子是父母之親，不可同於女賓之疏」。

　　除了諸侯夫人返家奔喪入自闈門，升自側階外，其他階層的出嫁婦女返家奔喪亦由側階而升，《禮記‧奔喪》提及：

> 婦人奔喪升自東階，殯東，西面坐，哭盡哀，東髽，即位，
> 與主人拾踊。❸

此處所謂婦人，鄭玄認為指「姑姐妹，女子子也」，似乎與〈雜記〉升自側階不同，鄭玄認為此處東階應解作東面之階，即為側階。❸此處「東髽」，鄭玄認為「髽於東序，不髽於房，變於在室

---

❸　《禮記》，卷 56〈奔喪〉，頁 942。

❸　《禮記》，卷 56〈奔喪〉，頁 942。但何謂「東面之階」？孔穎達的解釋
　　是：「云宮中之門曰闈門者，〈釋宮〉文也。云側階亦旁階也者，闈門是旁
　　側之門，故云側階亦旁階，此謂東旁之旁階，故奔喪禮婦人升自東階，故知
　　側階謂東面階也。」認為此處「東階」即夫人奔父母喪時所走的側階，亦即
　　東旁之旁階。然而孫希旦，《禮記集解》，卷 53〈奔喪〉，頁 1340，認為：
　　「東階，東房北下之階也，亦謂之側階。」並認為：「側階，北階也。側，
　　特也。堂南東西有階，其北惟東方有之，故曰側階。升自側階，自東房而出
　　於堂也。」（卷 42〈雜記下〉）孫希旦將此處側階理解為北階，與鄭玄等旁
　　階之說法似乎不同。闈門所在之位置，學者看法亦有不同，若根據陳祥道，
　　《禮書》（《文淵閣四庫全書》130，臺北：臺灣商務印書館，1983），卷
　　64，頁 4，所繪之冠禮〈陳服設筵之圖〉、〈加冠之圖〉，將其設想於堂南
　　入門處之兩旁。而戴震的《考工記圖》，〈宗廟〉圖、江永之《鄉黨圖考》

者也」。據〈喪大記〉及〈士喪禮〉小斂後婦人髽於室，❶諸侯女眷髽於西房❶，男子服免於房，為男子東，婦人西的位置。此處婦人髽於東序，熊安生認為既殯之後，由於「室中是神之所處，婦人在堂，當髽於東房，今此婦人始來奔喪故髽於東序」❷，無西房可行髽髮的婦女，可改於東房髽髮。至於髽髮於東序則是將已嫁之女與在室女另作區別。

3.由喪禮儀式中行禮空間的改變看行禮之常與變

　　喪禮儀式中所處的空間及方位具有極強的象徵意涵，由始卒之哭位呈現基本的男女禮位格局，跟隨治喪的進行，停殯、朝廟、下葬，行禮空間勢必逐漸向外移動，男女、尊卑之別的表現也隨情況而不同。卒於寢、小斂於戶內，大斂於阼，殯於堂上❸，於西階上

之〈宗廟制度圖〉，則認為闡門當於東房之北面外側，戴震認為側階於北堂之北，與孫希旦說法一致；江永則認為側階當於東堂下、東廂外。

❶　《儀禮》，卷36〈士喪禮〉，頁426。

❶　《禮記》，卷44〈喪大記〉，頁765：「婦人髽，帶麻於房中」，鄭注：「婦人之髽，帶麻於房中，則西房也。天子諸侯有左右房。」天子、諸侯有左右房，在行禮儀式中，若男女均於房中行禮，則分處於左、右房中；大夫與士是否也有左右房，歷來聚訟紛紜，其間主張可參考鄭憲仁，〈周代「諸侯大夫宗廟圖」研究〉，《漢學研究》24卷2期（2006年12月），頁1-39。此文根據考古與禮圖對照，認為諸侯、大夫之宗廟格局當有東西二房。

❷　《禮記》，卷56〈奔喪〉，頁942，孔疏引。

❸　《禮記》，卷7〈檀弓〉，頁130。殯於堂上的位置，反映出對死者及初死狀態的思考，「夏后氏殯於東階之上，則猶在阼也。殷人殯於兩楹之間，則與賓主夾之也。周人殯於西階之上，則猶賓之也」，東階為象徵主人身份之階，停靈於東階上，象徵死者仍為室家之主。西階為象徵賓客身份，停靈於西階之上，象徵將死者視為賓客。停靈於兩楹之間，則象徵死者的中介身份。透過三代停殯位置的不同，亦反映出逐漸理性人文化成的過程。

掘停棺之穴「掘肆見衽」❿，尸體由內而逐漸移置於外。又如下葬後有形身體歸於土，而無形之魂靈則透過尸以及祭祀來連結，此時反哭、虞祭之祭祀，主人處於西階，一方面不敢亦不忍於父新喪之際即行立阼替代之禮，另一方面，西階為神位，以此敬奉新死者，而主婦則對應立於東階，反於常時，象徵非常之變禮。❿

(1)小斂前婦人於西、主人於東的方位

喪禮儀式中婦女所在位置具有象徵的意涵，如前引《禮記·喪大記》提及初死時於室中的哭位，男性親屬位於東，女性親屬位於西方，關係較親者在前，於室中，所謂關係較親者，鄭注：「謂大功以上父兄姑姐妹子姓」❿，關係較疏者，則排在後方。由於婦女無事不下堂，故與死者關係為小功以下之婦人，立於戶外，而小功以下之男子則立於堂下。室之東西、堂之上下、位次先後與身份高低、親疏之等、男女之別密切相關。參與行禮者所處方位、堂上、堂下、親疏之前後次序，或坐、或立，層次井然。

根據《禮經釋例》指出：

　　凡婦人之位，小斂前在尸西，小斂後至既殯皆在阼階上，柩

---

❿　《儀禮》，卷 47〈士喪禮〉，頁 433。

❿　有關常與非常，詳參李豐楙，〈由常入非常——中國節日慶典中的狂文化〉，《中外文學》，1993 年 8 月，頁 116-154、〈先秦變化神話的結構性意義——一個「常與非常」觀點的考察〉，《中國文哲研究集刊》，1994 年 3 月，頁 287-318。

❿　《儀禮》，卷 35〈士喪禮〉，頁 410，鄭注。

將行，始降在階間。⑯

婦女在小斂前的禮位均在尸體之西，如小斂時：「主人即位于戶內，主婦東面」⑱，大斂時為「婦人尸西，東面，主人及親者升自西階，出于足，西面，袒」⑲，馮尸時「（主人）西面馮尸」、「主婦東面馮」⑳，均是主人東，婦人西的位置。小斂之後，〈喪大記〉所謂：「主人袒，說髦、括髮以麻，婦人髽帶麻于房中」㉑，與〈士喪禮〉：「主人髺髮，袒，眾主人免于房，婦人髽于室」㉒，略有差異。以〈士喪禮〉來看，主人於房，婦人於室，正配合男子在東，婦人在西的原則；而〈喪大記〉所述婦人亦在房中，若男女均於房中，則呈現男女共處無別的狀態，不符合禮制的精神，於是鄭玄猜測〈喪大記〉所述為諸侯階級之禮，因為諸侯階級有東西房，可以分配成「男子既括髮於東房，故知婦人髽及帶麻于西房」㉓，將男女區隔開來。最重要的是，不論是士禮或諸侯髺髮禮，二者均符合：

男子陽，外物為名而謂之髺髮，婦人陰，內物為稱而謂之髽

⑯　《禮經釋例》，卷8〈變例〉，頁420。
⑱　《禮記》，卷44〈喪大記〉，頁765。
⑲　《儀禮》，卷37〈士喪禮〉，頁434。
⑳　《儀禮》，卷37〈士喪禮〉，頁437。
㉑　《禮記》，卷44〈喪大記〉，頁765。
㉒　《儀禮》，卷36〈士喪禮〉，頁426。
㉓　《禮記》，卷44〈喪大記〉，頁765，孔疏。

也。但經云婦人髽于室者，男子髽髮與免在東房，若相對婦人宜髽于西房。大夫士無西房，故於室內戶西，皆於隱處為之也。❼

不論是免或髽髮，必須符合男子位於東，婦人位於西，配合男子屬陽，女子屬陰而相應的方位。❼

⑵小斂後主人降自堂下拜賓位，婦人於堂上，男女之別呈現為堂上、堂下之別

小斂後，喪主「降自西階」，主人的庶兄弟亦跟隨下堂，在東階下即位。婦人位於阼階上，面向西。❼大斂後主人上堂至西階，面向東，察看棺木入穴的情況，庶兄弟均返回東階下原位，婦人則返回東階上之位。❼既殯之後朝夕哭，❼婦女於東階就位，男子則在廟門外東側就位。由於主人與其他男性親屬已至阼階下拜賓之位，因此阼階上的位置被空出，故由婦人立於阼階上，此時男女之別主要表現在堂上與堂下之別。❼

---

❼　《儀禮》，卷 36〈士喪禮〉，頁 426，賈疏。
❼　彭美玲透過⑴始卒室中哭位，⑵小斂、大斂室外哭位，⑶既殯朝夕哭位，⑷啟殯遷祖廟哭位，⑸臨葬視窆列位，⑹既葬反哭之位的分析指出：除了反哭之位有別於常態，「古人居喪列位，俱以男左女右為正」，詳參《古代禮俗左右之辨研究——以三禮為中心》，頁 182-187。
❼　《儀禮》，卷 36〈士喪禮〉，頁 426。
❼　《儀禮》，卷 37〈士喪禮〉，頁 435：「眾主人復位，婦人東復位」。
❼　《儀禮》，卷 37〈士喪禮〉，頁 438：「婦人即位于堂」、「丈夫即位于門外，西面，北上。外兄弟在其南。」
❼　如凌廷堪於《禮經釋例》，卷 8〈變例〉，頁 420-422 指出：男女之別的呈

(3)下葬起柩時,婦人降於兩階間,於男子後方,統於男子,
　呈現前後之別

　　婦人行禮之位再次變化為靈柩朝廟後柩車將行時,此時「婦人
降,即位于階閒」[180],婦女離開堂上之位,而至於堂下兩階之間。
賈疏:

> 堂上時,婦人在阼階西面,統於堂下男子,今柩車南遷,男
> 子亦在車東,故婦人降亦東上,統于男子也。婦人不鄉車西
> 者,以車西有祖奠,故辟之在車後。[181]

此時婦人即位於東階下,立於東,面向西,與男子同在柩車之東,
但立於男子之後,呈現男在前、女在後的區別。

　(4)於墓穴,男子立於東,婦人立於西

　　於墓穴時亦符合男子西鄉,婦人東鄉的原則,《禮記·檀
弓》:

> 國昭子之母死,問於子張曰:「葬及墓,男子、婦人安
> 位?」子張曰:「司徒敬子之喪,夫子相,男子西鄉,婦人
> 東鄉。」曰:「噫毋」,曰:「我喪也斯沾,爾專之賓為賓

現,「小斂前,親者在室,以尸東尸西為別,小功以下,以戶外堂下為別;
小斂後,以阼階上、阼階下為別。既殯無事,則主人入于次,婦人無事,或
退處于房中歟?」
[180]　《儀禮》,卷38〈既夕〉,頁455。
[181]　《儀禮》,卷38〈既夕〉,頁455,賈疏。

焉，主為主焉，婦人從男子皆西鄉。」⑱

關於男女於墓旁之位，〈既夕禮〉有明白交待，即：「主人袒，眾
主人西面，北上。婦人東面，皆不哭」。⑱孔子相禮時，於墓地即
採男子東位，婦人西位的原則，於此不但可別男女，於尊卑之位亦
可分出，精神一如哭位。國昭子卻將賓列於西位，主列於東位，如
此則男女無別，於東西陰陽之配屬亦顯混亂。

(5)反哭、虞祭男子立于事神之西階，婦人與之相對立於東階

屍體下葬後，親人反哭升堂，《儀禮‧既夕禮》：

> （主人）乃反哭，入，升自西階，東面，眾主人堂下，東
> 面，北上。婦人入，大夫踊，升自阼階。主婦入于室，踊，
> 出，即位。⑱

主人位於西階上，西階為停殯之所，祭祀時布席於奧，尸亦由西階
而入⑱，因此西方被認為是「神位」⑱所在，有別於生前尊於東
階。主人立於西階事奉神靈，主婦之位與主人相對，因此主婦由東

---

⑱　《禮記》，卷9〈檀弓〉，頁174。

⑱　《儀禮》，卷40〈既夕禮〉，頁471。

⑱　《儀禮》，卷40〈既夕禮〉，頁472。

⑱　如《儀禮》，卷45〈特牲饋食禮〉，頁524：「祝筵几于室中，東面」，為
　　神敷席於奧，頁530：「尸入門左，北面盥，宗人授巾，尸至于階，祝延
　　尸，尸升入。」卷47〈少牢饋食禮〉，頁561、569中「司宮筵于奧，祝設
　　几于筵上，右之」、「尸升自西階」。

⑱　《儀禮》，卷40〈既夕禮〉，頁472，鄭注。

階入於室，其後即位於東階上，此位置亦為小斂後主婦常居之位。
虞祭時，主人於堂上就位，男性親屬於堂下西方就位，如反哭
位。❿之後男性親屬於門外就位，女性親屬於堂上就位❿，婦人均
於堂上東階處。下葬後反哭至虞祭，男子由西階登堂以避開原屬父
親身份象徵之東階，而立於西階之神位，至於主婦為與主人相對，
故由東階升堂，而立於東階上。展現喪禮反於常態，不同於生時的
行禮儀式。

---

❿ 《儀禮》，卷 42〈士虞禮〉，頁 495：「主人即位于堂，眾主人及兄、賓即
位于西，如反哭位。」
❿ 《儀禮》，卷 42〈士虞禮〉，頁 494：「主人及兄弟如葬服⋯⋯皆即位于門
外，如朝夕臨位。婦人及內兄弟服即位于堂，亦如之。」

圖一　陝西西安漢長安城未央宮遺址前殿復原設想鳥瞰圖

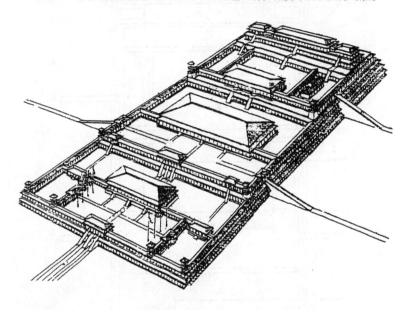

資料來源：楊鴻勛，《宮殿考古通論》。

圖二　陝西西安漢長安城未央宮遺址前殿復原設想平面圖

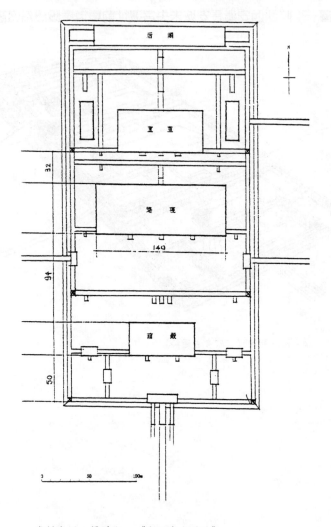

資料來源：楊鴻勛，《宮殿考古通論》。

圖三　王城規劃主軸線布置示意圖

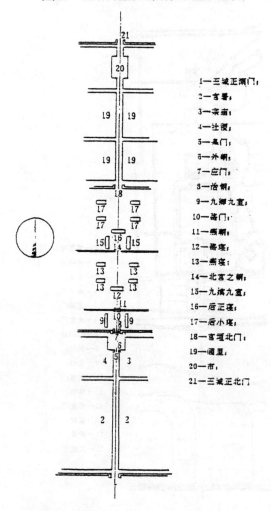

1—王城正南門；

2—閭里；

3—宗廟；

4—社稷；

5—皋門；

6—外朝；

7—應門；

8—治朝；

9—九卿九室；

10—路門；

11—燕朝；

12—路寢；

13—燕寢；

14—北宮之朝；

15—九嬪九室；

16—后正寢；

17—后小寢；

18—宮垣北門；

19—閭里；

20—市；

21—王城正北門

資料來源：賀業鉅，《考工記營國制度研究》。

圖四　明北京城南北中軸線布置示意圖

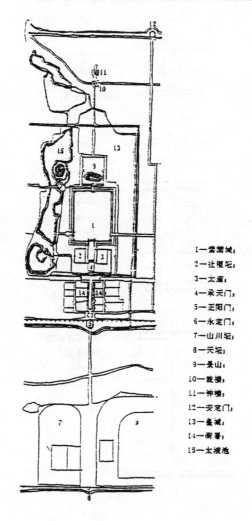

1—紫禁城；

2—社稷坛；

3—太庙；

4—承天门；

5—正阳门；

6—永定门；

7—山川坛；

8—天坛；

9—景山；

10—鼓楼；

11—钟楼；

12—安定门；

13—皇城；

14—衙署；

15—太液池

資料來源：賀業鉅，《考工記營國制度研究》。

圖五　岐山鳳雛西周宮室復原圖

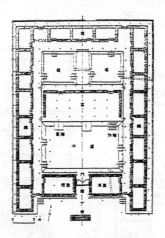

資料來源：《文物》，1981：3。

圖六　寢廟圖

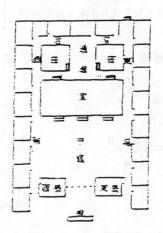

資料來源：錢玄，《三禮通論》。

圖七 漢代居室平面圖

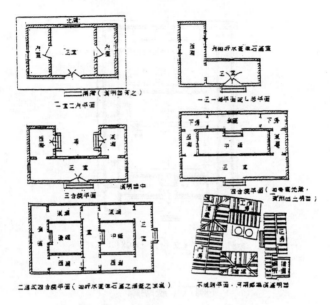

資料來源：葉大松，《中國建築史》。

圖八 屋架

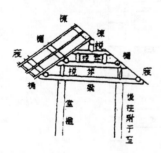

資料來源：錢玄，《三禮通論》。

圖九 屋架

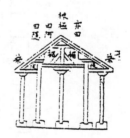

資料來源：陳祥道，《禮書》。

圖十 士冠禮陳服設筵圖

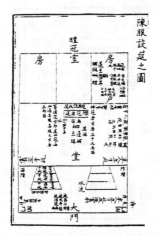

資料來源：陳祥道，《禮書》。

圖十一 士冠禮加冠圖

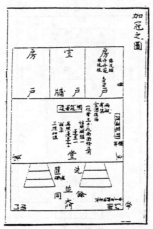

資料來源：陳祥道，《禮書》。

圖十二　宗廟制度圖

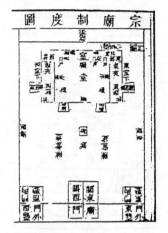

資料來源：江永，《鄉黨圖考》。

圖十三　宗廟圖

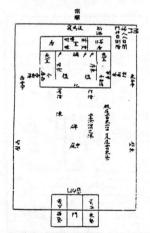

資料來源：戴震，《考工記圖》。

圖十四 尸酢主婦圖

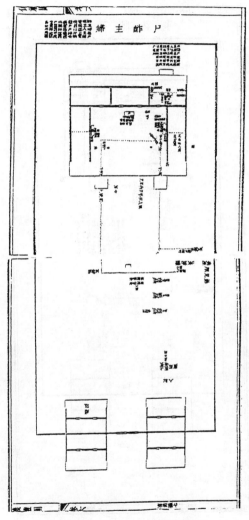

資料來源:張惠言,《儀禮圖》。

圖十五　始死陳襲事

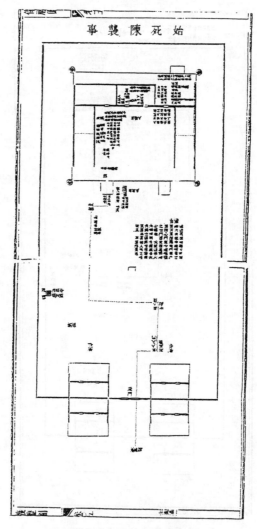

資料來源：張惠言，《儀禮圖》。

圖十六　浴尸含襲

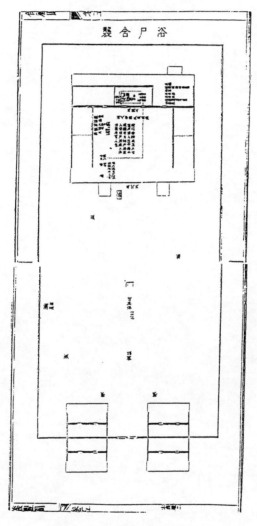

資料來源：張惠言，《儀禮圖》。

第三章
由喪葬空間的分配
探討宮廷婦女的嫡庶之辨
及名分倫理問題

　　后妃的身份和地位，在喪葬、祭祀中極為突顯。在后妃喪葬之禮中，是否能祔葬於帝王，所葬墓地的方位與距離遠近……均有極強的象徵意義，亦是區別嫡庶的重要關鍵❶；甚至與權力、地位的擁有不無關係❷，歷來一直是關注的焦點。先秦、兩漢史書對此多

---

* 　本文為國科會計劃 NSC93-2411-H-006-020 之相關研究成果，原刊登於《中國文哲研究集刊》，26 期，頁 321-357。

❶　嫡庶之辨是周禮的核心部分，所涉層面十分廣泛，后妃身分認定為其重要基礎。在「子以母貴，母以子貴」的規範下，母親的地位，深深影響其子嗣的地位，並與繼承等重要問題密切相關。因此，后妃身份的問題一直是士人關注的焦點。儘管在漢代，宗法制度已發生根本的變化，婚姻制度也有不小的轉變，但後宮的等級和彼此間身份的確認，對王室的秩序及繼承問題，仍然扮演著極為關鍵的角色。

❷　如《世說新語》記載，賈充因特殊際遇而被允許有左右二夫人，誰能與夫合

所陳述和爭議，一直到後代熱度不減。❸除了是否合葬以外，神主祔廟亦是重要部份。一般來說以合葬者祔廟❹，且「廟無兩祔」❺，即配祔者只有一人，以展現不并尊、不二嫡的精神。❻儘管禮制有所申述和討論，但違禮及爭議的狀況，仍不斷發生。如合葬者不只一人，該如何祔廟？祔廟者與合葬者是否必須為同一人？後代是否可以更改祔廟者？如果此現象存在，是在什麼樣的情況下發生的？是否有不只一人祔廟的情況存在？原皇后先死，若又再立新后，合葬、祔廟的問題如何？太子為妃嬪所生，太子即位後，其生母地位提高，由妃嬪晉升為太后，形成兩宮太后并尊的格局。她們死後究竟誰享有與先帝合葬的待遇？是先帝朝的皇后，還是皇帝的生母❼？旁支入繼大統，其祖母輩或生母地位將提高，喪葬是否發生

葬，成為子女常年的爭奪的焦點。在郭氏女貫后被廢失勢後，李氏女齊獻王妃終於為母親爭得合葬權。合葬與否還與客觀的實力不乏關係。詳參余嘉錫，《世說新語箋疏》（臺北：仁愛書局，1984）第 19〈賢媛〉，頁 685。

❸　如明英宗時的錢皇后無子，而母養周貴人之子為太子，憲宗即位後形成兩宮皇太后并尊的情況，在合葬與祔廟上生出許多爭議，詳見張廷玉等撰，《明史》（臺北：鼎文，1980），卷 113〈孝莊錢皇后傳〉、〈孝肅周太后傳〉，頁 3516-3519。

❹　如定陶恭王太后與元帝合葬，而「配食於左坐」，應劭曰：「若禮以其妃配者也。坐於左而並食」。班固著，顏師古注，《漢書》（臺北：鼎文，1979），卷 97 下〈外戚傳・孝哀傳皇后〉，頁 4005。

❺　脫脫，《金史》（臺北：鼎文，1976），卷 63〈后妃傳〉序，頁 1498。指出：「禮廟無兩祔，不並尊也」，並指出：「魯成風始兩祔，宋國三媵，齊管氏三歸，春秋皆譏之」等爭議問題。

❻　本篇文章以喪葬為主，祭祀、神主配祔、立廟等問題，所涉複雜，擬另撰專文討論。

❼　直至後代對此問題仍不無爭端。如明代孝烈方皇后與孝潔陳皇后的事件，皇

爭議？若皇帝生母在特殊情況下亡故，喪葬禮闕，皇帝即位後，改葬、追尊、立廟祭祀情況如何？凡此種種，皆牽涉到禮制的理想、法規的制定，及現實上的政治角力，情況頗為複雜。

由后妃陪葬狀況所導致的身份探討及爭議，環繞著嫡庶之辨而展開，如妾子為君、旁支入繼大統等狀況下，國君對生母、嫡母之別，以及能否因顯貴而封爵生母？或以罪為由而廢黜其母？……等諸多問題，成為關注焦點。由於嫡庶之辨為禮制的核心部份，因此在經學中對其討論甚多，透過漢代尊經的傳統，不斷地對士人進行教化；漢代士人在面對禮制等諸多問題，亦往往回到經典與之對話。因此對經書的理解及詮釋在漢代具有積極入世的精神。不斷詮釋的過程，除了對既有經典的信奉與深化外，亦因應時勢環境的需要而進行創造性的詮釋。❽基於此種理由，本部分先由經書如：禮

帝欲以生母祔皇后祔廟，與臣子展開往覆的論辯，過程曲折。詳參《明史》，卷 114〈后妃傳‧孝潔陳皇后〉，頁 3530。

❽　漢代士人對政治、社會的諫言，往往援引經籍，以為依歸，並於經籍的援引與詮釋間賦予時代的精神。議論經義成為學術與政治上共同關切之事，西漢宣帝甘露年間的石渠閣會議及東漢章帝建初年間的白虎觀會議，均為顯例。有關其時經學與政治、思想的互動關係，詳參錢穆，〈兩漢博士家法考〉，收入《兩漢經學今古文平議》（北京：商務印書館，2003），吳雁南、秦學頎、李禹階主編，《中國經學史》（福州：福建人民出版社，2001），王葆玹，《西漢經學源流》（臺北：東大，1994），林啟屏，〈論漢代經學的「正典化」及其意義——以「石渠奏議」為討論中心——〉，《第四屆漢代文學與思想學術研討會論文集》（臺北：政大中文系，2002），頁 205-248。又如著名的春秋決獄，亦是以《春秋》《公羊傳》為依歸，對漢代所面臨的人事進行指導與裁決。可參考如林咏榮，〈春秋決獄辨——漢文化的特徵及其發展〉，《法學叢刊》1981 年 12 月，頁 11-21。潘武肅，〈春秋決獄論

經、《春秋》經傳等入手，探究經書對相關問題的主張。除了經書的記載，漢人對此類事件的註解與評論，乃至於對經書所記相關事件的進一步發展，如輔以災異……等狀況，亦為重要線索。以探討國君嫡母與生母身份之別來說，除了可透過《儀禮》〈喪服〉等篇章，瞭解制禮時二者喪服的差異；又可就《春秋》經傳中「妾子為君」狀況所引發的爭議進行探究。漢代士人常引《春秋》經傳后妃事例，以表達對漢代后妃此類事件的評斷，甚至主政者援引《春秋》事例來為自身行事背書（如為妾母、藩后上尊號等狀況），亦值得深入探究。

經典的理想、士人的勸諫與實際的狀況間往往有差距。因此本文的第三部分即從統治者的角度觀察帝王顧及私親而對嫡庶之辨造成破壞、對獲罪而草草下葬的祖母或生母，追尊、改葬、立廟之心理進行理解。另一方面，統治者為了維護統治基礎的穩定，不得不嚴別嫡庶、限制外戚的勢力，於是禁止藩后留置京師，禁止妾子為君或外藩入繼大統者追尊本生母，成為政令的一部分。

一、漢代后妃喪葬狀況及其爭議

漢代王室的葬禮採帝后合葬的格局，同葬而不同陵。所謂合葬指「雖同塋兆而別為墳」。❾既別為墳，則墳之高低，及其對應於

略〉，《香港中文大學中國文化研究所學報》，1990 年，頁 1-33。以上議題可參考的資料頗多，不一一列舉。

❾ 司馬遷著、裴駰集解、司馬貞索隱、張守節正義，《史記三家注》（臺北：鼎文，1979，以下簡稱《史記》），卷 49〈外戚世家〉集解引《關中記》，

帝陵所在之方位相形重要。《周禮》卷二二〈春官·冢人〉鄭注引
漢律：「列侯墳高四丈，關內侯以下至庶人各有差」❿。《白虎
通》卷十一〈崩薨·墳墓〉，引《含文嘉》：

> 天子墳高三仞，樹以松。諸侯半之，樹以柏。大夫八尺，樹
> 以藥。士四尺，樹以槐。庶人無墳，樹以楊柳。⓫

可見不同身份階級的墳高是有一定的限度的。就漢代帝王實際墓葬
狀況來看，除了如文帝因山為藏，不另起墳等特例外。根據《關中
記》記載「漢諸陵皆高十二丈，方百二十步。惟茂陵高十四丈，方
百四十步」。⓬墳土明顯較低者為殤帝、沖帝、質帝等在位時間短
的早夭之帝。⓭加高墳土，具有標幟身份的意義。史書記載呂后曾

　　頁 1970：「高祖陵在西，呂后陵在東。漢帝后同塋，則為合葬，不合陵也。
　　諸陵皆如此」。有關漢代墓葬的狀況，詳參蒲慕州，《墓葬與生死——中國
　　古代宗教之省思》（臺北：聯經，1993）、劉慶柱，《古代都城與帝陵考古
　　學研究》（北京：科學出版社，2000）、楊鴻勛，《宮殿考古通論》（北
　　京：紫禁城出版社，2001）、黃曉芬，《漢墓的考古學研究》（長沙：岳麓
　　書社，2003）。

❿　賈公彥，《周禮注疏》（臺北：藝文，2001，以下簡稱《周禮》），卷 22
　　〈春官·冢人〉，頁 334，鄭注。又見於范曄，《後漢書集解》（臺北：藝
　　文，1982），卷 10 上〈皇后紀上〉惠棟注，頁 159。

⓫　陳立，《白虎通疏證》（北京：中華書局，1997），卷 11〈崩薨·墳墓〉，
　　頁 559。

⓬　桑欽撰，酈道元注，楊守敬、熊會貞疏，《水經注疏》（南京：江蘇古籍出
　　版社，1989），〈渭水〉引《關中記》，頁 1619。

⓭　殤帝的康陵與其父和帝慎陵同一塋地，沖帝懷陵與其父順帝憲陵亦同一塋

經想透過加高墳土，來表達對惠帝的私愛。[14]至於孝惠后在惠帝崩後，因呂氏為亂，而被廢處於北宮，死後雖與惠帝一樣葬於安陵，但偏於安陵西北約 270 米處[15]，且不起墳[16]；西北的方位及「不起墳」，都標示著她被廢的處境。正因為墳高與身份狀態及地位密切相關，所以往往成為關注的焦點，甚至成為政治鬥爭的藉口。以哀帝祖母孝元傅昭儀為例，為了刻意突顯身份，孝元傅昭儀不但與元帝合葬，甚且「冢高與元帝山齊」，而被批評為「不應禮」[17]，最後導致重新改葬的命運。東漢時期，明德馬皇后因為「太夫人葬，起墳微高」，立刻囑咐「兄廖等即時減削」[18]，可見此事敏感的程度。

除了墳高外，后妃葬於帝陵的相對方位，亦密切關係著身份的認定。就漢代皇后合葬的文獻記載及考古發現歸納來看，正嫡之陵位於帝陵之東。[19]至於雖葬於帝陵，但位於帝陵之西、北、南等方

　　地，李如森認為是祔葬的結果。詳參《漢代喪葬禮俗》（瀋陽：瀋陽出版
　　社，2003），頁 221。

[14]　李昉，《太平御覽》（北京：中華書局，1960），卷 457〈人事部·諫
　　諍〉，頁 2232，引《楚漢春秋》。

[15]　楊寬，《中國古代陵寢制度史研究》（上海：人民出版社，2003），頁
　　221。

[16]　《漢書》，卷 97 上〈外戚傳·孝惠張皇后〉，頁 3940。

[17]　同上，卷 97 下〈外戚傳·孝元傅昭儀〉，頁 4003。

[18]　《後漢書》，卷 10 上〈皇后紀·明德馬皇后〉，頁 413。

[19]　如前引《關中記》：「高祖陵在西，呂后陵在東」，即為帝陵西、后陵東的
　　正常格局。詳參《漢代喪葬禮俗》，頁 203：「后陵一般在帝陵之東。如呂
　　后陵在高祖長陵東、文帝竇皇后陵在霸陵東南、孝景王皇后陵在陽陵東北、
　　孝昭上官皇后陵在平陵東、孝宣王皇后陵在杜陵東南、孝成班倢伃在延陵東

位者，因非正位，往往在身份上具有爭議。❷如武帝時李夫人早

北等等」。徐苹芳，〈中國秦漢魏晉南北朝的陵園和塋域〉，《考古》1981
年 6 期，頁 522。

❷　皇后葬處為何以帝陵之東為正位？可能與死者所用之禮異於生時有關。根據
《老子》31 章所言：「君子居則貴左，用兵則貴右；吉事尚左，凶事尚
右」，喪葬之禮屬凶，有別於生時，生時居則貴左，死後則反於生時，以右
為尊。生時主人以東階為尊，死後則殯於西階之上、掘椁棺之穴於西階之
上，與生時相異。如《禮記》，卷 7〈檀弓上〉，頁 130：「夏后氏殯於東階
之上，則猶在阼也。殷人殯於兩楹之間，則與賓主夾之也。周人殯於西階之
上，則猶賓之也」，又如頁 134：「子游曰：飯於牖下，小斂於戶內，大斂
於阼，殯於客位，祖於庭，葬於墓，所以即遠也」、《儀禮》，卷 37〈士喪
禮〉，頁 433：「掘肂見衽」，鄭注：「掘之於西階上」。安置死者於西階
上，標示出死者不同於生時的狀態。此種死生變異的精神，反映於禮書中還
有死者之服左衽，以別於生時的右衽，如《儀禮》，卷 36〈士喪禮〉，頁
422：「乃襲三稱」，鄭注：「凡衣死者，左衽」、「左衽，衽鄉左，反生時
也」、《禮記》，卷 45〈喪大記〉，頁 799 亦提到：「小斂、大斂，祭服不
倒，皆左衽」，然而，值得注意的是，《儀禮》、《禮記》死者左衽的說
法，與考古出土的材料往往有差距，如李如森，《漢代喪葬禮俗》，頁 16 指
出：「漢墓出土的袍均右衽，左衽之衣罕見，說明漢制與周制的不同」，又
如彭美玲，《古代禮俗左右之辨研究——以三禮為中心》（臺北：國立臺灣
大學出版委員會，1997），頁 124 認為：「衡量禮書舊說，漢墓右衽，可能
是古俗流失變改的反映；魏墓左衽，則或許意味古俗的遺存」。居喪之禮往
往因為異死生的想法而在行禮上與平時相反，如《禮記》，卷 7〈檀弓〉：
「孔子與門人立拱而尚右，二三子亦皆尚右，孔子曰：『二三子之嗜學也，
我則有姊之喪故也。』二三子皆尚左」，鄭注：「喪尚右，右陰也。吉尚
左，左陽也」。呈現於夫婦葬處的空間安排上，亦有別於生時，如《禮
記》，卷 10〈檀弓下〉，頁 202：「衛人之祔也，離之。魯人之祔也，合
之，善夫」，鄭玄認為：「祔，謂合葬也。離之，有以間其椁中」、「善
夫，善魯人也。祔葬當合也」。為何夫婦祔葬以合為適當？孔穎達的解釋
是：「離之，謂以一物隔二棺之間於椁中也，所以然者，明合葬猶生時男女

卒，武帝深愛之，雖特別以后禮葬之❷，檢視其陵位於武帝茂陵西北一里❷，仍有別於后陵位於帝陵之東的原則，標示出其非正嫡的身份。其他如妾子為君或旁支入繼大統的喪葬方位問題，詳下文。

后妃之葬禮，就史書所載，約有以下數種狀況：㈠與帝王合葬，㈡陪葬，㈢隨子而葬，㈣被廢或有罪的草率下葬。以下說明之。

須隔居處也……魯人則合並兩棺置椁中，無別物隔之，言異生不須復隔，《詩》云：『穀則異室，死則同穴』，故善魯之袚也。」以死生相異，故葬時夫婦有別於生時之異室。以此看來，后葬於帝之東，反映出生時住宅以東為尊，死後為列於生時而尚西。不過此種解釋也仍有更深入的空間，如：就帝、后合葬的情況來說，雖可解釋為尚西，然而就考古所得的陪葬狀況，功臣、妃妾葬次的安排，以及因為身份爭議而葬於陵區之西、北、南方位的后妃問題，由於所涉複雜，仍當進一步整合實際墓葬狀況，進行更深入的研究與解釋。另有一說，劉慶柱根據漢人事死如事生的原則，認為帝陵應仿長安城而築。帝陵居西，后陵居東，乃是仿照未央宮居西，長樂宮居東的原則；並認為功臣顯貴陪葬，一般分布於陵區東部或北部，仿照未央宮北闕甲第為權貴之居所。此說頗有啟發，然而長樂宮原為高祖布政之宮，後為太后所在之宮，有別於皇后所居。皇后所居之后宮椒房殿，婕妤以下所居之掖庭，以及后妃所在的北宮、桂宮，方位均在未央宮以北。其次，功臣顯貴陪葬，方位雖多在東或北，但亦有例外的情況。此類狀況該如何解釋，亦仍有待深入探討。劉慶柱之文，詳參〈關于西漢帝陵形制諸問題探討〉，《古代都城與帝陵考古學研究》，頁 227-236。

❷ 《漢書》，卷 97 上〈外戚傳·孝武李夫人〉，頁 3951。

❷ 《水經注疏》〈渭水〉，頁 1620：「陵之西，如北一里，即李夫人冢。冢形三成，世謂之英陵」。《三輔黃圖》（臺北：藝文，1969）：「李夫人墓……在茂陵西北一里。」

(一) 與帝王合葬之爭議

常態來說，皇后與皇帝合葬本無爭議。但帝王的後宮人數眾多，雖有級別等秩，是否被立為皇后牽涉多端；即使被立為后，仍不免因種種特殊情況而使身份出現爭論。最顯著的是：在皇后早亡、旁支入繼大統、妾子為君等狀況下，先後所立之皇后、藩王入繼者之祖母與太后、嫡母與生母，何者應與帝王合葬、配食不僅關係當事者身份的認定，在禮制上，更具有十分重要的意義。

1.皇后早亡，再立新后

皇后較皇帝早亡故，皇帝又再行立后，早亡之后其陵如何安排？皇帝生前多有作壽陵的習俗❷，先亡之皇后可否逕行葬於其側？前已提及武帝時的李夫人早卒，武帝以后禮為其下葬，武帝亡後霍光甚至緣上雅意，以李夫人配食。即使如此，李夫人仍葬於茂陵西北之方位，有別於東方的后位。以元帝母孝宣許皇后為例，她在立為皇后三年後被毒死，葬於杜陵南園，即杜陵之南側。❷宣帝後又陸續立了霍皇后及王皇后。霍皇后因毒害許后之事而被廢，王皇后則受命母養太子。最後與宣帝合葬者為立了四十九年，無子又

---

❷ 翻檢史書，漢代帝王大多於在位時即已安排陵墓事宜。如《史記》，卷 11〈孝景本紀〉，頁 443：「五年三月，作陽陵」，索隱：「景帝豫作壽陵也」。下並附按語提及《史記》，卷 43〈趙世家〉，頁 1802：趙肅侯十五年「起壽陵」，後代遂因之成俗。《後漢書》，卷 1 下〈光武帝紀〉，頁 77-78：「二十六年……初作壽陵」，注：「初作陵未有名，故號壽陵，蓋取久長之義也。漢自文帝以後皆豫作陵，今循舊制也」。由於例子極多，此處不再一一列舉。

❷ 《漢書》，卷 97 上〈外戚傳·孝宣許皇后〉，頁 3967。

無寵王皇后。由於葬於杜陵之東，故稱東園。❷許皇后與王皇后雖都葬於杜陵，但方位不同，一在帝陵之東、一在南。以東漢桓帝的梁皇后來看，她先皇帝而亡，被個別葬於懿陵，暫且不論其葬後被廢為貴人塚的情況，梁后於下葬時已不是採取與皇帝合葬的格局。可以看出，若皇后先亡故，帝王再行立后，後立者將取代先亡者在喪葬、祭祀上擁有正嫡的地位。故先亡的皇后在下葬時即不採取與皇帝合葬的格局了。

2.旁支入繼大統所引生的喪葬爭議

(1)祖母

旁支入繼大統，入繼者之生母或祖母喪葬、祭祀亦成為關注焦點。祖母若原為帝王之妃嬪，子為諸侯王，當孫立為帝時，其地位亦隨之提升，有時甚至威脅到正嫡的地位。元帝時王皇后、傅昭儀、馮昭儀的喪葬爭議即為顯例。孝元王皇后，為成帝母、王莽姑，歷經元、成、哀、平諸帝，直到王莽建國五年後崩，葬於渭陵西北。❷孝元傅昭儀，其子為定陶王，由於成帝無子，故以其孫劉欣為哀帝。傅昭儀於哀帝在位時過世，與元帝合葬於渭陵以東、配食元帝廟。❷孝元馮昭儀，其子為中山王劉興、孫為平帝。馮昭儀在哀帝時為傅昭儀所構陷，被廢為庶人而自殺；但因死於正式被廢

---

❷　同上，頁 3970，師古注。

❷　根據《漢書》，卷 98〈元后傳〉，頁 4035 記載：「太后年八十四……崩……合葬渭陵」。《中國古代陵寢制度史研究》，頁 232 記載：「（王皇后陵）現在渭陵西北 360 米處」。

❷　《漢書》，卷 97 下〈外戚傳〉，頁 4005。《漢書》，卷 81〈馬宮傳〉，頁 3365 提及當時大臣稱傅太后陵為「渭陵東園」，即為渭陵以東。

之前，故仍以諸侯王太后儀葬之。

王皇后為何葬於帝陵之西北？傅昭儀為何能合葬於渭陵之東？牽涉到哀帝時的政治局勢。哀帝在位時有所謂的四太后：祖母傅太后為皇太太后（永信宮）、母丁后為帝太后（中安宮）、成帝母為太皇太后（長信宮）、成帝趙后為皇太后。❷傅太后（永信宮）崩於哀帝在位之時，其時傅氏勢力方盛❷，且由於當時長信宮仍健在，故先一步與元帝合葬於渭陵。哀帝死後無子，徵馮昭儀之孫為平帝，由王莽主政，政治勢力丕變。王莽與長信宮為姑侄關係，長信宮與永信宮素來交惡，因此傅氏一支的勢力於此時倍受打擊。❸在王莽剷除丁、傅勢力的政治氛圍下，傅太后與丁姬喪葬是否違禮成為焦點。王莽貶傅太后為定陶共王母、丁太后為丁姬，並以傅太后冢高與元帝山齊、以帝太后及皇太太后璽綬下葬違禮為由，將傅太后發棺改葬，並歸葬定陶冢次；丁姬則改葬以媵妾之次。

傅太后仗著哀帝勢力，越過王皇后而與元帝合葬，固然具有爭議，但將二人發棺改葬則屬極端作為。就連王太后都認為「既已之

---

❷　同上，頁 4001。

❷　傅太后欲取重親之便，故以從弟之子為哀帝皇后。哀帝時，丁、傅之屬任官興盛，《漢書》卷 11〈哀帝紀〉，頁 335：哀帝立皇后傅氏後，即「追尊傅父為崇祖侯、丁父為襃德侯。封舅丁明為陽安侯，舅子滿為平周侯。追諡滿父忠為平周懷侯，皇后父晏為孔鄉侯，皇太后弟侍中光祿大夫趙欽為新成侯」。又卷 77〈鄭崇傳〉，頁 3255，鄭崇以犯陰將引起「衰世之君天折蠹沒」警示哀帝，哀帝仍堅持封傅商為汝昌侯。

❸　王莽秉政後，丁、傅之屬皆免官爵，丁氏徙歸故郡、孝哀傅皇后之父孔鄉侯晏亦將家屬合浦，宗族皆歸故郡，孝哀傅皇后亦被廢為庶人。同上，頁 4003-4005。

事，不須復發」；更何況將丁姬以媵妾之禮重葬？與其他類似的狀況相較下，明顯為政治鬥爭下的過激之舉。孝元王皇后死於王莽篡國後，葬於渭陵之西，主要因為渭陵之東的土地已為傅昭儀使用過，不便再用；而與元帝陵作溝絕之，則因為王莽特別標示其為新朝之母的特殊身份。

　　與孝元傅昭儀及丁姬情況相似者為孝元馮昭儀（中山太后）及中山衛姬。不同的是，平帝立時尚年幼，須由王莽主政，且此時馮太后已經死亡，因此馮太后一支的勢力不能得到發展。王莽為了避免傅太后事件重演，刻意隔絕平帝生母衛氏，衛氏甚至在王莽篡國後，被廢為家人，死後葬於孝王旁。

　　當藩王入繼大統，祖母輩若本為帝王之妃嬪，因獲罪而死亡，喪葬禮闕，孫輩即位往往為其改葬、立廟、置園邑。宣帝為戾太子之母（衛皇后）所作即屬此類。由於武帝晚年發生巫蠱之禍，衛皇后、戾太子、史皇孫夫婦均罹難。宣帝即位後，對於父、祖（母）之輩極力洗刷屈辱。衛皇后罹難時僅「以小棺瘞之城南桐柏」草草下葬。宣帝在位時改葬在「杜門外大道東，以倡優雜伎千人樂其園」、「追諡曰思后。置園邑三百家，長丞周衛奉守焉」。[31]史良娣與衛后同葬長安城南，冢在博望苑北、衛太子當時就地葬於湖、史皇孫與皇孫妃王夫人均葬於廣明。[32]宣帝均為其改葬、追諡、立廟、置園邑。衛皇后雖改葬，但由於獲罪被廢，故未將其置於茂陵區內。

---

[31]　《漢書》，卷97上〈外戚列傳〉，頁3950及師古注。
[32]　《漢書》，卷63〈武五子傳〉，頁2747-2748。

東漢章帝時的宋貴人生皇太子慶後，為皇后誣為挾媚道而自殺，太子慶被廢為清河王。清河王之子被立為安帝後，即刻「追尊皇考清河王曰孝德皇，皇妣左氏曰孝德皇后，祖妣宋貴人曰敬隱皇后」❸，對未曾立為皇后的宋貴人上皇后尊號。

(2)生母

帝王生母若為藩王之妻妾，則死後與藩王合葬、祔廟，子立後往往為其上皇后尊號。以宣帝之母為例，由於死於巫蠱之禍，與夫（史皇孫）均葬於廣明。宣帝即位後，尊其母為悼皇后，並為之改葬。又如桓帝即位後尊生母為孝崇皇后。靈帝即位追尊父為孝仁皇，母為孝仁皇后，均是其例。

值得注意的是，旁支入繼大統者，若其生母非正嫡身份，往往因「母以子貴」而與夫合葬。如安帝生母左姬為清河王劉慶之姬妾，先於其夫清河王慶而亡，最後「大后使掖庭丞送左姬喪，與王合葬廣丘」❸，而元妃耿氏此時尚存，封為甘陵大貴人。❸桓帝之母為蠡吾侯翼之媵妾而與夫合葬於博陵。質帝之母初以聲伎入宮，地位極低。熹平四年，靈帝拜「陳夫人為渤海孝王妃」。❸

3.太子為妃嬪所生

太子為妃嬪所生，即位後若生母已死，則往往改葬以后禮，並遷於帝陵之側；唯方位避開東而在西、北，以有別於正嫡的身份，並上尊號為皇后。

---

❸　《後漢書》，卷5〈孝安帝紀〉，頁232。

❸　《後漢書》，卷55〈清河孝王慶〉，頁1804。

❸　《後漢書》，卷5〈孝安帝紀〉，頁233。

❸　《後漢書》，卷10下〈皇后紀下〉，頁441。

舉例來說,東漢和帝生母為梁貴人,受到無子的竇皇后妒忌,被譖害而死。死時政治氛圍緊張,斂葬禮闕。竇太后崩後,陷害梁貴人姐妹之事才被揭發。和帝乃改殯梁貴人於承光宮,上尊諡曰恭懷皇后,追服喪制,與大貴人俱葬西陵,儀比敬園。所謂西陵,即在敬陵之西而得名❸⑦,並制令丞守衛如敬陵之制。雖追尊生母,但竇太后則葬於帝陵之東,正嫡地位不受影響。

順帝生母為宮人李氏,為閻皇后所鴆殺,草草埋在洛陽城北。閻皇后死後,順帝「親到瘞所,更以禮殯,上尊諡曰恭愍皇后,葬恭北陵,為策書金匱,藏于世祖廟」,所謂恭北陵,在恭陵之北,以有別於皇后。❸⑧

獻帝生母為王美人,被何皇后所殺。獻帝立後改葬生母於文昭陵❸⑨,儀比敬、恭二陵,尊為靈懷皇后。文昭陵已為靈帝與何皇后合葬之所,獻帝紀中雖然未標示改葬的方位,但顯然避開東方的正位。

以上所舉事例,均為生母已亡故的狀況,若皇帝登基時生母尚存,情況又如何?

以西漢高祖為例,漢高祖劉邦有八男,分別為呂后(惠帝)、曹夫人(齊悼王肥)、薄姬(孝文帝)、戚夫人(趙隱王如意)、趙姬(淮南厲王長)、不知其姓的諸姬(趙幽王友、趙共王恢、燕靈王建)所生。諸多妻妾中,只有呂后得與高帝合葬長陵❹⓪,其子並立為

---

❸⑦ 《後漢書集解》,卷10上〈皇后紀上〉,頁160,通鑑胡注。
❸⑧ 《後漢書》,卷10下〈皇后紀下〉,頁437-438。
❸⑨ 《後漢書》,卷9〈孝獻帝紀〉,頁375。
❹⓪ 《史記》,卷49〈外戚世家〉,頁1969。

（惠）帝。高祖之薄姬，其子原為代王，後因惠帝無子、諸呂為亂等因素而被擁立為文帝。文帝立後，母以子貴，薄姬葬處值得關切。薄姬崩於景帝時，其時呂后早已與高祖合葬。薄太后於是「特自起陵，近孝文皇帝霸陵」。❹一方面尊重了呂后正嫡的地位，另一方面又在諸姬中突顯了其身份的特殊性。

並非所有妾子立為君，母親均受榮寵，其中還牽涉具體情感及權力現實。明帝時賈貴人，為肅宗劉炟之生母，但由於馬皇后無子，母養劉炟以為己子，肅宗專以馬氏為外家，賈氏親族並無榮寵。諸史甚至無賈氏後事記載，最後「不知所終」。順帝時虞美人，生子劉炳立為沖帝。沖帝立時年僅二歲，旋即駕崩，秉政者為梁太后及大將軍梁冀，因此虞美人並未因子立而特別顯貴。

(二) 出宮人、守陵與陪葬

後宮人數眾多，除了皇后得以與皇帝合葬，其他妃嬪在皇帝死後當如何處置？漢代以前殉葬的現象曾經普遍存在❷，以寵妾殉葬的現象也常發生，《史記》卷六〈秦始皇本紀〉記載，始皇崩後：

> 二世曰：「先帝後宮非有子者，出焉不宜。」皆令從死，死者甚眾。

---

❹　《漢書》，卷 97 上〈外戚傳〉，頁 3942：「葬南陵，用呂后，不合葬長陵。故特自起陵，近文帝」，師古曰：「以呂后是正嫡，故薄不得合葬也」。

❷　詳參黃展岳，《中國古代的人牲與人殉》（北京：文物出版社，1990）。

無子宮人悉數殉葬。但殉葬之風在漢代本土已式微，出宮人應為處理龐大後宮人數的一個辦法。出宮人的情況在皇帝健在時已經存在，如漢武帝時的衛子夫得幸入宮後，歲餘均不得見於龍顏，武帝「擇宮人不中用者，斥出歸之」，衛子夫原本亦在其列。❹貢禹於元帝時為諫大夫，以：「古者宮室有制，宮女不過九人」，希望元帝「審察後宮，擇其賢者留二十人，餘悉歸之」。元帝亦象徵性地減少後宮人數，罷去角抵、上林宮館希御幸者。❹成帝時罷上林宮館希御幸者二十五所。❹哀帝時曾下詔：「掖庭宮人年三十以下，出嫁之。官奴婢五十以上，免為庶人」。❹東漢殤帝時曾因郡國大水以致天下不平靜，而下詔：

> 自建武之初以至于今，八十餘年，宮人歲增，房御彌廣。又宗室坐事沒入者，猶託名公族，甚可愍焉。今悉免遣，及掖庭宮人，皆為庶民，以抒幽隔鬱滯之情。諸官府、郡國、王侯家奴婢姓劉及疲癃羸老，皆上其名，務令實悉。❹

以上被出之宮人並不限於未曾侍御者，所謂「不中用」、「希御」、「希幸御」者皆在其列。

---

❹ 《史記》，卷49〈外戚世家〉，頁1978。
❹ 《漢書》，卷72〈貢禹傳〉，頁3071、3072。《漢書》，卷9〈元帝紀〉，頁285。
❹ 《漢書》，卷10〈成帝紀〉，頁304。
❹ 《漢書》，卷11〈哀帝紀〉，頁336。
❹ 《後漢書》，卷4〈孝殤帝紀〉，頁198。

皇帝死後，亦有出宮人的情況。如文帝時「出孝惠後宮美人，令得嫁」。文帝的遺詔提及：「歸夫人以下至少使」❹，可見所出宮人牽涉層面廣泛。景帝崩後「出宮人歸其家」並使其終生免除繇役。❹漢家出宮人的故事，自武帝後開始轉變。武帝死後，霍光主政，將後宮婦女置於園陵守園，從此成為漢家故事。根據《漢官儀》的記載，漢武帝茂陵，有 5000 人守陵，負責植樹護森、灑掃管理、祭祀等差事。❺《漢書》卷七十二〈貢禹傳〉亦指出：

> 武帝時又多取好女至數千人，以填後宮。及棄天下，昭帝幼弱，霍光專事，不知禮正，妄多臧金錢財物，鳥獸魚鱉牛馬虎豹生禽，凡百九十物，盡瘞臧之，又皆以後宮女置於園陵，大失禮，逆天心，又未必稱武帝意也。昭帝晏駕，光復行之。至孝宣皇帝時，陛下惡有所言，群臣亦隨故事，甚可痛也。……及諸陵園女亡子者，宜悉遣。獨杜陵宮人數百，誠可哀憐也。

貢禹時杜陵尚有數百宮人為宣帝守陵。這些守陵園者，按傳統說法為無子之宮女❺，貢禹為其請命，認為無子宮女應即遣歸。同時期

---

❹　《漢書》，卷 4〈文帝紀〉，頁 123、132。

❹　《史記》，卷 11〈孝景本紀〉，頁 448。

❺　《後漢書》，卷 2〈顯宗孝明帝紀〉，頁 99，注引。

❺　後來之注家多以守園陵者為無子之宮人，《漢書》，卷 80〈東平思王劉宇〉，頁 3320-3321：「求守杜陵園」，張晏注曰：「宣帝陵也。宮人無子，乃守園陵也。」《後漢書》，卷 5〈孝安帝紀〉，頁 232：「（建光元年）賜

的翼奉亦曾提及杜陵園之宮女，不過態度與貢禹略有不同，《漢書》，卷七十五〈翼奉傳〉：

> 臣又聞未央、建章、甘泉宮才人各以百數，皆不得天性。若杜陵園，其已御見者，臣子不敢有言，雖然，太皇太后之事也。及諸侯王園，與其後宮，宜為設員，出其過制者，此損陰氣應天救邪之道也。今異至不應，災將隨之。其法大水，極陰生陽，反為大旱，甚則有火災，春秋宋伯姬是矣。

翼奉以陰陽不調將生災異，力諫後宮人數要有所節制，但對出宮人的條件要比貢禹嚴格，貢禹主張「擇其賢者留二十人，餘悉歸之」，翼奉則主張不但須要無子，而且必須為不曾御見者。對比前所提及皇帝生前出宮人不限於未御見者，武帝前皇帝死後出宮人也未嚴格的條件限制，翼奉主張似乎反映釋放宮女的標準，有趨嚴格的傾向。成帝時的班倢好，曾產下一子而夭折，於成帝死後亦充奉園陵，亦可見守陵園的範圍很廣，有子而夭折者亦在其列。

宮人守陵園的成規延續到東漢，東漢和帝駕崩葬後「宮人並歸園」，和熹鄧皇后於是賜周、馮貴人策：

> 「朕與貴人託配後庭，共歡等列，十有餘年。不獲福祐，先帝早弃天下，孤心煢煢，靡所瞻仰，夙夜永懷，感愴發中。

諸園貴人、王、主、公、卿以下錢布各有差」，所謂「諸園貴人」，注亦認為是「宮人無子守園陵者也」。

今當以舊典分歸外園，慘結增歎，燕燕之詩，曷能喻焉？」
其賜貴人王青蓋車，采飾輅，驂馬各一駟，黃金三十斤，雜
帛三千匹，白越四千端。又賜馮貴人王赤綬，以未有頭上步
搖、環珮、加賜各一具。❺❷

和帝葬後，宮人皆依舊典去守陵園，甚至以貴人之尊，亦不能免。
此時悉數以宮人守陵園，可能是因為和帝崩時，諸皇子多已夭沒，
宮人皆以無子論處有關。延元元年皇太后減免守園宮人：

又詔諸園貴人，其宮人有宗室同族若羸老不任使者，令園監
實覈上名，自御北宮增喜觀閱問之，恣其去留，即日免遣者
五六百人。❺❸

年老不任使而遣出者，已達五、六百人，可見當時守園者數量極
多。皇太后崩時，諸園貴人仍存在，故下詔賜諸園貴人錢布。
　　守園陵的宮人除了晦、望二十四氣、伏、社、臘及四時祠外，
日常還須負責「隨鼓漏理被枕，具盥水，陳嚴具」等如生時一般的
侍奉事宜❺❹；死後往往就近葬於園中。如孝成班倢伃，於成帝崩後
充奉園陵，而葬於園中。❺❺馬援之「姑姐妹並為成帝婕妤，葬於延

---

❺❷　《後漢書》，卷 10 上〈皇后紀〉，頁 421。
❺❸　《後漢書》，卷 10 上〈皇后紀〉，頁 422。
❺❹　《後漢書》，志 9〈祭祀下〉，頁 3200。
❺❺　《漢書》，卷 97 下〈外戚傳·孝成班倢伃〉，頁 3988。

陵」。❺根據《漢書》卷九十七上〈外戚傳〉的記載：後宮「五官以下，葬司馬門外」，顏師古注引服虔曰：「陵上司馬門之外」，按帝陵陪葬墓的排列，「以地位高低為序，地位高的距司馬道近，地位低則距司馬道較遠」❺，五官以下葬於司馬門外，五官以上之妃嬪陪葬於帝陵區，應無疑義。

㈢ 廢后、罪死之后的喪葬

　　兩漢后妃被廢情況很多，皇帝親自下詔廢后，就西漢后妃來看，主要原因為無子及祝詛等事。如景帝薄皇后、武帝陳皇后均因無子被廢。武帝時之衛皇后因巫蠱事件而自殺、孝宣霍皇后，因毒害許后等事而被廢。孝成許皇后，以祝詛事被廢而自殺。東漢時期，因皇后無子而以旁支入繼大統者多，無子並不構成被廢原因。后妃被廢或賜死主要為媚道、巫蠱等事。❺如章帝宋貴人為皇后所忌，誣為挾邪媚道而自殺。和帝陰皇后，因挾巫蠱事被廢，遷于桐宮而憂死。靈帝宋皇后被誣以挾左道祝詛，致暴室以憂死。當然，皇帝在廢后妃的過程中，個人的愛惡、意願也起著極大的作用，如光武郭皇后，被廢原因僅因失寵而怨懟。孝桓皇后因與皇帝所幸的郭貴人更相譖訴而被廢，均是其例。后妃被廢，喪葬的情況，一般有幾種情況：

---

❺　《後漢書》，卷 10 上〈皇后紀上〉，頁 408。

❺　相關論述可詳參袁仲一，〈秦始皇陵與西漢帝陵異同的比較分析〉，收於《秦文化論叢》（西安：陝西人民出版社，2001），第 8 輯，頁 20。

❺　有關漢代婦女使用媚道、巫蠱等方術，詳參李建民，〈婦人媚道考——傳統家庭的衝突與化解方術〉，《新史學》，1996 年 12 月，頁 1-32。

1.雖葬於帝陵區，但方位有別於一般情況

西漢惠后被廢，葬於安陵西北、不起墳，已如前述。東漢光武郭皇后，因善妒而被廢，葬于北芒。《太平御覽》記為「北陵」❺❾，「北陵」應當為帝陵之北。能葬於帝陵之西或北，雖失去了正嫡的身份，但在廢后的處境中算是最為禮遇的了。郭皇后的兄弟在郭皇后被廢後仍能繼續受到重用，即可見其一斑。

2.歸葬于娘家舊塋

歸葬於娘家舊塋，在兩漢廢后中情況很少見。東漢靈帝宋皇后，被誣以挾左道祝詛，致暴室以憂死，父及兄弟也同時被誅。小黃門收葬廢后及酆父子歸于宋氏舊塋皋門亭。此種歸葬娘家舊塋或許與東漢大家族墓地興起，歸葬舊塋的習俗有關。❻⓿

3.就近處草草下葬

此種情況最多，如景帝薄皇后，葬長安城東平望亭南。❻❶武帝陳皇后葬於霸陵郎官亭東。霸陵同時為陳皇后外祖母（竇皇后）及母館陶公主劉嫖所葬處所❻❷，是否因此就近葬之呢？仔細推究，陳

---

❺❾　《太平御覽》，卷 137〈皇親部·光武郭皇后〉，頁 794。

❻⓿　詳參《漢代喪葬禮俗》，頁 224-227。

❻❶　《漢書》卷 97 上〈外戚列傳〉，頁 3945。

❻❷　公主與夫婿往往以功臣身份陪葬於帝陵之側，如魯元公主與夫婿張敖陪葬於安陵東北、武帝姐平陽公主與夫婿衛青陪葬於武帝茂陵東。館陶公主劉嫖適堂邑安侯陳午（為陳嬰之孫），陳午死後，館陶公主寡居，後與董偃相善十多年，死後與董君會葬於霸陵。館陶公主未與夫合葬，而與董偃葬於霸陵。此事違禮，故《漢書》記載「是後，公主貴人多踰禮制，自董偃始」。詳參《史記》，卷 18〈高祖功臣侯者年表〉，頁 887-888、卷 111〈將軍驃騎列傳〉，頁 2923、《漢書》，卷 65〈東方朔傳〉，頁 2853-2857。

皇后所葬並非歸葬於娘家（若歸葬於娘家亦應於父所在之封國），而應與被廢後退居長門宮，長門宮位於霸陵❻❸，故死後就近而葬。前已述及，武帝衛皇后因巫蠱事被廢自殺，原來喪葬非常草率，僅「以小棺瘞之城南桐柏」，師古曰：「桐柏，亭名也」。❻❹武帝鉤弋夫人，於遊幸甘泉宮時獲罪而死，根據《史記》，卷四九〈外戚世家〉記載：「使者夜持棺往葬之，封識其處」，為就近處下葬。孝宣霍皇后毒害許后事被發覺，「廢處昭臺宮，後十二歲，徙雲林館，乃自殺，葬昆吾亭東」，根據師古注，昆吾在藍田縣西南，應是就地而葬。❻❺又如章帝宋貴人，葬於洛陽城北樊濯聚。桓帝鄧皇后被廢，葬於北邙，均為其例。

二、經書、士人對不同身份狀態后妃 有關喪葬空間的討論

　　前文分析后妃喪葬，主要爭議點環繞在姜子為君、旁支入繼大統等問題。這些問題觸及禮制的核心：嫡庶之辨。士人對此多所關注及論述，以下就經書及士人對相關禮制的主張，如：㈠姜子為君狀況下的嫡母與生母身份之別。㈡皇后早亡而再立新后狀況下的女君死攝女君等討論。㈢旁支入繼大統及姜子為君，所導致國君能否因顯貴封爵生母；以及㈣國君能否以罪廢黜其母，等問題的討論。

---

❻❸　關於長門所在位置，根據《史記》，卷 28〈封禪書〉，頁 1383：「文帝出長門」，集解引徐廣曰：「在霸陵」。

❻❹　《漢書》，卷 97 上〈外戚傳〉，頁 3950。

❻❺　同上，頁 3969。

(一) 有關妾子爲君的相關討論

1.由喪服見嫡母、生母間嚴格的嫡庶之辨

　　妾子對嫡母與生母的喪服為何？以嫡母來說，情況較單純。根據《儀禮》卷三十〈喪服‧齊衰〉的記載，父若亡故則齊衰三年、父若健在為厭降於父之尊，故只服齊衰一年。若是妾子為其生母，則不但須要考慮父在與否的問題，還須另外考慮各階級的差異、是否為父後、厭降於嫡母等問題，情況顯然複雜得多。君若為妾所生，根據《儀禮》卷三三〈喪服‧緦麻〉：「庶子為父後者，為其母」，傳曰：

> 與尊者為一體，不敢服其私親也。然則何以服緦也？有死於宮中者，則為之三月不舉祭，因是以服緦也。

天子、諸侯之庶子若不為父後，在父親已亡故的狀況下，為其生母服大功。[66]若父親尚健在，又須厭降於父之尊，那麼各階級之喪服為何？按大夫之妾子，父在為母服大功[67]；士之妾子，父在為母期[68]，則諸侯之妾子應該較大夫降一等為小功（對比於父亡的情況亦降了一等）。若為父後，則應避私親，所以即使在父親已經亡故的狀

---

[66]　賈公彥，《儀禮注疏》（臺北：藝文，2001，以下簡稱《儀禮》），卷 32〈喪服‧大功〉，頁 378：「公之庶昆弟」為母，傳曰：「何以大功也，先君餘尊之所厭，不過大功也。」

[67]　同上：「大夫之庶子為母、妻、昆弟」，既為大夫之庶子，應指父在為母。

[68]　《儀禮》，卷 30〈喪服‧期〉，頁 353，「父在為母」，鄭玄注：「大夫之妾子厭降，為母大功；士無厭降，明如眾人服期也」。

況下，仍然理應無服。那麼前引〈喪服〉為何卻認定應服緦麻呢？
賈公彥認為：

> 縱是臣僕死於宮中，亦三月不舉祭，故此庶子因是為母服緦
> 也。有死即廢祭者，不欲聞凶人故也。

即：君為妾母原屬無服，但因宮中避忌凶事❻，為免沖犯，凶禮與
吉禮不同時舉行，於是暫停三月祭祖一次，子亦因此而得到為母守
喪三月的空間。值得注意的是，妾子為生母守喪，還必須顧慮到嫡
母的問題。根據《禮記》卷五七〈服問〉若君母是嫡夫人，則群臣
為之服期；若君母非夫人，則君為之服緦，而群臣為之無服。鄭
注：

> 妾，先君所不服也。禮，庶子為後，為其母緦。言唯君所
> 服，伸君也。春秋之義，有以小君服之者，時若小君在，則
> 益不可。

---

❻ 在喪禮的過程中，卒哭之前皆屬凶事，為免沖犯，往往要透過法器以掃除凶
邪之氣，如孔穎達，《禮記注疏》（臺北：藝文，2001，以下簡稱《禮
記》），卷9〈檀弓下〉，頁171：「君臨臣喪，以巫祝桃茢執戈，惡之也，
所以異於生也」，鄭注：「桃，鬼所惡；茢，萑苕可埽不祥」。著凶服者不
可入於公門，如卷4〈曲禮〉，頁74：「苞屨、扱衽、厭冠，不入公門」。
吉祭與凶事亦不相混漫，如卷47〈祭義〉，頁812：「郊之祭也，喪者不敢
哭，凶服者不敢入國門，敬之至也」，舉行全國性的祭祀時，國境之內不可
有凶事。

在嚴別嫡庶的情況下，群臣只為嫡夫人服喪。國君若為妾所生，群臣不為其生母服喪。即使國君為其生母服喪，亦必須避於嫡母之尊；尤其嫡母健在時，更是如此。鄭玄甚至認為：以小君之服，服其妾母「皆亂世之法，非正禮也」。❼⓪

又以《禮記》卷十八〈曾子問〉所記魯昭公練冠以喪慈母之事為例❼①，所謂「慈母」乃是「妾之無子者，妾子之無母者」經過父之命，而結合成的母子關係❼②，有如妾子與母的關係。鄭玄指出：「天子練冠以燕居，蓋謂庶子王為其母」。❼③對照〈喪服〉：「公子為其母，練冠、麻、麻衣、縓緣……皆既葬除之」，以及〈傳〉文中提及：「何以不在五服之中也？君之所不服，子亦不敢服也」，此處「君之所不服」應指為父妾者無疑。但前面已提及，公、侯之庶子，父亡為其母服大功，為父後者原屬無服，後則服緦麻。此處為何又為其服練冠？鄭玄認為應是「諸侯之妾子厭於父，為母不得申權，為制此服，不奪其恩也」。為君父健在（故稱公子），為父後者為生母所服。❼④亦有可能為嫡母尚健在的情況，孔疏引皇氏：「若適小君沒，則得伸。若小君猶在，則其母厭屈，故

---

❼⓪　《禮記》，卷 57〈服問〉，頁 954，孔疏引。

❼①　〈曾子問〉中魯昭公喪慈母的記載與〈喪服〉經傳所記有落差，此條記載與昭身世不符頗受質疑。同上，頁 368，杜預即明白指出，此則所記「非昭公明矣」。《孔子家語》，卷 10〈曲禮子夏問〉，頁 111：「喪慈母如母」條，則將「昭公」改為「孝公」。

❼②　《儀禮》，卷 30〈喪服〉，頁 353：齊衰三年「慈母如母」。

❼③　《禮記》，卷 18〈曾子問〉，頁 368。

❼④　《儀禮》，卷 33〈喪服〉，頁 391，及鄭注。

練冠也」。❼與前面提及鄭玄所謂「小君在，則益不可」，避小君的態度相合。

2.由《春秋》經傳論「妾子為君」的爭議

由於漢代的尊經背景，帝王及士人往往援引經典，為自己的主張背書。在上節中我們透過《儀禮》、《禮記》等經典及士人主張入手，探討妾子立為君的狀況下，嫡母、生母身份之辨別等主張。此部分將由《春秋》經傳主張，深入探討此問題。

根據《左傳》卷三〈隱公三年〉記載，夫人的喪禮必須具備赴告、反哭、祔等三項指標，方為備禮。以此檢視《春秋經》所記魯國夫人及妾子為君其生母的卒葬狀況，不備禮者有隱公之母聲子、昭公夫人孟子、定公之定姒。聲子為繼室，其不備禮，牽涉到繼室是否具有正嫡身份的問題。昭公夫人孟子所以不備禮，是為了隱諱同姓之婚的事實。至於定姒，《左傳》認為其不成夫人之喪乃因為與定公薨於同年，喪事避定公而簡化；《公羊傳》則認為因定姒為妾的緣故。但以魯國妾子為君的例子中，如僖公母成風、宣公母敬嬴、襄公母定姒、昭公母齊歸，皆以夫人之禮成喪，難以皆解釋為失禮，《公羊傳》的理由似乎不夠充份。細究起來，以上所提妾子為君者，其亡故的時間均在子已繼位後，而姒氏卒於定公十五年，此時其子哀公尚未即位，可能因此緣故無法使用「母以子貴」的原則。可看出在一般狀況下，妾子為君，其生母喪葬備夫人之禮。

妾子為君，國君以夫人之禮為生母成喪，是否合禮？《左傳》與《公羊傳》抱持肯定的態度。因此僖公之母成風薨時，周王室以

---

❼　《禮記》，卷18〈曾子問〉，頁369。

夫人之禮來行含、贈、會葬等事宜，《左傳》認為合禮。《公羊傳》則於隱公元年開篇即揭示「子以母貴，母以子貴」的原則。《穀梁傳》主張妾子雖立為君，母在嚴別嫡庶的情況下，仍不可等同於夫人。序開篇即提到春秋三傳「臧否不同」、「褒貶殊致」最終導致「九流分而微言隱」、「異端作而大義乖」，批評《公羊》「妾母稱夫人為合正」等主張，將導致「嫡庶可得而齊」、「傷教害義」的嚴重後果，因此期期以為不可。《穀梁傳》對此事的態度還可由〈隱公五年〉所記「考仲子之宮」一事得知：

> 九月，考仲子之宮。考者何也？考者成之也，成之為夫人也。禮庶子為君，為其母築宮，使公子主其祭，於子祭於孫止。仲子者，惠公之母，隱孫而脩之，非隱也。

根據《穀梁傳》記載仲子為隱公之祖母，以「妾母不世祭」❼❻的原則來看，則仲子的祭祀只應到惠公為止，不應再延續於隱公一代。至於士人的主張，如許慎：

> 妾子立為君，得尊其母立以為夫人否？今《春秋公羊》說妾子立為君，母得稱夫人。故上堂稱妾，屈於適也，下堂稱夫

---

❼❻　《禮記》，卷 33〈喪服小記〉，頁 604。關於此問題之討論及其爭議，詳參秦蕙田，《五禮通考》（桃園：聖環，1994），卷 109〈妾母祔祭〉，頁 23-28。關於《儀禮》〈喪服〉討論可參考林素英，《喪服制度的文化意義——以《儀禮·喪服為討論中心》》（臺北：文津，2000）。

人，尊於國也。**⓱**

至於鄭玄則認為春秋之義雖有以小君服生母的情況，但若「小君在，則益不可」。鄭玄甚至透過春秋及漢代當朝的例子，來說明妾子為君，於理不得尊其生母，尊生母者，乃為特殊情況所致：

> 魯僖公妾母為夫人者，乃緣莊夫人哀姜有殺子般、閔公之罪，應貶故也。近漢呂后殺戚夫人及庶子趙王，不仁，廢不得配食，文帝更尊其母薄后，非其比耶？妾子立者，得尊其母，禮未之有也。**⓲**

基本態度上反對妾子為君尊母為夫人。如前文所述，於禮妾子為君當引用〈喪服〉「庶子為後，為其母緦」的原則，區別生母與嫡母。《白虎通》主張人君「嫡死媵攝」，則強調正嫡之位，無可取代。簡單的說，嫡母在時，生母必須自別於嫡母，嫡庶分明。嫡母

⓱ 《禮記》，卷 57〈服問〉，頁 954，孔疏引。關於此杜預亦持相關看法：「凡妾子為君，其母猶為夫人，雖先君不命其母，母以子貴。其適夫人薨，則尊得加於臣子，而內外之禮皆如夫人矣。故姒氏之喪，責以小君不成，成風之喪，王使會葬。傳曰：禮也。是言適夫人既死，妾母於法得成夫人也」，國君生母雖因子而貴，地位「猶為夫人」，但仍必須等到嫡夫人薨，才能「內外之禮皆如夫人」。詳參孔穎達，《春秋左傳正義》（臺北：藝文，2001，以下簡稱《左傳》）經文，卷 18〈文公四年〉，頁 306，孔疏引《釋例》。

⓲ 杜佑，《通典》（臺北：臺灣商務，1987），卷 72〈嘉禮·諸侯崇所生母議〉，頁 394。

已亡故，學者有二種意見，一則生母可完全行夫人之禮，另一則生母仍應謹守份際，以自別於嫡母。

　　漢代士人常引《春秋》經傳后妃之事例，表達對當代后妃行事之評斷。《漢書》〈五行志〉對前代以妾為夫人的狀況多所批評，且往往附會以災異。❼❾至於以妾母為夫人，劉向亦舉春秋時魯僖公之事例，附以災異，如：

> 釐公十年「冬，大雨雪」，劉向以為先是釐公立妾為夫人，陰居陽位，陰氣盛也。

> 釐公二十年「五月乙巳，西宮災」……劉向以為釐立妾母為夫人以入宗廟，故天災愍宮，若曰，去其卑而親者，將害宗廟之正禮。❽⓿

然而從掌政者的角度來看，王室與大臣往往援引《春秋》之義「母以子貴」的《公羊》立場，為生母或祖母上尊號，如哀帝時下詔：

> 春秋「母以子貴」，尊定陶太后曰恭皇太后，丁姬曰恭皇后，各置左右詹事，食邑如長信宮、中宮。❽①

---

❼❾　有關漢代之婦人災異論述，可詳參劉詠聰，《德、才、色、權》（臺北：麥田，1998），〈漢代之婦人災異論〉，頁43-86。

❽⓿　二則引文詳參《漢書》，卷27上、中之下〈五行志〉，頁1423、1323。

❽①　《漢書》，卷11〈哀帝紀〉，頁335。

此時大臣亦投哀帝所好，高舉《春秋》之義，認為「母以子貴，宜立尊號以厚孝道」。[82]讓身份原為元帝妾的定陶太后及藩后的丁姬食邑分別等同於王太后及成帝趙皇后。這種情況到東漢仍然持續，東漢和帝生母梁貴人，為竇太后所害死，竇太后崩後，太尉張酺上奏：

> 春秋之義，母以子貴。漢興以來，母氏莫不隆顯，臣愚以為宜上尊號，追慰聖靈，存錄諸舅，以明親親。

和帝感激莫名，悲泣曰：「非君孰為朕思之」[83]，於是為已亡故的生母改葬、上尊號。又如《後漢書》卷十下〈皇后紀〉記載：

> 熹平四年，小黃門趙祐、議郎卑整上言：「春秋之義，母以子貴。隆漢盛典，尊崇母氏，凡在外戚，莫不加寵。今沖帝母虞大家，質帝母陳夫人，皆誕生聖皇，而未有稱號。夫臣子雖賤，尚有追贈之典，況二母見在，不蒙崇顯之次，無以述遵先世，垂示後世也。」帝感其言，乃拜虞大家為憲陵貴人，陳夫人為渤海孝王妃，使中常侍持節授印綬，遣太常以三牲告憲陵、懷陵、靜陵焉。

王室與大臣往往援引《公羊》立場為依據，為妾母或藩后上尊號，

82　《漢書》，卷81〈孔光傳〉，頁3357。
83　同上則引文均見於《後漢書》，卷34〈梁竦列傳〉，頁1172。

這一方面歸因於漢時尊《公羊》的背景，但《公羊》的主張能投帝王所好，恐怕是更根本的原因。

㈡ 有關「女君死，攝女君」之討論

接續前文討論國君若為妾所生，嫡母亡後，生母是否可以完全擁有夫人的身份？我們還可進一步追問，在嚴別嫡庶的狀況下，女君若亡故，其地位是否可以被繼位者取代？《禮記》卷四一〈雜記上〉：

> 主妾之喪，則祔至於練祥，皆使其子主之，其殯祭不於正室。君不撫僕妾。女君死，則妾為女君之黨服，攝女君，則不為先女君之黨服。

所謂「主妾」，孔疏引崔氏之說認為是：「女君死，攝女君」者，雖然攝女君之位，但仍不能完全等同於正嫡，所以殯、祭皆不於正室舉行。主妾雖不能完全等同於正嫡，但亦有別於一般之妾；一般之妾不能祭於祖廟，主妾則例外。妾死在一般的情況下，得祔於妾祖姑，「無妾祖姑則亦從其昭穆之妾」，但主妾「若無妾祖姑，則祔於女君可也」。[84]

將「主妾」視為「女君死，攝女君」者，導引出一個問題，即小君過世後，其地位永不可被取代嗎？後來者只能以「攝位」的身份存在嗎？《白虎通》卷十〈嫁娶・人君嫡死媵攝〉提到：

---

[84]　《禮記》，卷40〈雜記上〉，頁716，及孔疏。

> 適夫人死，更立夫人者，不敢以卑賤承宗廟，自立其娣者，
> 尊大國也。……或曰：嫡死不復更立，明嫡無二，防篡煞
> 也。祭宗廟，攝而已。以禮不聘為妾，明不升。

同時保留了兩種說法，第一種說法認為嫡夫人死，立其娣為夫人；
第二種說法則認為繼立者只能算是攝位，不能等同於夫人。漢代學
者往往從嫡庶之辨、法無二嫡的角度來思考此問題，如鄭玄認為：

> 禮喪服父為長子三年，以將傳重故也。眾子則為之周，明無
> 二嫡也。女君卒，貴妾繼室，攝其事耳，不得復立夫人。**⑤**

不過如前文所述，以漢代實際情況來看，若皇后先皇帝而死，後又
再行立后，後立者擁有正嫡的地位，與皇帝合葬、配食。學者之說
與漢代實際情況有差距，應該是士人在強烈區別嫡庶的情況下，而
作的理想式闡述。

(三) 有關旁支入繼大統而尊爵生母的討論

　　國君能否於顯貴後為父母追封爵位呢？根據《禮記》卷四〈曲
禮下〉：「已孤暴貴，不為父作諡」，鄭玄認為：「子事父無貴
賤」，為的是避免予人「鄙薄父賤」的觀感。卷十九〈曾子問〉又
提到：「賤不誄貴，幼不誄長，禮也」，幼者、賤者無資格議論並
表彰長者、貴者，禮書對子女封爵父母持反對態度。若子對母的尊

---

⑤　《通典》，卷 72〈嘉禮·諸侯崇所生母議〉，頁 394。

爵為非禮，那麼為什麼妾子為君尊生母，《公羊》、《左傳》卻無明顯的貶斥之意呢？許慎認為：

> 士庶起為人君，母亦不得稱夫人。父母者，子之天也。子不得爵命父母。至於妾子為君爵其母者，以妾本接事尊者，有所因也。《穀梁》說，魯僖公立妾母成風為夫人，入宗廟，是子而爵母也，以妾為妻，非禮也。故《春秋左氏》說，成風得立為夫人，母以子貴。謹按《尚書》，舜為天子，瞽瞍為士，明起於匹庶者，子不得爵父母也。至於魯僖公本妾子，尊母成風為小君，經無譏文，《公羊》、《左氏》義是也。⑱

許慎強調妾子為君，國君所以能尊生母，乃是因於父之尊而尊之。至於一般士庶即使人君，其母由於未接事尊者，故不得稱夫人。所以採用如此曲折的說法，應是為了要統合禮書及《公羊》、《左氏》主張之紛歧所致。推根究底，母是否可以被追尊，主要關鍵仍在於父，而不在於子，避免以子爵母的尷尬。

除了透過父命外，祖先、天意亦是重要的依據，這為帝王追尊生父母提供了很好的管道。《禮記》卷三二〈喪服小記〉：

> 父為士，子為天子、諸侯，則祭以天子、諸侯，其尸服以士服。

---

⑱　同上，引許慎《五經異義》。

卷五二〈中庸〉：

> 武王末受命，周公成文武之德，追王大王、王季，上祀先公
> 以天子之禮。斯禮也，達乎諸侯、大夫及士、庶人。父為大
> 夫，子為士，葬以大夫，祭以士。父為士，子為大夫，葬以
> 士，祭以大夫。期之喪，達乎大夫，三年之喪，達乎天子。
> 父母之喪，無貴賤，一也。

歸納以上所說，即葬從死者之爵，祭用生者之祿，尸用死者之服。
〈中庸〉此段文獻所記武王追王之事，常為後來申論子是否可以封
爵父母者所引述。根據〈大傳〉的記載武王克殷後，「柴於上帝，
祈於社」，並追尊「大王亶父、王季歷、文王昌」，但此追尊者若
為武王，似乎是以晚輩尊爵長輩，有違禮制。學者於是舉《尚書》
卷十一〈武成〉：「丁未，祀于周廟」、「越三日庚戌，柴望」，
認為祭祀祖廟後，越三日而祭天，主要目的在透過郊柴，以上天旨
意封爵先祖。❽強調武王尊崇祖考，乃是遵奉天命而加之，則可以
避免與禮書的衝突。此種態度直至後代仍然持續，《晉書》卷二一
〈禮志〉，記載哀帝即位，欲尊崇章皇太妃，桓溫上奏認為宜稱太
夫人。尚書僕射江虨援引禮書及《春秋》經傳對子不爵父母進行詳
細說明，由於精神相通，並頗具有代表性，茲錄於下：

---

❽　孫希旦認為：「臣子無爵君父之義，故武王歸於豐，既祀宗廟，復行祭天之
　　禮，而以三王之功德告於天而追王之，亦稱天而諫之義也」，《禮記集解》
　　（臺北：文史哲，1982），卷34〈大傳〉，頁904。

虞舜體仁孝之性，盡事親之禮，貴為天王，富有四海，而瞽
無立錐之地，一級之爵，蒸蒸之心，昊天罔極，寧當忍父卑
賤，不以徽號顯之，豈不以子無爵父之道，理窮義屈，靡所
厝情者哉！《春秋經》曰：「紀季姜歸于京師」，〈傳〉
曰：「父母之於子，雖為天王后，猶曰吾季姜」，言子尊不
加父母也。或以為子尊不加父母，則武王何以追王太王、王
季、文王乎？周之三王，德配天地，王　之興，自此始也。
是以武王仰尋前緒，遂奉天命，追崇祖考，明不以子尊加父
母也。案禮「幼不誄長，賤不誄貴」，幼賤猶不得表彰長
貴，況敢錫之以榮命邪！漢祖感家令之言而尊太公，荀悅以
為孝莫大于嚴父而以子貴加之父母，家令之言過矣。爰逮孝
章，不上賈貴人以尊號，而厚其金寶幣帛，非子道之不至
也，蓋聖典不可踰也。當春秋時，庶子承　國，其母得為夫
人。不審直子命母邪，故當告於宗祧以先君之命命之邪？

江彪強烈主張為了避免以子爵母，產生表面上雖然尊貴之，實質上
在行禮時卻將母視為臣子而卑屈之的情況發生，子對母上尊號一定
須要透過祖考廟，奉先靈之命加以殊禮。顯示出子之爵母，實為
「事不在己」，非出於個人私意。

　　漢代帝王不論是天子追尊祖考妣、或外藩入繼大統追尊本親、
或天子、諸侯王尊崇所生母，追尊父母、祖父母的情況比比皆是。
子女欲尊爵父母，除了必須尊奉祖先之命以行事外，嫡庶之辨仍為
學者爭辨的核心，如哀帝時將祖母傅太后與成帝母等號齊尊，此事
即違逆嫡庶的原則，士人往往附會以災異以表達其反對和憂懼的態

度。❽其他如漢宣帝追尊其祖等事，亦引起廟制上的廣泛討論。

(四) 有關國君以罪爲由而廢黜其母的討論

后妃若有罪，臣子是否可以廢之？在前文中曾討論妾子立君，生母是否得以稱夫人，鄭玄舉春秋及漢代事例，認爲「正夫人有以罪廢，妾母得成爲夫人」。❾學者於是從春秋妾母稱夫人諸例中，盡量找出夫人罪廢的證據，如《穀梁傳》卷十二〈宣公八年〉：「冬十月己丑，葬我小君頃熊」，范甯認爲：

> 文夫人姜氏大歸于齊，故宣公立己妾母爲夫人。君以夫人禮卒葬之，故主書者不得不以爲夫人。

楊士勛：

> 哀姜有罪，故僖成其母爲夫人。今姜氏子殺故身出，本自無罪，則頃熊成喪不是同例。而云與成風同者，禮妾子爲君，其母不稱夫人，以二者俱非正禮。

楊士勛認爲魯莊公夫人因罪失去了夫人的身份，僖公才能尊自己的生母爲夫人。至於魯文公夫人無罪大歸於齊，成風稱夫人也就不得其正。此說法問題不少，就經傳所記仔細推究，嫡夫人有罪，是否

---

❽　關於此可詳參《漢書》，卷27上〈五行志〉，頁1337。
❾　《左傳》經文，卷29〈襄公四年〉，孔疏，頁503。

可以因此而削奪其夫人之尊號？恐怕未必然。

　　限於篇幅，也為免牽涉太遠，我們無法就此問題對春秋時期后妃作更深入的討論。但以春秋時期魯國最具爭議的夫人文姜的情況來看，《春秋》經傳雖屢對其痛加指斥，《公羊傳》甚至提及「不與念母」，因為念母則有忘父、背祖之嫌，何休並對此申言：「絕文姜不為不孝」。⑨文姜之大罪是否構成子之絕母，臣之絕君母的條件，學者對此議論紛紛⑨，有些學者甚至從《春秋經》中「夫人」或「夫人某氏」孫于某等筆法，來附益此事。⑨儘管學者沸沸揚揚，一致撻伐文姜等不守婦道的罪行，但《春秋經》中到底並未撤去夫人之尊號，且文姜終以夫人之禮成喪。那些被視為淫亂不如禮的夫人，亦並未因此而失去她們的夫人身份。由此看來，士人儘

---

⑨　《公羊傳》，卷6〈莊公元年〉，頁72-73，及何休解詁。

⑨　文姜死於莊公二十一年七月、葬於莊公二十二年，在文姜葬前《春秋經》記載：「春，王正月肆大眚」，學者解讀有二：一是認為文姜罪惡深重，原本應該被屏棄於正常喪葬之列，若仍要按照原來身份下葬，則必須於葬前先赦免罪人，以滌除罪惡。賈逵、洪亮吉、劉文淇等人亦持此看法。持反對意見者如杜預認為：「文姜出奔之日，尚稱夫人，夫人之名未嘗有貶，何須以赦除之，此赦必不為文姜」，清人沈欽韓則以為：「莊公固不讎齊，何有讎其母」，對此事表示懷疑。詳參《左傳》，卷9〈莊公二十二年〉，頁162；劉文淇，《春秋左氏傳舊注疏證》（臺北：明倫，1970），〈莊公二十二年〉，頁183。

⑨　賈逵及服虔皆認為《春秋經》〈莊公元年〉記載：「夫人孫于齊」不稱「姜氏」乃因為殺夫罪重，而撤去「姜氏」以昭懲戒。至於莊公夫人哀姜因外淫而弒閔公之事，《春秋經》記為：「夫人姜氏孫于邾」，不去「姜氏」乃因殺子罪較殺夫為輕的緣故。詳參《左傳》，卷11〈閔公二年〉，頁189，孔疏引。

管貶斥，但於禮法或於現實上臣廢君、子絕父母恐怕還是不被允許的。其理由或許從《禮記》所錄子思不許兒子為其出母服喪的理由：「為伋也妻者，是為白也母；不為伋也妻者，是不為白也母」❽，可以得出端倪。母被父所出，甚至自絕於父而再嫁，於宗法名份上已失其地位，則子為其無服。❾但絕親的關鍵在「父」、在「夫」，而不在「子」。子對於母的認定是「被動的」──依父而定。「父」、「夫」才是關鍵，子女並無權力貶棄其母。

由漢代後宮的實際狀況來看，皇后於生時被廢的情況很多，廢后者若為皇帝自身（夫），則不構成爭議。但於皇帝死後，臣子因種種政治因素廢后，也不乏其例。如孝惠后，在惠帝死後，因呂氏之亂被廢處北宮。孝成趙皇后於成帝暴卒後，殘害後宮以致成帝無子的內幕被揭發，王莽將其徙居北宮，後又廢為庶人。孝哀皇后，被王莽逼退於桂宮，廢為庶人。

除了前面所述皇后生時被廢的情況外，死後被廢的情形也可能發生。情況有二種：一種為皇后死後，為其夫（皇帝）所廢；另一種情況則為皇帝、皇后均已亡故，為後來君臣所廢。第一種情況爭議不大，如桓帝懿獻梁皇后，在位十三年而崩，葬於懿陵。於皇后崩之同年，其兄梁冀作亂被殺，梁氏失勢，使得梁皇后於死後被廢，改懿陵為貴人冢。

---

❽　如《禮記》，卷 6〈檀弓上〉，頁 110-111。

❾　同上，頁 196，子思之母被出再嫁，子思哭於廟，遂被質疑「庶氏之母何為哭於孔氏之廟」。《儀禮》，卷 30〈喪服〉，頁 355：「出妻之子為母」服齊衰杖期，但若出母再嫁則無服。詳參周何，《說禮》（臺北：萬卷樓，1998）〈孔氏不喪出母論〉，頁 161-168。

　　第二種情況即為臣、子廢君父（母），成為爭議焦點。最鮮明的例子為東漢光武帝廢西漢高祖之呂后配食之位。這在當時沒有造成多大的爭議。東漢以後對臣子廢后持保留態度，以東漢章德竇皇后為例，由於自身無子而陷害梁貴人，以梁貴人之子為己子（和帝）。和帝在位時，竇后崩，陷害梁氏之事被揭露。太尉張酺、司徒劉方、司空張奮上奏依光武黜呂太后故事，貶太后尊號、不宜合葬先帝。這個建議為和帝所否決，理由是「臣子無貶尊上之文」。此種態度亦成為後來援引的「故事」。如順帝生母宮人李氏，為閻皇后所鴆殺，閻皇后死後，事機洩露，順帝雖改葬追尊生母，但閻后正嫡之位仍被保留。也有爭議的例子如桓思竇皇后，因桓帝死時無子，竇太后臨朝定策，立解犢亭侯宏（靈帝）。後來竇太后父竇武與陳蕃謀誅宦官失敗，為曹節矯詔所殺，太后亦被遷於南宮雲臺，死後殯、葬、祔均引發生激烈爭論。❾❺《後漢書》卷五六〈陳球列傳〉即詳細地記錄了此過程，茲錄於下：

> 熹平元年，竇太后崩。太后本遷南宮雲臺，宦者積怨竇氏，
> 遂以衣車載后尸，置城南市舍數日。中常侍曹節、王甫欲用
> 貴人禮殯，帝曰：「太后親立朕躬，統承大業。《詩》云：
> 『無德不報，無言不酬』，豈宜以貴人終乎？」於是發喪成
> 禮。及將葬，節等復欲別葬太后，而以馮貴人配祔。……球

---

❾❺　對竇太后的喪葬爭議，牽涉到複雜的宦官與朝臣的門爭。宦官系統極力貶低
　　竇太后，以彰顯誅殺陳蕃、竇武的合理性。朝臣則透過竇后的援立之功，欲
　　為陳、竇翻案。

　　曰：「皇太后以盛德良家，母臨天下，宜配先帝，是無所
疑。」忠笑而言曰：「陳廷尉宜便操筆」，球即下議曰：
「皇太后自在椒房，有聰明母儀之德。遭時不造，援立聖
明，承繼宗廟，功烈至重。先帝晏駕，因遇大獄，遷居空
宮，不幸早世，家雖獲罪，事非太后。今若別葬，誠失天下
之望。且馮貴人冢墓被發，骸骨暴露，與賊併尸，魂靈汙
染，且無功於國，何宜上配至尊？」……公卿以下，皆從球
議。李咸始不敢先發，見球辭正，然後大言曰：「臣本謂宜
爾，誠與臣意合。」會者皆為之愧。曹節、王甫復爭，以為
梁后家犯惡逆，別葬懿陵，武帝黜廢衛后，而以李夫人配
食。今竇氏罪深，豈得合葬先帝乎？李咸乃詣闕上疏曰：
「臣伏惟章德竇后虐害恭懷，安思閻后家犯惡逆，而和帝無
異葬之議，順朝無貶降之文。至於衛后，孝武皇帝身所廢
弃，不可以為比。今長樂太后尊號在身，親嘗稱制，坤育天
下，且援立聖明，光隆皇祚。太后以陛下為子，陛下豈得不
以太后為母？子無黜母，臣無貶君，宜合葬宣陵，一如舊
制。」帝省奏，謂曹節等曰：「竇氏雖為不道，而太后有德
於朕，不宜降黜。」節等無復言，於是議者乃定。

此段引文鮮明呈現出朝廷對皇后之殯、葬、祔之禮重視的程度，大
臣甚至揚言不惜以生命作為睹注，來爭取竇太后與桓帝的配食。**⑯**

⑯　同上，頁 1833。太尉李咸即對妻子說：「若皇太后不配食桓帝，吾不生還
　　矣。」

竇太后喪葬的爭議分為正反二方，各舉了漢家故事以為依循。主張廢黜的一方，舉了桓帝廢已死的懿獻梁皇后為貴人、武帝黜廢衛后而以李夫人配食之事例。但此二例中梁皇后、衛皇后均為皇帝生時親自廢棄，與竇太后的情況不同。主張不可廢黜者，則舉了章德竇皇后及安思閻皇后的例子。二例中皇后與和帝、順帝均為太后與皇帝的關係，與靈帝、竇后的情況吻合。二例均無廢后的情況發生，歸結原因乃是「子無黜母，臣無貶君」的禮制。

朝臣爭辯不休，各引陳例，最後仍得由皇帝定奪。靈帝最後裁奪以竇太后合葬、配食於桓帝。主要原因，除了禮制的依循外，主觀的情感上，竇太后援立有功，恐怕才更具有舉足輕重的地位。因此在殯、葬禮之爭議時，靈帝即提出「報」的想法，強調「有德於朕」、「親立朕躬」，因此堅持以后禮行之。若從報的角度來看，欲替代的馮貴人「無功於國」，且有冢墓被發，魂靈汙染等禁忌問題存在，自然不被靈帝考慮。

與西漢臣子廢孝惠后、成帝趙皇后、哀后，及東漢初光武廢呂后的例子相較，何以當時廢后並未引發強烈爭議呢？孝惠后被廢時，呂氏為亂，動搖劉氏天下，朝廷瀰漫對外戚諸呂擅政的強烈反感，惠后為呂氏支屬，故其被廢在擁立劉氏的大氛圍中並未引發爭議。孝成皇后、哀后被廢為外戚王莽勢力正盛時，透過王太后以保障其排除異己行動的合理性。東漢初，光武帝廢呂后配食之位，以作為外戚女禍之戒鑑。禮條及故事的援引，往往與客觀現實息息相關，並隨環境需要而有不同的選取和詮釋。

三、政治上私親與禮制的衝突
及政令措施

㈠ 帝王之私親與禮制的衝突

　　儘管前文已指出禮制上嚴別嫡庶的態度，如：妾子立為君對嫡母、生母仍須有所檢別；旁支入繼大統，更不能復顧私親。子無爵父母，不論妾子或藩王為君，不得任意對生父母上尊號。用意在辨別名份以維持禮制的明確和穩定。士人顧及於此，甚至提出嫡死不可更立的立張。然而前文業已點出，禮制的實行與爭議之定奪，皇帝往往居於關鍵地位。以妾子為君或旁支入繼等情況來看，國君一方面要顧念本生父母的私親、私情，另一方面則要維持大統與名份的穩定與合理。一方面必須藉助於外戚的勢力，另一方面則又無法避免尾大不掉的焦慮與惡夢。私情與公義皆繫於一身，其間往往充滿了矛盾與衝突。

　　且以哀帝時的傅太后為例。傅太后得與元帝合葬和政治上的得勢密切相關，而其被迫改葬也和失勢脫離不了關係。得勢與失勢的關鍵點，係在帝王之身。孝元傅昭儀與丁姬喪葬逾制，固然是丁、傅支屬勢盛的結果，然而丁、傅勢盛實與哀帝的支持有關。哀帝即位後，欲尊本生父母一支，在當時即引起爭議，此爭議可分為前後兩次來看，第一次高昌侯董宏投上所好，上書提及：

　　秦莊襄王母本夏氏，而為華陽夫人所子，及即位後，俱稱太

后。宜立定陶共王后為皇太后。**⑰**

此事為左將軍師丹與大司馬王莽共同反對，董宏以「知皇太后至尊
之號，天下一統，而稱引亡秦以為比喻，詿誤聖朝，非所宜言，大
不道」被彈劾。由於此時哀帝新立，不便於立刻尊奉生母，故以廢
董宏為庶人收場。但事情並沒有因此而結束，在傅太后的憤怒和爭
取下，哀帝終於追尊定陶共王為共皇，尊傅太后為共皇太后，丁后
為共皇后。

　　上尊號顯然並不能滿足傅太后的期望（何況此尊號仍上冠共皇以為
區別），立廟與祭祀才是更根本的重點。於是再次以郎中令泠褒、
黃門郎段猶奏言：

　　　　定陶共皇太后、共皇后皆不宜復引定陶蕃國之名以冠大號，
　　　　車馬衣服宜皆稱皇之意，置吏二千石以下各供厥職。又宜為
　　　　共皇立廟京師。

在元帝時期曾經因為郡國廟數太多，造成地方極沈重的負擔，亦由
於客觀局勢改變，郡國廟已不復發揮中央統制的效力，反而混亂大
宗小宗祭祀之禮，故決議廢郡國廟。**⑱**哀帝時欲立共皇廟於京師，

---

⑰　《漢書》，卷86〈師丹傳〉，頁3505。

⑱　關於廟制之廢立，詳參《漢書》，卷73〈韋玄成傳〉。高明士，〈皇帝制度
　　下的廟制系統──以秦漢至隋唐作為考察中心〉，《文史哲學報》40期
　　（1993年），頁53-96。郭偉川，〈秦漢史論叢〉（北京：中國社科，
　　1998）第七輯。雷海宗，《中國文化與中國的兵》（臺北：里仁書局，

反其道而行，不符合禮法，但此次奏言投皇帝所好，來勢洶洶，只有師丹敢獨排眾議：

> 今定陶共皇太后、共皇后以定陶共為號者，母從子、妻從夫之義也。欲立官置吏，車服與太皇太后並，非所以明尊卑亡二上之義也。定陶共皇號諡已前定，義不得復改。《禮》：「父為士，子為天子，祭以天子，其尸服以士服」，子亡爵父之義，尊父母也。為人後者為之子，故為所後服斬衰三年，而降其父母朞，明尊本祖而重正統也。孝成皇帝聖恩深遠，故為共王立後，奉承祭祀，今共皇長為一國太祖，萬世不毀，恩義已備。陛下既繼體先帝，持重大宗，承宗廟天地社稷之祀，義不得復奉定陶共皇祭入其廟。今欲立廟於京師，而使臣下祭之，是無主也。又親盡當毀，空去一國太祖不墮之祀，而就無主當毀不正之禮，非所以尊厚共皇也。❾❾

歷舉大宗、小宗之別，以及子不得爵父、不二斬、定陶恭王為小宗，不可立廟京師等，對哀帝提出強烈的諫言。師丹之言違逆皇帝之意願，故「由是浸不合上意」。哀帝在帝位鞏固後，以《春秋》「母以子貴」為由，屢給尊號。傅太后與元帝的合葬，從哀帝一連

1984）。林聰舜，〈西漢郡國廟之興廢——禮制興革與統治秩序維護之關係之一例〉，《第三屆漢代文學與思想學術研討會論文集》（臺北：國立政治大學中國文學系，2000），頁 171-190。

❾❾　《漢書》，卷 86〈師丹傳〉，頁 3506。

串刻意尊重的角度來看，或許並不突兀，但從禮的角度來看，則是
以本生父母凌越大宗。臣子雖懾於哀帝與丁、傅二氏的勢力不敢出
言反對，一旦哀帝駕崩，王莽勢力揭起，即利用此背景醞釀丁、傅
改葬、遷葬之事。

又以獲罪而死的后妃來說，后妃被廢而死，往往草草下葬，
殯、葬之禮皆闕，亦無法有祠堂以接受祭祀，致使靈魂無所依托、
無法接受子孫祭饗，在透過祭祀以使祖先歆饗血食的傳統下，是嚴
厲的懲罰。因此當這些獲罪而死的后妃的子孫被立為帝王，往往對
祖母、生母進行改葬、立廟、上尊號的措施。且舉章帝宋貴人為
例，清河王慶對生母最深的遺憾，為其無法接受祭享：

> 常以貴人葬禮有闕，每竊感恨，至四節伏臘，輒祭於私室，
> 竇氏誅後，始使乳母於城北遙祠。及竇太后崩，慶求上冢致
> 哀，帝許之，詔太官四時給祭具。慶垂涕曰：「生雖不獲供
> 養，終得奉祭祀，私願足矣。」欲求作祠堂，恐有自同恭懷
> 梁后之嫌，遂不敢言。常泣向左右，以為沒齒之恨。⋯⋯其
> 年病篤，謂宋衍等曰：「清河埤薄，欲乞骸骨於貴人冢傍下
> 棺而已。朝廷大恩，猶當應有祠室，庶母子并食，魂靈有所
> 依庇，死復何恨？」，乃上書太后曰：「臣國土下溼，願乞
> 骸骨，下從貴人於樊濯，雖歿且不朽矣。及今口目尚能言
> 視，冒昧干請。命在呼吸，願蒙哀憐」遂薨，年二十九。遣
> 司空持節與宗正奉弔祭；又使長樂謁者僕射、中謁者二人副
> 護喪事；賜龍旂九旒，虎賁百人，儀比東海恭王。太后使掇

庭丞送左姬喪，與王合葬廣丘。❿

宋貴人被竇太后陷害而死後，無法立祠堂，迫於竇氏勢盛，清河王慶只能於私室祭祀。竇氏勢力被剷除後，方才於宋貴人所葬之城北遙祭。無祠堂象徵神靈無依憑之所，清河王慶對此耿耿於懷，視為終生之恨。直到大病將終時，強烈請求太后希望能葬於貴人冢傍，以隨母而葬的方式庇護母親之孤魂，使其亦能一併受祭。此舉破壞了祭祀之秩序，因此不論清河王如何奮力請求，欲一圓憾事，卻得不到太后的支持。太后寧可使清河王慶喪葬之禮逾制（如龍旂九旒，為天子之制），仍堅持要使喪於洛陽的妃子左姬遷葬於廣丘與清河王合葬。這一方面維持了夫妻合葬、受祭的基本形式，同時也能夠葬於封國之中。清河王慶的願望，要等到兒子以旁支入繼大統，追尊祖母才得以成全。

　　清河王慶因耽心母親無法正常受祭，以致神靈無所依托，而感到的遺憾、恐懼和痛苦，在當時是一種普遍的想法。再以靈帝宋皇后為例，渤海王悝、宋皇后冤死後，靈帝惡夢連連，甚至夢見桓帝責備並威脅他：「上帝震怒，罪在難救」。許永為靈帝所陳奏的化解之策是：即刻為二人改葬，並安撫家屬。如反宋后被強迫遷徙之家屬，復渤海王先前所封，以安息冤魂。靈帝不肯，不久即駕崩。⓫此則例子亦可見改葬對安息冤魂所具有的重要意義。

　　也就因為前面所述的背景，不論是旁支入繼大統，或是妾子立

──────────

❿　《後漢書》，卷55〈清河孝王慶〉，頁1801-1804。

⓫　詳參《後漢書》卷10下〈皇后紀·靈帝宋皇后〉，頁1448-449。

為君，對於本生母（或祖母）往往極為禮遇，子、孫立時祖、母若因特殊情況亡故，喪葬不得其禮，往往為之改葬、上尊號、置園邑，如孝宣帝時為衛皇后改葬及立廟，孝平帝時的馮昭儀、東漢安帝時為宋貴人基本上不脫此格局。但皇帝對於本生父母一支的種種榮寵，往往破壞禮制，並造成外戚勢盛的結果。

㈡ 嚴別嫡庶、對外戚勢力的限制

　　不論皇帝基於私情的縱容或是欲利用外戚勢力以鞏固自身，外戚勢力坐大，對朝政造成極大的影響，是漢代一直關注的問題，東漢又較西漢嚴重。西漢開國不久，即因呂后親族勢盛，幾乎危及劉氏天下。呂氏之亂被剷平後，為了防堵外戚勢力的介入，朝廷可說費盡苦心。議立君王人選時，所以捨齊王、淮南王，都因為該二王母家惡，擔心「復為呂氏」；而看中代王的一大考量即在「大后家薄氏謹良」、「仁善」[102]，對政權造成的危害最小。除了立後時對母家的考量外，武帝晚年由於巫蠱之禍，戾太子、史皇孫、衛皇后、皇孫妃均被殺，太子之位空虛。欲立鉤弋夫人之子，又怕未來子幼母少，形成如呂后「女主顓恣亂國家」、外戚勢力被大舉進用的後果，於是殺母立子。[103]

　　武帝對呂后之事深懷戒鑑，東漢光武帝更廢西漢呂后配食之位，而以薄太后更替之。《後漢書》卷一下〈光武帝紀〉：

---

[102]　《史記》，卷9〈呂后本紀〉，頁411、卷49〈外戚世家〉，頁1971。
[103]　有關武帝對此事的評論，評參《史記》卷49〈外戚世家〉。

> 冬，十月辛未，司隸校尉東萊李訢為司徒，甲申，使司空告
> 祠高廟，曰：「高皇帝與群臣約，非劉氏不王，呂太后賊害
> 三趙，專王呂氏，賴社稷之靈，祿、產伏誅，天命幾墜，危
> 朝更安，呂太后不宜配食高廟，同祧至尊。薄太后，母德慈
> 仁，孝文皇帝賢明臨國，子孫賴福，延祚至今，其上薄太后
> 尊號曰：『高皇后』，配食地祇，遷呂太后廟主于園，四時
> 上祭。」

所謂「園」乃是「塋域」，「遷主于園」乃是於塋域中置寢以祭祀
之。❿此事件有幾個值得注意之處：

(1)呂后被廢去配食之位，而以薄太后代之，與漢代對外戚之禍
深感恐懼有關。武帝晚年殺鉤弋夫人而立其子，即為顯例。
光武帝於東漢開國之初，廢有外戚專權之禍的呂氏，而立母
家「仁善」的薄氏，戒鑑意味甚濃。

(2)文帝「賢明臨國」屢有政績，在祖有功而宗有德的情況下，
景帝尊文帝廟為太宗廟。❿薄太后為文帝的生母，較惠帝的
生母呂后，似乎更具有代表性。

(3)最重要的是，西漢帝祚的傳承是承繼薄后之子文帝一系，而
非呂后之子惠帝一系，因此即使呂后為高祖之正適，在子孫
的主觀意願和情感認同上，對薄后有較多的認同。

(4)呂后讓正適之位給了薄太后，而遷廟主于塋域之中，祭祀也

---

❿　《後漢書》卷一下〈光武帝紀〉，章懷太子注。
❿　《漢書》卷5〈景帝本紀〉，頁79。

由原本的配食地祇到四時上祭。 **⑩⑥**

光武帝廢呂后的事件畢竟較為特殊，顯現東漢開國極力想撇清外戚及女禍的鴻圖志向。不過元、成以降，地方豪族力量日盛，光武統一天下時又多採聯合陣線的手法，與某幾個大族歷世聯姻，似乎成了東漢皇室的家法之一，母舅家干政現即不斷浮現。

朝廷為了防止外戚所帶來的危害，除了如前所述在立後、婚姻、祭祀的問題上注意外，亦定立成規、故事以遏止外戚勢力的坐大。

1.藩后不得留置京師

前面提到，旁支入繼大統，往往顧念私親而壞禮制、亂朝政。為防範帝王與本生父母的「私親」關係，朝廷往往以「為人後禮，不得顧私親」為由，刻意切斷太子與生母一方的連繫。如定陶恭王立為成帝之太子，有司奏議祖母（傅昭儀）及生母（丁姬）須留於定陶，不得相見。王太后念太子年幼，打破體制讓傅昭儀以乳母身份，十日一見太子。此規範的打破，也為後來丁、傅勢力坐大，埋下了隱憂。儘管朝廷希望切斷太子與「私親」的紐帶，但私親一方則想盡辦法接近太子。王莽欲顓國權，有鑑於丁、傅行事，立平帝後，下令「母衛姬及外家不當得至京師」**⑩⑦**，外戚一方則透過王莽長子企圖至京師，最後事蹟敗露，導致王莽之子被殺，衛氏支屬亦被誅滅的嚴重後果。

藩后不得以私親之故，留置京師的規定，直至東漢依然存在。

---

⑩⑥　《漢書》卷 73〈韋玄成傳〉，頁 1381。

⑩⑦　《漢書》，卷 97 下〈外戚傳·中山衛姬〉，頁 4008。

如安帝時鄧太后恐怕殤帝無法長成，「留慶長子祐與嫡母耿姬居清河邸」。⑩即使太子已即位為帝，朝廷似乎也可利用藩后的名義阻止其留在京師。哀帝生母丁姬，於哀帝立後，才被准許十日一見。靈帝之母董太后因與媳婦何皇后不合，何皇后於靈帝崩後以「蕃后故事不留京師。輿服有章、膳羞有品，請永樂后遷宮本國」⑩，逼退董太后。

　　除了藩王入繼，須避私親，女子被選入宮，亦被限制與娘家接觸。以和熹鄧皇后為例，當她尚為貴人時，生了重病，皇上開恩「特令后母兄弟入視醫藥，不限日數」，貴人於是勸諫皇帝：

> 宮禁至重，而使外舍久在內省，上令陛下有幸私之譏，下使賤妾獲不知足之謗。上下交損，誠不願也。⑩

可見在一般情況下，后妃與娘家親人往來亦受限制，即使相見，亦有日數之限。

2.妾子為君，不宜稱本生母為后

　　帝王若為妾所生，即位時生母若已亡故，則以后禮改葬生母，使其葬於帝陵之西或北，有別於正嫡，並追諡其母為皇后。對於妾母稱后之尊號，混亂嫡庶之辨，漢代士人感到不安，前文所引劉向

---

⑩　《後漢書》，卷 55〈章帝八王傳〉，頁 1083。
⑩　《後漢書》，卷 10 下〈皇后紀‧孝仁董皇后〉，頁 447。
⑩　同上，卷 10 上，頁 419。

認為妾子為君，立生母為夫人將導致災異產生，即是此種心理的反應。漢獻帝初平元年時即下詔：

> 和、安、順、桓四帝無功德，不宜稱宗，又恭懷、敬隱、恭
> 愍三皇后並非正嫡，不合稱后，皆請除尊號。制曰：
> 「可」。⑩

此政令對爭議已久的廟制問題，及妾子為君所觸及的嫡庶問題作出了回應。

3.旁支嗣統，禁止追謚本生母為后

曹丕時正式發布制令，禁止從藩王嗣統者追謚本生母為后：

> 禮，王后無嗣。擇建支子以繼大宗，則當纂正統而奉公義，
> 何得復顧私親哉！漢宣繼昭帝後，加悼考以皇號；哀帝以外
> 藩援立，而董宏等稱引亡秦，惑誤時朝，既尊恭皇，立廟京
> 都，又寵藩妾，使比長信，敘昭穆於前殿，並四位於東宮，
> 僭差無度，人神弗祐，而非罪師丹忠正之諫，用致丁、傅焚
> 如之禍。自是之後，相踵行之。昔魯文逆祀，罪由夏父；
> 宋國非度，譏在華元。其令公卿有司，深以前世行事為
> 戒。後嗣萬一有由諸侯入奉大統，則當明為人後之義；敢
> 為佞邪導諛時君，妄建非正之號以干正統，謂考為皇，稱
> 妣為后，則股肱大臣，誅之無赦。其書之金策，藏之宗

---

⑩　《後漢書》，卷9〈孝獻帝紀〉，頁370。

廟，著於令典。⑫

此段文獻可與漢獻帝時所頒佈妾子為君禁止追諡本生母為后合而觀之。東漢末年以至於曹魏，特別加強此政令，應與東漢中後期旁支入繼大統及妾子為帝的狀況增加，導致外戚勢力大增，嫡庶之分際被破壞有關。

四、小結

本篇論文第一部分主要釐清后妃喪葬的狀況，並對其中引發爭議處進行分析。就與帝王合葬的爭議來看，能與皇帝合葬為具正嫡身份者，既然如此，原則上不二嫡，以一人為原則。墳土之高低與合葬於帝陵之方位均與身份狀態密切相關。若發生：

㈠皇后先皇帝而亡，再立新后的狀況，則以後立者與皇帝合葬。先后亡時，若已籌建壽陵則避開東方正位，葬於帝陵之其他方位，或另立葬處。

㈡旁支入繼大統，祖母若曾為先帝之妃嬪，隨著孫立為帝，其地位亦隨之提升，孝元傅昭儀、馮昭儀與王皇后間互動的結果，最引人注目。傅昭儀死於其孫哀帝在位時，憑仗權勢而與元帝合葬與渭陵，居於東方正位，墳與元帝齊。此例違反禮制，給了王莽主政後，打擊丁、傅勢力，並挖墳、改葬、遷葬留下了好的籍口。雖然其間牽涉政治生態和勢力的消長，但傅太后與元帝合葬，明顯違

---

⑫　陳壽，《三國志》（臺北：鼎文，1978），卷3〈明帝紀〉，頁96。

禮。士人對此事大加批評，甚至輔以災異，《漢書》〈五行志〉中即對傅太后之事一再提及。一般情況下，若旁支入繼大統，祖母已亡，則往往為其改葬、追諡、立廟、置園邑。生母為藩王妻，死後隨夫合葬、祔廟；若為妾則往往母以子貴，與夫合葬。二者並往往上皇后尊號。

(三)妾子立為君者，生母若已經亡故，為其改葬以后禮，葬於帝陵區，避開東方正位，而在西、北、南，以有別於正嫡；並上皇后尊號。

(四)至於其他妃嬪，由於帝王後宮人數眾多，皇帝生前為節省用度、廣施德政、避免災異，往往出宮人。在西漢武帝以前，皇帝崩後，往往出宮女；武帝以後守陵園成為漢家故事。守陵園者範圍很廣，一般來說以無子者為之，但有子而夭折者亦在其列。守陵宮人死後往往就園而葬，根據〈外戚傳〉記載「五官以下葬司馬門外」，五官以上之妃嬪則陪葬於帝陵區。

由漢代后妃喪葬狀況探討，可以發現爭議點環繞於妾子為君、旁支入繼大統等問題而衍申。檢視經典及士人相關禮制的主張：

(一)以妾子為君所導致的嫡母與生母身份之別等問題來看。《儀禮》〈喪服〉及《禮記》諸篇章所記，國君嫡母與生母喪服截然有別，生母絕對無法等同於嫡母，為生母服喪時若嫡母尚存，則須避於嫡母之尊。群臣只為嫡夫人服喪，為國君生母則無服。以《春秋》三傳來看，《左傳》、《公羊》對妾子為君，母得具有夫人身份持肯定的態度。《穀梁傳》則認為「傷教害義」。士人的態度則是嫡母若在時，生母必須自別於嫡母，嫡庶分明。嫡母若已亡故，分二派意見，一則認為生母可完全行夫人之禮，另一則生母仍應謹

守份際，以自別於嫡母。

㈡《白虎通》之「嫡死媵攝」及士人的相關主張，是嚴別嫡庶下的產物。女君死亡，後立者是否能夠取代其地位，或是只能攝位呢？以漢代的情況來看，不論先前皇后死亡或被廢，後立為后者，取代之前所立皇后，與皇帝合葬、配食。所謂「攝女君」之說應只是區別嫡庶的要求下，所作理想式的陳述。

㈢不論是妾子為君或是旁支入繼大統，國君均有對生母等上尊號的情況。但從禮制上來看，此種上尊號不但混淆名份，也容易造成以「幼誅長」或棄嫌父母的負面印象，故禮書持反對態度。如果一定要實行，通常亦會透過祭天或祭祖考，表明合法性得之於上天或祖先，而非出於私意。

㈣論及妾子為君，母是否可以具有夫人身份時，部份學者提出了嫡夫人有罪，妾母方可取代其地位而擁有夫人的身份。檢視春秋魯夫人文姜的事例，經傳記載證明其終以夫人之禮成喪，且未去夫人尊號；其他被批評為不如禮的夫人亦如此。漢代有「子無黜母」、「臣無貶君」的故事。少數幾則臣子廢后事件：如西漢惠后、孝成皇后、孝哀后或東漢時光武帝廢呂后配食之位，事屬特殊，與當時政治現實密切相關，並非常態。

從禮制的理想與經生主張來看，非常強調嫡庶之別。妾子為君，嫡母與生母須嚴格辨別名份。旁支入繼大統，與本生父母亦當嚴格區分。因此不論是以妾母為夫人並上皇后尊號、或是旁支入繼大統改葬祖母，並上皇后尊號、或是因種種理由廢棄嫡后而以生母或其他后妃取代，並與先帝合葬、配食，於禮制上均被視為嚴重悖禮亂分。然而前兩項往往是漢代后妃喪葬所存在的普遍問題。

　　漢代后妃之喪葬常常呈現出禮制理想與政治現實間複雜辨證的狀況。皇帝對於生母或祖母的私情，往往使得他在立為國君後，為其改葬、上尊號；尤其當祖母或生母因獲罪而草草下葬，喪葬禮闕，致使神靈無所依托的情況下。值得注意的是，皇帝雖然欲尊本生母，但在表面上仍常常透過經典來增加其行動的合理性。在尊《公羊》的氣氛下，《公羊》中所揭示「母以子貴」的原則，成為替帝王辯護最好依據。前文已指出：漢代士人如鄭玄等均主張妾子為君，對嫡母與生母仍須檢別，尤其是嫡母仍健在時。檢視漢代帝王追尊生母，往往在嫡后崩後進行，亦不是全無顧忌。

　　皇帝雖有私親的部分，也往往因為政治上的需要而須藉助外戚的勢力。如東漢以後皇室長期與陰、馬、竇、梁等功臣大姓持續聯姻，外戚與功臣身份關係密切。然而外戚勢力的坐大，卻是帝王不能不面對的問題。如何在其中維持「恐怖平衡」，充滿矛盾、煞費苦心。漢代對外戚勢力的限制由立繼承人時選擇母家良善、武帝之殺鉤弋夫人後才立昭帝、光武帝廢呂后配食之位、藩后不得留置京師，均可見其用心。漢代末年以後更明令妾子為君，不宜稱本生母為后、外藩嗣統，禁止追諡本生母。種種措施為的是維持大統的穩定性與名分的合理性。而禮制的理想、政令與現實情況間的複雜關係，也在這些過程中展現無遺。

圖一　西漢帝陵分布圖

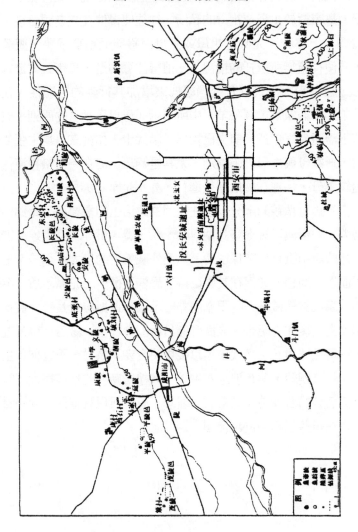

資料來源：劉慶柱，《古代都城與帝陵考古學研究》。

圖二　長陵、呂后陵位置圖

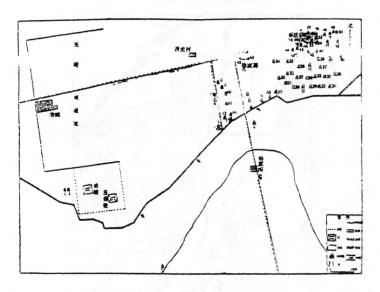

資料來源：劉慶柱，《古代都城與帝陵考古學研究》。

圖三　安陵位置圖

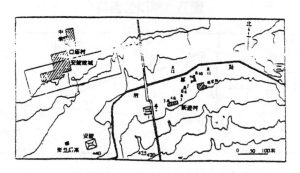

資料來源：劉慶柱，《古代都城與帝陵考古學研究》。

圖四　霸陵、南陵、杜陵位置圖

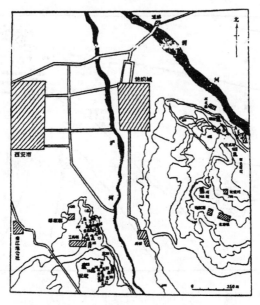

資料來源：劉慶柱，《古代都城與帝陵考古學研究》。

圖五　陽陵位置圖

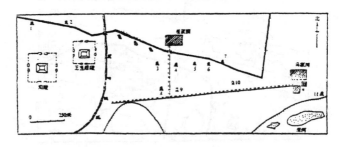

資料來源：劉慶柱，《古代都城與帝陵考古學研究》。

圖六　茂陵位置圖

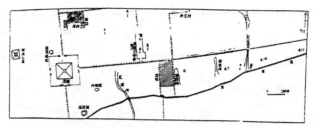

資料來源：劉慶柱，《古代都城與帝陵考古學研究》。

圖七　杜陵陵區平面圖

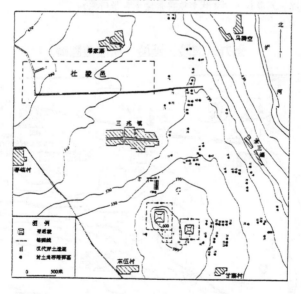

1.宣帝杜陵　2.王皇后陵　3.杜陵寢殿遺址（一號遺址）　4.杜陵廟遺址（八號遺址）　5.杜陵九號遺址　6.杜陵寢殿兩園遺址（十號遺址）　7.杜陵便殿遺址（五號遺址）　8.王皇后陵寢殿遺址（六號遺址）　9.王皇后陵便殿遺址（七號遺址）　10.杜陵一號窖葬坑　11.杜陵二號陪葬坑　12.杜陵三號陪葬坑　13.杜陵四號陪葬坑　14.杜陵五號陪葬坑　15～76.封土堆存陪葬墓

資料來源：劉慶柱，《古代都城與帝陵考古學研究》。

圖八　平陵位置圖

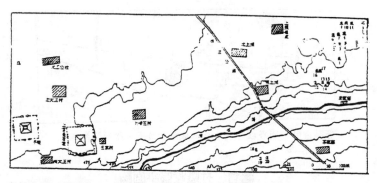

資料來源：劉慶柱，《古代都城與帝陵考古學研究》。

圖九　渭陵、延陵、康陵位置圖

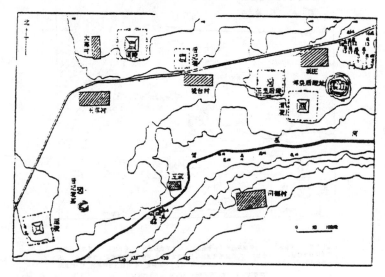

資料來源：劉慶柱，《古代都城與帝陵考古學研究》。

圖十　河北平山戰國中山王陵遺址出土銅版《兆域圖》摹譯本

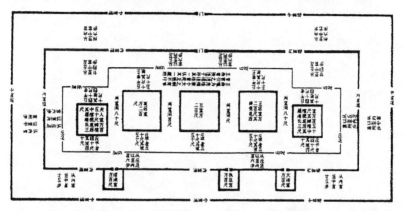

資料來源：《文物》，1979 年第 1 期，〈河北省平山縣戰國時期中山國墓葬發
掘簡報〉。

第四章
婦女的生活教育與容禮規範

　　婦女的生活教育與容禮規範，主要希望在行住坐臥，舉手投足、一顰一笑間，細膩而無孔不入的貫徹禮教的精神，使禮教規訓內化成身心的一部分，在儀式化的生活中，不斷重復薰陶和形塑自我。❶此種容禮的規訓如皮埃爾・布迪厄（Pierre Bourdieu）所謂須成為自然，轉換成原動圖式和身體的自動性，成為一種原始信念：

---

❶　若從拉岡（Lacan Jacques）等後結構主義心理學家的角度來看，嬰兒一旦出生，落入鏡像階段，即已走向自我疏離的命運，因為鏡像為他人態度或暗示等投射下所產生看似統一的虛幻自我；而一旦進入象徵層，進入語言符號分別的世界，主體被割裂，意識固然為語言符號所控制，而潛意識亦為「他人的話語」。語言符號等文化的象徵世界，對人的控制無所不在，人的情感、思考等都難逃於語言、符號世界的控制與侵凌。由此來看，禮教的形塑，固然有人文化成的積極意義，但也帶有極強的文化律令、權力控制和自我的強制性。拉康之說固然為後現代的解構態度提供了極深的洞見，然而，反向來說，無所不在的文化符號、不斷重覆的儀式生活，能積極地對身心造成內化和影響，使主體的意志與情感均受其形塑而自主地服膺於文化符號的秩序。有關拉岡對自我與鏡像階段的論述，詳參褚孝泉譯，《拉康選集》（上海：上海三聯書店，2001），頁 89-96、245-337。福原泰平著，王小峰、李濯凡譯，《拉康：鏡像階段》（石家庄市：河北教育出版社，2002）。

　　身體素性是具體化的、身體化的、成為恒定傾向的政治神話
　　學,是姿勢、說話、行走、從而也是感覺和思維的習慣。男
　　與女之間的對立具體表現在舉止上,表現在身體姿勢、行為
　　方式上,是直與彎之間的對立,是堅決、直接、坦率與克
　　制、矜持、靈活之間的對立。大多數表達身體姿勢的詞語都
　　與德行和心理狀態相關,這一事實表明,這兩種與身體的關
　　係孕含了兩種與他人、與時間和世界,從而與兩種價值系統
　　的關係。❷

因此容禮儀節的實踐與德性密切相關,是將社會道德觀具體實踐和
內化的過程。身體的習性將透露個人的經驗、階級及文化教養,控
制身體亦即是對思想進行控制。❸而人格的形塑與發展和社會規訓

---

❷　關於文化與社會、政治對身體的形構,而使身體形塑於前反思經驗和習性的
　　素養之中,身體成為文化與權力符號的重要象徵,不同的社會、文化、階
　　級、性別亦會形塑出不同的身體習性,詳參皮埃爾‧布迪厄(Pierre
　　Bourdieu)著,蔣梓驊譯,《實踐感》,〈信念與身體〉,頁107。另詳參皮
　　埃爾‧布迪厄著,劉暉譯,《男性統治》(深圳:海天出版社,2002)。

❸　馬塞爾‧毛斯(Marcel Mauss)著,佘碧平譯,《社會學與人類學》(上
　　海:上海譯文出版社,2003),〈各種身體的技術〉,頁301-319。對於身體
　　技巧受到社會文化形塑有十分生動的分析。透過身體與外在的監視和規訓,
　　可以進一步達到控制思想的目的,如 Okely 透過二十世紀五○年代軍事化寄
　　宿學校的描述,指出反復不斷的身體動作、姿勢、行為舉止的規訓將能達到
　　控制身心的目的:「我們的思維和我們對世界的理解,反映了我們的看管
　　者。由于沒有私人的空間,我們不可能在自己的身體內隱藏什麼,因為我們
　　的身體已經變得與他們的思想和諧一致了」,Okely, Judith (1978) Privileged,
　　schooled and finished: boarding education for girls, In Shirley Ardener (ed),

息息相關，一如米德（George Herbert Mead）所指出：「沒有某種社會制度，沒有構成社會制度的有組織的社會態度和社會活動，就根本不可能有充分成熟的個體自我或人格」、「完整的自我的統一性和結構性反映了作為一個整體的社會過程的統一性與結構性」。❹社會對人的形塑必須達到如高夫曼（Erving Goffman）所謂：

> 人們可以通過社會約束而自發地把這種舉止的面具戴在自己的臉上。但如波伏瓦所言，我們之所以能做出這種姿勢，是因為有一些明顯的和隱蔽的鉗子直接夾住了我們的身體。❺

在舉手投足之間，禮教形塑下的自我、良心與道德標準，將時時審視自身，以社會標準評點自身，以使自身的所作所為能符合社會道德標準。同時社會亦不斷以觀看和評價來強化此種形塑。❻在如此

Defining Females. London: Croom Helm, in association with the Oxford University Women's studies committee, P.128-129。轉引自菲奧納·鮑伊（Fiona Bowie）著，金澤、何其敏譯，《宗教人類學導論》（北京：中國人民大學，2004），〈訓練身體與社會控制〉，頁 66-67。

❹ 米德（George Herbert Mead）著，趙月瑟譯，《心靈、自我與社會》（上海：上海譯文出版社，1997），頁 231、128。

❺ 高夫曼（Erving Goffman）著，徐江敏、李姚軍譯，《日常生活中的自我表演》（臺北：桂冠，2004），頁 61。

❻ 約翰·伯格（John Berger）著，吳莉君譯，《觀看的方式》（臺北：桂冠，2005），分析女性觀看自我時，深受文化形塑的影響，頁 57：「女性的身份就是由審視者與被審視者這兩個對立的自我所構成」、「她必須審視自己所扮演的每一個角色，還有自己的一舉一動，因為她在眼中的形象——說到底

循環的詮釋和實踐下，禮教規訓可謂彌天蓋地了。❼

一、禮書對婦女容禮規範的思考與態度

(一) 從陰陽殊性故男女異行的角度看婦教

　　男女有別的容禮教育，從出生時已然開始，《詩經·斯干》記載男女出生時即有不同的對待方式，若為男子則「載寢之床，載衣之裳，載弄之璋，其泣喤喤，朱芾斯皇，室家君王」，若為女子則「載寢之地，寢衣之褐，載弄之瓦，無非無儀，唯酒食是議，無父母詒罹」，象徵著往後身份尊卑及角色扮演的不同，璋為禮器，象徵男子將為臣子，從事禮事及宗廟祭祀等工作。瓦為「紡塼」❽，象徵女子以織紝為重要女職，除織紝外，「唯酒食是議」，工作均屬於家內範圍。《禮記·內則》亦提及：

　　　　子生，男子設弧於門左，女子設帨於門右。三日，始負子，

就是她在男人眼中的形象——是決定她這一生是否成功（一般人所認為的成功）的最大關鍵。別人眼中的她，取代了她對自己的感覺。」

❼　禮教對人的形塑既如此彌天蓋地，人於其中是否可以超越社會性身心的層次，透過功夫修煉而達到宇宙性境界——與萬物成為氣化流行之感通的交融的狀態，關於此道家思想提供了深刻的思考與工夫歷程，詳參賴錫三，〈「莊子」「真人」的身體觀——身體的社會性與宇宙性之辯證〉，《臺大中文學報》，14 期，2001 年 5 月，頁 1-34。

❽　《毛詩》，卷 11 之 2〈斯干〉，頁 388。

　　男射女否。❾

　　嬰兒出生後，若為男子則於門左設弧，出生三日行射矢儀式，若為
國君世子則更為慎重，「卜士負之，吉者宿齊，朝服寢門外，詩負
之。射人以桑弧、蓬矢六，射天地四方」❿，弧、矢為男性的象徵
物，以桑、蓬為質材，及射箭之行為，應具有驅邪的功能⓫，將矢
射向天地四方，亦象徵男子有四方之志。女子則於門右設帨，帨為
事人之佩巾，左為陽，右為陰，男女陰陽及將來社會分工已於初生
時明確加以標幟。

　　〈斯干〉形容男嬰「其泣喤喤」，哭聲響亮，生命力旺盛，同
時亦反映出對男女性情的不同期許，在往後家庭教育中，此種期許
將滲透到日常儀節的細部，包括與人互動應答時，男女應聲亦有不
同要求，如《禮記‧內則》提及「男唯女俞」⓬，唯、俞雖皆為應
辭⓭，但「唯之聲直，俞之聲婉」⓮，男女自幼在與人應對上，即
要求女子順從，男子直率磊落。又如在衣著裝束上亦反映了此種期
待，《禮記‧內則》：「男鞶革，女鞶絲」，鄭玄認為鞶指「小囊

---

❾　《禮記》，卷 28〈內則〉，頁 534。

❿　《禮記》，卷 28〈內則〉，頁 534。

⓫　桑、蓬具有祓除厭勝的功能，如《睡虎地秦簡‧日書‧詰咎》提及眾多厭勝
　　鬼神的方式，其中使用的驅鬼器物至少有四十餘種，即包括桑等厭勝物詳參
　　劉樂賢，《睡虎地秦簡日書研究》（臺北：文津，1994），頁 257。

⓬　《禮記》，卷 28〈內則〉，頁 538。

⓭　《禮記》，卷 2〈曲禮上〉，頁 35：「父召無諾，先生召無諾，唯而起」，
　　鄭玄謂：「應辭唯恭於諾」。

⓮　孫希旦，《禮記集解》，卷 28〈內則〉，頁 768，孫希旦集解。

盛帨巾」，孔疏引服虔、杜預之說認為鞶為大帶❶，孫希旦認為鞶
雖有二義，一為小囊，一為大帶，而此處應理解為大帶為宜。男女
所用之帶材質不同，皮革堅韌而絲柔順，以此束身，象徵男女「束
身」的性情、德性要求不同，希望透過衣裳以感應互滲著衣者之生
命狀態。

〈斯干〉反映了先秦時對男女尊卑及分工的看法，在《黃帝內
經》等醫書中，則從生理角度，強調男女陰陽不同，故生理上男子
主左，女子主右，如《素問·玉版論要》：「女子右逆，左為從；
男子左為逆，右為從」，以此辨症、判別疾病的順逆，並作為治療
的依據，並認為兩性身體的諸種現象，均是以男左女右的法則進行
瞭解。❶又如《黃帝內經·素問》卷一〈上古天真論〉所說：

> 女子……二七而天癸至，任脈通，太衝脈盛，月事以時下，
> 故有子……七七任脈虛，太衝脈衰少，天癸竭，地道不通，
> 故形壞而無子……男子……二八腎氣盛，天癸至，精氣溢
> 瀉，陰陽和，故能有子……八八天癸竭，精少，腎臟衰，形
> 體皆極……天癸盡矣……而無子耳。❶

---

❶ 《禮記》，卷28〈內則〉，頁538，鄭注、孔疏。

❶ 詳參蔡璧名，《身體與自然──以《黃帝內經素問》為中心論古代思想傳統
中的身體觀》（臺北：臺灣大學文學院，1997），〈女子與丈夫兩性殊異的
身體觀〉，頁77-88。

❶ 有關天癸及任脈等問題詳參李建民，〈任脈索隱〉，《氣的文化研究：文
化、氣與傳統醫學學術研討會論文》，中央研究院民族研究所主辦，2000 年

女子生理的階段性為何用陽數七為準、男子為何用陰數八呢？王冰的注解是：

> 老陽之數極於九，少陽之數次於七，女子為少陰之氣，故以少陽數偶之。明陰陽氣和，乃能生成其形體。
>
> 老陰之數極於十，少陰之數次於八，男子為少陽之氣，故以少陰數合之。**⓲**

其中以八、七為男女生理變化階段的年數，已涉少陰（八）、少陽（七）合偶的問題，即《易·繫辭上》：「天一地二，天三地四，天五地六，天七地八，天九地十」**⓳**，天地陰陽自然奇偶之數的術數精神。《大戴禮記·本命》亦承此精神：

> 男以八月而生齒，八歲而毀齒，一陰一陽然後成道，二八十六，然後情通，然後其施行；女七月生齒，七歲而毀（齒），二七十四然後化成。**⓴**

---

10 月、楊宇譯，石田秀實，《氣、流動的身體》（臺北：武陵出版社，1996），頁 62-64。

⓲　山田業廣，《素問次注集疏》（北京：學苑出版社，2004），卷 1〈上古天真論〉，頁 27、30。有關內經此段的疏解，詳參王洪圖主編，《黃帝內經研究大成》（北京：北京出版社，1999），第三編〈《黃帝內經》理論研究〉，頁 1033-1034。

⓳　《周易》，卷 7〈繫辭上〉疏，頁 153。

⓴　《大戴禮記解詁》，卷 13〈本命〉，頁 253。

男女生理成熟的年紀關係著婚姻、產育、男女之防等諸多問題。《黃帝內經》所展現的人與天地相參的精神❹，在陰陽五行觀盛行下，進一步對禮儀造成影響，經師往往從陰陽的角度來理解及分劃男女的屬性以及應有的行為。男子屬陽，女子屬陰，陰陽質性不同，故男女德性亦不相同，在此基礎上深化男剛女柔，男外女內，男主動女被動等主張。如禮書中提及夫婦行禮之位有明確的陰陽之分。以婚禮來看，《禮記·昏義》處處呈現出男先於女，男主動，女被動的精神。〈郊特牲〉亦云：「男子親迎，男先於女，剛柔之義也，天先乎地，君先乎臣，其義一也」。❷

　　漢代班昭《女誡》在〈斯干〉的基礎上，由陰陽殊性的角度，闡述男女應合天地規律而異行。《女誡》開宗明義即定義婦女卑弱：

> 古者生女三日，臥之牀下，弄之瓦塼，而齋告焉。臥之牀下，明其卑弱，主下人也。弄之瓦塼，明其習勞，主執勤也。
>
> 陰陽殊性，男女異行。陽以剛為德，陰以柔為用，男以彊為貴，女以弱為美。故鄙諺有云：「生男如狼，猶恐其尫，生

---

❹　人與天地相參為《內經》重要精神，詳參蔡璧名，《身體與自然──以《黃帝內經素問》為中心論古代思想傳統中的身體觀》，頁 191-210。張燦玾主編，《黃帝內經文獻研究》（上海：上海中醫藥大學出版社，2005），〈《素問》、《靈樞》學術思想研究〉，頁 275-286。邢玉瑞，《《黃帝內經》理論與方法論》（陝西：陝西科學技術出版社，2004）。

❷　《禮記》卷 26〈郊特牲〉，頁 506。

女如鼠，猶恐其虎。㉓

男剛女柔的基礎在於陰陽殊性，男女各秉陰陽之性而生，陰陽之性
不失其序，為自然宇宙諧和的基礎，順此脈絡推演，剛柔、強弱等
不同方式的教育即已成形。《詩經・瞻卬》：「哲夫成城，哲婦傾
城，懿厥哲婦，為梟為鴟。婦有長舌，維厲之階……婦無公事，休
其蠶織」，鄭玄即從男女、陰陽的角度進行理解：「丈夫陽也，陽
動，故多謀慮則成國，婦人陰也，陰靜，故多謀慮乃亂國」㉔，男
子屬陽，其性主動，故應被鼓勵謀慮國事；反之，女子屬陰，陰以
靜定為德，若主動，則悖逆其性，將導致亂逆之事。〈郊特牲〉：
「昏禮不用樂，幽陰之義，樂陽氣也」，鄭玄的解釋是：「幽，深
也。欲使婦深思其義，不以陽散之也。」孔穎達則認為：「姑使其
婦深思陰靜之義，以脩婦道。樂，陽氣也者，陽是動散，若其用樂
則令婦人志意動散，故不用樂也」㉕，不用樂的原因由婦德屬陰，
而樂屬陽，與婦德不合的緣故。禮儀中此等精神無所不在。

　　男女既由陰陽之氣而生，為氣化宇宙之部份，宇宙間萬物皆相
互感應，若違反陰陽、剛柔、內外……之性，則悖逆天理，陰陽不
調之氣將影響宇宙的運行，災異於焉形成，《漢書・五行志》即在
此種背景下進行論述。董仲舒常從夫人失常儀，而導致陰氣不調角
度理解災異，在此立場下，重新檢視史書記載，並對其中災異部分

㉓　《後漢書》，卷 84〈列女傳・曹世叔妻〉，頁 2787-2788。

㉔　《毛詩》，卷 18 之 5〈瞻卬〉，頁 694-695。

㉕　《禮記》，卷 26〈郊特牲〉，頁 506-507。

特別加以詮釋，一方面反映了當時道德觀的特色，另一方面也對治教產生一定程度的影響。

〈五行志〉列舉許多時人認為因婦人淫亂而導致災異的例子，如魯桓公八年「十月，雨雪」，董仲舒認為是「象夫人專恣，陰氣盛」所導致，劉向認為導因於魯桓公夫人淫亂，因為「雨，陰，雪又雨之，出非其時，迫近象也」❷⑥，雨、雪均屬陰害，應是屬陰的婦女逆德，造成陰氣不調而導致。桓公十四年「八月壬申，御廩災」，劉向亦認為是：「夫人有淫行，挾逆心，天戒若曰，夫人不可以奉宗廟」❷⑦之徵兆。又如魯莊公十七年「冬，多麋」，劉向認為「麋色青，近青祥也。麋之為言迷也，蓋牝獸之淫者也。是時嚴公將取齊之淫女，其象先見，天戒若曰，勿取齊女，淫而迷國」。❷⑧魯莊公二十四年「大水」，董仲舒亦認為是「哀姜淫亂不婦，陰氣盛」的緣故。❷⑨莊公二十八年「冬，大水亡麥禾」，董仲舒、劉向均認為是「夫人哀姜淫亂，逆陰氣」的結果。又如漢景帝三年「邯鄲狗與彘交」，京房易傳認為：「夫婦不嚴，厥妖狗與豕交。茲謂反德，國有兵革」。❸⓪由於婦女行為失當，造成陰氣不調，互滲、感應其他萬物發生種種失序現象，因此會發生多麋或狗豬亂交等陰陽失序的非常狀況。

除了淫亂外，外戚專權，嫡庶不辨……等，婦女違反當時社會

---

❷⑥　《漢書》，卷 27 中之下，〈五行志中之下〉，頁 1423。

❷⑦　《漢書》，卷 27 上〈五行志上〉，頁 1321。

❷⑧　《漢書》，卷 27 中之上〈五行志中〉，頁 1396。

❷⑨　《漢書》，卷 27 上〈五行志上〉，頁 1344。

❸⓪　《漢書》，卷 27 中之上〈五行志中〉，頁 1398。

道德的行為，亦常被認為將引生為陰氣過盛的災異。如魯莊公二十年，「夏，齊大災」，劉向認為是「齊桓好色，聽女口，以妾為妻，適庶數更」所導致。因為婦人乃是「生化之本，本傷則末夭，故天災所予也」。❸又如魯僖公二十年「五月己酉，西宮災」，劉向認為主要是「釐立妾母為夫人以入宗廟」❸所導致。漢代高后元年五月丙申「趙叢臺災」，劉向認為是「呂氏女為趙王后，嫉妒，將為讒口以害趙王」❸所導致。甚至後宮婦女身心不調亦可能引生災異，如魯襄公三十年宋國發生火災，董仲舒認為是宋伯姬守寡三十餘年，「積陰生陽」❸而成。陰氣過盛的災異，最鮮明的要屬雌性動物轉化成雄性，如漢宣帝黃龍元年，未央殿中雌雞化為雄；元帝初元中，丞相府史家雌雞伏子，漸化為雄，均被認為是外戚、女禍的徵兆，故京房《易傳》曰：「婦人顓政，國不靜；牝雞雄鳴，主不榮」。❸

　　有關婦女失德而導致陰氣失調、悖逆、混亂宇宙秩序的例子很

---

❸　《漢書》，卷 27 上〈五行志上〉，頁 1322。

❸　《漢書》，卷 27 上〈五行志上〉，頁 1323。

❸　《漢書》，卷 27 上〈五行志上〉，頁 1330。

❸　《漢書》，卷 27 上〈五行志上〉，頁 1326。

❸　《漢書》，卷 27 中之上〈五行志中〉，頁 1370-1371。雌性動物轉為雄性，為氣亂而造成形變的災異現象，其中深含陽尊陰卑的觀念及陰氣過盛將成災異的恐懼。有關雌雄性別的轉變為六朝志怪故事中常出現的主題，其中反映的思想及社會文化背景，詳參劉苑如，〈身體與記憶──六朝志怪中的性別變亂〉，《身體、性別、階級──六朝志怪的常異論述與小說美學》（臺北：中研院文哲所，2002），頁 37-87。

多，此處不一一列舉。㊱在此想法下，將婦女德性、容禮提升至參贊天地化育、天理運行的層次，影響十分深遠，也更細密並深化、固著了對婦教、婦德的要求。在行禮的禮容、儀文中符應陰陽、剛柔等精神可說是無所不在，例子相當多，無法一一列舉，以下只試由聘禮及拜禮二個方面，加以說明。

聘禮中夫人所用之禮器亦具有象徵陰性的意涵，如《儀禮‧聘禮》：「受享束帛加璧，受夫人之聘璋，享玄纁束帛加琮」，鄭注：

> 夫人亦有聘享者，以其與己同體，為國小君也。其聘用璋，取半圭也。君享用璧，夫人用琮，天地配合之象也。圭璋特達瑞也，璧琮有加往德也。㊲

根據《周禮‧春官‧典瑞》王執圭以朝日，公、侯、伯亦執圭以朝覲於王，圭於禮儀中具有重要象徵意涵。〈典瑞〉：「琮圭璋璧琮，繅皆二采一就以覜聘」，聘君以圭，聘夫人以璋，璋為半圭㊳，取陽全陰半之意。《周禮‧春官‧大宗伯》：「以蒼璧禮天，以黃琮禮地」，鄭注：「禮神必象其類，璧圜象天，琮八方象

㊱　有關漢代對婦人災異的論述，詳參劉詠聰，《德才色權》（臺北：麥田，1998），〈漢代之婦人災異論〉，頁43-86。
㊲　《儀禮》，卷19〈聘禮〉，頁229。
㊳　《周禮》，卷18〈大宗伯〉，賈疏，頁282：「璋又半一圭，故云半圭」，卷20〈典瑞〉，頁314：「四圭有邸以祀天，旅上帝。兩圭有邸以祀地，旅四望。」

地」❸，故君之璧與夫人之琮正是天圓地方的象徵。❹

男女之拜禮亦因陰陽屬性的不同而有區別，《禮記·內則》：「凡男拜尚左手」、「凡女拜尚右手」❹，鄭玄即以「左陽」、「右陰」來解釋男女拜禮的不同。孔穎達也認為：「女拜尚右手者，右陰也，漢時行之也」。❷段玉裁注《說文·手部》時指出：

> 凡沓手，右手在內，左手在外，是謂尚左手，男拜如是，男之吉拜如是，喪拜反是。左手在內，右手在外，是謂尚右手，女拜如是，女之吉拜如是，喪拜反是。❸

女子拜禮尚右、陰，男子拜禮尚左、陽。由於死生異俗，故喪禮時之拜禮反於生時，如《禮記·檀弓上》：

> 孔子與門人立，拱而尚右，二三子亦皆尚右。孔子曰「二三

---

❸ 《周禮》，卷18〈大宗伯〉，頁281。

❹ 關於玉琮，詳參張光直《中國青銅時代》第二集（臺北：聯經，1990），〈談琮及其在中國古史上意義〉，頁67-80。

❹ 《禮記》，卷28〈內則〉，頁539。

❷ 左右手於文化中往往具有聖俗、尊卑不同的象徵意涵，詳參 Hertz, Robert, "Right and Left: Essays on Dual Symbolic Classification", translated by R. Needham, Chicago and London: University of Chicago Press. 彭美玲，《古代禮俗左右之辨研究──以三禮為中心》（臺北：文津出版社，1997）。

❸ 段玉裁，《說文解字注》（臺北：天工，1987），〈手部·拱〉，頁595，段玉裁注。

子之嗜學也，我則有姊之喪故。」二三子皆尚左。**㊹**

鄭注：「喪尚右，右，陰也。吉尚左，左，陽也」，男子喪禮尚陰，有別於吉禮尚陽。而女子則於常時尚陰，喪禮又變於常時，仍與男子有別。

㈡ 以行禮儀文彰顯婦人無外事

1.以衣裳、服章見婦人無外事

衣裳服飾具有強烈的象徵意涵，於社會性來說，標識著階級倫理、尊卑親疏的關係，因此各階級有其不同的服飾。於祭儀中展現為互滲溝通天地力量的法服，於生命通過儀式中，更標幟著生命狀態的不同。**㊺**婦人的衣裳服飾與男子不同自不待言，衣裳之階級分

㊹　《禮記》，卷7〈檀弓上〉，頁130。

㊺　衣裳與著衣者有密切的關係，衣飾具有使身份改變，同時造成意識改變的功效，這一方面固然由於穿著特殊的服飾會使社會認可的角色發生變化，另一方面，祭服就如同祭祀時所用的許多道具一樣，是重要的法器，它轉化了凡俗世界的存在狀態，而標示著與神靈互滲的世界。服飾對於意識轉化的重要性，在行成年禮的過程中，表現得最為鮮明，冠禮的重頭戲：三加，是按程序分別穿著三套不同衣服、冠帶的儀式過程，在穿著衣冠的過程中，象徵給予行禮者社會統治、軍事田獵、祭祀的權力，同時亦使行禮者的意識狀態為之改變，使他的心性由童蒙一躍而為成年。詳參《儀禮》，卷3〈士冠禮〉，頁28-34。楊寬，《西周史》（臺北：臺灣商務，1999），頁737-756。此外，在議婚過程中，一旦納幣，女子在髮型及衣著上將有所改變，又喪禮過程中，隨著喪期的逐漸流逝而逐漸改服，也都同樣象徵、標幟著生命狀態的改變。祭服還具有驅邪、安神等功效，如《禮記》，卷25〈郊特牲〉，頁488，提及毆疫逐鬼的儀式時，主人「朝服而立於阼」。衣裳與其

劃，亦隨尊卑不同而有別。根據《周禮·內司服》：

> 掌王后之六服，褘衣、揄狄、闕狄、鞠衣、展衣、祿衣、素沙。❹

六服中褘衣、揄狄、闕狄皆為祭服。至於王者之祭服，根據《周禮·司服》：

> 王之吉服祀昊天上帝則服大裘而冕，祀五帝亦如之。享先王則袞冕，享先公饗射則鷩冕，祀四望山川則毳冕，祭社稷五祀則希冕，祭群小祀則玄冕。❹

二者相較除了王者祭服有六服，后之祭服有三服多寡不同的差異外，衣服之文采亦不同，據鄭玄所言古時天子有十二章，至周代時將日、月、星三個文飾置於旌旗，最慎重的冕服亦只剩下九章，分

擁有者的密切連繫，以《戰國策》，卷 18〈趙·晉畢陽之孫豫讓〉，頁599，豫讓替智伯復讎失敗，向趙襄子提出：「願請君之衣而擊之，雖死不恨」的請求，趙「襄子義之，乃使使者持衣與豫讓，豫讓拔劍三躍，呼天擊之，曰：「而可以報知作矣」。擊殺襄子之衣，即象徵已對襄子進行了復讎。可參閱，王立，〈象徵性復仇與鬼靈文化──中國古代復仇文學主題側議〉，《黑龍江社會科學》，第 50 期（1998 年），頁 58-64、李豐楙，〈服飾、服食與巫俗傳統〉，《古典文學》第三集（臺北：臺灣學生書局，1981）。

❹　《周禮》，卷 8〈天官·內司服〉，頁 125。

❹　《周禮》，卷 21〈春官·司服〉，頁 323。

別為龍、山、華蟲、火、宗彝、藻、粉米、黼、黻。九章均有象徵
意涵：

> 古人必為日、月、星辰於衣者，取其明也。山取其人所仰，
> 龍取其能變化，華蟲取其文理……宗彝者據周之彝尊……
> 藻，水草亦取其有文，象衣上華蟲。火亦取其明，粉米共為
> 一章，取其絜，亦取養人。黼謂白黑為形，則斧文近刃，白
> 近上，黑取斷割焉。黻，黑與青為形，則兩色相背取臣民背
> 惡向善，亦取君臣有合離之義，去就之理。[48]

至於王后之服章「翬雉其色玄也……搖雉，其色青也……闕翟亦刻
為雉形，不畫之為彩色，故名闕狄也」[49]，則后之祭服以皆以雉為
文，明顯較天子祭服之文章為少，主要原因是：「天地山川社稷之
等，后夫人不與」。[50]由於婦人參與的祭祀為內祭祀（詳下章），所
接觸的範圍有限，因此服章上有別於男子，象徵婦人無外事。

2.以隨身配用之物見男女分工

衣裳上所配用的隨身物件，亦呈現男女有別分工狀態，根據
〈內則〉所記男女之配用明顯不同：

> 子事父母，雞初鳴，咸盥漱，櫛、縰、笄、總、拂髦、冠、

---

[48]　《周禮》，卷 21〈春官·司服〉，頁 324，賈疏。

[49]　《周禮》，卷 8〈內司服〉，頁 125，賈疏。

[50]　《周禮》，卷 8〈內司服〉，頁 125，賈疏。

緌纓、端、韠、紳、搢笏。左右佩用，左佩紛帨、刀礪、小觿、金燧。右佩玦、捍、管、遰、大觿、木燧。[51]

婦事舅姑如事父母，雞初鳴，咸盥漱，櫛、縰、笄、總，衣紳。左佩紛帨、刀礪、小觿、金燧。右佩箴、管、線、纊，施縏袠大觿、木燧。[52]

男子所服之冠、緌纓、端、韠、搢笏均為男子朝服所需，此為女子所無。男女之佩物，左邊相同，而右邊男女不同在於，男子所配為射劍所需之玦與捍[53]，書寫所須之筆，配刀所須之遰[54]；而女子所配箴、管、線、纊則均為女工縫紝所需。衣著與佩物的不同，呈現出男女不同的生活職掌與分工。

3.婦人相見禮之摯唯棗、栗、腶脩而已

相見禮所用之禮物，隨性別及階級而不同，《禮記·曲禮》：

凡摯天子鬯，諸侯圭，卿羔，大夫鴈，士雉，庶人之摯匹，童子委摯而退。野外軍中無摯，以纓拾矢可也。婦人之摯，

---

[51] 《禮記》，卷 27〈內則〉，頁 517。

[52] 《禮記》，卷 27〈內則〉，頁 518。

[53] 《禮記》，卷 27〈內則〉，頁 517，鄭注：「捍謂拾也，言可以捍弦也」，《禮記集解》，卷 27〈內則〉，頁 726，孫希旦集解：「玦當作『決』，以象骨為之，著於右手大指，所以鉤弦闓體。拾，以皮為之，著於左臂以遂弦，故亦名遂。」

[54] 《禮記》，卷 27〈內則〉，頁 517，鄭注：「遰，刀鞞也。」

棋榛脯脩棗栗。❺❺

棋、榛、棗、栗皆為樹木之實，脯、脩均為肉類食品，婦人所用之
摯皆為日常之食物，一來標幟其為食物的供給者，因此食物之於婦
女禮儀具有重要意義。❺❻另一方面則反映了子婦無私財，婦人無財
產自主之權的態度。春秋時魯莊公娶哀姜，哀姜入魯國時，莊公要
大夫、宗婦皆用幣作為見面禮，宗伯夏父展認為此舉明顯失禮，因
為：「夫婦摯不過棗、栗，以告虔也。男則玉、帛、禽、鳥，以章
物也。今婦執幣，是男女無別也。男女之別，國之大節也，不可無
也。」❺❼《白虎通》：

> 婦人之摯以棗栗腶脩者，婦人無專制之義，御眾之任，交接
> 辭讓之禮，職在供養饋食之間，其義一也。故后夫人以棗栗
> 腶修者，凡內修陰也。又取其朝早起，栗戰自正也。❺❽

《白虎通》一從婦人無外事來理解婦摯，另一則從諧音的角度，對
婦職進行理解。此種以諧音解義之法，頗為流行，何休亦謂：「棗

---

❺❺　《禮記》，卷 5〈曲禮〉，頁 101。

❺❻　女性為食物的供應者，同時亦往往透過食物展現自身之意志。關於食物與女
　　性精神的關係，可參考 Caroline Walker Bynum, "Holy Feasr and Holy Fast: The
　　Reiigious Significance of Food to Medieval Women", *University of California
　　Press*, 1987。論及中古歐州婦女透過禁食以表達自身意志，透過分送食物而
　　與神聖合一。

❺❼　《國語》，卷 4〈魯語上・夏父展諫宗婦覿哀姜用幣〉，頁 156。

❺❽　《白虎通》，卷 8〈瑞贄〉，頁 359。

栗取其早自謹敬，腶脩取其斷斷自脩」❺，又如韋昭認為：「棗，
取蚤起。栗，取敬栗」。❻孔穎達從諧音和同音字義等角度來理解
婦摯所隱含對婦德的期待，此說法越趨完整：

> 所以用此六物者，椇訓法也，榛訓至也。脯，始也。脩，治
> 也。棗，早也。栗，肅也，婦人有法始至脩身早起肅敬也。
> 故后夫人以下皆以棗栗為摯，取其早起戰栗自正也。必知以
> 名為義者，案莊二十四年《左傳》云：「贄不過榛栗棗脩以
> 告虔也」見榛是虔義之名。明諸物皆取名為義。❻

除了諧音取義外，用棗與栗等果實亦有婦人多實的意含。❻男女用
摯不同，男子因其階級、職司的不同，用摯有玉帛禽鳥的不同，女
子則標識其屬內，無外事，掌飲食，主多實，甚至由諧音見義等方
式來展現對婦德的期許。

---

❺　《公羊傳》，卷 8〈莊公二十四年〉，頁 101。

❻　《國語》，卷 4〈魯語上‧夏父展諫宗婦覿哀姜用幣〉，頁 156。

❻　《禮記》，卷 5〈曲禮〉，頁 101，孔疏。

❻　如上巳節求子中有浮卵的習俗，亦有浮棗的習俗，嚴可均校輯，《全上古三
　　代秦漢三國六朝文‧全梁文》（北京：中華書局，1999），卷 23，蕭子範
　　〈家園三月三日賦〉，頁 3084：「浮絳棗于決決」、逯欽立輯校，《先秦漢
　　魏晉南北朝詩‧梁詩》（北京：中華書局，1983），卷 23，庾肩吾，〈三日
　　侍蘭亭曲水宴〉，頁 1985：「參差絳棗浮」、《先秦漢魏晉南北朝詩‧陳
　　詩》，卷 8，江總，〈三日侍宴宣猷堂曲水〉，頁 2579，提及：「醉魚沈遠
　　岫，浮棗漾清瀚」，卵與棗均與求育密切相關。

(三) 行禮儀文中的尊卑、嫡庶之別

1. 拜禮儀節中呈現的男女尊卑之別

　　婦人與男子的拜禮所尚左、右不同，行拜禮時亦呈現出二者尊卑的不同。《禮經釋例·通例上》：「凡婦人于丈夫，皆俠拜」❻❸，所謂俠拜，指婦女與男子行禮時，婦女先拜，男子答拜，婦人再拜，即婦人對男子拜了二次，男子只回拜一次。婦女之於男子，不論雙方身份高低如何皆行「俠拜」，即使連母親之於其子亦不例外。根據《儀禮·士冠禮》的記載，男子行冠禮後，見於母「母拜受，子拜送，母又拜」❻❹，即母先拜，子回拜，母再拜，鄭玄亦認為：「婦人於丈夫，雖其子猶俠拜」。❻❺以行禮的規矩來看，此應為卑者對尊者的行禮方式，但婦人除了對其子須行俠拜外，對其他身份關係的男子亦行俠拜，如〈士冠禮〉記載已冠者見母後，緊接著見兄弟，見姑姐，姑姐亦對受冠者行俠拜禮。❻❻〈士昏禮〉女婿若不親迎，則婚後三月至女方家，當女婿與岳母見面時：「婿立于門外，東面，主婦一拜，婿答再拜，主婦又拜婿」❻❼，岳母對於女婿亦行俠拜禮。

---

❻❸　凌廷堪，《禮經釋列》（臺北：中央研究院中國文哲研究所，2002），卷 1〈通例上〉，頁 104。

❻❹　《儀禮》，卷 2〈士冠禮〉，頁 21。

❻❺　《儀禮》，卷 2〈士冠禮〉，頁 21，鄭注。

❻❻　《儀禮》，卷 2〈士冠禮〉，頁 22，鄭注。

❻❼　《儀禮》，卷 6〈士昏禮〉，頁 65。

2.飲食中反映的男女、尊卑、先後有別

　　新婚夫婦「共牢而食，合巹而酳」❻❽，象徵著「合體同尊卑」的意涵。所謂「共牢而食」，孔疏說是：

> 在夫之寢，婿東面，婦西面，共一牲牢而同食，不異牲。

「牢」應該是指〈士昏禮〉中所提到的「特豚」❻❾，所謂「同牢」禮，除了共食一牲外，還應是共俎而食，有別於平時，以凸顯同尊卑的精神。❼⓿

　　除了在婚禮上強調同尊卑的特殊狀況外，一般狀況下，夫婦於

----

❻❽　《禮記》，卷 61〈昏義〉，頁 1000。

❻❾　王夫之，《禮記章句》（臺北：廣文書局，1977），卷 11〈郊特牲〉，頁 592：「合巹之饌，諸侯大牢，大夫少牢，士特豚，通言牢者，尊之之辭。共牢，無異牲也。」但是孫希旦，《禮記集解》（臺北：文史哲出版社，1982），卷 58〈昏義〉，頁 1295，認為：「二牲以上謂之牢。〈士昏禮〉用特豚，此云共牢，容大夫以上之禮也。」

❼⓿　同牢的爭論焦點在是否共俎上，若同牢而不共俎，則是將牲牢剖判，分別置於夫婦方丈之前，雖所食仍為同一牲，但合體之義似乎不算具足。而且〈昏義〉特別強調「同尊卑」，希望透過共食一牲使夫婦產生如同一體的情感，暫時超越宗法架構下夫尊妻卑的格局。夫婦異俎必然會產生左、右胖不同的現象，所以「同牢」應不只是同食一牲，而且還是共俎而食。如，鄭珍，《禮記私箋》，《皇清經解續編》（臺北：漢京文化公司，出版年不詳），卷 935，頁 7908：「按同牢之禮，夫婦共俎，故曰共牢而食。以同尊卑，共牢猶曰共俎也。」俞樾，《士昏禮對席圖》，《皇清經解續編》，卷 1354，頁 8107-8109，也將共牢理解為「夫妻同俎」。現代學者持此看法者，如呂友仁，〈說共牢而食〉，《孔孟月刊》，35 卷 8 期（1997 年 4 月），頁 25-27。

家庭生活的飲食上，仍充滿了尊卑與男女之別，如〈士昏禮〉記載：新婦入門次日，為表明媳婦孝順之德，「舅姑入于室，婦盥饋，特豚、合升，側載」，鄭注：「側載者，右胖載之舅俎，左胖載之姑俎，異尊卑」。⓱在周代，吉禮牲體以右胖為尊，凶禮則相反⓲，因此，以右胖、左胖分載舅俎、姑俎，顯示出：即便是同食一牲，仍不免尊卑之分。

除了飲食異俎而呈現出尊卑的差異外，飲食的先後亦呈現尊卑之別，《禮記·內則》：

> 父母在，朝夕恒食，子婦佐餕，既食恒餕。父沒母存，冢子御食，群子婦佐餕如初。⓳

父母仍健在時，子、媳等須待父母食畢而餕食其餘，若父親亡故而母親尚存，則由長子侍奉母親與之共同飲食，食畢，群子婦再食其餘。眾多女眷間，飲食尊卑之別亦須分出，以《儀禮·士昏禮》為例，新婚當夜「媵餕主人之餘，御餕婦餘，贊酌外尊酳之」⓴，媵、御須待主人、主婦食畢後方才飲食，並且為了達到「陰陽交接

⓱　《儀禮》，卷 5〈士昏禮〉，頁 54。

⓲　《儀禮》，卷 47〈少牢饋食禮〉，頁 560：「司馬升羊右胖」，鄭注：「右胖，周所貴也」、前揭書，卷 7〈檀弓上〉孔疏，頁 130：「古祭載右胖者，從地道，尊右，〈士虞禮〉凶祭載左胖者，取其反吉。」

⓳　《禮記》，卷 27〈內則〉，頁 519。

⓴　《儀禮》，卷 5〈士昏禮〉，頁 53。

之義」❼，女方陪嫁者食新郎之餘，男方侍御食新婦之餘。新婚次日，婦盥饋，特豚，舅姑食畢，「婦撤，設席前如初，西上」、「婦餕姑之饌」，新婦食畢，「婦徹于房中，媵、御餕，姑酳之。雖無娣媵先」。❼先舅姑、再新婦、再娣、媵、御，飲食先後之次，隨尊卑不同而有差異。新郎之侍御與新婦陪嫁之姪娣，仍有尊卑之別，以女方陪嫁的姪娣為先，姪娣中亦分出「娣尊姪卑」。❼

飲食器的使用上，亦有尊卑之別，如媵御所飲之酒，亦與新郎、新婦不同酒尊，以別尊卑；子婦對於父母舅姑之「敦、牟、卮、匜」等器物，「非餕莫敢用」❼，身份尊卑於飲食中，有清楚的劃分。又如婚禮中，適婦與庶婦於飲酒禮上有醴、醮之差別，若是嫡婦，共牢合巹後，次日清晨見舅姑，舅姑要贊代為「醴婦」❼，若舅如已亡故，三月奠菜後，「老醴婦于房中」、「如舅如醴婦之禮」❼，嫡婦用醴酒行饗禮。若是庶婦，則「使人醮之」❼，只獻酒而不酬酢。二者嫡用醴、庶用酒❼，嫡有酬酢，庶無酬酢，嫡

---

❼　《儀禮》，卷 5〈士昏禮〉，頁 53，賈疏。

❼　《儀禮》，卷 5〈士昏禮〉，頁 54。

❼　《儀禮》，卷 5〈士昏禮〉，頁 54，鄭注。何休認為媵與姪娣有別，諸侯娶一國則二國往媵之，諸侯夫人自有姪娣，二媵亦各有姪娣，有關媵娣之制，詳見於《公羊傳》，卷 8〈莊公十九年〉，頁 97，何休解詁。鄭玄則認為古者嫁女以姪娣從，謂之媵。

❼　《禮記》，卷 27〈內則〉，頁 519。

❼　《儀禮》，卷 5〈士昏禮〉，頁 53。

❼　《儀禮》，卷 6〈士昏禮〉，頁 59。

❼　《儀禮》，卷 6〈士昏禮〉，頁 62。

❼　醴與醮所用酒漿不同，一為醴酒，一為清酒。《儀禮》，卷 3〈士冠禮〉，頁 28：「若不醴，則醮用酒」，醴禮用醴，醮禮用酒。醴為未去糟之酒，根

「席于戶牖閒」賓客之位❽，而庶則於房外之西❽，處處尊崇嫡婦，以表明供養舅姑家事等權力統籌於嫡婦身上，庶婦聽命於嫡婦以完成工作。

(四) 行禮儀文中的男女之防

1.男女不親授受、不相襲處

男女之別為禮儀的重要部分，行禮儀式中處處彰顯此精神，以《國語·魯語下》記載公父文伯之母祭悼子，康子亦參與其事，公父文伯之母「酢不受，徹俎不宴，宗不具不繹，繹不盡飫則退」的事蹟來看❽，敬姜為季康子之從祖叔母，二者不但有親戚關係，敬姜還屬輩份差距頗大的長輩，在祭祀的情況下，敬姜亦不由康子手

據《周禮》，卷 5〈天官·酒正〉，頁 76，醴為五齊之一，鄭玄指出：「成而汁滓相將，如今恬酒矣。」在祭祀及禮儀中，往往「尊其樸也」、「貴其質而已」，所以「交於神明者，不可同於所安褻之甚也。」（《禮記》，卷 26〈郊特牲〉，頁 502），祭祀用酒以玄酒最尊，能調和五味，醴酒因有酒糟，故較清酒為尊。由於祭祀、飲酒禮所用酒漿以人為加工愈少，愈質樸者愈形尊貴，因此王后飲酒禮所用之酒漿根據《周禮》，卷 5〈酒正〉，頁 79：「共賓客之禮酒，共后之致飲於賓客之禮酒醴糟，皆使其士奉之。」鄭注：「后致飲，無醴醫酏不清者，與王同體，屈也，亦因以少為貴。」由於以少為貴，王后致飲之酒漿較夫人為簡省，夫人所用酒漿據《周禮》，卷五〈漿人〉，頁 80，為「清醴醫酏糟」，賈公彥認為：「后體王，屈，故醫酏糟而無清醴也。」夫人致飲之禮較王后齊備，主要由於卑者禮賓宜詳，而尊者宜簡的緣故。

❽　《儀禮》，卷 5〈士昏禮〉，頁 54。
❽　《儀禮》，卷 6〈士昏禮〉，頁 62，賈疏。
❽　《國語》，〈魯語下·公父文伯之母別於男女之禮〉，頁 209。

中親受胙肉，祭畢徹俎後，不與康子宴飲，待繹祭結束後，行飲酒之禮，為了防止醉飽失態的情況發生，敬姜不盡飫禮即行告退。在日常生活中，男女有不同的生活空間和嚴明的份際，在祭祀中有較多接觸機會，但文伯之母以長輩身份仍然防嫌若此，無怪乎孔子讚美敬姜善於別男女之禮。

　　以祭禮中的飲酒儀式來說，亦展現男女之別，男女不相襲為重要原則。所謂不相襲處，即夫婦於物之傳遞時，手不持相同之處。如《禮記·祭統》：

> 君卷冕立于阼，夫人副褘立于東房，夫人薦豆執校，執醴授
> 之執鐙，尸酢夫人執柄，夫人受尸執足，夫婦相授受，不相
> 襲處，酢必易爵，明夫婦之別也。❽❻

即使親如夫婦在行禮儀式中亦不相襲處，於敬酒獻酢之時，不用同一酒器，主人授主婦之酢後，必須更易其爵。其他身份關係的男女更不必說，如《儀禮·少牢饋食禮》：「主婦拜祝，受尸爵，尸荅拜，易爵，洗酌，授尸」，鄭注：「男女不同爵」❽❼，即為其例。在家庭生活上，家族成員中在飲食上，《禮記·少牢饋食禮》指出自七歲開始「男女不同席、不共食」，亦為達到男女別異的目的。

　　依《禮記·內則》男子至十歲後出外求學，女子則於房中勤習女工，女子「見兄弟不踰閾」，男子「非有大故」不入姐妹之門，

---

❽❻　《禮記》，卷49〈祭統〉，頁836。
❽❼　《儀禮》，卷48〈少牢饋食禮〉，頁573。

男女在一般情況下無由相見。若在特殊情況下相見，則須嚴守男女
授受不親的原則，《禮記‧坊記》：「故君子遠色以為民紀，故男
女授受不親」❽，〈內則〉亦謂：「非祭非喪，不相授器，其相授
則女受以篚，其無篚，則皆坐奠之而后取」，家族內部之男女甚且
防嫌若此，家族以外的男女關係自不必多言。劉向輯錄《列女傳》
中，特別收錄一則孔子三次檢驗阿谷處女貞潔的故事❾，雖不見於
正史記載，但此傳說反映出婦女貞潔最重要的表徵之一，即是嚴守
男女不親授受的原則：

> 阿谷處女者，阿谷之隧浣者也，孔子南游，過阿谷之隧，見
> 處子佩璜而浣，孔子謂子貢曰：「彼浣者其可與言乎？」抽
> 觴以授子貢，曰：「為之辭以觀其志」，子貢曰：「我北鄙
> 之人也，自北徂南，將欲之楚，逢天之暑，我思譚譚，願乞
> 一飲，以伏我心」，處子曰：「阿谷之隧，隱曲之地，其水
> 一清一濁，流入於海，欲飲則飲，何問乎婢子」授子貢觴，
> 迎流而挹之，投而棄之，從流而挹之，滿而溢之，跪置沙
> 上，曰：「禮不親授」，子貢還報其辭，孔子曰：「丘已知
> 之矣」。❿

---

❽ 《禮記》，卷 51〈坊記〉，頁 872-873。

❾ 檢驗貞潔的故事在中國傳統中時常出現，其所反映的思維及類型，可參考江
  寶釵，〈論中國文學中「考驗貞潔」之故事類型及其意涵〉，《中國學術年
  刊》，（14）1993 年 3 月，頁 211-235。

❿ 梁端校注，《列女傳》（臺北：臺灣中華書局，1981），卷 6〈阿谷處
  女〉，頁 5。

另外二次考驗，孔子命子貢透過調琴、贈予財物試探阿谷處女，皆為阿谷處女所拒，孔子最後對阿谷處女的評價是知禮而不淫。《列女傳》並引詩「南有喬木，不可休息，漢有遊女，不可求思」，以作為註解。阿谷處女的不淫展現在不與男性攀談、不受其餽贈，與男性相遇，隨時保持不親授受的原則。不親授受原則能阻斷男女間的於情感上穿鑿、作意、畫蛇添足等非分之想的可能性，也因此能阻斷其後演生的種種情感的發展和糾纏，因此男女之防以此為基礎。

2. 家庭生活中的男女之防及公媳、嫂叔之防的強調

男女防隔最重要的即是在生活場域上將男女分開，《禮記·內則》指出：「由命士以上，父子異宮」、「外內不共井，不共湢浴」。❾❶前已言及，男女非祭、非喪不相授器，男女授受不親推至極至，表現為淳于髡對孟子提出的挑戰：

> 淳于髡曰：「男女授受不親，禮與？」孟子曰：「禮也」
> 曰：「嫂溺則援之以手乎？」曰：「嫂溺不援是豺狼也，男
> 女授受不親，禮也，嫂溺援之以手者，權也。」❾❷

淳于髡以男女授受不親的原則向孟子提出挑戰，反應出儒者對男女之防重視的態度。其次，以嫂和叔之防作為挑戰的焦點，亦可見出在家庭成員的男女之防中，又以嫂叔之防最被看重。《禮記·曲

---

❾❶　《禮記》，卷 27〈內則〉，頁 519、520。

❾❷　《孟子》，卷 7 下〈離婁〉，頁 134。

禮》指出家庭生活中「叔嫂不通問」❸，於喪禮儀式中「嫂不撫叔，叔不撫嫂」❹，喪服中「嫂叔無服」❺，皆是要拉遠嫂與叔的距離。因為如《禮記·大傳》所說：

> 其夫屬乎父道者，妻皆母道也，其夫屬乎子道者，妻皆婦道也，謂弟之妻婦者，是嫂亦可謂之母乎？名者人治之大者也，可無慎乎？❻

《儀禮·喪服》亦提到大致相同的文字，鄭玄的注解為：

> 道猶行也，言婦人棄姓無常秩，嫁于父行則為母行，嫁于子行則為婦行。謂弟之妻為婦者，卑遠之，故謂之婦；嫂者，尊嚴之稱，是嫂亦可謂之母乎？嫂猶叟也。叟，老人之稱也，是為序男女之別爾，若己以母、婦之服服兄弟之妻，兄弟之妻以舅、子之服服己，則是亂昭穆之序也。治，猶理也。父母、兄弟、夫婦之理，人倫之大者，可不慎乎？❼

女子之名份倫輩依據丈夫而定，為了拉遠嫂叔的距離，故特意將兄妻向上提升一輩稱嫂，弟妻以子行輩來論故稱婦，拉遠彼此的輩份

---

❸ 《禮記》，卷 2〈曲禮〉，頁 37。
❹ 《禮記》，卷 43〈雜記〉，頁 750。
❺ 《禮記》，卷 8〈檀弓上〉，頁 144。
❻ 《禮記》，卷 34〈大傳〉，頁 618。
❼ 《儀禮》，卷 32〈喪服〉，頁 377。

關係，然而兄弟之間又屬同昭穆，在輩份的升降之間，嫂與叔於喪服上頗顯尷尬和混亂，為了避免名份上的混淆故無服。⑱更重要的原因如鄭玄所說：「昆弟之妻，夫之昆弟不相為服，不成其親也。男女無親則遠於相見。」不論就倫輩稱呼上刻意的拉遠距離，或是不相為服，表明彼此未有親屬關係，目的都要使嫂叔「遠於相見」，達到防嫌的目的。

　　叔嫂雖無服，但究竟不能完全視如路人，否則亦違背情理，《禮記‧檀弓》：「曾子曰：小功不為位也者，是委巷之禮也。子思之哭嫂也為位」⑲，顯然叔亦參加嫂之喪禮，且有哭位。不過此哭位是依據自已妻子與嫂的娣姒關係而決定的，孔穎達認為：「子思婦與子思之嫂有小功之服，故子思之婦先踊，子思乃隨之而哭」。根據《儀禮‧喪服》小功章：「娣姒婦，報」，傳曰：「娣姒婦者，弟長也，何以小功也，以為相與居室中則生小功之親焉」。⑳娣姒乃兄弟之妻相互為名，相與為小功服。叔為嫂之哭位

---

⑱　有關叔嫂無服問題至唐代時曾就此問題進行討論，認為現實上可能發生「長年之嫂，遇孩童之叔，劬勞鞠養，情若所生」的狀況，在此狀況下，叔嫂無服顯然是「重其生而輕其死，厚其始而薄其終」，無法顧及稱情立文的原則，最後議定改為小功五月之服，此議題至清代儒者仍多所爭論。詳參唐玄宗敕撰，《大唐開元禮》（北京：民族出版社，2000），卷 132〈五服制度〉，頁 625。劉昫撰，《舊唐書》（北京：中華書局，1975），卷 27〈禮志〉，頁 1019-1021。李衡眉，《先秦史論集》（濟南：齊魯書社，1999），〈嫂叔無服新論〉，頁 242-248。張壽安，〈嫂叔無服？嫂叔有服？──「男女有別」觀念的鬆動〉，《十八世紀禮學考證的思想活力──禮教論爭與禮秩重省》（臺北：中研院近史所，2001），頁 338-398。

⑲　《禮記》，卷 7〈檀弓上〉，頁 127。

⑳　《儀禮》，卷 33〈喪服〉，頁 386。

乃由其妻與嫂的娣姒關係而定,既不違反叔嫂無服的原則,可以達到防嫌的目的,又不致於完全違背情理,可算是嚴格叔嫂之防下的補救措施。

除了叔嫂之防外,公媳亦須有所避嫌。如《儀禮·士昏禮》:「婦餕姑之饌」、「婦餕舅辭」,媳婦「不餕舅餘者,以舅尊,嫌相褻」[101],刻意對公、媳關係加以防嫌,即為其例。子對父妾亦須謹守份際,〈曲禮〉指出:「諸母不漱裳」[102],所謂諸母乃由父妾為之,如〈內則〉:「異為孺子室於宮中,擇於諸母與可者,必求其寬裕慈惠,溫良恭敬慎而寡言者,使為子師,其次為慈母,其次為保母,皆居子室」[103],適子初生後即由諸妾中擇取德性賢良者養育、照護之。諸母雖替所養護之子洗濯衣物,但仍避開下身所著之貼身衣物,以避嫌、遠別。

3.乘車之禮所映的男女之防

婦人亦有專屬之車乘,根據《周禮·春官·巾車》:

> 王后之五路,重翟,錫面,朱總。厭翟,勒面,績總。安車,彫面,鷖總,皆有容蓋。翟車,貝面,組總,有握。輦車,組輓,有翣,羽蓋。[104]

五路於何種情境下使用呢?這反映出王后參與禮儀活動的部份情

---

[101] 《儀禮》,卷 5〈士昏禮〉,頁 54,鄭注。

[102] 《禮記》,卷 2〈曲禮〉,頁 37。

[103] 《禮記》,卷 28〈內則〉,頁 535。

[104] 《周禮》,卷 27〈春官·巾車〉,頁 415-416。

況：

> 重翟，后從王祭祀所乘。厭翟，后從王賓饗諸侯所乘。安車無蔽，后朝見於王所乘，謂去飾也。(105)

至於翟車，鄭注：「后所乘以出桑」(106)，輦車，「不言飾，后居宮中從容所乘，但漆之而已也」。(107)五路反映出在婦人無外事的情況下，后所參與的祭祀、會賓、出桑等活動，以祭祀所乘最貴，其次饗賓。婦人所乘之車乘，除了王后、諸侯夫人等身份尊貴者有專屬特製之翟車外，士人階級的婦女，所用車乘形制與其夫同。如《儀禮·士昏禮》所記士人迎娶新婦：「婦車亦如之，有裧」(108)，賈疏：

> 凡婦車之法，自士已上至孤卿皆與夫同，有裧為異。至於王后及三夫人并諸侯夫人，皆乘翟車。(109)

婦女之車乘與男子重大的不同，主要在於婦車均有車裳幃，以防止外人之窺視。《列女傳》有一則相關記載，可作為說明：

---

(105) 《周禮》，卷 27〈春官·巾車〉，頁 415，鄭注。

(106) 《周禮》，卷 27〈春官·巾車〉，頁 416，鄭注。

(107) 《周禮》，卷 27〈春官·巾車〉，頁 416，鄭注。

(108) 《儀禮》，卷 4〈士昏禮〉，頁 44。

(109) 《儀禮》，卷 4〈士昏禮〉，頁 44，賈疏。

> 公游於琅邪，華孟姬從，車奔，姬墮，車碎。孝公使駟馬立車載姬以歸。姬使侍御者，舒帷以自障蔽，而使傅母應使者曰：「妾聞妃后踰閾，必乘安車輜軿，下堂必從傅母保阿，進退則鳴玉環佩，內飾則結綢繆，野處則帷裳擁蔽，所以正心壹意，自斂制也。今立車無軿，非所敢受命也；野處無衛，非所敢久居也。三者失禮多矣，夫無禮而生，不如早死。」使者馳以告公，更取安車，比其反也，則自經矣。傅母救之不絕。傅母曰：「使者至，輜軿已具。」姬氏蘇，然後乘而歸。(110)

齊孝孟姬即使在緊急狀況下，寧死亦不肯乘坐無幃帳之立車，展現其寧守禮而死，不願違禮而生的精神。與此相反的違禮之例為春秋時期衛國南子的事蹟，「靈公與夫人同車，宦者雍渠參乘，出，使孔子為次乘，招搖市過之」，南子不但乘坐男子之車，並且男女共車招搖於市，孔子於是喟嘆「吾未見好德如好色者」，離衛而去。(111)

在男女之防的情況下，男女不同車乘，男子為婦人駕車，亦須有所防嫌，如《禮記·曲禮》：

> 僕御婦人則進左手，後右手，御國君則進右手，後左手。(112)

---

(110) 《列女傳》，卷 4〈齊孝孟姬〉，頁 3-4。

(111) 《史記》，卷 47〈孔子世家〉，頁 1920-1921。

(112) 《禮記》，卷 3〈曲禮〉，頁 63。

鄭注：「遠嫌也」，孔穎達對此有詳細解釋：

> 僕在中央，婦人在左，僕御之時，進左手持轡，所以爾者，形微相背也。後右手者，若進右手則近相嚮，相嚮則生嫌，故後右手遠嫌也。[113]

僕為男子駕車時與乘車者面部相嚮，為婦女駕車，則與為男子駕車時左右不同，主要目在使彼此能背對著背，不相正視，達到男女防嫌的目的。

4.婦人不宜袒

在喪禮進行中，男子因應禮儀需要或袒或襲，而「婦人不宜袒」[114]，亦在於別男女而防嫌。

5.婦人夜行以燭

《禮記·內則》：「女子出門必擁蔽其面，夜行以燭，無燭則止」[115]，擁指以物遮障，女子出門必須遮障其面，不使人見其容貌。夜晚若有事必須出門，除了須有傅母陪伴[116]，還須執燭，以表明非有陰私之事，亦在別男女之嫌。

---

[113] 《禮記》，卷 3〈曲禮〉，頁 64，孔疏。

[114] 《禮記》，卷 56〈問喪〉，頁 946。

[115] 《禮記》，卷 27〈內則〉，頁 520。

[116] 《公羊傳》，卷 21〈襄公三十年〉，頁 268-269，所記伯姬事，伯姬因「婦人夜出，不見傅母不下堂」的禮教，逮火而死。

(五) 婦人質弱、卑下、順從

1.婦人質弱故不立乘

婦人乘車之儀節與男子不同，其特色之一，在於婦人不立乘。《禮記·曲禮》：「婦人不立乘」[117]，孔穎達從婦人質弱的角度進行理解：

> 婦人質弱不倚乘，異男子也。男子倚乘，婦人坐乘，所以異也。[118]

除了年紀大而任官的特殊情況外，男子一般皆立乘：

> 大夫七十而致事，若不得謝，則必賜之几杖，行役以婦人，適四方乘安車，自稱曰老夫。[119]

鄭注：「安車，坐乘，若今小車也」。[120]男子在年七十以後，若有公職上的需要須四方奔波的情況下，才乘坐安車。

2.婦人吉時以肅拜為正

婦人的拜禮除了與男子有尚左、尚右的不同，標幟出屬陰的特質外，二者於行禮時坐、興、執爵與否亦不相同。《禮經釋例》指出：

---

[117] 《禮記》，卷3〈曲禮上〉，頁62。

[118] 《禮記》，卷3〈曲禮上〉，頁63，孔疏。

[119] 《禮記》，卷1〈曲禮〉，頁17。

[120] 《禮記》，卷1〈曲禮〉，頁17，鄭注。

> 凡丈夫之拜坐，婦人之拜興；丈夫之拜奠爵，婦人之拜執
> 爵。⑫

因為「丈夫之拜，稽首也，頓首也，空首也，皆屈膝，故必坐奠
爵，然後拜也」⑫，而婦女一般吉時之拜，根據《禮記·少儀》：
「婦人吉事，雖有君賜，肅拜」⑬，婦人吉時以肅拜為正。何謂肅
拜？鄭司農的解釋是：「但俯下手，今時揖是也」。⑭《周禮·大
祝》將拜分為九拜⑮，而以肅拜最輕，男子「惟軍中有此肅拜，婦
人亦以肅拜為正」。⑯在吉禮的狀況下，即使蒙受國君賞賜，婦人
都以肅拜為正。婦人吉禮中最重的拜禮為「扱地」，據《儀禮·士
昏禮》記婦人三月奠菜時，對於舅姑則行「拜扱地」的「奠菜」之
禮⑰，鄭注：「婦人扱地猶男子稽首」，因為是剛入門的新婦拜見
舅姑，所以有別於平常，而行最敬禮。

　　婦女之拜禮為何有別於男子，以肅拜為常？朱熹的解釋是「婦
人首飾盛多，如『副笄六珈』之類，自難以俯伏地上」⑱，史書中
雖也有記載婦女行頓首之拜禮，如春秋時期的晉國穆嬴因耽心其子

---

⑫　《禮經釋例》，卷 1〈通例〉，頁 103。
⑫　《禮經釋例》，卷 1〈通例〉，頁 103。
⑬　《禮記》，卷 35〈少儀〉，頁 632。
⑭　《周禮》，卷 25〈春官宗伯·大祝〉，頁 387。
⑮　《周禮》，卷 25〈春官·大祝〉，頁 386-387。
⑯　《周禮》，卷 25〈春官宗伯·大祝〉，頁 387，孔疏。
⑰　《儀禮》，卷 6〈士昏禮〉，頁 59。
⑱　黎靖德編，《朱子語類》（北京：中華書局，2004），卷 91〈禮八〉雜儀，
　　頁 2331。

被廢而「出朝則抱以適趙氏，頓首於宣子」⑩，但卻非常態。⑩在喪禮中，除了為喪主的狀況外⑪，婦女採取手拜的形式，所謂手拜即是先以手至地，而後以頭就手。婦女為夫與長子，由於喪服至重，才破例於喪禮中行至重之稽顙禮。⑩

3.婦人繫纓示有所屬

　　冠帶、服飾中「纓」標幟著女子的質性與身份狀態。所謂纓，有男子之冠纓⑬，有喪禮中之纓絰，有日常衣著之衿纓……等，皆有繫屬之意。孩童之時，男女均「總角，衿纓，皆佩容臭」⑭，纓用以繫香物。男子已冠後，纓用以繫屬冠，而冠為貴族男子身份的表徵，如《左傳·哀公十五年》記子路死難的經過，繫冠纓的行為於此凸顯為士人身份與操守的象徵：

　　　大子聞之，懼下石乞盂黶敵子路，以戈擊之，斷纓。子路曰：「君子死，冠不免，結纓而死。」⑮

---

⑩　《左傳》，卷 19 上〈文公七年〉，頁 317。

⑩　《禮記》，卷 35〈少儀〉，頁 632，孔穎達認為：「《左傳》穆嬴頓於宣子之門者，有求於宣子，非禮之正也。」

⑪　《禮記》，卷 35〈少儀〉，頁 632：「為喪主則不手拜」。

⑩　《禮記》卷 32〈喪服小記〉，頁 591：「婦人為夫與長子稽顙其餘則否」。

⑬　《儀禮》，卷 31〈喪服〉，頁 371：「其長喪九月纓絰，其中喪不纓絰」，鄭注：「絰有纓者為其重也。」

⑭　《禮記》，卷 27〈內則〉，頁 519。

⑮　《左傳》，卷 59〈哀公十五年〉，頁 1036。

至於婦女，則於「許嫁，纓」⑬，鄭玄對此加以解釋：「女子許嫁，系纓有從人之端也」，孔穎達則認為：「婦人質弱，不能自固，必有繫屬，故恒繫纓」。繫纓標幟著女子性屬柔弱，必須繫屬於他人的特質，因此一旦議婚，繫屬於他人，則須繫纓，以表明身份狀態。許嫁之纓須待新婚當夜，衽席于奧時，主人「親說婦之纓」⑬，丈夫於新婚夜解開新婦所繫之纓，象徵身份進入另一階段。新婚當夜脫纓以後，日常服飾中婦女仍然「衿纓」⑬，在其衣著上標示著繫屬於人的特質。

㈥ 以服制見婦女專一之德

　　婦女德性中最被強調的是貞一之德，《禮記·郊特牲》指出：「信，婦德也，壹與之齊終身不改，故夫死不嫁」⑬，所謂「齊」鄭玄認為是「共牢而食」或為醮禮，共牢而食為新婦入門與夫進行象徵合體、同尊卑之飲食儀式。醴、醮之禮亦為婚禮中象徵身份認定的飲酒禮，一旦結婚姻則不再改事他人。婦人貞一之德於禮儀上多所表現，以服制來看，除了服章之豐約及紋飾上的不同，婦女之衣裳更強調於專一之德。以服色來看，鄭玄指出：「婦人尚專壹，德無所兼連，衣裳不異其色」。⑭如《儀禮·士昏禮》記載新婦所

---

⑬　《禮記》，卷2〈曲禮〉，頁37。

⑬　《儀禮》，卷5，〈士昏禮〉，頁52。

⑬　《禮記》，卷27〈內則〉，頁518，記婦女之服飾「左佩紛帨」、「衿纓、綦屨」。

⑬　《禮記》，卷26〈郊特牲〉，頁506。

⑭　《周禮》，卷8〈內司服〉，頁125，鄭注。

著之衣為：「純衣，纁袡」，未特別標明下裳的顏色，即是因為：「婦人之服不殊裳」❶，的緣故。除了衣裳不異色，屨與衣裳亦應同色，如賈公彥指出：「后服六翟三等，三舃玄、青、赤，鞠衣以下三屨黃、白、黑。婦人質，不殊裳，屨舃皆同裳色」❷，即為此例。

　　此種以服飾來象徵專一之德，於喪禮中之服飾亦可見，如《禮記・喪服小記》提及婦人喪服：「齊衰，惡笄帶以終喪」❸，鄭注：「笄所以卷髮，帶所以持身也，婦人質，於喪所以自卷持者，有除無變」，所謂「有除無變」，即是：「要絰及笄不須更，至服竟一除」❹，婦人喪禮中之笄帶不隨喪禮之推移而變改，直至除服為止。按喪禮為生命的通過儀式（Rite of Passage），具有強烈生命過渡的性質，通過食、衣、住來象徵生命狀態的改變，因此隨著時間之推移，飲食由不食、疏食水飲、食羹而漸至食菜果，以至於除喪後的飲酒食肉，由粗疏而精細，由變而漸趨於常，衣著亦隨著守喪時間的推移而改服❺；住處由在外居倚廬不塗，寢苫枕塊，而漸塗

---

❶　《儀禮》，卷 5〈士昏禮〉，頁 49，賈疏。

❷　《周禮》，卷 8〈屨人〉，頁 132，賈疏。

❸　《禮記》，卷 32〈喪服小記〉，頁 589。

❹　《禮記》，卷 32〈喪服小記〉，頁 589，孔疏。

❺　有關服飾的常與非常狀態，在祭祀與巫術上具有重要意義，可參考李豐楙，〈中國服飾文化的「常與非常」結構〉，《思維方式及其現代意義：第四屆華人心理與行為科際學術研討會》論文（臺北：中研院民族所及臺灣大學心理系，1997 年五月）。〈服飾、服食與巫俗傳說——從巫俗觀點對楚辭的考察之一〉，《古典文學》第三輯（臺北：臺灣學生書局，1981）、〈服飾與禮儀：〈離騷〉的服飾中心說〉，《中國文哲研究集刊》，14 期（1999 年 3月），頁 1-50。

於隱處，最後搬於內。種種儀節的改變象徵生命狀態的過渡。以喪服來看，既虞、卒哭後變服，去麻服葛：

> 男子除乎首，婦人除乎帶，男子何為除乎首也，婦人何為除乎帶也，男子重首，婦人重帶。除者先重者，易服者易輕者。⑯

婦人於卒哭後腰帶仍維持麻帶，不予替換。如〈檀弓〉：「婦人不葛帶」⑰，《儀禮·士虞禮》：「婦人既練，說首経不說帶也」，《禮記·少儀》：婦人「葛経而麻帶」。⑱對於婦人不更替腰帶，鄭玄認為主要原因是：「婦人質，少變，於喪之帶，有除而無變」，孔穎達的看法是：「婦人既虞卒哭其経以葛易麻，故云葛経，婦人尚質所貴在要帶，有除無變，終始是麻，故云麻帶也」。婦人為何特別重視腰帶？主要原因可能是：「帶在下體之上，婦人重之，辟男子也」⑲，由於腰帶接近於下體，而「帶」又具有「束身」的意涵，因此特別被看重。婦女腰帶不隨喪禮的推移而更易，直至喪禮結束方才一併除服⑳，象徵婦人從一而終、不變易的貞節德性。

---

⑯　《禮記》，卷 57〈服問〉，頁 956。

⑰　《禮記》，卷 8〈檀弓〉，頁 150。

⑱　《禮記》，卷 35〈少儀〉，頁 632。

⑲　《禮記》，卷 57〈服問〉，頁 956，鄭注：「婦人質，不變重者，至期除之，卒哭變経而已。」

⑳　《禮記》，卷 8〈檀弓〉，頁 150。

　　婦女既要在服章上展現質樸而專一的德性，為何在婚禮禮服中穿著「纁袡」呢？所謂「纁袡」，即是在黑色禮服上，以纁色滾邊，鄭玄認為：

> 袡之言任也，以纁緣其衣，象陰氣上任也。凡婦人不常施袡之衣，盛昏禮為此服。❺

賈疏：

> 以纁緣其衣，象陰氣上任也者。婦人陰，象陰氣上交於陽，亦取交接之意。❺

與新婦之纁袡相應，新壻著「纁裳、緇袘」，即「以緇緣裳，象陽氣下施」。❺由於婚禮具有「合陰陽」的重要功能，因此穿著象徵陰陽二氣調和的衣裳，希望促成陰陽二氣的感應，故有別於常態。結婚時所著之袡衣具有合陰陽的特殊意涵，因此不用在其他儀式中，尤其如初死時之招魂儀式，由於二者狀態不合，故「復衣不以袡」。❺

---

❺　《儀禮》，卷 5〈士昏禮〉，頁 49，鄭注。
❺　《儀禮》，卷 5〈士昏禮〉，頁 49，賈疏。
❺　《儀禮》，卷 4〈士昏禮〉，頁 44，鄭注。
❺　《禮記》，卷 44〈喪大記〉，頁 763。

(七) 以飲食之禮看婦人質性及食飲禁忌

　　食物與養生、致陰陽和氣密切相關，《禮記·月令》順應四時之節候，而有相應不同的飲食，又如《禮記·內則》提及「凡和春多酸，夏多苦，秋多辛，冬多鹹，調以滑甘」、「春宜羔豚膳膏薌，夏宜腒鱐膳膏臊，秋宜犢麛膳膏腥，冬宜鮮羽膳膏膻」、「凡食齊視春時，羹齊視夏時，醬齊視秋時，飲齊視冬時」❺❺《管子·內業》提及飲食與養生的關係：

　　　　凡食之道，太充，傷而形不藏；大攝，骨枯而血冱。充攝之
　　　　間，此謂和成。❺❻

此種精神與《黃帝內經》著重氣的養生之法精神相應。亦與《呂氏春秋》、《淮南子》、《春秋繁露·循天之道》的養生之理一致。❺❼

　　飲食與身心狀態有十分密切的關係，不潔的飲食將造成身心的污染，反之，潔淨的飲食有助於身心之淨化❺❽，因此不論齊戒、祭

---

❺❺　《禮記》，卷 27〈內則〉，頁 523。

❺❻　黎翔鳳，《管子校注》（北京：中華書局，2004），〈內業〉，頁 947。

❺❼　陳麗桂，〈《春秋繁露·循天之道》所顯現的養生之理〉，《中國學術年刊》，第 19 期（1998 年 3 月）。

❺❽　凱羅·史密斯·羅森伯格（Carroll Smith-Rosenberg）在〈維多利亞時期純潔觀裏性的象徵意義〉一文中，闡述維多利亞時期對於情欲的節制，伴隨食物上嚴格的限制，因為一旦攝取禁用或有毒的食物，將對身心造成嚴重的負面影響。詳參《文化與社會》（臺北：立緒，2001），頁 194-210。食物質性的陰陽、寒熱亦會對身心造成密切的影響，有關此部分的討論，可參考李亦園，〈飲食男女——吃的文化內在邏輯探討〉，《文化的圖象——文化發展的人類學探討》（臺北：允晨文化，2004）。

祀或處於身份轉換的特殊時期,為改變存在狀態,對飲食往往有諸多限制和禁忌。如《禮記·祭義》指出祭祀前須進行齊戒:「致齊於內,散齊於外,齊之日,思其居處,思其笑語,思其志意,思其所樂,思其所嗜。齊三日,乃見其所為齊者」❺❾,所謂散齊,鄭注指須遵守「不御、不樂、不弔」的原則,除此而外,齊戒時在食飲上有別於平時,如《周禮·天官·玉府》其中一項重要工作為供應國君齊戒時之「食玉」❻⓿,齊戒時為何須要食玉?鄭玄認為:「玉是陽精之純者,食之以禦水氣」。《國語·楚語下》提及玉與珠的神秘功能:「玉足以庇蔭嘉穀,使無水旱之災,則寶之⋯⋯珠足以禦火災,則寶之」。❻❶玉被視為陽氣之純者,食用後具有轉換身心的功效。❻❷齊戒時為求身心之潔淨,同時以特製之秬鬯進行沐

---

❺❾ 《禮記》,卷 47〈祭義〉,頁 807。

❻⓿ 《周禮》,卷 6〈天官·玉府〉,頁 96。

❻❶ 《國語》,卷 18〈楚語下·公孫圉論國之寶〉,頁 581。

❻❷ 如日本·森立之撰,《本草經考注》(上海:上海科學技術出版社,2005),卷 1〈玉泉〉,頁 3-6:玉泉為玉之精華,又名為玉札或玉屑,其服食所帶來的功效是「治五藏百病,柔筋強骨,安魂魄,長肌肉,益氣,久服耐寒暑,不飢渴,不老神仙,臨死服五斤,死三年色不變。」《抱朴子》更明白將玉列為仙藥,認為食玉可使人身輕、長壽,「可燒以為粉,服之一年已上,入水不霑,入火不灼,刃之不傷,百毒不犯。」詳參王明,《抱朴子內篇校釋》(北京:中華書局,2002),卷 11〈仙藥〉,頁 204。玉石於神話中具有生殖、農耕、祈雨、醫藥⋯⋯等豐富意涵,詳參王孝廉,〈石頭的古代信仰與神話傳〉,《中國的神話與傳說》(臺北:聯經,1994),頁 41-101。孫作雲,〈中國古代靈石崇拜〉,《中國古代神話傳說研究》(開封:河南大學出版社,2003),頁 664-681,石與謀祭、乞子密切相關。

浴❻，秬鬯於裸禮中具有招引魂魄的重要功能，亦於喪禮時尸體之沐浴中使用❹，以轉化生命狀態，使能通於神明。除了祭祀外，在生命重要的過渡階段，飲食均扮演轉換身心的重要部分。

1.新婚飲食中之德性感應及合體意象

婦女生命狀態與食飲的密切關係，婦女飲食之物，往往亦從陰陽調和及婦人質弱、繁育豐產等角度著眼。飲食之物對食用者造成性情上的感應，如《禮記·昏義》婦人出嫁前三個月須至公宮或宗室受婦德、婦言、婦容、婦功等教育，教成後須祭祖，祭物為「祭之牲用魚，芼之以蘋藻，所以成婦順也」，選用魚與蘋藻祭祖主要因為「魚、蘋藻皆水物，陰類也」❺，而女子亦屬陰，二者性屬相應；同時魚亦具有繁育、豐產的象徵❻，而蘋藻為水草具有柔順的性質，透過食物的屬性期能感應婦女柔順的品德。由於繁育為婚禮的核心精神，故於飲食中一再呈現此象徵，如新婚當日，根據〈士昏禮〉的記載，用魚十四尾❼，亦與生育象徵密切相關。

---

❸　《周禮》，卷 19〈春官·鬯人〉，頁 300：「凡王齋事，共其秬鬯。」

❹　《周禮》，卷 19〈春官·肆師〉，頁 297：「大喪大渳以鬯則築鬻」，〈鬯人〉，頁 301：「大喪之大渳，設斗共其釁鬯。」

❺　《禮記》，卷 61〈昏義〉，頁 1002。

❻　聞一多即透過《左傳》、《詩經》、《易經》乃至於樂府民歌等大量的材料，來發掘先秦時即已存在的以魚象徵「匹偶」、「情侶」乃至兩性關係的現象《聞一多全集》，〈說魚〉，頁 117-138。

❼　一般祭祀時用魚正數為十五，婚禮為了求雙，達到夫婦敵偶的效果，所以特別減一，用了十四尾。為什麼要用魚十五尾呢？《儀禮》，卷 46〈特牲饋食記〉，頁 550；「魚十有五」，鄭注：「陰中之物，取數於月十有五日而盈。」魚與月同是陰的象徵，因此仿月數，月以十五而圓，魚亦用十五為數。以考古出土來看，如半坡、姜寨遺址的彩陶魚紋，學者認為很可能與生

　　新婚夜的飲食中，最具有強烈合體及生殖象徵的，要算是共牢、合巹的儀式了。共牢為同食一牲，而無左胖、右胖之別，以同尊卑。「合巹」是將葫蘆、瓜瓢一類果實，判剖為二，作為盛酒之容器，由新婚夫婦各執一半而對飲的儀式，具有很強烈的合體的意象。同時瓜或葫蘆具有混沌的意象，而且腹圓中空而多子，所以又成為母神或繁育的象徵⓲，在古代文獻中往往以「綿綿瓜瓞」⓳作為生民的象徵，創世神話中亦常出現由瓜判剖而生出初民故事。⓴

育及女陰等關係密切，如趙國華，《生殖崇拜文化論》（北京：中國社會科學出版社，1991），頁 107-125，即認為半坡魚紋是透過魚祭來求得生殖繁盛，甚至可能與吃魚以求子的儀式有關。李荊林認為人面魚紋乃是「嬰兒出生圖」，見〈半坡姜寨遺址人面魚紋新考〉，《江漢考古》，3 期（總第 32 期）（1989 年 6 月）。仰韶文化魚紋的解釋雖然眾多，許多均與魚的生殖意象相關，諸種不同說法詳參劉云輝，〈仰韶文化「魚紋」「人面魚紋」內含二十說述評──兼論「人面魚紋」為巫師面具形象說〉，《文博》，總第 37 期（1990 年 8 月），頁 64-75。

⓲　聞一多指出葫蘆因為多子成為造人故事的核心，並且認為：「伏犧與女媧，名雖有二，義實只一，二人本皆謂葫蘆的化身。」見《聞一多全集（一）》，〈伏義考〉，頁 60。其實葫蘆的繁育之象是非常明顯的，《大母神》中舉出許多母神的形象，上身頭形很小，乳房與臀部形成大小相疊的二圓的葫蘆形象，這個形象是繁育的象徵，再次，葫蘆是可以盛水的容器，與母神是容器和水罐的象徵亦是相符合。

⓳　《毛詩》，卷 16 之 2〈大雅·綿篇〉，頁 545。

⓴　聞一多對比了許多民族流傳的洪水故事，而發現瓜或葫蘆常在其中扮演著重要的地位，同時還指出男女始祖伏義與女媧，其實葫蘆的化身，認為葫蘆與洪水神話或人類始祖發生密切的關係，與瓜類豐富的生殖意象，密不可分。詳參〈伏義考〉，頁 3-68。有關婚姻飲食的合體象徵，亦可參考拙作《先秦至兩漢婚姻禮俗與制度研究》（新竹：國立清華大學博士論文，2003）。

2.妊娠期間的飲食禁忌及胎教

婦人的飲食，亦往往因其被認定的身份狀態及質性不同，如身處懷孕等關卡，飲食亦隨之改變，往往扮隨特殊的限制，《馬王堆漢墓帛書·胎產書》對懷胎期間的飲食及行動的禁忌有詳細解說：

> 一月名曰留（流）刑，食飲必精，酸羹必（熟），毋食辛星（腥），是謂財貞。二月始膏，毋食辛臊，居處必靜，男子勿勞，百節皆病，是胃（謂）始臧（藏）。三月始脂，果隋宵效，當是之時，未有定義（儀），見物而化，是故君公大人，毋使朱（侏）儒，不觀木（沐）侯（猴），不食□（蔥）姜，不食兔羹；□欲產男，置弧矢，□雄雉，乘牡馬，觀牡虎；欲產女，佩蚕（簪）耳（珥），呻（紳）朱（珠）子，是謂內象成子。〔四月〕而水受（授）之，乃始成血，其食稻麥，□（鱔）魚□□，〔以〕清血而明目。五月而火受（授）之，乃始成氣，晏起□沐，厚衣居堂，朝吸天光，辟（避）寒央（殃），〔其食稻〕麥，其羹牛羊，和以茱臾（萸），毋食□，〔以〕養氣。六月而金受（授）之，乃始成筋，勞□□□，〔出〕游〔于野，數〕觀走犬馬，必食□□也，未□□□，是胃（謂）變奏（腠）□筋，□□□□。七〔月而〕木受〔授〕〔之，乃始成骨〕，居燥處，毋使〔定止〕□□□□□□□□□〔飲食〕辟（避）寒，□□□□□□□美齒，八月而土受（授）〔之，乃始成膚革〕，□□□□□□□，〔是〕胃（謂）密〔腠理。有月而石授之。乃始成〕豪（毫）毛，□□□□□□□□□□□□□□□□□□□□

　　司之。十月氣陳□□，以為□。❼

〈胎產書〉對於胎兒在母腹中形成的過程及每個月變化的狀況以及孕婦行事禁忌均有闡述，值得注意的是，在一月時胎兒還是流體的，二個月時才成為膏狀，到第三個月時如脂一般，越來越具體，但仍然是「未有定儀，見物而化」❼，也因為胎兒正要由流動的狀態進入具體化的階段，在將形未形之際感應特別強，容易和孕婦所接觸的事物滲透和感應，❼所以在這個時期孕婦的視聽言行就要格外小心，以避免不良的感應，積極方面則促進好的感應。在三個月以後進入第四個月時，五行之氣開始作用，形成身體的各種要素，於是血、氣、筋、骨、膚革、毛髮逐步形成，場所的身體也逐步形成了。孕婦在各個不同的產期階段要注意胎兒所處的狀況而給予胎體在形成時所需的幫助，如血形成時要多食清血明目之物，體氣形成時要多食養氣之物，並且多吸收早晨的天光，防止受寒，筋形成時可以多看狗、馬奔走，骨形成時亦有在飲食上的注意事項，可惜缺文，所以實際上吃什麼並不清楚。

　　產育期間的食物，大體要盡量避免辛臊或性寒之物，蔥薑以其

---

❼　馬繼興，《馬王堆古醫書考釋》（長沙：湖南科學技術出版社，1992），頁781-803。

❼　見物而化的基礎在於身體為氣所化，為流動的身體，詳參石田秀實著，《氣・流動的身體》，前揭書。

❼　胎教的基礎由原始思維來看，則為神秘感應與互滲，對胎教的重視於原始思維中非常普遍，詳參列維・布魯爾（Levy Bruhl）著，丁由譯，《原始思維》（北京：商務印書館，1997），第六章〈以受互滲律支配的集體表象為基礎的制度〉。

性辛而被禁食，兔肉則是因為外形兔脣，為避免產生不良感應，而被禁止接觸和食用。**⑭**多食稻麥、鱣魚，或是牛羊、茱萸，可助養氣血。《胎產書》還提到，為了胎兒面貌好看，在孕期間可以吃白色的公狗頭，為了筋體強健可以吃母馬肉**⑮**，當然在食用這些東西時還要注意時辰或特殊狀態的感應，因為在特殊時辰和狀態中，感應的力量均不同，所得到的感應也不同。其他如衣著方面的，穿著的配飾也會對胎兒產生感應，甚至產生轉換性別的功效。**⑯**在居住方面，必須安靜、明亮（天光）、乾燥而溫暖。生活的行止上，不要接近有缺陷的人如侏儒等，也不要看形貌醜怪的事物。《大戴禮記·保傅篇》對胎教之法也有著墨：

> 胎教之道，書之玉板，藏之金匱，置之宗廟，以為後世戒，青史氏之記曰：「古之胎教，王后腹之，七月而就宴室，太史持銅而御戶左，太宰持斗而御戶右，比及三月者，王后所求聲音非禮樂，則太師縕瑟而稱不習，所求滋味者非正味則

---

⑭ 孕婦對兔的禁忌似乎很常見，《淮南子鴻烈集解》，卷 16〈說山訓〉，頁561：「孕婦見兔而子缺脣，見麋而子四目」，《論衡校釋》，〈命義篇〉，頁 53，也提及孕婦不可食兔肉「妊婦食兔，子生缺脣。」

⑮ 《馬王堆古醫書考釋》，頁 806。

⑯ 民俗中甚至有轉胎等方法，認為可以透過感應巫術轉變胎兒性別，如女子的配飾會感應胎兒性別成女，男子的配飾則成男，特殊食物造成的感應亦不相同，詳參李貞德，〈漢唐之間求子醫方試探——兼論婦科濫觴與性別論述〉，《中央研究院歷史語言研究所》，第 68 本第 2 分（1997 年 6 月），頁 283-365。

太宰倚斗而言曰：不敢以待王太子。」⑰

〈保傅篇〉還記載周后實行胎教對於言行舉止謹慎小心的情況。⑱
賈誼則從慎始和母教來說胎教的重要性⑲，《列女傳》指出：「人
生而肖萬物，皆其母感於物」⑳，《論衡》認為胎教為決定胎兒
「賢不肖」㉑的關鍵時刻，均可以看出當時人對胎教的重視，而飲
食於其中扮演十分重要的部分。

3.婦人質弱故飲食有別

婦女的飲食受到卑賤、體弱，經期、產育禁忌……等多方面所
影響，所飲食之物須注重所產生的德性感應以及陰陽調和，因此對
於食物的屬性及寒涼冷熱亦多所講究。㉒以婦人質弱來看，飲食亦

---

⑰　《大戴禮記解詁》，卷3〈保傅〉，頁59-60。

⑱　同上，頁62。

⑲　賈誼，《新書》（臺北：世界書局，1967），卷10〈胎教〉，頁69。

⑳　梁端校注，《列女傳》（臺北：臺灣中華書局，1981），卷1〈周室三母〉。

㉑　《論衡校釋》，卷2〈命義篇〉，頁54-55。

㉒　女性由於體寒、體弱、經期、產育等種種因素，故在飲食上與男子多有不同，醫書中對此多所著墨，如陳自明，《婦人大全良方》（北京：人民衛生出版社，1996），卷1，頁13，提及婦女月事不調常由於「勞傷氣血致體虛，風冷之氣乘也。若風冷之氣客於胞內，傷於衝任之脈，損手太陽、少陰之經。」因此飲食、處方必須使冷熱調和、寒溫適宜。又如女性生育後之補養，常因婦女體寒、體虛故飲食以溫、熱、補血等處方為主，此種飲食觀時至如今仍存留，如翁玲玲，《麻油雞之外：婦女作月子的種種情事》（臺北：稻香出版社，1994），頁67-72，由田野調查資料反映出婦女作月子時的飲食狀況。食物質性之寒涼溫熱與身心、節氣的調和，均與養生有密切關係，詳參李亦園，〈飲食男女——吃的文化內在邏輯探討〉，《文化的圖象

有特殊禁忌，舉喪禮之飲食為例，《禮記》強調為父母之喪：「饘粥之食，自天子達」[183]、為天子之喪：「食粥，天下之達禮也」[184]，《禮記・喪大記》記載：

> 君之喪，子、大夫、公子、眾士皆三日不食，子、大夫、公子食粥納財，朝一溢米莫一溢米，食之無筭。士疏食水飲食之無筭。夫人、世婦、諸妻皆疏食水飲食之無筭。[185]

臣子事君如事父，為國君居喪食粥為「天下達禮」[186]，然而夫人、世婦、諸妻並不食粥，大夫之喪與士之喪，妻妾亦皆只是疏食水飲而已。[187]孔穎達認為，主要原因是：「婦人質弱，恐食粥傷性，故言疏食水飲也」[188]，然而由《禮記・檀弓》：「歠主人、主婦、室老，為其病也，君命食之也」[189]來看主婦亦食粥，孔穎達認為主人、主婦、室老食粥是因為：「病困之故」[190]，但問題並未解決，

——文化發展的人類學探討》（臺北：允晨文化，2004），頁 160-166。張珣，《疾病與文化》（臺北：稻香出版社，2000），〈傳統中國的食物分類〉、〈中國傳統飲食觀念的社會文化分析〉，頁 157-168、169-190。

[183]　《禮記》，卷 6〈檀弓〉，頁 115。
[184]　《禮記》，卷 9〈檀弓〉，頁 173。
[185]　《禮記》，卷 44〈喪大記〉，頁 771。
[186]　《禮記》，卷 9〈檀弓〉，頁 173。
[187]　《禮記》，卷 44〈喪大記〉，頁 771。
[188]　《禮記》，卷 9〈檀弓〉，頁 771，孔疏。
[189]　《禮記》，卷 9〈檀弓〉，頁 170。
[190]　《禮記》，卷 9〈檀弓〉，頁 170，孔疏。

與〈喪大記〉所記有所出入。熊安生將此處「主婦」解釋為女主，以有別於一般情況。⑲在一般情況下，喪禮以婦人質弱之故而允許她們疏食水飲，此如〈喪大記〉所謂：「不能食粥，羹之以菜，可也」⑫，是對病、弱者的權變方式。此時所謂之粥，指粗粥、薄粥，且無其他羹菜佐食，故耽心體弱者遭逢巨變、兼以粗粥，身體不能支持的緣故。⑬

二、透過詩教、女教書、畫等
使女教規訓滲透人心

除了前文所述，透過禮書的種種行禮儀文及規範，使得禮教的精神得以滲透執禮者身心，禮教的推行尚有很重要的一環，即是透過詩教、與女教有關的書畫……等，使得禮教得以滲透人心。傳統的貴族女性往往接受詩學教育，所習之《詩》如何詮釋訓解，成為女教的重要一環。另外，貴族婦女往往在生活空間中有不少教化的圖畫，隨時以畫中正負面的女性形象作為借鑑。而婦女的女訓書，

---

⑲　《禮記》，卷 9〈檀弓〉，頁 771，孔疏引。

⑫　《禮記》，卷 44〈喪大記〉，頁 772。

⑬　至於平時，婦女亦食粥，如〈內則〉提及事奉父母、舅姑饘酏、酒醴、芼羹等依父母所好供給，饘指濃粥，酏指稀粥。又如《周禮》，卷 5〈天官·酒正〉，頁 77 提及酒正供應王及后、世子之飲物，其中四飲之一即為酏。甚至醫書中粥還對某些因病體弱的病人有療效，如《素問次注集疏》，卷 6〈玉機真藏論〉，頁 473，歧伯曰：「漿粥入胃，泄注止，則虛者活。身汗，得後利，則實者活。」又如《金匱要略》、《醫心方》中有關粥治病弱者例子很多，不一一列舉。

亦在婦教上扮演重要角色。以西漢時頗為成帝敬重的孝成班倢伃為例：

> 成帝遊於後庭，嘗欲與倢伃同輦載，倢伃辭曰：「觀古圖畫，賢聖之君皆有名臣在側，三代末主乃有嬖女，今欲同輦，得無近似之乎？」上善其言而止。太后聞之，喜曰：「古有樊姬，今有班倢伃。」倢伃誦《詩》及《窈窕》、《德象》、《女師》之篇，每進見上疏，依則古禮。❿

引文中可以看出與女教有關的詩書與女圖對婦女教育的重要性。班倢伃以教化圖中所反映的名臣與嬖女形象警惕自身，並向皇帝進行勸諫，成帝亦欣然接受。可見當時的教化圖畫應該很流傳，形成一種共同的認知氛圍。除了教化圖，倢伃日常以誦《詩》及《窈窕》、《德象》、《女師》作為重要的女教文本，《窈窕》、《德象》、《女師》據師古說為古箴戒之書，考其篇名，應與婦教密切相關。班倢伃在成帝專寵趙氏姐妹後，自請到長信宮供養太后，並作賦表達心跡，其中再次提及自己時時謹記並嚴守婦女之禮教，不敢或忘：

> 每寤寐而累息兮，申佩離以自思，陳女圖以鏡監兮，顧女史而問詩。悲晨婦之作戒兮，哀褒、閻之為郵；美皇、英之女

---

❿　《漢書》，卷 97 下〈外戚傳〉，頁 3983-3984。

　　虞兮，榮任、姒之母周。雖愚陋其靡及兮，敢舍心而忘茲？⑮

其中申言自己常透過女圖作為行為的借鏡，並且勤研讀《詩》，對於《詩》中的負面人物如「赫赫宗周，褒姒滅之」、「閻妻煽方處」人物心懷戒懼。對於正面形象如文王之母大任、武王之母大姒等，則一心效法。在在可以看出女圖、詩教及女誡書等對於婦女教育的重要意義。

㈠ 典籍教育

　　有關貴族婦女所受的典籍教育，就現有資料來看，多為傳統經傳，其中又以詩教最受重視。漢初由於后妃多出於微賤⑯，皇后所受婦教尚無足稱述，然而宮廷中亦有通《詩》之女史，授皇后《詩》。⑰東漢貴族婦女所受典籍教育文獻記載較多，如馬援的女兒明德馬皇后，「能頌《易》，好讀《春秋》、《楚辭》，尤善《周官》、《董仲舒書》」。⑱和熹鄧皇后，六歲能史書，十二通詩、論語。⑲鄧皇后入宮後跟隨曹大家讀書：

---

⑮　《漢書》，卷 97 下〈外戚傳〉，頁 3985。

⑯　趙翼，《廿二史箚記》（北京：中華書局，2001），卷 3〈漢初妃后多出微賤〉，頁 60。

⑰　《漢書》，卷 97 下〈外戚傳〉，頁 3990：「（曹宮）為學事史，通《詩》，授皇后。」

⑱　《後漢書》，卷 10 上〈皇后紀·明德馬皇后〉，頁 408。

⑲　《後漢書》，卷 10 上〈皇后紀·和熹鄧皇后〉，頁 418。

太后自入宮掖，從曹大家受經書，兼天文，筹數。晝省王
政，夜則誦讀，而患其謬誤，懼乖典章，乃博選諸儒劉珍等
及博士、議郎、四府掾史五十餘人，詣東觀讎校傳記。事畢
奏御，賜葛布各有差。又詔中官近臣於東觀受讀經傳，以教
授宮人，左右習誦，朝夕濟濟。⑳

曹太家為班彪之女、班固之妹，博學高才，踵繼班固完成《漢
書》，《漢書》完成後當時學者多無法通讀，馬融還曾向曹大家求
教。鄧太后倚重曹大家，不只向其學經書，習天文，鄧太后甚至使
宮禁中執事的宦官先到東觀研習經傳，然後再教授宮中婦女，宮中
婦女勤於研習經傳成為當時風氣。又如大將軍梁商之女順烈梁皇
后：

少善女工，好史書，九歲能誦論語，治韓詩，大義略舉。常
以列女圖畫置於左右，以自監戒。㉑

可以看出貴族婦女研習典籍包含經傳、史籍、禮書，其中又以
《詩》及《論語》為基礎教育，亦最受重視。以「興於詩，立於
禮，成於樂」㉒來看，詩為學者立身成德之學的基礎，學詩可以
興、觀、羣、怨，由近處來看可以事親，由長遠來看，對於政事、

---

⑳　《後漢書》，卷10上〈皇后紀·和熹鄧太后〉，頁424。
㉑　《後漢書》，卷10下〈皇后紀·順烈梁皇后〉，頁438。
㉒　《論語》〈泰伯〉，頁71。孔子教其子孔鯉亦然，事見〈季氏〉，頁150。

外交亦有重大功用，《左傳》所記春秋外交辭令，賦詩是重要特色[203]，因此不學詩無以言，若頌詩三百「授之以政不達，使於四方不能專對」[204]，則仍未得習詩之深奧處。

有關貴族男子的教育內容及受業年齡，《禮記·內則》指出：

> 六年教之數與方名，七年男女不同席不共食，八年出入門戶及即席飲食必後長者始教之讓，九年教之數日，十年出就外傅，居宿於外，學書計。衣不帛襦袴，禮帥初，朝夕學幼儀，請肄簡諒。十有三年，學樂、誦詩、舞勺。二十而冠，始學禮，可以衣裘帛，舞大夏，惇行孝弟，博學不教，內而不出。[205]

詩與樂舞於教育中佔有重要地位。皇子以及貴族男子亦以《詩》及《論語》教育最為基礎。如孝安皇帝劉祜入繼大統，皇太后詔書中提及十三歲的劉祜「能通《詩》、《論》，篤學樂古，仁惠愛天下」。[206]鄧禹年十三能頌《詩》[207]、馬勃十二歲能誦《詩》、《書》。馬續七歲能通《論語》，十三歲讀懂《尚書》，十六歲治

---

[203]　詳參奚敏芳，《左傳賦詩引詩研究》（臺北：國立臺灣師範大學，1980），張素卿，《左傳稱詩研究》（臺北：國立臺灣大學，1989）。

[204]　《論語》〈子路〉，頁 116。

[205]　《禮記》，卷 28〈內則〉，頁 538。關於皇子教育可參考郭永吉，《自漢至隋皇帝與皇太子經學教育禮制蠡測》，2005 年 11 月，清華大學博士論文。

[206]　《後漢書》，卷 5〈孝安帝紀〉，頁 203-204。

[207]　《後漢書》，卷 16〈鄧禹傳〉，頁 599。

《詩》。❷魯恭十五歲習《魯詩》❷，馮衍有奇才，九歲即能誦《詩》，二十歲時可以通群經❷……例子很多，通《詩》的年紀或因具體狀況不同而有差異，然而多在十三歲上下。貴族婦女亦然，和熹鄧皇后十二歲通《詩》及《論語》，順烈梁皇后更早，九歲即誦《論語》、治《韓詩》。

　　《詩》在婦教上具有十分重要的功能。甚至具有女訓書的意義。日本學者山崎純一即認為：

> 《詩經》中有關女訓的意義，以及吟詠女性的詩篇，在現行的《毛詩》中都占了相當的數量，尤其是在以〈關雎〉篇開頭的〈周南〉卷、以〈鵲巢〉篇開頭的〈召南〉卷，更是特別集中。眾所周知，這些事實正是確立婦德、培養女性智育的根據。❷

山崎純一並指出劉向《列女傳》中大量使用《詩》以傳達教化的現象。此外，《詩序》中解詩有不少從女訓詩角度著眼，〈周南〉十一篇，小序皆以后妃之德或婦人教化的角度加以理解。如〈葛覃〉的詩序提及此詩在傳達后妃德性之本，提及后妃「志在於女功之

---

❷　《後漢書》，卷 24〈馬援傳〉，頁 850、862。

❷　《後漢書》，卷 25〈魯恭傳〉，頁 873。

❷　《後漢書》，卷 28 上〈馮衍傳〉，頁 962。

❷　山崎純一，〈作為女訓書的漢代《詩經》──《毛詩》與《列女傳》的基礎性研究〉，收李寅生譯，《日本學者論中國古典文學》（成都：巴蜀書社，2005），頁 69-92。

事，躬儉節用，服澣濯之衣，尊敬師傅，則可以歸安父母，化天下以婦道」，〈卷耳〉序提及后妃當「輔佐君子求賢審官」、〈樛木〉、〈螽斯〉、〈桃夭〉序均提及后妃不善妒忌因此能與眾妃妾和諧相處，生養眾多。此類例子極多，根據詩序及毛傳、鄭箋的理解，《詩》中有關婦德、婦教的篇章即佔了五分之一，⑫以此可以理解習《詩》於婦女教育中的重要意義。正因為詩教於婦女教育中具有重要的意義，因此孝成班婕妤特別強調：「陳女圖以鏡鑒，顧女史而問詩」⑬，《詩》與具有強烈教化義意的女圖並提。前已言及，後宮有通《詩》之女史，授皇后《詩》⑭，女史由於負有記錄后妃得失的責任，因此成為問《詩》的對象，問《詩》的目的是為了作為行事的準則，《詩》的性質亦不難由其中得知了。

(二) 女訓書的婦教意義

除了傳統典籍如《詩》、《書》、《孝經》、禮書等教化和薰陶外，婦女教育亦深受女訓書所影響。漢代最重要的女訓作品為劉向《列女傳》及班昭《女誡》。《漢書·楚元王傳》對劉向著《列女傳》的動機有所說明：

> 向睹俗彌奢淫，而趙、衛之屬起微賤，踰禮制。向以為王教

---

⑫　山崎純一，〈作為女訓書的漢代《詩經》──《毛詩》與《列女傳》的基礎性研究〉，頁 75。

⑬　《漢書》，卷 97 下〈外戚傳·孝成班健伃〉，頁 3985。

⑭　《漢書》，卷 97 下〈外戚傳〉，頁 3990：「（曹宮）為學事史，通《詩》，授皇后。」

　　由內及外，自近者始。故採取《詩》、《書》所載賢妃貞
　　婦，興國顯家可法則，及孽嬖亂亡者，序次為《列女傳》，
　　凡八篇，以戒天子。㉕

劉向有鑑於後宮婦女不守禮教，造成種種亂象，並認為此種亂象將
導致國家失序，造成種種災異，此在《漢書·五行志》屢屢言及。
為了使那些起於微賤，未受到充份《詩》、《書》教育的后妃能有
足以楷模及戒鑑的對象，於是選取歷史典故中賢良貞節的婦女典範
以及導致國家亂亡的惡女形象，編成《列女傳》。此後《列女傳》
的撰注逐漸興盛，如《後漢書》立《列女傳》並指出：

　　詩書之言女德尚矣，若夫賢妃之助國君之政，哲婦隆家人之
　　道，高士弘清淳之風，貞女亮明白之節，則其徽美未殊也，
　　而世典咸漏焉，故自中興以後，綜其成事，述為列女篇，如
　　馬、鄧、梁后別見前紀，梁嫕、李姬各附家傳，若斯之類，
　　並不兼書。餘但搜次才行尤高秀者，不必專在一操而已。㉖

《後漢書》選錄才行高秀的婦女為其立傳。根據《隋書·經籍志·
雜傳》提及《列女傳》撰注者有多種：

　　劉向著，曹大家注《列女傳》十五卷、趙母注《列女傳》七

㉕　《漢書》，卷36〈楚元王傳〉，頁1957-1958。
㉖　《後漢書》，卷84〈列女傳〉，頁2781。

·259·

卷、高氏撰《列女傳》八卷、劉歆撰《列女傳頌》一卷、曹植撰《列女傳頌》一卷、繆襲撰《列女傳讚》一卷、項原撰《列女後傳》十卷、皇甫謐撰《列女傳》六卷、綦母邃撰《列女傳》七卷、《列女傳要錄》三卷、杜預撰《女記》十卷、《美婦人傳》六卷。**❼**

《舊唐書・經籍志・雜傳類》除了前已列的劉向、皇甫謐、項原、綦母邃、杜預等作品外，另列孫夫人撰《列女傳序贊》一卷、虞通之傳〈后妃記〉四卷、大聖天后撰《列女傳》一百卷，記錄《列女》者有十六家。**❽**史書中提及撰作《列女傳》的情況很多，不再一一列舉。**❾**

《列女傳》撰注的興盛，傳達出對女教的重視，亦傳達出當時為女性的典範人物形象，如劉向《列女傳》立母儀、賢明、仁智、貞順、節義、辯通等值得典範的女性類型。如母儀傳強調胎教及德性，點出母教的重要性。又如《列女傳》中有些婦女的形象十分明智、言談得體，甚至辯才無礙，往往為男性治國提供很好的規諫與意見**❿**，賢明傳、仁智傳、辯通傳中例子很多，如齊鍾離春、齊威

---

❼ 《隋書》，卷 33〈經籍志・雜傳〉，頁 978。

❽ 《舊唐書》，卷 46〈經籍志・雜傳類〉，頁 2002。

❾ 詳參姜賢敬，《劉向列女傳探微》，國立臺灣師範大學中國文學研究所碩士論文，1985 年。李美娟，《正史列女傳研究》，國立政治大學中國文學研究所碩士論文，1982 年。衣若蘭，〈後漢書的書寫女性：兼論傳統中國女性史之建構〉，《暨大學報》，4 卷 1 期（2000 年 3 月），頁 17-41。

❿ 禮書固然強調女子須有三從之德，然而亦非一味順從，劉向《列女傳》中的賢婦形象亦非盲目順從，往往在特殊時刻具有規諫丈夫向道的重要力量。有

虞姬等均是很突出的形象。貞順傳中的婦女為了謹守貞節，不惜毀壞身體甚至犧牲生命，其中如梁寡高行因為極具美色，於丈夫死後，一再面臨被逼婚的命運，為了撫養孤子，無法貿然自殺，於是割鼻毀容。在儒家重德傳統下，德與色的關係往往成為被關注的焦點㉑，此主題亦於《列女傳》中一再被觸及。節義傳中的婦女，則

關《列女傳》中的婦女形象，以及劉向於其中所反映的性別意識，詳參劉靜貞，〈劉向「列女傳」中的性別意識〉，《東吳歷史學報》，5 期（1999 年 3 月），頁 1-30。有關婦德與才性的問題，於魏晉時期的婦女形象中頗為凸顯，《世說新語・賢媛》中的婦女形象具有十分鮮明的特色與時代意義。有關此部分的探討詳參梅家玲，〈依違婦德與才性之間：《世說新語》〈賢媛〉女性風貌〉，《世說新語的語言與敘事》（臺北：里仁，2004）。

㉑　婦女所具有的美色對其自身的德性，乃至於與男子的互動關係，在德與色的問題的思考中為關注的焦點。雖然婦人被視為「以色事人者」，在婚嫁的條件中「男富女美」往往為關注焦點，但婦人之美色對其自身的德性乃至於對男性之成德，卻往往被認為帶有負面的效應。早在孔子喟嘆「吾未見好德如好色者也」（《論語》，〈子罕〉，頁 80），已點出其中張力，色對德本身所帶來的誘惑性和毀滅性也一直為人所警惕、戒鑑。就男性角度來說，美色是一種誘惑和試探，足以使其「失德」；就女性角度來說，美色亦帶來異性的追求，容易導致對容色的自矜自持或失於男女之防，同樣引生失德的後果。因此於婦女教育中對於婦人容色部分屢有著墨，如《周禮》中女官對「婦容」的態度、劉向《列女傳》中婦女德性與容貌的關係、班昭《女誡》中提及婦女容貌問題，以及禮書對婦容問題的思考。對婦人美色所具有的毀滅性的憂懼，推至極至，則有所謂的尤物、禍水、妖異一類的說法，三代之滅亡往往歸咎於此等絕色女子，如《國語》，卷七〈晉語一・史蘇論驪姬必亂晉〉，頁 255 中史蘇的談話，以及《左傳》，卷 25〈成公二年〉，頁 428、卷 52〈昭公二八年〉，頁 911 中叔向之母親對夏姬的評論，均為此種說法的代表。有關禍水問題，詳劉詠聰，《兩漢時期「女禍」觀》，香港大學哲學博士論文，1989 年、〈漢代「婦女言色亡國」論之發展——「女禍」觀念形成的一個層面〉，《德才色權》（臺北：麥田，1998）。

於道義與私情之間，捨私我之愛而奔赴道義之途。於此均傳達出當時對婦德的思考。

　　除了劉向《列女傳》外，曹大家的《女誡》亦是重要的女訓作品，其中提及作《女誡》的原因為：「傷諸女方當適人，而不漸訓誨，不聞婦禮，懼失容它門，取恥宗族」⓫，希望家族中的女性，各抄寫一遍，隨時置於身旁作為行事準則。七章《女誡》由於是對家族中女性說法，希望她們能宜室宜家，因此強調女性屬卑弱，應當夙夜勤勞、忍辱含垢、卑弱下人，以敬祀先祖。不斷強調陰陽殊性，男女異行，女子以陰柔為用，以柔弱為美。女子既屬陰，則理當受制於陽，服侍舅姑、丈夫，並事事順命曲從。丈夫既為陽、為妻之天，為妻之綱，地無離天之理，女亦無離夫、再嫁之理。比起劉向《列女傳》女性仁智、辯通等特殊才性，《列女傳》更著重卑順、曲從。《女誡》文雖不長，但對婦女教育影響很深，一直是重要的女訓教材，許多婦教本均以此為範本展開，至清初王相將《女誡》與唐代宋若華的《女論語》、明代仁孝文皇后的《內訓》、及王相母親所著的《女範捷錄》合為女四書。⓬《女誡》對女教的深遠影響，於此可以看出。

(三) 生活場域中褒揚忠孝、貞順，貶斥淫惡之圖

　　再以圖的情況來看，古人於生活場域常置教忠、教孝、懲惡的

⓫　《後漢書》，卷 84〈列女傳〉，頁 2786。

⓬　詳參陳東原，《中國婦女生活史》（北京：商務印書館，1998），山崎純一著，《中國女性史資料の研究──「女四書」と「新婦譜」三部書》（日本：明治書院，昭和 61 年）。

圖畫，以達到不斷於生活薰習禮教的目的。顧炎武對此即指出：

> 古人圖畫皆指事為之，使觀者可法可戒。上自三代之時，則
> 周明堂之四門墉，有堯舜之容，桀紂之象，有周公相成王，
> 負斧扆，南面以朝諸侯之圖。楚有先王之廟及公卿祠堂，圖
> 畫天地山川神靈，琦瑋僑佹，乃古賢聖怪物行事。秦漢以下
> 見于史者，如《周公負成王圖》、《成慶畫》、《紂醉踞妲
> 己圖》、屏風圖畫列女、戴逵畫《南都賦圖》之類，未有無
> 因而作，逮乎隋唐，尚沿其意。㉔

漢時常於殿門、壁上、屏風畫上忠臣、義士之圖，以期勉臣子。如
廣川王劉去「其殿門有成慶畫，短衣大綺長劍，去好之，作七尺五
寸劍，被服皆效焉」㉕，成慶，晉灼認為是荊軻，顏師古則認為是
古之勇士。不論如何，廣川王將歷史中傳說的俠義人物畫於殿門之
上，並且衣服、配劍皆仿效之，可見對其人的欽慕之情，也可以看
出人物畫所具有的感染力，和教化義涵。期勉忠孝的畫，於武帝賜
給霍光周公負成王圖的事件中表露無遺。戾太子敗後，武帝年老，
趙倢伃之子年尚八歲，武帝耽心外戚干政，賜死趙倢伃，欲以霍光
輔政，於是：

㉔　顧炎武著，黃汝成集釋，《日知錄集釋》（長沙：岳麓書社，1996），卷 21
　　〈畫〉，頁 764。

㉕　《漢書》，卷 53〈景十三王傳〉，頁 2428。

> 上乃使黃門畫者畫周公負成王朝諸侯以賜光。後元二年春，
> 上游五柞宮，病篤，光涕泣問曰：「如有不諱，誰當嗣
> 者？」上曰：「君未諭前畫意邪？立少子，君行周公之
> 事。」㊱

武帝以周公負成王的畫期許霍光能如周公一般忠誠攝政輔佐昭
帝。㊲除了賢臣、義士畫外，亦有貪暴之君的圖畫，用以警惕後
人，如成帝時的屏風畫有商紂淫亂的行為：

㊱　《漢書》，卷 68〈霍光傳〉，頁 2932。

㊲　周公攝政輔成王的忠誠形象，深入人心，君王以之期許臣子能忠誠輔佐，王
　　莽篡漢，亦以周公輔相幼子的形象自居，甚至以周公居攝等問題來文飾其篡
　　逆之心（如趙翼，《廿二史箚記》（北京：中華書局，2001），卷 3〈王莽
　　引經義以文其奸〉，頁 74-75），因此有關周公是否踐祚稱王的問題，成為經
　　學上重要的議題。周公是否踐祚稱王的問題歷來聚訟紛紜，在周秦及早期漢
　　代文獻中，或有稱周公輔相成王，或有稱踐祚，或有稱攝政、攝位者，然而
　　尚未形成重大爭論。王莽篡漢，並以周公形象自居，將此問題尖銳化，宋人
　　重於君臣大義，對王莽之行徑提出嚴厲批評，並否認周公曾稱王之事。清人
　　則謂宋人昧於君臣大義而不知變通，認為周公確曾因時勢之需要而踐祚稱
　　王。今人或承宋人之見或承清人之見而有不同的發揮。詳參陳夢家《尚書通
　　論》（北京：中華書局，1985）、屈萬里，《尚書釋義》（臺北：華岡，
　　1968）、〈所謂周公旦踐祚稱王問題敬復徐復觀先生〉，《東方雜誌》，7
　　卷 7 期。程元敏〈論尚書大誥諸篇『王曰』之王非周公自稱〉上、下，《孔
　　孟學報》，28、29 期，1974 年 9 月、1975 年 4 月，頁 113-138、157-182。
　　徐復觀，〈與陳夢家屈萬里兩先生商討周公旦曾否踐祚稱王的問題〉，《兩
　　漢思想史》，卷 1（臺北：學生書局，1990），頁 420-456。徐復觀，〈有關
　　周公踐祚稱王問題的申復〉，《兩漢思想史》，卷 1，頁 457-480。

時乘輿幄坐張畫屏風，畫紂醉踞妲己作長夜之樂。上以伯新
起，數目禮之，因顧指畫而問伯：「紂為無道，至於是
虖？」伯對曰：「《書》云：『乃用婦人之言』，何有踞肆
於朝？所謂眾惡歸之，不如是之甚者也」，上曰：「苟不若
此，此圖何戒？」伯曰：「『沈湎于酒』，微子所以告去
也；『式號式謼』，〈大雅〉所以流連也。詩書淫亂之戒，
其原皆在於酒」。上乃喟然歎曰：「吾久不見班生，今日復
聞讜言」，放等不懌，稍自引起更衣，因罷出。㉒㉘

　　生活起居的屏風上赤裸畫著紂王和妲己的淫亂行為，成帝亦明白此
圖的目的在於勸戒帝王，以避免遺留無道之惡名於後世。班伯並借
機引詩勸諫成帝勿沈湎於酒樂，成帝因此若有所感，引起張放等人
的不快而離席。暴君的惡行畫於起居之所，一方面能使人君時時警
惕，殷鑑在前，不使自已亦陷於惡名中；同時，亦給臣子勸諫君主
營造了唾手可得的素材。日常起居之場所的歷史人物畫，使得居處
其中者，時時存在於歷史所遺留的教化氛圍中，在覺與不覺之間，
對身心造成深刻影響。

　　生活場域的歷史人物畫除了以忠孝、俠義等事蹟外，對於婦教
亦發揮十分重要的功能。前已提及孝成班倢伃、大將軍梁商之女順
烈梁皇后時時將列女圖置於左右作為行為的借鏡。將列女故事繪成
圖，置於起居之所，以隨時作為警惕和砥礪自我之用，在貴族婦女
絕非少數現象。據《漢書‧藝文志》儒家類，所載劉向所序六十七

㉒㉘　《漢書》，卷100上，〈敘傳〉，頁4201。

篇中,其中包含《列女傳頌圖》㉒,可見《列女傳》流傳於世是有附圖的。《後漢書·宋弘傳》:

> 弘嘗讌見,御坐新屏風,圖畫列女,帝數顧視之。弘正容言曰:「未見好德如好色者」,帝即為徹之。笑謂弘曰:「聞義則服,可乎?」對曰:「陛下進德,臣不勝其喜」。㉓

東漢開國初年,皇帝即以列女圖畫置於起居場所的屏風上,由宋弘的反應可以看出,其中所畫的列女故事,除了正面的婦女形象外,亦包含了負面淫亂的婦女形象,圖畫可能相當直接而赤裸,反而引起皇帝的興趣而頻頻觀看,與教化的本義背道而馳,宋弘只得正色以好德不好色勸諫帝王。

除了先朝的名臣節烈婦女外,有時亦畫當朝的人物典故,這種當朝的名臣節婦畫,除了一樣具有褒揚的效果外,還深具政治權力的展現及收買人心的作用。在歷史人物畫盛行的時代,將某人之畫置於廟堂之上,其所具有的典範及不朽的意義,將使得臣子產生極大的效忠感和向心力,如:

> 日磾母教誨兩子,甚有法度,上聞而嘉之。病死,詔圖畫於甘泉宮,署曰「休屠王閼氏」。日磾母見畫常拜,鄉之涕

㉒ 《漢書》,卷30〈藝文志〉,頁1727。
㉓ 《後漢書》,卷26〈宋弘傳〉,頁904。

泣，然後乃去。❷㉛

金日磾的母親教子圖被畫於甘泉宮，供人瞻仰，為母儀典範，除了反映帝王對金日磾的拉攏和喜愛外，也反映了當時將具典範性的婦女圖置於身邊，以利教化的傳統。除了婦女外，當朝名臣在皇帝收買人心的考量下，亦圖畫於宮室，如宣帝時：

> 甘露三年，單于始入朝。上思股肱之美，乃圖畫其人於麒麟閣，法其形貌，署其官爵姓名。雖霍光不名，曰大司馬大將軍博陸侯姓霍氏，次曰……。皆有功德，知名當世，是以表揚之，明著中興輔佐，列於方叔、召虎、仲山甫焉。凡十一人，皆有傳。❷㉜

方叔、召虎、仲山甫皆是輔佐周宣王中興的名臣，宣帝欲中興漢室，圖畫十一名臣於未央宮與方叔、召虎、仲山甫等歷史上著名的佐國大臣併列，除了展現宣帝旺盛的企圖心，亦對大臣起了極大的嘉勉和收攬的功效。這在成帝時西羌來犯，成帝為了使趙充國能確實效忠，命黃門郎在原有未央宮名臣圖上的趙充圖畫上再加上頌辭，此舉把皇帝為當朝名臣作畫的心理呈現的十分明顯。❷㉝東漢時此種現象依然存在，明帝時「追感前世功臣，乃圖畫二十八將於南

㉛　《漢書》，卷68〈金日磾傳〉，頁2960。

㉜　《漢書》，卷54〈蘇武傳〉，頁2469。

㉝　《漢書》，卷69〈趙充國〉，頁2994-2995。

宮雲臺，其外又有王常，李通、竇融、卓茂合三十二人」❷、靈帝時「圖畫廣及太尉黃瓊於省內，詔議郎蔡邕為其頌云」❷、「詔東觀畫彪以勸學者」❷；當時陽球上書進言「鴻都文學樂松等三十二人圖象立贊，以勸學者」，所畫之人名實不符，學識人品引人非議，希望能加以廢除，以彰明太學、東觀的教化。❷從以上所列來看，畫像所在的場所從西漢的未央宮、東漢的南宮雲臺、省內、東觀乃至太學，畫於門、戶、壁上、屏風……的人物畫，時時出現於生活場域之中，對居處其中者，發生著時時刻刻、綿綿密密的薰習和影響。

除了廟堂宮室常畫有名臣、節婦的畫象以警策世人，讓國君動鑒得失外，祠堂亦往往有畫像，將忠孝節烈的歷史典故摹刻於石上，教育和勸戒後人。有關女教的畫像石多以三代重要的女性先祖等母教主題或節烈故事為主，其中又以東漢晚期武氏家族墓地祠堂最具代表性。❷武梁三祠除了東王母、西王公、三皇五帝及孔門事

---

❷　《後漢書》，卷 22〈朱景王杜馬劉傅堅馬列傳〉，頁 789-790。又見於《後漢書》，卷 24〈馬援列傳〉，頁 851-852：「圖畫建武中名臣、列將於雲臺」。

❷　《後漢書》，卷 44〈胡廣傳〉，頁 1511-1512。

❷　《後漢書》，卷 80 下〈文苑列傳·高彪〉，頁 2652。

❷　《後漢書》，卷 77〈酷吏列傳〉，頁 2499。

❷　有關武梁祠研究，詳參張從軍，《黃河下游的漢畫像石藝術》（濟南：齊魯書社，2004）。瞿中溶著，《漢武梁祠畫像考》（北京：北京圖書館出版社，2004）。Wu Hung, *The Wu Liang Shrine: The Ideology Of Early Chinese Pictorial Art* (Stanford: Stanford University Press, 1989)，莊英炬、吳文祺著，《漢代武氏墓群石刻研究》（濟南：山東美術出版社，1995），邢義田，〈評武氏祠研究的一些問題——巫著〈武梁祠——中國古代圖象藝術的意識

蹟外，又有生動的孝義故事❷，忠臣俠義事蹟。❷婦女的節烈故事
有：京師節女、齊義繼母、梁節姑姐、楚昭貞姜、魯義姑姐、秋胡
妻、梁高行、鍾離春等。全出自《列女傳》故事，所列故事中貞順
傳有二則，楚昭貞與楚昭王出遊，因故留於漸臺，大水至，使者未
持符，貞姜不肯隨行而淹死，是守義死節的典範。又如梁寡高行，
夫死後為拒絕梁王逼嫁，而自毀容貌，守節不嫁的故事。此則故事
同時出現於武梁祠及武開明祠中，反映出希望婦女守節撫孤的期
望。武梁祠畫像中的列女事蹟出於《列女傳》之〈節義傳〉最多，
魯義姑姐於危難時捨棄自己的孩子而保全了兄長的孩子，齊義繼母
不偏私己子而守護前妻之子、梁節姑姐於大火中本欲先救兄之子卻
誤救已子，最後為了表明自己的無私，投火而死。京師節女因丈夫
有讎家，找不到機會復讎而挾持節女的父親，節女受困於父與夫的
恩義之間，最後選擇以自己生命為代價，成全了父與夫。幾則故事
均在彰顯捨私愛而成全道義的精神，對於家族的和諧與凝聚具有十
分重要的意義，因此特別被強調。至於魯秋潔婦故事，亦在傳達婦
女守節、孝順翁姑，不事二夫等精神。〈辯通傳〉的齊鍾離春，傳
達出婦女不當一意以色事人，而要使夫君好德不好色，成全丈夫的

型態〉和蔣、吳著〈漢代武氏墓群石刻研究〉讀記〉，《新史學》，8 卷 4
　　期，1997 年 12 月，頁 187-216。

❷　如丁蘭刻木、老萊子娛親、閔子騫敬事後母、曾參孝母、邢渠哺父、伯俞傷
　　親、董永佣耕養父、孝子魏湯、湯作雍義漿、孝孫原毂、三州孝人、休屠王
　　敬母等事。

❷　如荊軻刺秦王、專諸刺僚、轟政、豫讓、王慶忌、范且、藺相如、曹沫等
　　事。

德性。反映出《列女傳》及列女圖在漢代已深入人心，成為女教的重要範本。

圖一　武梁祠畫像位置圖

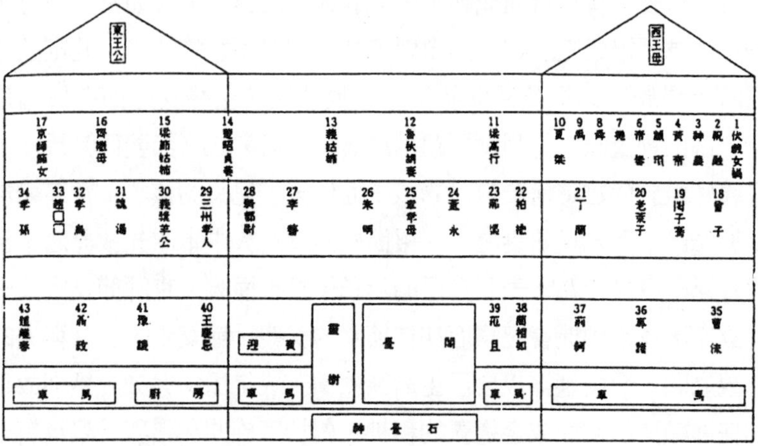

東王公　　　　　　　　　　　　　　西王母

第一列：
17 京師節女　16 齊繼母　15 梁節姑姊　14 聖昭貞姜　13 義繼　12 魯秋潔婦　11 梁高行　10 夏桀　9 紂　8 舜　7 堯　6 顓頊　5 黃帝　4 神農　3 帝嚳　2 祝融　1 伏羲女媧

第二列：
34 孝孫　33 趙□□　32 孝烏　31 蔡湯　30 義繼萃公　29 三州孝人　28 鞔郡尉　27 李善　26 朱明　25 靈帝母　24 蓳永　23 邢渠　22 柏□　21 丁蘭　20 老萊子　19 閔子騫　18 曾子

第三列：
43 姐趙苳　42 高政　41 豫讓　40 王歷忌　（渭貢謝　靈謝　曼闓　闓）　39 孔且　38 趙相如　37 荊軻　36 草措　35 曹沫

底層：車馬　廚房　車馬　車馬　車馬

神鼎石

資料來源：張從軍，《黃河下游的漢畫像石藝術》。

圖二　山東嘉祥武梁祠後壁的梁高行圖

資料來源：信立祥，《漢代畫像石綜合研究》。

圖三 山東嘉祥武梁祠東壁的鍾離春圖

資料來源：信立祥，《漢代畫像石綜合研究》。

圖四 山東嘉祥武梁祠西壁的夏桀圖

資料來源：信立祥，《漢代畫像石綜合研究》。

圖五　山東嘉祥武梁祠西壁的荊軻刺秦王圖

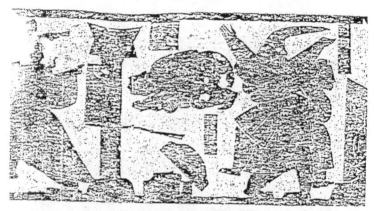

資料來源：信立祥，《漢代畫像石綜合研究》。

圖六　山東嘉祥武梁祠西壁的孝子丁蘭圖

資料來源：信立祥，《漢代畫像石綜合研究》。

第五章
秦漢貴族婦女
參與禮儀工作及職掌
——以《周禮》為核心進行論述

　　《周禮》一書女性所參與的工作十分多，職掌的範圍亦廣，祭祀、喪葬、釀酒、桑蠶、農事、巫術……等，然而細究起來婦女究竟在其中扮演什麼樣的角色，地位如何，在當時的文化背景下，其所職掌的工作有何限制與特色，是一個值得深入探究的問題，此一方面可以看出當時對婦女的屬性與地位的思考，另一方面亦可以放在歷史的脈絡下作對比的參照。

一、宮中婦女的桑蠶、女工

(一) 春蠶爲神聖的繁育儀典

　　有關婦女的職司，以織絍最具象徵意涵。織絍具有深刻的參

贊陰陽化育的功效，在神話形象中，婦女透過織紝以參與世界之創
造❶，貴族婦女的春蠶工作為神秘之儀典，與帝王籍田禮相對應，
籍田禮本身即具有濃厚的農耕繁育巫術的特性，透過天子與地母的
結合儀式，使農產生養不息。❷王后的春蠶禮亦為春季時重要的繁
育巫術❸，春蠶禮中不論就季節、桑林、蠶種均與繁育意象密切相

---

❶ 小南一郎將西王母的形象與織女連結，西王母戴勝為其身份重要象徵，同時
亦表現了其所具有的神話機能與力量，而「西王母礦上所戴的『勝』與織機
的『滕』有深刻關係，那麼這種服飾即表示它本身與養蠶紡織有密切的關
係。」同時西王母的祭拜與織女祭拜均與神秘數字「七」有密切關係。而七
與月亮週期、女性生育力有密不可分的關係，《黃帝內經‧素問》女子生理
周期以七為度。有關織女、西王母與七的關係及神話象徵，詳參小南一郎
著，孫昌武譯，《中國的神話傳說與古小說》（北京：中華書局，1993），
〈西王母與七夕文化傳承〉，頁 1-128。

❷ 葉舒憲認為籍田禮為遠古聖婚儀式在後代的象徵變體，「『躬耕帝籍』絕不
像後人理解的是出於勤勉或為農人們做表率，而是身為天子者代表陽性天父
同地母結合，促進大自然生殖力旺盛」、「籍田禮的核心行為『躬耕』則是
與地母交配的象徵。」詳參《高唐神女與維納斯》（北京：中國社科院，
1997），頁 146、147。楊寬，《西周史》（臺北：臺灣商務，1999）〈「籍
禮」新探〉，頁 257-270，從貴族階層的統治手段著眼，認為籍禮乃「由於貴
族侵佔原來村社中的「公田」，並迫使原來村社成員進行無償的勞動。」應
是原始祭儀落到政治現實後的發展。

❸ 天子與后，男耕、女織，以象徵男女不廢其業，陰陽各得其所。文獻中往往
將二者併舉，如《孟子》，卷 6 上〈滕文公〉，頁 109：「禮曰諸侯耕助以
共粢盛，夫人蠶繅以為衣服」、《穀梁傳》，卷 4〈桓公十四年〉，頁 40-
41：「天子親耕以共粢盛，王后親蠶以供祭服。」《公羊傳》，卷 5〈桓公
十四年〉，頁 65，何休解詁：「禮，天子親耕東田千畝，諸侯百畝，后夫人
親西郊采桑，以共粢盛祭服。」王后為陰教、母道的代表，當王后躬桑、養
蠶進行象徵儀式，其他婦女亦隨之進行春季之蠶事。

關，儀式過程中充滿神秘性。

先就季節來看，《禮記·月令》認為蠶事集中在季春時：

> 是月也，命野虞無伐桑柘，鳴鳩拂其羽，戴勝降于桑，具曲
> 植籧筐。后妃齋戒，親東鄉躬桑，禁婦女毋觀，省婦使以勸
> 蠶事。蠶事既登，分繭稱絲效功，以共郊廟之服，無有敢
> 惰。❹

《周禮·天官·內宰》：

> 中春，詔后帥外內命婦始蠶于北郊，以為祭服。❺

勸蠶事於萬物繁育滋長的春季，〈祭義〉認為始於「大昕之朝」，
鄭注為：「季春朔日之朝」，〈月令〉認為值季春之時；《大戴禮
記·夏小正》亦曰三月「妾子始蠶」❻，與〈天官·內宰〉中春二
月之說略有差距。❼中春在〈地官·媒氏〉是個「會男女」的季
節，〈大戴禮記·夏小正〉亦認為是「冠子、娶婦之時」，《禮

---

❹　《禮記》，卷 15〈月令〉，頁 304。

❺　《周禮》，卷 7〈天官·內宰〉，頁 113。

❻　《大戴禮記解詁》，卷 2〈夏小正〉，頁 34。

❼　熊安生認為《周禮·夏官·馬質》提及二月浴種，然而〈祭義〉又提及季春
　　浴種，因此是二浴蠶種，孔穎達亦採此說，認為：「仲春既帥命婦躬桑浴
　　種，至季春又更躬浴蠶也」，然而此說有不少質疑，詳參孫詒讓《周禮正
　　義》，卷 13〈天官·內宰〉，頁 528-529。

記·月令》認為是祠高禖求子的季節，三月又有上巳節，是袚除、
會男女、求子的儀典❽，總之，春季與婚姻、求子關係密切。在春
禜禮中佔有重要地位的桑樹、桑林具有通天的神秘功能，與社相
關，同時社與土神信仰、男女冶游、生育、求雨關係密切❾；禜

---

❽ 上巳節含有濃厚的繁育巫術意涵，不論就其季節為春季、水的意象、浮卵等
習俗、男女交遊均與春季繁育密切相關。有關上巳節的節慶內容，不是此處
討論的重點，且已有的研究成果已不少，詳參勞榦，〈上巳考〉，《中央研
究院民族學研究所集刊》，29 期，1970 年，頁 243-262。宋兆麟，《中國生
育、性、巫術》（臺北：漢忠出版社，1997）。朱曉海，〈漢賦漢俗互注示
例並推論〉，《清華學報》，新 30 卷 2 期，2000 年 6 月。孫作雲，《詩經
與周代社會研究》（北京：中華書局，1996），〈關於上巳節（三月三日）
二三事〉，頁 321-331。

❾ 宋社桑林，以桑樹而得名，桑樹在巫術中有通天的效果，張光直，《中國青
銅時代》第二集（臺北：聯經，2001），〈商代的巫與巫術〉，頁 55 指出：
「桑林所以為聖地，自然是因為它有通天的桑樹」、「所以巫師通神的儀
式，有時是藉桑樹的神聖性質而進行的；《離騷》描寫巫師遊行天界，到處
經過桑樹，也是這個道理。」宋社桑林，亦是著名的湯禱雨所在，詳參陳奇
猷，《呂氏春秋校釋》（臺北：華正書局，1985）卷 9〈順民〉，頁 479、孫
詒讓，《墨子閒詁》（北京：中華書局，2001），卷 8〈明鬼下〉，頁 229，
及劉文典，《淮南鴻烈集解》（北京：中華書局，1989）卷 9〈主術〉，頁
276，卷 19〈脩務〉，頁 632。求雨與陰陽、男女諧和密切相關，如《春秋繁
露·求雨》之法中有令夫婦偶處，《後漢書》，卷 61〈周舉傳〉，頁 2025
周舉將大旱原因歸咎於婚姻失時、夫婦不協調。桑林同時也是男女相會遊冶
之所，詳參朱自清、郭沫若、吳晗、葉聖陶等編，《聞一多全集》（一）
（臺北：里仁書局，1993）〈高唐神女傳說之分析〉，頁 99、陳夢家，〈高
禖郊社祖廟通考〉，《清華學報》，第 12 卷第 3 期、楊儒賓，〈吐生與厚德
——土的原型象徵〉，《中國文哲研究集刊》，第 20 期（2002 年 3 月）、
陳炳良，《神話、禮儀、文學》（臺北：聯經，1985），〈中國古代神話新
釋兩則〉，頁 1-10。

種、育蠶等儀式亦與繁育巫術相關。❿行蠶事之空間、方位亦具象徵意涵，《禮記・祭統》言及天子與王后透過籍田與躬桑以事奉神明：

> 天子親耕於南郊，以共齊盛，王后蠶於北郊，以共純服。諸侯耕東郊，亦以共齊盛，夫人蠶北郊，以共冕服。天子、諸侯非莫耕也，天后、夫人非莫蠶也，身致其誠信，誠信之謂盡，盡之謂敬，敬盡然後可以事神明，此祭之道也。⓫

《白虎通・耕桑》：

> 王者所以親耕，后親桑何？以率天下農蠶也。天子親耕以供郊廟之祭，后親桑以供祭服。……耕於東郊何？東方少陽，

---

❿　有關獻蠶種等問題，詳下文。漢代祭先蠶以女性先祖為代表人物，如《漢舊儀》，卷下，頁 1，提及蠶神為「苑窳婦人、寓氏公主」。《路史》（臺北：臺灣中華書局，1965）〈后紀五〉，頁 10 提及黃帝之妃西陵氏曰儽祖，「西陵氏勸蠶嫁，月大火而浴種，夫人副褘而躬桑，乃獻蠶絲，遂稱織維之功，因以廣織，以給郊廟之服。」頁 13：「以其始蠶，故又祀先蠶」，以儽祖為蠶神。蠶與馬關係密切，《荀子集解》，卷 18〈賦篇〉，頁 478，「此夫身女好而頭馬首者與？」指出蠶頭似馬首。《周禮》，卷 30〈夏官・馬質〉，提及因蠶與馬同氣，物莫能兩大，故「禁原蠶」，以防止傷害馬之成長。《搜神記》中提及馬皮裹女象徵結合後，化為蠶的傳說。杜佑，《通典》（臺北：臺灣商務，1994），〈禮六〉，頁 264，注：「先蠶，天駟也」，王圻，王思義編輯，《三才圖會》（上海：上海古籍，1988）亦認為：「蠶神，天駟也」。蠶與馬均與農業生產有密切關係。

⓫　《禮記》，卷 49〈祭統〉，頁 831。

農事始起。桑於西郊何？西方少陰，女功所成。⓬

四方依陰陽分為東、南（陽），西、北（陰），並於其中再分太陽、
少陽、太陰、少陰以應對於不同性別、身份階級的行禮方位。南郊
與東郊皆屬陽位，天子於南郊祭天⓭、籍田，迎春於東郊⓮，東郊
又屬少陽為諸侯親耕之所。⓯北郊屬陰位，為迎冬之所⓰，后為太
陰故居於北方躬桑，至於諸侯、夫人則退於少陽、少陰之位行
禮。⓱象徵男職之農事及象徵女織之躬桑，各因其陰陽屬性而定其
方位。但就文獻來看，〈月令〉記后於西郊東鄉躬桑，與〈內宰〉
置於北郊，二說不同。至於夫人本應於西郊少陰之位躬桑，〈祭
統〉仍定於北郊，鄭玄認為是「婦人禮少變」的原因使然。⓲不論

⓬ 《白虎通疏證》，卷 6〈耕桑〉，頁 276-277。

⓭ 《禮記》，卷 26〈郊特牲〉，頁 497：「大報天而主日，兆於南郊，就陽位
也。」

⓮ 《禮記》，卷 14〈月令〉，頁 286：「立春之日，天子親率三公、九卿、諸
侯、大夫以迎春於東郊。」

⓯ 《禮記》，卷 49〈祭統〉，頁 831，鄭注：「東郊，少陽，諸侯象也。」

⓰ 《禮記》，卷 17〈月令〉，頁 341：「立冬之日，天子親率三公、九卿、大
夫，以迎冬於北郊。」

⓱ 《禮記》，卷 49〈祭統〉，頁 831，鄭注：「夫人不蠶於西郊，婦人禮少變
也」，孔穎達對此加以說明：「天子太陽故南也，諸侯少陽故東也，然籍田
並在東、南，故王言南，諸侯言東」、「后太陰故北，夫人少陰故合西郊，
然亦北者，婦人質，少變，故與后同。」

⓲ 經生說法落於現實中往往有出入，如《晉書》，卷 19〈禮志〉，頁 590：
「周禮，王后帥內外命婦蠶於北郊，漢儀，皇后親桑東郊苑中，蠶室祭蠶
神……魏文帝黃初七年正月，命中宮蠶於北郊，依周典也。」然而據《晉
書》，卷 14〈禮志〉，頁 355，晉武帝太康六年則蠶於西郊，「與籍田對其

是西郊或北郊，均被分劃屬於陰的性質，正好與天子屬陽相對應。
太陽、太陰，少陽、少陰與宇宙生化陰陽配屬相應合，亦可見其繁
育創生的性質。

躬桑、育蠶種等工作的神秘性，如《禮記·祭義》：

> 古者天子諸侯，必有公桑、蠶室，近川而為之。築宮仞有三
> 尺，棘牆而外閉之。及大昕之朝，君皮弁素積，卜三宮之夫
> 人世婦之吉者，使入于蠶室，奉種浴于川；桑於公桑，風戾
> 以食之。
>
> 歲既單矣，世婦卒蠶，奉繭以示于君，遂獻繭于夫人。夫人
> 曰：「此所以為君服與？」遂副褘而受之，因少牢以禮之。
> 古之獻繭者，其率用此與？及良日，夫人繅，三盆手，遂布
> 于三宮夫人、世婦之吉者，使繅，遂朱綠之、玄黃之，以為
> 黼黻文章，服既成，君服以祀先王先公，敬之至也。❶❾

奉蠶種及獻繭、製衣的過程充滿神聖性，蠶室以棘牆與外界區隔，
防止外界的侵擾，在特定的季節、方位、良辰吉日進行桑蠶禮，並
須占卜後宮之吉人來養蠶，參與桑蠶者須穿著法服，夫人須於獻繭
時穿著法服並以少牢祭祀蠶神後，才占卜選出後宮吉祥婦女進行取

方也」，《宋史》卷 102〈禮志·先蠶〉，頁 2493：「周禮『蠶於北郊』以
純陰也，漢蠶於東郊，以春桑生也」，至於晉武帝時時蠶於西郊，與籍田相
對，亦屬陰，皆可找到合理的解釋。《隋書》，卷 7〈禮儀志〉，頁 145：
「周禮王后蠶於北郊，而漢法皇后蠶於東郊」，皆為其例。

❶❾ 《禮記》，卷 48〈祭義〉，頁 819。

絲工作。唯有在處處謹慎與神聖氛圍中，所作成的衣裳才能在祭祀時成為法服，具有神聖的感應功能。

春時躬桑、親蠶的儀式為國家重要的象徵儀典，因此屢被提及，《漢舊儀》對皇后率群妃春桑之事有詳細記載：

> 皇后春桑皆衣青，手采桑以繰，三盆繭，示群臣妾從。春桑
> 生而皇后親桑於苑中，蠶室養蠶千薄以上，祠以中牢羊豕，
> 祭蠶神曰苑窳，婦人寓氏公主凡二神，群臣妾從桑，還獻於
> 繭觀，皆賜從采桑者樂皇后自行，凡蠶絲絮織室以作祭服。
> 祭服者，冕服也，天地、宗廟、群神、五時之服，皇帝得以
> 作繡縫衣，皇后得以作巾絮而已。置蠶官令丞，諸天下官下
> 法皆詣蠶室，與婦人從事，故舊有東西織室作治。❷⓿

又如蔡邕所作〈司徒袁公夫人馬氏碑〉贊美馬氏「供治婦業，孝敬婉孌，畢力中饋，後生仰則」，尤其點出馬氏：「不出其機」而能化導子女、媳婦，使得「童子無驕逸之尤，婦妾無拾力之愆」，終能得到福祿，能「朝春政于王室，躬桑繭於蠶宮」❷❶，朝春政、躬桑繭於此處顯然指貴族婦女身份的象徵。又如魏的韋誕〈皇后親蠶頌〉特別提及：「命皇后親蠶，俾躬桑於外坰」，其他貴族婦女「采柔條于公桑，嬪妾肅以蒞事。職蠶植而承筐，供副褘之六

---

❷⓿　《漢舊儀》，卷下，頁 1。

❷❶　《全上古三代秦漢三國六朝文‧全後漢文》，卷 77〈蔡邕‧司徒袁公夫人馬
　　氏碑〉，頁 890。

服」❷，桑蠶之事亦為皇后以下的貴族婦女參與的最重要工作。後代正史之禮志中往往參酌禮書，及漢魏故事以言桑蠶之禮，如《晉書》，卷十九〈禮志〉對躬桑禮之禮所述極為詳細，茲錄於下：

> 於是蠶於西郊，蓋與藉田對其方也。乃使侍中成粲草定其儀。先蠶壇高一丈，方二丈，為四出陛，陛廣五尺，在皇后採桑壇東南帷宮外門之外，而東南去帷宮十丈，在蠶室西南，桑林在其東。取列侯妻六人為蠶母。蠶將生，擇吉日，皇后著十二笄步搖，依漢魏故事，衣青衣，乘油畫雲母安車，駕六騩馬。女尚書著貂蟬佩璽陪乘，載筐鉤。公主、三夫人、九嬪、世婦、諸太妃、太夫人及縣鄉君、郡公侯特進夫人、外世婦、命婦皆步搖，衣青，各載筐鉤從蠶。先桑二日，蠶宮生蠶著薄上。桑日，皇后未到，太祝令質明以一太牢告祠，謁者一人監祠。祠畢撤饌，班餘胙於從桑及奉祠者。皇后至西郊升壇，公主以下陪列壇東。皇后東面躬桑，採三條，諸妃公主各採五條，縣鄉君以下各採九條，悉以桑授蠶母，還蠶室。事訖，皇后還便坐，公主以下乃就位，設饗宴，賜絹各有差。❷

可見桑蠶之事為宮廷后妃、王室女眷、公侯夫人……等均須共同參

---

❷　《全上古三代秦漢三國六朝文·全三國文》，卷 32〈魏·韋誕·皇后親蠶頌〉，頁 1236。

❷　《晉書》，卷 19〈禮志〉，頁 590-591。

與之事，並擇列公侯妻之吉者象徵蠶母。衣之服色、祭之時辰、先蠶壇之形制、祭祀時面向之方位等皆有講究，儼然為春時婦女之盛事。

(二) 祭服供給

〈祭義〉中婦女桑蠶所得之成品主要提供祭服所須，《穀梁傳》提及：「王后親蠶以供祭服」❷，婦女透過織絍以成就法服，以利於在祭祀時和先祖溝通。春季養蠶，孟夏時則：

> 蠶事畢，后妃獻繭，乃收繭稅，以桑為均，貴賤長幼如一，以給郊廟之服。❷

前已提及不論身份尊卑，宮中婦女均須參與桑蠶事宜，皇后須行親蠶禮，宮女更須不斷從事養蠶、取絲、供衣裳的工作。〈天官·內宰〉職掌宮內婦女事務，對於織絍之推廣不遺餘力，並且透過查核制度，以進行獎懲，達到落實的功效：

> 以婦職之灋教九御，使各有屬，以作二事，正其服，禁其奇衺，展其功緒。……中春詔后帥外內命婦始蠶于北郊，以為祭服，歲終則會內人之稍食，稽其功事，佐后而受獻功者，

---

❷　《穀梁傳》，卷 4〈桓公十四年〉，頁 40。
❷　《禮記》，卷 15〈月令〉，頁 308。

比其小大與其麤良而賞罰之。㉖

所謂婦職，乃指「織、紝，組、紃，縫、線之事」㉗，至於二事則指絲枲之事，即〈大宰〉所司九職中之「七曰嬪婦化治絲枲」之事。〈內宰〉既言明「以婦職之灋教九御」，那麼九御以上是否可以不參與織紝之事？賈公彥贊成此說，認為「世婦以上貴，無絲枲等職業之法故也」。㉘世婦以上雖不直接從事絲枲二事，然而於織紝等事務中仍如前述須參與桑蠶有關的象徵儀典。

　　後宮婦女既以織紝為其最重要的工作，對於工作成果，亦須「以歲時獻功事」㉙，以接受考核。〈內宰〉重要職責之一即在對女工成品「比其小大與其麤良而賞罰之」。關於此〈天官·典婦功〉及〈典絲〉、〈典枲〉有較詳細的記載，〈典婦功〉：

> 掌婦式之灋，以授嬪婦及內人女功之事齎，凡授嬪婦功及秋獻功，辨其苦良，比其小大而賈之，物書而楬之，以其王及后之用，頒之于內府。㉚

此段引文有不少值得注意之處，首先從事婦功的婦女為嬪婦及內

㉖　《周禮》，卷7〈天官·內宰〉，頁113。
㉗　《周禮》，卷7〈天官·內宰〉，頁113，鄭注。
㉘　《周禮》，卷7〈天官·內宰〉，頁111，賈疏。
㉙　《周禮》，卷8〈天官·女御〉，頁122。
㉚　《周禮》，卷8〈天官·典婦功〉，頁123。

人，「嬪婦」為「九嬪、世婦」，「內人」應為「女御」。❸其次，獻功的時間在秋季。鄭玄認為「國中嬪婦所作，成即送之，不須獻功時」❸，賈公彥則認為據經文來看將「秋獻功」置於「受嬪婦功」之下，故秋獻功不包含嬪婦在內，然而據經義來看，此處仍應統合內外嬪婦來說，較為合理。❸第三，嬪婦所作之織紝成果入獻官府時，必須對其質地、品質、數量加以記錄，如〈典枲〉：「及獻功，受苦功以其賈楬而藏之」。❸所謂苦功，對比於良功而言，良功指絲功縑帛，苦功指麻功布紵之屬。楬指標識事物之小木樁❸，此處用以標識其所獻之數量及狀況。〈典絲〉則收良功並加以計載，其中亦提及「分別其縑帛與布紵之麤細，皆比方其大小，書其賈數而著其物」❸、「及獻功則受良功而藏之，辨其物而書其數，以待有司之政令，上之賜予」。❸第四、宮中婦女所獻之織紝成果，擇其品質良好者，供應王及后之服用。❸除了以審理婦女織紝狀況的官職外，〈內司服〉專門提供王后、外內命婦祭祀、賓

---

❸　《周禮》，卷 7〈天官・內宰〉，頁 113，鄭注。

❸　《周禮》，卷 8〈天官・典婦功〉，頁 123，鄭注。

❸　《周禮正義》，卷 14〈典婦功〉，頁 568。

❸　《周禮》，卷 8〈典枲〉，頁 124。

❸　如《周禮》，卷 36〈秋官・蜡氏〉，頁 549：「有死於道路者則令埋而置楬焉」，蜡氏負責收埋路倒而無人收理之屍體，並以木樁標識掩埋之處。

❸　《周禮》，卷 8〈天官・典絲〉，頁 123，鄭司農注。

❸　《周禮》，卷 8〈天官・典絲〉，頁 123-124。

❸　《周禮》，卷 8〈天官・典絲〉，頁 124，鄭注：「其良功者，典婦功受，以共王及后之用」，卷 8〈天官・典枲〉，鄭注亦相類。

客、喪禮之服，其配置為：「奄一人，女御二人，奚八人」。❸
〈縫人〉則主宮中縫線之事，其配置為：「奄二人、女御八人、女
工八十人、奚三十人」❹，除了奄人外，亦均以宮中婦女為之。

(三) 防止淫佚之心

　　春秋時期以婦道著名的魯敬姜曾點出織紝對於婦女教育的重要
性：

> 公父文伯退朝，朝其母，其母方績。文伯曰：「以歊之家而
> 主猶績，懼忓季孫之怒也，其以歊為不能事主乎！」其母歎
> 曰：「魯其亡乎！使僮子備官而未聞耶？居吾語女。昔聖王
> 之處民也，擇瘠土而處之，勞其民而用之，故長王天下。夫
> 民勞則思，思則善心生；逸則淫，淫則忘善，忘善則惡心
> 生。沃土之民不材，逸也；瘠土之民莫不嚮義，勞也。是故
> 天子大采朝日，與三公、九卿識地德……自庶人以下，明而
> 動，晦而休，無日以息。王后親織玄紞，公侯之夫人加以
> 紘、綖，卿之內子為大帶，命婦成祭服，列士之妻加以朝
> 服，自庶士以下，皆衣其夫。社而賦事，蒸而獻功，男女效
> 績，愆則有辟，古之制也。君子勞心，小人勞力，先王之訓
> 也。自上以下，誰敢淫心舍力？今我，寡也，爾又在下位，
> 朝夕處事，猶恐忘先人之業。況有怠惰，其何以避辟！吾冀

---

❸　《周禮》，卷1〈天官〉，頁19。
❹　《周禮》，卷1〈天官〉，頁19。

> 而朝夕修我曰：「必無廢先人」，爾今曰：「胡不自安」，
> 以是承君之官，余懼穆伯之絕嗣也。」仲尼聞之曰：「弟子
> 志之，季氏之婦不淫矣。」❹

魯敬姜指出聖王治道的核心精神在於使臣民勞而不淫，各安其位，男女分職。男子由天子而至於庶民，晝夕各司其職，無使淫佚。女子則由王后以至庶民之妻，皆致力於織績，透過對女工的專注，避免因放佚閒散而導致淫欲念想❹，而達到不惰、無辟的婦德要求。魯敬姜乃為魯國貴族婦女知禮的象徵，其對婦職之態度，深得孔子贊許，對其評語為「不淫」。於此可見春秋時期，即使是貴族婦女，織紝亦被視為重要女職，透過織紝，婦女參與生產與創造，一方面達於供給祭服、常服的實際用途（衣於夫），更重要的是透過織紝馴服心性，使織紝與婦德密切相關。透過織紝可使婦女處於勞動狀態，透過不斷的勞動以消弭淫佚之心。

漢時未央宮有東、西織室，專門負責「奉宗廟之服」❹，其中人數眾多，根據元帝時貢禹上奏：「故時齊三服官輸物不過十笥，方今齊三服官作工各數千人，一歲費數鉅萬……東西織室亦

---

❹　《國語》，卷 5〈魯語下·公父文伯之母論勞逸〉，頁 205-208。

❹　喬治·巴塔耶（Georges Bataille），指出情色的享樂是一種消耗，與勞動、積累的性質背反，妓女的媚惑力尤其來自其無所事事的閒暇特質，現實的勞動將使性欲望和性吸引力降低，詳參劉暉譯，《色情史》（北京：商務印書館，2004），〈賣淫與無所事事〉，頁 122-124。

❹　《漢書》，卷 27 上〈五行志〉，頁 1331。《漢書》，卷 8〈宣帝紀〉，頁 252，應劭注「舊時有東西織室，織作文繡郊廟之服」。

然」❹，三服官主要供應天子之服❺，人數已達數千人。至成帝「河平元年省東織，更名西織為織室」。❻東漢時明德馬皇后「乃置織室，蠶於濯龍中，數往觀視，以為娛樂」❼，濯龍為近北宮之園❽，將織室移至北宮近處，以利於獎勵蠶織之事。

除了宮中婦女，民間婦女之織紝亦為最重要之女職，《周禮·地官·鄼長》工作之一即為「趨其耕耨，稽其女功」❾，鄼長為地方行政長官，五鄼為一鄙，一鄙為五百家，賈疏謂：「此鄼長彌親民，故趨其耕耨，并稽考女功之事」。《漢書·食貨志》提及井田制之理想生活，其中言及：

> 春令民畢出在壄，冬則畢入於邑……所以順陰陽，備寇賊，習禮文也。春將出民，里胥平旦坐於右塾，鄰長坐於左塾，畢出然後歸，夕亦如之。入者必持薪樵，輕重相分，斑白不提挈。冬，民既入，婦人同巷，相從夜績，女工一月得四十五日，必相從者，所以省費燎火，同巧拙而合習俗也。男女有不得其所者，因相與歌詠，各言其傷。❿

---

❹ 《漢書》，卷 72〈貢禹〉，頁 3070。

❺ 同上，頁 3071，師古注。

❻ 《漢書》，卷 19 上〈百官公卿表〉，頁 732。

❼ 《後漢書》，卷 10 上〈皇后紀·明德馬皇后〉，頁 413。

❽ 《後漢書》，卷 10 上〈皇后妃·明德馬皇后〉，頁 410，注引。《資治通鑑》，卷 46〈肅宗孝章皇帝〉，頁 1480。

❾ 《周禮》，卷 15〈地官·鄼長〉，頁 237-238。

❿ 《漢書》，卷 24 上〈食貨志〉，頁 1121。

展現春耕、夏耘、秋收、冬藏順應自然節氣的農事生活，其中婦女最重要的工作即為織紝，所謂「女工一月得四十五日」，服虔曰：「一月之中，又得夜半為十五日，凡四十五日也」，即指婦女夜以繼日不斷地織績。〈鄭長〉稽核女工亦是在此勸勵婦績的背景下產生。

由上文所述可知，婦女的桑蠶為春季繁育巫術的神秘儀典，同時女工絲枲之事又直接關係祭服生產，祭服為溝通陰陽、神靈重要的法服，因此從桑園、養蠶、取絲諸過程均滿神聖性。也由於女工之事為婦職之首，並用以馴服身心，後宮婦女不論尊卑均須從事絲枲之事，使得婦女忙於織紝而不起淫心。為求確實落實，則有專屬官職負責獻功之事，並於獻功之後根據質量之良莠予以記錄，作為賞罰的依據。

二、宮中婦女於祭禮中所扮演的角色

要瞭解婦女與祭祀的關係，首先必須先釐清婦女所參與的祭祀活動有那些？其祭祀對象為何？然後再探討婦女在此中所從事的工作為何？且由於身份階級的差異，所能祭祀的對象和參與的事項亦不相同，以下試加以說明。

(一) 所參與的祭祀唯宗廟祭祀及內祭祀

根據《禮記·祭法》天子所祭群神有天、地、寒、暑、日、月、星、水旱、四方，以及山林、川谷、丘陵、雲、雨……等。除了自然界之神祇外，對於人鬼則設廟、祧、壇、墠，並有禘、郊、

祖、宗等宗廟大祭。除了大祭祀外，亦有小祭祀，王為群姓立七
祀，分別是戶、灶、中霤、門、行、泰厲、司命。❺至於婦女，就
《周禮》中述及婦女所參與的祭祀工作，範圍屬於內祭祀及宗廟祭
祀，這是在男主外、女主內的觀念下，婦人不掌外事的緣故。婦女
所祭僅宗廟祖先及一些室內神格較低的神祇，不參與天地山川社稷
的祭祀。〈春官·內宰〉：「大祭祀后裸獻則贊，瑤爵亦如之」，
鄭注：「謂祭宗廟，王既裸而出迎牲，后乃從後裸也」，鄭注將后
之大祭祀定義在宗廟之祭，賈公彥亦認為：「天地山川社稷等外
神，后夫人不與」，並且天地之祭祀無裸禮，此處言大祭祀而同時
具備裸禮儀式，無疑為祭宗廟儀式。❻〈春官·大宗伯〉：「大祭
祀，王后不與，則攝而薦豆籩徹」，大宗伯在王后無法參與祭祀的
狀況下攝行禮事，所謂大祭祀亦被解讀為宗廟之祭。❺在婦人無外
事的觀念下，婦女被限制在內祭祀的範圍下，即使貴為后、夫人所
參與的大祭祀唯僅宗廟而已，而不參與祭天地、山川、社稷等外神
的祭祀。

　　至於小祭祀，七祀之中，后是否完全參與？根據《周禮·春
官·女祝》：「掌王后之內祭祀，凡內禱祠之事」，后的祭祀與禱
祠被限定於「內」。對於內祭祀的定義，鄭玄的看法是：「內祭
祀，六宮之中竈、門、戶」，賈公彥加以解釋：

---

❺　　《禮記》，卷 46〈祭法〉，頁 801。

❻　　《周禮》，卷 7〈春官·內宰〉，頁 111，賈疏。

❺　　《周禮》，卷 18〈春官·大宗伯〉，頁 284，賈疏。

> 依〈祭法〉，王立七祀有戶、竈、中霤、門、行、泰厲、司
> 命，后亦與王同，今鄭直云內祭祀竈、門、戶者，以其婦人
> 無外事，無行與中霤之等，其竈與門、戶人所出入，動作有
> 由，后亦當祀之，故言竈與門、戶也。❺❹

> 小祭祀謂在宮中者，以其后無外事，故知謂宮中。宮中小祭
> 祀則〈祭法〉王立七祀，七祀之中行、中霤、司命、大厲是
> 外神，后不與，惟有門、戶、竈而已。❺❺

根據《禮記·祭法》所提及七祀，鄭玄謂「此非大神所祈報大事者
也，小神居人之間，司察小過作譴告者爾」，認為七祀對象乃是司
察人間之神，其中司命主宰「督察三命」，掌理人壽之事，亦因
人之行事善惡而報以年壽之短長。❺❻中霤主「堂室居處」，由於位
居房室之中央取天光，因此《釋名·釋宮室》註解「中央曰中
霤」❺❼，被認為是室中最重要而神聖的部分，也是神聖的通孔，因

---

❺❹　《周禮》，卷 8〈春官·女祝〉，賈疏，頁 122。

❺❺　《周禮》，卷 21〈春官·外宗〉，頁 331，賈疏。

❺❻　《禮記》，卷 46〈祭法〉，鄭注，頁 801-802。孔疏引〈援神契〉云：「命
　　有三科，有受命以保慶，有遭命以謫暴，有隨命以督行。受命謂年壽也，遭
　　命謂行善而遇凶也，隨命謂隨其善惡而報之。」

❺❼　中霤具有神聖的性質，因為它居中、取明（光），而且也是個神聖的通道，
　　伊利亞德（Mircea Eliade）指出：「在神聖圍牆中，為使與諸神的交通變成
　　可能，因此，必須要有一個向高處開的『門』，在那裡諸神可降到地上，
　　人也可象徵上昇到天上。很多宗教都有類似的情況，嚴格的說，教堂建構一
　　個通往高處的『開口』，並保證與諸神世界的交通。」〈神聖空間及世界之
　　神聖化〉（上），黃海鳴譯，《雄獅美術》，第 256 期，頁 113。

此死後「浴於中霤」。㊿由於中霤具有居中的性質,因此中霤亦主祭室中之土神。「家主中霤而國主社」㊾,將中霤與社對舉,均居於家、國之中,為家國神聖力量的根源。厲指厲鬼,即無人祭祀的野鬼,因無受血食而好作禍,因此以厲「主殺罰」。門、戶主「出入」,是出入的通道,具有儀式上重要的通過性質。⑩行主「道路

㊿　《禮記》,卷 51〈坊記〉,頁 869。《禮記》,卷 7〈檀弓〉,頁 136。

㊾　《禮記》,卷 25〈郊特牲〉,頁 489-490,鄭玄指出:「中霤亦土神也」,孔疏:「中霤謂土神,卿大夫之家主祭土神在於中霤……天子、諸侯之國主祭土神於社。」

⑩　伊利亞德指出門與戶具有普遍的神聖性質,與它是界於世俗和神聖場域的過渡性質有關:「一種類似的儀式功能也發生在人類住所的界面(門檻)上,這也就是為什麼這個界面能享有這種地位,人們對它行屈膝禮、或做一些俯伏的動作,或是用手恭敬的接觸。這門檻界面有許多『守衛』,有許多神或精靈防衛來自於人的惡意,防衛魔鬼的、瘟神的力量,同時,人們也在門前向保衛的諸神獻上犧牲祭品。某些古東方文化(如巴比倫、埃及、以色列)也是在門檻前設立審判。門檻(界面)、門,以一種立即的、具體的方式,指出了空間的連續性的中斷,這也彰顯了它的宗教重要性,因為它們整體均是『過渡』的乘具及象徵。」詳參〈神聖空間及世界之神聖化〉,前揭文。《聖與俗——宗教的本質》,頁 219-231。紐伊曼(Erich Neumann)也指出:「門作為入口和子宮,也是大母神的一個原始象徵……聖殿是洞穴在後來的發展,因而與房屋和庇護所一樣,是大女神的象徵,所以聖殿之門即是進入女神的入口;它是她的子宮,而人類無數的入口和門檻儀式都是女性這一神聖處所的表現。」詳參諾伊曼(Erich Neumann)著,李以洪譯,《大母神》(臺北:東方出版社,1998),頁 158。關於門戶的性質還可參考劉增貴,〈門戶與中國古代社會〉,《中央研究院歷史語言研究所集刊》第 68 本第 4 分,1997 年 12 月。王子今,《門祭與門神崇拜》(上海:上海三聯書店,1996)。門、戶亦牽涉身份轉變及邊緣狀態等問題,詳參李永熾,〈「異人」與日本精神史〉,《當代》83 期(1993 年 3 月),頁 20-27、84期(1993 年 4 月),頁 53-63、85 期(1993 年 5 月),頁 62-71。

行作」❻，即是掌道路之神，古人出門祭之以求路上平安。竈主
「飲食之事」，掌管食物的供應，被認為與女性神祇密切相關。❻
可以看出司命、厲、行、中霤其所掌之事均非婦人所職掌之事，而
門、戶後宮亦不能免，竈神和婦女掌烹、炊之事密切相關。故鄭玄
等認為七祀之中，后只參與竈、門、戶之祭，至於中霤、行、泰
厲、司命由於非婦人所主其事，故不歆其神。女性在祭祀對象上亦
呈現鮮明的內外、尊卑、職司之別。

---

❻　《禮記》，卷46〈祭法〉，鄭注，頁801-802。

❻　紐伊曼（Erich Neumann）指出：灶神象徵著營養的供應，同時也與女性營養
　　供應及生育的角色合一，「女性的統治地位被象徵地置于房屋的中心，這就
　　是爐灶，溫暖的、製作食物的地方，『灶台』那也是最初的聖壇」，「烤爐
　　的變形方面，與子宮變形的奧秘一樣，它也是生命變形的神聖容器。」詳參
　　《大母神》，頁 294-295。在中國灶神早期以婦人的形象出現，如郭慶潘，
　　《莊子集釋》（臺北：木鐸出版社，1988），卷 7 上〈達生〉，頁 652，透
　　過齊桓公與皇子告敖的對話，記載了當時齊國對鬼的想法，其中提及「竈有
　　髻」，司馬彪注云：「竈神，其狀如美女，著赤衣，名髻也。」竈神以女性
　　形象出現。又如《禮記》，卷 23〈禮器〉，頁 458：「燔柴於奧，夫奧者老
　　婦之祭也，盛於盆，尊於瓶。」孔穎達認為此處奧當為爨字之誤，炊神為老
　　婦。《五經異義》引及《大戴禮記·禮器》：「竈者老婦之祭」，今本《大
　　戴禮記》未見此文，然而亦可看出早期竈為老婦之祭的遺跡。漢代竈神究竟
　　為老婦或是祝融已發生爭議，如劉文典，《淮南鴻烈集解》（合肥：安徽大
　　學出版社、昆明：雲南大學出版社共同發行，1998），卷 13〈氾論訓〉，頁
　　466-467：「炎帝於火，死而為竈」，又如《五經異議》特別引《古周禮》
　　說：「顓頊氏有子曰黎，為祝融，祀以為竈神。」認為竈神為「王者所祭古
　　之有功德於人者，非老婦也」，鄭玄《駁五經異義》則認為：「竈神非祝
　　融，是老婦……祝融乃五祀之神，祀於四郊，而祭火神於竈，於禮乖也。」
　　詳參皮錫瑞，《駁五經異義疏證》（上海：上海古籍出版社，1995），卷
　　4，頁 167-169。

(二) 祭祀中所參與的工作

　　婦女在祭祀活動中所參與的工作受到很大的限制，凡牽涉與神靈直接溝通的聖事，均不見婦女參與。如掌管占卜之具的取得和保存的龜人之屬，占卜的執行過程如大卜、卜師、華氏等工作，乃至於占卜後之視兆等工作均不見女性參與，此當和婦女的禁忌有關。⑥婦女所參與的祭祀工作局限於齍盛和祭器等的洗濯和供應，薦、徹豆、籩，或是隨王行裸禮、獻尸酒等儀式。

1.祭祀粢盛之供應

　　婦女參與祭祀的主要工作為供應齍盛，由后、女官率六宮婦女及宮中奴婢一起從事。〈天官‧世婦〉：「掌祭祀、賓客、喪紀之事，帥女宮而濯漑為齍盛，及祭之日，涖陳女宮之具，凡內羞之物」⑥，又如〈春官‧世婦〉帥領眾宮女職掌的工作是：「及祭祀比其具，詔王后之禮事，帥六宮之人共齍盛」，所謂「比其具」，鄭注為：「具所濯漑及粢盛之爨」，世婦於祭祀中主要仍是負責洗濯祭器供應齍盛之事。而〈女御〉之職必須於祭祀中「贊世婦」，可以看出婦女在祭祀中所扮演的角色主要在供應齍盛。

　　齍盛之供應主要為宮廷中奴婢實際負責，官奴婢人數眾多，如漢時貢禹在上奏中提及漢代宮廷：「諸官奴婢十餘萬人戲遊亡事，

---

⑥　又如《左傳》，卷 15〈僖公二十二年〉，頁 249：「戎事不邇女器」，與戰爭有關的器械均忌諱婦女的參與及觸碰，此與女性屬陰而兵器屬陽，以及女體不潔等想法有關，詳參蔣竹山，〈女體與戰爭——明清厭砲之術「陰門陣」再探〉，《新史學》10 卷 3 期，1999 年 9 月。李建民，〈「陰門陣」考〉，《方術醫學歷史》（臺北：南天書局，2000），頁 123-129。

⑥　《周禮》，卷 8〈天官‧世婦〉，頁 122。

稅良民以給之，歲費五六鉅萬，宜免為庶人」。[65]奴婢多是因罪沒入宮府[66]，眾多婢女參與許多宮中事務，其中又以食物的供應為其主要工作。根據《周禮》所記，祭祀用酒主要由酒正掌管，由酒人負責釀製，酒人之下配置奄十人，女酒三十人，奚三百人。所謂女酒，鄭玄認為是「女奴曉酒者」，而奚指：「古者從坐，男女沒入縣官為奴，其少才知，以為奚。今之侍史官婢或曰奚宦女」[67]，女酒與奚均為因罪而沒入官府的女奴，女酒因精通釀酒而層級較高。如《呂氏春秋·精通篇》記載擊磬者與母因連坐之罪而被沒入官府，男子為公家擊樂，婦人則為公家釀酒，即為一例[68]。以〈酒人〉來看官府中釀酒工作主要由女性職掌，少量的閹人配合。為何需要用閹人？賈公彥認為是：「仲冬者，以其十一月一陽初生，以其奄人雖精氣閉藏，猶少有精氣」[69]，賈氏取〈月令〉仲冬「命奄

---

[65]　《漢書》，卷 72〈貢禹傳〉，頁 3076。

[66]　如《周禮》，卷 36〈秋官·司厲〉，頁 543 提及：「掌盜賊之任器、貨賄，辨其物，皆有數量，賈而楬之，入于司兵。其奴男子入于罪隸，女子入于舂槀。凡有爵者與七十者與未齔者，皆不為奴。」又如《漢書》，卷 24 下〈食貨志〉，頁 1184，記王莽時私自鑄作泉布原定為死刑，由於人數太多，後來改為「與妻子沒入為官奴婢」，即為一例。許慎，《說文解字》，〈奴〉，頁 616，提及：「奴婢皆古辠人」，即就此而言。《三國志》，卷 12〈魏書·毛玠〉，頁 376。鍾繇引漢律中有「罪人妻子沒為奴婢，黥面」的條文。

[67]　《周禮》，卷 1〈天官·冢宰〉，頁 15。

[68]　王利器，《呂氏春秋注疏》（成都：巴蜀書社，2002），卷 9〈精通〉，頁 939-940。

[69]　《周禮》，卷 1〈天官·冢宰〉，頁 15，賈疏。

尹申宮令」❼以強調閉藏之意，然而〈月令〉孟冬及季冬亦皆重於閉藏，何以獨取「仲冬」？賈公彥之說不免附會。此處用閹人可能因為男女雜處，故以閹人防範男女發生陰私之事，因此如漿人、籩人、醢人、醯人、鹽人等官奴婢參與的工作，均以閹人與之配合。正如賈公彥解釋守祧者同時用奄與奚相配合，主要因為：「此有奄八人者，以其與女祧及奚婦人同處，故須奄人」。❼

　　除了釀酒的工作外，官婢所負責之工作，最重要的是祭祀、饗宴等飲食供給，如漿人掌理王室所需之飲漿，其配置為「奄五人，女漿十有五人，奚百有五十人」。籩人「掌四籩之實……凡祭祀共其籩薦羞之實」，於祭祀、朝事、饋食、加籩時供應乾食如麷、蕡、白黑形鹽、膴鮑、魚鱐等竹籩中之食物，配置為「奄一人，女籩十人，奚二十人」。醢人所掌則是實四豆之事，帶著湯汁的祭祀所用之肉類的供應，不論在朝事、饋食、加豆、羞豆等過程均由醢人所負責，配置為「奄一人，女醢二十人，奚四十人」。醯人掌醃製之物，祭祀中五齊七菹之醯類食物的供應，配置為「奄二人，女醯二十人，奚四十人」、鹽人掌祭祀及膳羞之用鹽，配置為「奄二人，女鹽二十人，奚四十人」。此外春人掌管供應祭祀時之黍稷稻梁，饗禮時之食米，配置為「奄二人，女春抌二人，奚五人」。饎人掌炊米而盛之，以供王及后所需之六穀，配置為「奄二人，女饎八人，奚四十人」。稾人掌外內朝因事留置的官員之飲食，配置為「奄八人，女稾每奄二人，奚五人」。

---

❼　　《禮記》，卷 17〈月令〉，頁 345。
❼　　《周禮》，卷 17〈春官〉，頁 261。

除了祭祀粢盛之供給，祭祀所用器物之清洗等工作亦由宮中女宮掌理，如〈春官·世婦〉提及世婦工作必須：「掌女宮之宿戒及祭祀比其具」，領導眾女宮處理祭具。又如《儀禮·特牲饋食禮》：「主婦視饎爨于西堂下」❼❷，主婦於祭禮中的主要工作其中之一即在視察、指導家中女眷有關祭物等準備工作。其他如冪人供祭祀所用之巾❼❸，亦為祭具供應之工作。

2.薦徹玉豆、豆籩

身份層級較低的宮中婦女，如宮中女奴實際參與祭品、祭器之清洗等祭祀準備工作，後宮之后妃、九嬪、世婦、御妻、內宗、外宗除了視察祭品、祭器外，於祭祀儀式中的主要工作，后最常勝任的工作是薦徹豆、籩之事。如《禮記·明堂位》：

> 君卷冕立于阼，夫人副褘立于房中，君肉袒迎牲于門，夫人薦豆籩。卿大夫贊君，命婦贊夫人，各揚其職，百官廢職服大刑而天下服。❼❹

《禮記·郊特牲》：

> 太廟之內敬矣，君親牽牲，大夫贊幣而從，君親制祭，夫人薦盎，君親割牲，夫人薦酒。卿大夫從君，命婦從夫人。❼❺

---

❼❷ 《儀禮》，卷44〈特牲饋食禮〉，頁523。
❼❸ 《周禮》，卷6〈天官·冪人〉，頁91。
❼❹ 《禮記》，卷31〈明堂位〉，頁579。
❼❺ 《禮記》，卷24〈郊特牲〉，頁472。

又如〈春官·大宗伯〉：「大祭祀，王后不與則攝而薦豆薦徹」，所謂大祭祀在前已提及為宗廟祭祀，王后若因故不能參與祭祀，則宗伯當攝行王后之事，所攝之事為何？即「薦徹豆薦」。除了后以外，其他女官於祭祀中所司，亦在贊助皇后行薦徹豆、薦之事，如〈天宮·九嬪〉：「凡祭祀贊玉齍，贊后薦徹豆薦」[76]，世婦最重要的工作在於「詔王后之禮事」，即指薦徹之節。[77]世婦還負責掌理祭祀祭器及祭物之供給，如「祭之日，涖陳女宮之具」[78]、「師六宮之人共齍盛」、「相外內宗之禮事」[79]等工作。內宗指同姓之女而有爵者，於宗廟祭祀中職責在「薦加豆薦，及以樂徹，則佐傳豆薦」[80]，如何傳豆薦呢？「薦豆后於神前徹之，傳與外宗，外宗又傳與內宗」[81]，內外宗依序排好，當王后徹下薦豆時，依序傳下去。所謂外宗指王姑姐妹之女等異姓有爵者，〈外宗〉於祭禮中負責的工作是：

> 宗廟之祭祀，佐王后薦玉豆，眂豆薦，及以樂徹亦如之。王后以樂羞齍則贊。凡工后之獻亦如之。王后不與則贊宗伯，小祭祀掌事。[82]

---

[76] 《周禮》，卷 7〈天宮·九嬪〉，頁 117。

[77] 《周禮》，卷 21〈春官·世婦〉，頁 329。

[78] 《周禮》，卷 8〈天宮·世婦〉，頁 122。

[79] 《周禮》，卷 21〈春官·世婦〉，頁 329。

[80] 《周禮》，卷 21〈春官·內宗〉，頁 330。

[81] 《周禮》，卷 21〈春官·內宗〉，頁 330，賈疏。

[82] 《周禮》，卷 21〈春官·外宗〉，頁 330-331。

內外宗的工作均在贊助王后薦徹豆、籩以使祭禮順利進行。除了薦徹豆、籩外，王后於宗廟之事亦有裸、獻之禮。如〈天官·內宰〉：「大祭祀，后裸、獻則贊，瑤爵亦如之」，內宰的職責在贊助王后行裸、獻、瑤爵等禮。所謂裸，為祭祀時先行以降神之禮，《禮記·郊特牲》：

> 周人尚臭，灌用鬯臭。鬱合鬯，臭，陰達於淵泉。灌以圭璋，用玉氣也。既灌，然後迎牲，致陰氣也。[83]

鬱鬯乃特置之香草酒，以氣臭著稱，將鬱鬯以圭璋盛著，除了鬱鬯之酒氣，還感應圭璋之玉氣，用以灌地，希望氣臭直達淵泉，以招神明，即為裸禮。此種裸禮在迎牲、朝踐儀式之前。《禮記·祭統》：「君執圭瓚裸尸，大宗執璋瓚亞裸」[84]，大宗隨君行亞裸之禮，為大宗代后攝行其事。鄭玄對此的看法是：

> 王既裸而出迎牲，后乃從後裸也。〈祭統〉曰：「君執圭瓚裸尸，大宗執璋瓚亞裸」，此大宗亞裸，謂夫人不與而攝耳。獻謂王薦腥、薦孰，后亦從後獻也。瑤爵，謂尸卒食，王既酳尸，后亞獻之，其爵以瑤為飾。[85]

---

[83] 《禮記》，卷 26〈郊特牲〉，頁 507。

[84] 《禮記》，卷 49〈祭統〉，頁 832。

[85] 《禮記》，卷 49〈祭統〉，頁 832，鄭注。

既行了裸禮則需薦血、薦孰,王進行此儀式,后亦跟著進行。王敬尸酒,后亦敬尸酒。祭禮儀式中,裸、獻、酳尸之禮,后均隨王之後進行,王與后、夫與婦共同進行祭儀具有陰陽和諧的象徵意涵,因此禮書主張:「夫祭也者,必夫婦親之」❽、「宗子雖七十無無主婦,非宗子雖無主婦可也」❼,婦女於祭祀中具有象徵意義的重要性,因此《周禮·內宰》與《禮記·祭統》中提及若后有故不能參與儀式,則內宰可代理王后攝行祭禮,可見后於祭禮中仍是輔佐與象徵意義居多。

主婦於祭祀中,配合陰陽之義,並隨夫行禮而顯其重要性,然而所負責之事仍為婦職粢盛供給、薦豆籩等傳統婦職部分,而行禮儀式中亦隨順祭主而行,呈現從人之義,若參照《儀禮》〈特牲饋食禮〉、〈少牢饋食禮〉主婦的工作為往還於堂與房、室之間,而以房為其主要場域,供應粢盛及酒食,亦可作為佐證。

3.由《周禮》〈女巫〉、〈女祝〉看婦女於祭祀、巫術中所參與的工作

《周禮》中〈女巫〉及〈女祝〉所職掌的工作為何,此頗能反應禮制的理想下,對婦女參與巫術、祭祀的態度,以下進一步加以討論。

(1)以求雨等協調自然的工作為主

早在殷商時期,對影響農事甚深的雨水即十分關注,卜辭中留下為數極多的關於卜雨及祈雨的記錄,當時人認為雨水由帝主宰,

---

❽ 《禮記》,卷49〈祭統〉,頁831。
❼ 《禮記》,卷18〈曾子問〉,頁361。

不雨的原因常被認為是由於先祖或山神作祟，祈雨往往透過巫覡以巫舞吁嗟求之。胡厚宣認為卜辭之「烄」專用於求雨，「字從交在火上，交者人，蓋焚人以祭也」，被求雨儀式所焚之人有男巫亦有女巫。[88]商湯以自身為犧牲自禱於桑林而求雨的故事，在秦漢時即廣為流傳，如《墨子·兼愛》記商湯時大旱，「湯貴為天子，富有天下，然且不憚以身為犧牲，以祠說于上帝鬼神」。[89]《呂氏春秋·順民》記：「湯克夏而正天下，天大旱，五年不收，湯乃以身禱于桑林……以身為犧牲，用祈福於上帝，民乃甚說，雨乃大至」[90]又如《淮南子·主術訓》記：「湯之時，七年旱，以身禱於桑林之際，而四海之雲湊，千里之雨至」[91]，即為流傳已久以人為犧牲求雨的傳說。在早期巫政合一的背景下，商湯應具備巫的特質，因此亦肩負為萬民求雨的責任。[92]

女巫於求雨中亦扮演重要角色，因此當久旱不雨或求雨失利

---

[88]　胡厚宣，《甲骨學商史論叢初集·下》（石家庄：河北教育出版社，2002），〈卜辭中所見之殷代農業〉，頁 759-805。

[89]　《墨子閒詁》，卷 4〈兼愛下〉，頁 122-123。

[90]　《呂氏春秋注疏》，卷 9〈順民〉，頁 874-879。

[91]　《淮南鴻烈集解》，卷 9〈主術訓〉，頁 276。

[92]　張光直認為三代創立者的行為均具有神秘的色彩，從甲骨卜辭中可以表明：「商王的確是巫的首領」、「據卜辭所記，唯一握有預言權的便是商王。此外，卜辭中還有商王舞蹈求雨和占夢的內容。所有這些，既是商王的活動，也是巫師的活動。它表明：商王即是巫師」，詳參張光直著，郭淨、陳星譯，《美術、神話與祭祀》（臺北：稻香，1995），〈巫覡與政治〉，頁 39-52。綜觀其他文明，亦可發現，祈雨的能力與權力具有密切關係，久旱不雨將使人民認為酋長巫術力量失靈，而引起其地位與生命的危險。《金枝》一書列舉十分多生動例子，可以作為參考，〈巫師與國王〉，頁 127-137。

時，往往將女巫作為獻祭對象。根據《左傳·僖公二十一年》記載「夏大旱，公欲焚巫尪。」何謂「焚巫尪」？杜預認為：「巫尪，女巫也，主祈禱請雨者，或以為尪非巫也，瘠病之人，其面上向，俗謂天哀其病，恐雨入其鼻，故為之旱，是以公欲焚之」。❸焚燒女巫與殘病之人而求雨在魯僖公時可能並非特例，魯僖公受臧文仲的勸止，才放棄原有的計劃。戰國時期此種風俗仍然留存，《禮記·檀弓下》：

> 歲旱，穆公召縣子而問然，曰：「天久不雨，吾欲暴尪而奚若？」曰：「天久不雨，而暴人之疾子，虐，毋乃不可與？」，「然則欲暴巫而奚若？」曰：「天則不雨，而望之愚婦人於以求之，毋乃已疏乎？」，「徙市則奚若？」曰：「天子崩，巷市七日，諸侯薨，巷市三日，為之徙市，不亦可乎。」❹

穆公為戰國前期魯國國君，此時春秋時期有關焚巫尪的風俗已轉為象徵性的曝曬巫尪，從縣子勸阻穆公的內容中可以看出，獻祭方式的轉變，與仁政愛民等理想有關，縣子贊同徙市，含有鼓勵國君愛

---

❸　《左傳》，卷 14〈僖公二十一年〉，頁 241。有關焚巫尪詳參陳夢家，《殷墟卜辭綜述》認為求雨男女巫均有參與，為殘疾之人，前揭文。裘錫圭，〈說卜辭焚巫尪與作土龍〉，《古文字論集》（北京：中華書局，1992），頁 220-224。

❹　《禮記》，卷 10〈檀弓下〉，頁 201。

民行仁政、勇於承擔、反躬自省的想法。❺直至漢代《春秋繁露·求雨》仍提及:「春旱求雨……暴巫,聚尪,八日,於邑東門之外為四通之壇,方八尺,植蒼繒八……秋暴巫尪至九日,無舉火事」❻,仍是此習俗的流傳,又配合上五行與四時生成運行之成數,春求雨為配合五行之數,春屬東方、屬木,木之成數為八,因此春季求雨所用人及物之數皆用八,依此類推秋用九、夏用五、冬用六。❼早期由巫求雨,甚至以人為犧牲的儀式,到後來摻雜許多陰陽、五行乃至規諫人君行仁政的思想而更形複雜,不過始終可以看出女巫與求雨間密切的關係。

女巫於求雨活動中居重要地位,以〈春官·司巫〉之職責來看:

掌羣巫之政令,若國大旱則帥巫而舞雩。❽

〈女巫〉:

掌歲時祓除釁浴,旱暵則舞雩。若王后弔則與祝前,凡邦之

---

❺ 如《說苑》記齊大旱時,齊景公欲祠山神、河伯,晏子均認為無效,鼓勵景公出野,暴露三日,天果降雨的傳說。齊景公由此體會到「其惟有德也」,亦是傳統求雨在勸諫國君仁政愛民下的轉變,詳參《說苑校證》,卷 18〈辨物〉,頁 452。

❻ 蘇輿,《春秋繁露義證》(北京:中華書局,1996),卷 16〈求雨〉,頁 426-434。

❼ 關於此可參考《禮記》〈月令〉系統,及頁 282-283,鄭注、孔疏。

❽ 《周禮》,卷 26〈春官·司巫〉,頁 399。

　　大裁，歌哭而請。❾❾

　　婦女在巫術上最顯著的職司為求雨之事。逢旱暵則舞雩，所謂舞雩，鄭注：「使女巫舞旱祭，崇陰也」，秦漢後主要以陰陽消長來理解天候的失序，久旱不雨被認為是陽氣過盛，陰氣不振的結果，因此在求雨巫術上往往以助陰抑陽為重要方法，如《春秋繁露》認為：「大旱者，陽滅陰也，故崇陰以猒之，用女巫舞雩也」❿，《說苑》亦明白指出，發生水旱的原因為陰陽不調：

> 夫水旱俱天下陰陽所為也。大旱則雩祭而請雨，大水則鳴鼓而劫社，何也？曰：陽者，陰之長也。其在鳥，則雄為陽，雌為陰；其在獸，則牡為陽，而牝為陰；其在民，則夫為陽，而婦為陰；其在家，則父為陽，而子為陰；其在國，則君為陽，而臣為陰。故陽貴而陰賤，陽尊而陰卑，天之道也。今大旱者，陽氣太盛，以猒於陰。陰猒陽固，陽其填也。惟填猒之太甚，使陰不能起也，亦雩祭拜請而已，無敢

---

❾❾　《周禮》，卷26〈春官·女巫〉，頁400。

❿　《春秋繁露義證》〈精華篇〉。漢代在陰陽五行思想盛行下，求雨多採閉陽縱陰的厭勝術，如《春秋繁露·求雨》諸多方法中助陰抑陽為其中重要部分，原則是「丈夫欲藏匿，女子欲和而樂」，又如雩祭時間定在壬癸日，祭服用皂衣，由於壬癸屬北方水日屬陰，黑色屬北方，亦屬陰。「禁男子無得行入市」、「祈雨用女巫」皆從閉陽縱陰的角度進行理解，《春秋繁露義證》，卷16〈求雨〉，頁426-437。又如《漢書·昭帝紀》：「始元六年夏旱，大雩不得舉火」，臣瓚指出此舉乃為「迎陽助陰」的原理。

加也。⑩

此說法明顯受到秦漢以後宇宙論的影響，將人倫、尊卑關係亦分屬陰陽，陽尊陰卑。在此種思維下，大旱為陽盛厭陰的結果，求雨既要助長陰氣，因此更強調女巫之責任。

求雨的儀式透過：「舞者吁嗟而求雨」。⑫巫與舞關係密切，舞一方面可以溝通無形⑬，一方面可以調和陰陽之氣，吁嗟可以感天動地。《說文解字》對巫的解釋是：「女能事无形，以舞降神者也。像人兩褏舞形，與工同意」⑭，亦點出巫與舞的密切關係，同時亦點出女子於巫術降神中的重要地位。關於祭祀用舞的狀況，〈地官·舞師〉的記載是：

---

⑩　向宗魯，《說苑校證》（北京：中華書局，2000），卷 18〈辨物〉，頁450。

⑫　邢昺，《爾雅注疏》（臺北：藝文印書館，2001），卷 4〈釋訓〉，頁 59：「舞，號雩也」，郭璞注：「雩之祭，舞者吁嗟而請雨。」

⑬　巫與舞關係密切，學者甚至認為卜辭舞字，後訛變為小篆之巫，巫、舞同出一源。詳參陳夢家，《殷虛卜辭綜述》（北京：中華書局，2004），頁 599-603〈求雨之祭〉。陳夢家指出：「巫祝之巫乃『無』字所衍變……巫之所事乃舞號以降神求雨，名其舞者曰巫，名其動作曰舞，名其求雨之祭祀行為曰雩」、「武丁卜辭的無（即舞）到了廩康卜辭加『雨』的形符而成『雩』，它是《說文》『雩』之所從來」、「巫、舞、雩、吁都是同音的，都是從求雨之祭而分衍出來的」。龐朴，《一分為三——中國傳統思想考釋》（深圳：海天出版社，1995），〈說無〉。劉建，《宗教與舞蹈》（北京：民族出版社，2005），第四章〈巫舞〉，頁 153-214。

⑭　《說文解字注》，〈巫〉，頁 201。

舞師掌教兵舞，帥而舞山川之祭祀。教帗舞，帥而舞社稷之
祭祀。教羽舞，帥而舞四方之祭祀。教皇舞，帥而舞旱暵之
事。[105]

〈春官‧樂師〉所掌之舞「有帗舞，有羽舞，有皇舞，有旄舞，有
干舞，有人舞」，鄭司農解釋此六舞的性質為：

帗舞者，全羽；羽舞者，析羽。皇舞者，以羽冒覆頭上，衣
飾翡翠之羽。旄舞者，氂牛之尾。干舞者，兵舞。人舞者，
手舞。社稷以帗，宗廟以羽，四方以皇，辟廱以旄，兵事以
干，星辰以人舞。[106]

可看出樂與舞於祭祀中均具有震動並溝通陰陽的神秘功效。鄭玄則
認為皇舞為「析五采羽為之，亦如帗」，但不蒙首。[107] 〈舞師〉、

---

[105] 《周禮》，卷12〈地官‧舞師〉，頁190。

[106] 《周禮》，卷23〈春官‧樂師〉，頁350。

[107] 配戴鳥羽亦為感應巫術，《毛詩》，卷8之2〈豳‧東山〉，頁296：「鸛鳴
于垤，婦歎于室」，鄭箋：「鸛，水鳥也，將陰雨則鳴，行者於陰雨尤苦，
婦念之則歎於室也」，《說文解字注》〈鸛〉，頁153：「鸛，知天將雨鳥
也」。鸛鳥能先感知將要下雨，從互滲律的角度看，當人配上鳥羽後亦將具
有感應雨水的能力，詳參列維‧布留爾（Levy Bruhl）著，丁由譯，《原始思
維》，〈互滲律〉，頁62-98。詹鄞鑫認為：「在古人看來，某種水鳥與天旱
或下雨有關，所以用模仿水鳥的辦法求甘雨。皇舞之所以頭戴鸛冠，身披翡
翠羽，乃是由原始人模仿知天將雨的水鳥以祈甘雨的巫術演變來的。」詳參
《神靈與祭祀——中國傳統宗教綜論》（南京：江蘇古籍出版社，1992），
頁357。

〈樂師〉中所列宗廟、社稷、四方、辟廱、兵事、星辰相關之舞，由國子為之。又如〈大司樂〉極力鋪陳樂舞之溝通天地、陰陽之神秘性，此溝通天神、地示、四望、山川、先妣、先祖之樂舞，由大司樂選擇有道、有德之國子而教之。〈舞師〉中所謂的皇舞，為祭四方之舞，與旱暵之事相關，與〈女巫〉之舞雩，性質相同，然而一由國子，一由女巫舞之，二者舞的具體內容雖無由得知，然而由祭祀之舞來看，女巫參與祭祀之舞的範圍顯然較國子等所參與之範圍小。何況雩禮又分為正雩和旱雩，正雩即為大雩，即〈月令〉「（仲夏之月），命有司為民祈祀山川百源，大雩帝，用盛樂」。正雩以四月舉行為正，即所謂「龍見而雩」⑩，為進入夏季的祈雨，若如期舉行則常事不書，若發生祭祀延遲或嚴重旱災，《春秋》則對此加以記載，如《左傳》提及「秋，大雩，書不時也」⑩，《春秋》特別記八月、九月、冬季雩，皆因過時而書。也有因為發生大旱，特別再行雩祭，如魯襄公五年《春秋》記行雩禮，《左傳》解釋是因旱而雩，又如魯昭公二十五年，《春秋》記：「秋七月上辛大雩，季辛又雩」，主要因為「旱甚」的緣故。鄭玄認為：

> 周之雩有二，以四月為正雩，雖不旱亦舉其祭；其夏五月六月七月，在周為秋三月，遇旱則亦雩，不旱則否，是為旱雩；餘月則有禱無雩。⑩

---

⑩　《左傳》，卷 6〈桓公五年〉，頁 107。

⑩　《左傳》，卷 6〈桓公五年〉，頁 107。

⑩　詳參《穀梁傳》〈成公七年〉，楊疏引《釋廢疾》。有關正雩與旱雩之爭議詳參《周禮正義》，卷 50〈春官·司巫〉，頁 2062-2066。

《釋例》對雩祭的解釋是：

> 始夏而雩者，為純陽用事，防有旱災而祈之也。至於四時之
> 旱，又因用此禮而求雨，故亦曰雩。《經》書雩而《傳》不
> 以旱釋之者，皆過雩也。……雩為旱禱而不書旱者，雩而獲
> 雨，故書雩而不書旱，雩不得雨則書旱以明災。⑪

大雩用盛樂，所謂盛樂為「命樂師脩韜鞞鼓，均琴瑟管簫，
執干戚戈羽，調竽笙筦簧，飭鍾磬柷敔」。⑫非大雩以外的其他雩祭，則
減省許多，用歌舞而已。大雩祭上帝，因此為天子的祭典⑬，大雩
之祭主要由國子等負責，旱雩才由女巫參與。以此看來，禮書中女
巫參與國家祭儀，以舞降神的工作仍多所限制，國家最重要祭儀中
之舞，主要由國子為之。

(2)除災求福之法
①釁浴祓除

女巫所職掌的還有「歲時祓除釁浴」之事，鄭注：「歲時祓
除，如今三月上巳，如水上之類，釁浴謂以香薰草藥沐浴」，釁浴

---

⑪　《左傳》，卷 30〈襄公五年〉，頁 514-515，孔疏引。

⑫　《禮記》，卷 16〈月令〉，頁 315-316。

⑬　魯國行郊、禘、大雩等天子禮，乃是為了感念周公的緣故。如《禮記》，卷
　　49〈祭統〉，頁 840，提及魯國行天子禮：「昔者周公旦有勳勞於天下，周
　　公既沒，成王康王追念周公之所以勳勞者，而欲尊魯，故賜之以重祭。外祭
　　則郊、社是也，內祭則大嘗禘是也。夫大嘗禘，升歌清廟下而管象朱干玉
　　戚，以舞大武八佾，以舞大夏，此天子之樂也。康周公故以賜魯也。子孫纂
　　之，至於今不廢。所以明周公之德而又以重其國也。」

是透過香薰草藥來浴沐，草藥本身各具有不同的效力，如桃木本身即具有驅邪的功能，此在《神農本草經》中記載十分多而詳細。在早期對待植物更是如此，故以特定的時間、地點、特殊的草藥來浴沐即具有避邪淨身之效。《睡虎地秦簡·日書·詰咎》提及眾多厭勝鬼神的方式，其中使用的驅鬼器物至少有四十餘種，「這些器物總結起來主要是樹木做的武器（弓、箭、刀、劍）、金屬武器、植物、家畜屎及毛、鞋、樂器、沙石等類的東西。其中使用最多的是桃、牡棘、桑、家畜屎等」。⑭如桃，《左傳·昭公四年》：「桃弧、棘矢以除其災」，服虔注解：「桃所以逃凶也」⑮，《禮記·檀弓》：「君臨臣喪，以巫祝桃茢執戈，惡之也」⑯，《周禮·夏官·戎右》：「牛耳、桃茢」，鄭注：「桃，鬼所畏也；茢，苕帚，所以掃不祥」。⑰《神農本草經》指出桃華具有「殺注惡鬼」的功效，甚至連桃蠹亦能「殺鬼，辟不祥」。⑱又如浴蘭具有祓除不祥、通神明的功效，《楚辭》：「浴蘭湯兮沐芳華」，《大戴禮記·夏小正》提及五月「蓄蘭，為沐浴」⑲，《神農本草經》記載：「蘭草辟不祥，故絜齊以事大神也」。沐浴祓除之物甚至用五牲之屎尿，如《韓非子·內儲說下》所錄一則當時流傳的故事：

⑭　詳參《睡虎地秦簡日書研究》，頁 257。
⑮　《左傳》，卷 42〈昭公四年〉，頁 729。
⑯　《禮記》，卷 9〈檀弓〉，頁 171。
⑰　《周禮》，卷 32〈夏官·戎右〉，頁 488。
⑱　日本·森立之撰，《本草經考注》（上海：上海科學技術出版社，2005），〈桃華〉、〈桃蠹〉，頁 784、785。有關桃所具有的巫術力量，詳參胡新生，《中國古代巫術》（濟南：山東人民出版社，2005）。
⑲　《大戴禮記解詁》，卷 2〈夏小正〉，頁 39。

燕人惑易，故浴狗矢。燕人其妻有私通於士，其夫早自外而來，士適，夫曰：「何客也？」其妻曰：「無客」問左右，左右言「無有」如出一口。其妻曰：「公惑易也」因浴之以狗矢。士曰：燕人李季好遠出，其妻私有通於士，季突至，士在內中，妻患之。其室婦曰：「令公子裸而解髮，直出門，吾屬佯不見也。」於是公子從其計，疾走出門。季曰：「是何人也？」家室皆曰：「無有」季曰：「吾見鬼乎？」婦人曰：「然」，「為之奈何？」，曰：「取五牲之矢，浴之」，季曰：「諾」乃浴以矢，一曰浴以蘭湯。⑳

其它沐浴祓除之物尚多，不一一列舉。〈女巫〉中並未提及祓除的特定時間，當是擇吉時行之，漢時最盛行的祓除在春季，暮春祓除即廣為人所熟知的上巳祓除。《後漢書・禮儀志》：「（仲春）是月上巳，官民皆絜於東流水上，曰洗濯祓除，去宿垢疢，為大絜」㉑，為重要的沐浴祓除儀式。㉒

---

⑳　王先慎，《韓非子集解》（北京：中華書局，2003），頁 245-246。

㉑　《後漢書》〈禮儀志〉，頁 3110。

㉒　史書中有關三月的祓除的記載很多，又如《漢書》，卷 27 中之上〈五行志〉，頁 1397：「高后八年三月祓霸上」，《漢書》，卷 98〈元后傳〉，頁 4030：「春幸繭館，率皇后列侯夫人桑，遵霸水而祓除。」三月由太后親率宮中女眷祓除。又如《史記》，卷 49〈外戚世家〉，頁 1978：「武帝祓霸上還」，雖未註明時間，但注者認為應也是三月上巳的祓除。上巳祓除定在三月三日，應是在漢以後的事了。《晉書》，卷 21〈禮志〉，頁 671：「漢儀：季春上巳，官及百姓皆禊於東流水上……自魏但用三日，不以上巳也。」

②招、梗、禬、禳等除疾殃之法

〈天官·女祝〉最重要的工作在於：「掌以時招梗禬禳之事，以除疾殃」，何謂招、梗、禬、禳？鄭玄認為：「除災害曰禬，禬猶刮去也，卻變異曰禳，禳，攘也，四禮唯禳其遺象今存」，賈公彥進一步解釋：

> 招者招取善祥，梗者禦捍惡之未至，禬者除去見在之災，禳者推卻見在之變異，此四者皆與人為疾殃，故云以除疾殃也。⑫

漢時招、梗、禬三法已亡失不傳，唯禳禮尚存，《漢書·藝文志》雜占所錄十八家中就錄有《禳祀天文》十八卷⑫，《漢書·孔光傳》批評當時社會所用的「祈禳」風俗，「終無益於應天塞異，銷禍興福」⑫，均顯示漢時仍有以禳災除禍的風俗。除了攘除之法，若遇重大栽禍，女巫亦往往透過歌哭之法，以感動神靈，如〈春官·女巫〉：「凡邦之大栽，歌哭而請」，鄭注：「有歌者，有哭者，冀以悲哀感神靈也」，均是透過特殊的手段以去除災禍。所謂大栽，賈公彥認為指旱暵之事。女巫祓除的工作亦包含在王后弔唁時，攘除不祥之氣，如〈女巫〉中提及「若王后弔則與祝前」，即與王者弔禮相同，執桃、苅等法器驅逐死者凶煞之氣。

---

⑫　《周禮》，卷 8〈天官·女祝〉，頁 122-123。
⑫　《漢書》，卷 30〈藝文志〉，頁 1772。
⑫　《漢書》，卷 81〈孔光傳〉，頁 3360。

　　由《周禮》所記女巫、女祝等婦女從事巫術及祭祀職掌來看，主要集中於大旱時的舞雩，以及透過浴沐而祓除、攘除不祥上，和喪葬儀式上的祓除不潔。與男巫所司相較，男巫所職掌較偏向於四方之祓除，〈男巫〉所職掌的工作內容為：「望祀、望衍、授號、旁招以茅。冬堂贈無方無筭，春招弭以除疾病，王弔則與祝前」⓰，所謂望祀，除了如〈牧人〉所記「望祀各以其方之色牲毛之」指「五嶽、四鎮、四瀆」外，還包含類造禬禜之神。望衍與望祀所祭神同，差別在於望衍不用牲及粢盛，禮儀較為疏略。至於堂贈，鄭玄認為是：「冬歲終，以禮送不祥及惡夢」，由堂起始而至於四方，春季時招福安禍以除疾病。不過，〈男巫〉雖著重在四方之逐疫與祭祀上，與〈女巫〉著重在求雨、調和陰陽，攘除不祥等工作不同。女巫所職掌的雩祭為旱時之雩，與仲夏之正雩仍有不同，仲夏之正雩及祭天地、社稷、四方諸神之神聖溝通的樂舞，主要由國子承擔，禮書上女巫所職掌通神明之事，似乎仍受女性在禮教中主內及小祭祀等思維影響。

　　就先秦乃至於漢代的實際狀況來看，女巫所司較《周禮》中所分配的工作範圍大了許多，實際參與外祭祀、外事，甚至戰爭等咒詛工作。《荀子·王制篇》提及巫者：「相陰陽，占祲兆，鑽龜陳卦，主攘擇五卜，知其吉凶妖祥，傴巫、跛擊之事也」，所謂跛擊，王先謙釋為跛覡，傴與跛皆指身體的殘缺，王先謙並認為：「古者以廢疾之人主卜筮巫祝之事」⓱，可以看出，從事巫術的男

⓰　《周禮》，卷 26〈春官·男巫〉，頁 400。
⓱　《荀子集解》，卷 5〈王制〉，頁 169。

覡女巫常在身體上異於常人，且女巫亦參與國家重要的占卜之事。早期女巫亦有主醫事者❿，有在戰爭時行詛咒敵人之事者❿，又可行巫降之法❿，可見當時國君身邊役使鬼神的巫佔有重要份量。又如《史記》關於西門豹治鄴部分，言及河伯取婦的事情，可見時人的觀念中，河水泛濫有以女子沈於河透過與河伯結婚的形式，而達到陰陽調和，平息水患。其中主其事者即為女巫。❿漢時女巫參與祭祀、占卜、解除災禍、水旱之禳止、戰爭中之詛軍、生育、喪葬料理……等工作❿，如《史記・封禪書》提及漢高祖時的祭祀情況：

---

❿ 白川靜著，加地伸行、范月嬌合譯，《中國古代文化》（臺北：文津，1983），〈醫、筮、鼓〉，頁 132-147。有關巫醫工作可參考周策縱，《古巫醫與「六詩」考——中國浪漫文學探源》（臺北：聯經，1989），〈巫醫的工作與古史〉，頁 69-178。直至後代女性於醫療照護上亦多所參與，詳參李貞德，〈漢唐之間的女性醫療照顧者〉，《臺大歷史學報》，1999 年 6 月，頁 123-156。

❿ 《中國古代文化》，〈對異族的呪儀〉，頁 50-53，其中提及行望祭時之卜辭「眉人三千」，白川靜認為：「眉人，謂加呪飾於眉的女巫；眉人，即媚女也。媚，係施了呪術之女巫，加呪飾之姿。戰爭時，這些媚女們立於軍前，鳴鼓而向敵方加以呪術的攻擊。」

❿ 役使鬼神為統治者所用的統治方式之一，如徐元誥，《國語集解》（北京：中華書局，2002）〈楚語上〉，頁 502-503，記楚靈王不欲聽勸諫，子蘲教楚靈王回應勸諫大夫的話是：「余左執鬼中，右執殤宮」，韋昭注：「執，謂把持其錄籍，制服其身，知其居處，若今世云『能使殤矣』」，王念孫則謂執殤躬，猶言執鬼中，均指能役使鬼神。

❿ 《史記》，卷 126〈滑稽列傳〉，頁 3212：「其巫，老女子也，已年七十，從弟子女十人所。」

❿ 林富士，《漢代的巫者》（臺北：稻香，1999），頁 49-86。

長安置祠祝官、女巫。其梁巫，祠天、地、天社、天水、房
中、堂上之屬；晉巫，祠五帝、東君、雲中（君）、司命、
巫社、巫祠、族人、先炊之屬；秦巫，祠社主、巫保、族纍
之屬；荊巫，祠堂下、巫先、司命、施糜之屬；九天巫，祠
九天；皆以歲時祠宮中。其河巫祠河於臨晉，而南山巫祠南
山秦中。⓭

可以看出漢初女巫仍實際參與祠天、地、社、五帝、東君、司命等
工作。女巫亦參與戰爭中詛軍等巫術。又如《史記》提及「丁夫
人、雒陽虞初等以方祠詛匈奴、大宛」⓮、《漢書》記：「師丹前
親薦邑子丞相史能使巫下神，為國求福，幾獲大利」⓯、漢獻帝時
「催性喜鬼怪左道之術，常有道人及女巫歌謳擊鼓下神，祠祭六
丁，符劾厭勝之具，無所不為」。⓰巫在貴族階級的生活中，乃至
於家國之事的咨詢中，常扮演重要角色。不只貴族，漢時民間也是
信鬼好巫，《鹽鐵論》中批評當時社會風氣：「飾偽行詐」，不少
人以巫祝成業致富，因此「街巷有巫，閭里有祝」。⓱東漢時王符
的《潛夫論》批評當時的社會亂象時指出當時許多婦女「不修中
饋，休其蠶織，而起學巫祝，鼓舞事神，以欺誣細民，熒惑百

⓭　《史記》，卷 28〈封禪書〉，頁 1378-1379。

⓮　《史記》，卷 69〈西域傳〉，頁 3919。

⓯　《漢書》，卷 60〈杜周傳〉，頁 2680。

⓰　《三國志》，卷 6〈董二袁劉傳〉，頁 184，裴注引。

⓱　王利器，《鹽鐵論校注》（北京：中華書局，1996），卷 6〈散不足〉，頁
352。

姓」⑱，種種跡象顯示漢時女巫所參與的巫術儀式，範圍相當廣，並不限於內祭祀或內事，實際參與外祭祀、外事，甚至戰爭等咒詛工作。女巫參與祭祀與巫術雖然很廣，不限於內的範圍，但在女巫所參與的祭祀與巫術中職掌是否與男巫有所差異，文獻資料並未明確說明。然而亦顯示出《周禮》的禮教立場與當時風俗上的差異。

三、宮中婦女生育之職能

後宮婦女人數眾多，最重要的目的在於廣子嗣，因此御見之法一直為經生所關切，〈天官·九嬪〉中最重要的工作之一在：「各帥其屬，而以時御敘于王所」、〈天官·女御〉職掌「御敘于王之燕寢」。由於後宮之婦女眾多，為避免專寵之事發生，故御見之事亦須有人職掌，孔穎達認為不以九嬪、世婦掌進御之事，而以身分較卑的女御掌理，乃是為了防止顧房的可能性。另外〈天官·內小臣〉亦「掌王之陰事、陰令」，所謂陰事，鄭注「群妃御見之事，若今披庭令，畫漏不盡八刻，白錄所記推當御見者」，鄭玄特別以漢時之披庭令比況之。關於群妃御見之法，鄭玄以〈昏義〉百二十一女進行排序，經生之主張頗有可斟酌處⑲，首先《周禮》中僅管有九嬪、女御、世婦之女官，但其人數則未有明言，故是否真是三

---

⑱　汪繼培，《潛夫論箋校正》（北京：中華書局，1997），卷 3〈浮侈〉，頁125。

⑲　後宮進御之法，牽涉經生對後宮人數的主張，請參考拙作〈漢代經師對媵婚制度的理解及其主張的背景〉，《臺大中文學報》，16 卷，2002 年 6 月，頁49-104，由於此部分已涉及不少文獻，故不再贅述。

夫人、九嬪、二十七世婦、八十一御妻則不能肯定。其次，鄭玄引
《孝經援神契》說明婦人屬陰類比於月象，如月隨日而行，故御見
之法亦從月之運行。鄭之說徵引於緯書，徵諸現實頗為不類，且於
《周禮》文中未曾言及，當出於儒者以陰陽、天象比況人事而產生
的臆想，實不可信。但鄭舉漢代掖庭令，亦頗有啟發處，《周禮》
於婦人御見之法亦當有某些次序與方式，只是文中並未明言，故不
能多作揣想。

　　後宮嬪妃與生育密切相關，因此亦往往與繁育巫術相關，如
〈天宮・內宰〉中有關於後宮藏種的記載：「上春，詔王后帥六宮
之人而生穜稑之種，而獻之于王」，鄭玄注：

> 古者使后宮藏種，以其有傳類蕃孳之祥，必生而獻之，示能
> 育之，使不傷敗，且以佐王耕事，共禘郊也。⑭

后宮藏種一方面有其巫術上的意義，使種子與婦人在生育能力上相
感應，此是一種交感巫術。多產婦女從事農、蠶，可使農、蠶感應
其生育力而達豐產之效；不單如此，婦女亦藉著種子生生不息的生
命力，而使其利於懷孕生產。⑭賈公彥解釋為何後宮藏種「必生而
獻之」？認為：「生此種乃獻之，非直道此種不傷敗，亦於宮內懷

---

⑭　《周禮》，卷7〈天官・內宰〉，頁113。
⑭　《金枝》中對於此種交感巫術有生動詳細的介紹，頁43-44：「孕婦具有傳遞
　　生殖力的巫術效應」、「根據『順勢巫術』的理論：人能夠影響植物生長，
　　並根據他的行為或狀態的好壞來決定其影響的好壞。例如，多生育的婦女能
　　使植物多產，而不孕的女人則會使植物結不出果實。」

孕者亦不傷也」，正是後宮婦女與種子繁育力的交感，種子因後宮婦女的生育力而不傷敗，懷孕婦女亦因種子之生命力而使胎兒成長不致夭傷。此與浴獻蠶種者須占卜「三宮之夫人、世婦之吉者」精神一致。后宮藏種亦有佐王耕事的實質意義，有學者推測，藏種於婦女，可能反映早期農業與婦女密切關係的古風。⓵

四、宮中婦女會見賓客及其限制

《周禮》的記載中，王后及命婦均參與饗宴賓客之事，如〈天官·內宰〉：「凡賓客之裸獻、瑤爵皆贊」，內宰贊助王后行見賓客之禮，可見一般情況下，有王后見賓客之禮。〈天官·世婦〉：「掌祭祀、賓客、喪紀之事」，賈疏：「賓客謂饗食諸侯在廟」。〈天官·追師〉掌王后及外內命婦之首服以及祭祀、見賓客之服，可見王后及內命婦有專門見賓客之服。又如〈春官·世婦〉：「大賓客之饗食亦如之」、〈春官·內宗〉「賓客之饗食亦如之」、〈春官·外宗〉「賓客之事亦如之」……等，可以看出《周禮》對宮廷婦女參與饗賓宴客的態度。

然而在婦女無外事，重男女之防的社會環境下，會見賓客的對象及方式則有一定的限制。鄭玄將王后會見的賓客限定在「王同姓及二王之後」⓭，至於異姓諸侯則使人「攝而載果」。⓮賈公彥進

⓵ 許倬雲，〈從周禮中推測遠古婦女的工作〉，《中國婦女史論集》（臺北：稻香，1999），頁 51-62。

⓭ 《儀禮》，卷 23〈聘禮〉，頁 274，鄭注。《周禮》，卷 7〈內宰〉，頁 111，鄭注。

一步指出：

> 鄭知賓客是王同姓及二王之後者，見〈大行人〉云：上公之
> 禮再祼而酢，侯伯一祼而酢，子男一祼不酢。則是上公乃有
> 再祼，王先一祼，次后再祼。按〈孝經緯〉云：「二王之後
> 稱公」，則知二王之後有后祼也。又案〈巾車〉云：同姓金
> 路，鄭云王子母弟雖為侯伯，畫服如上公，則此云王之同姓
> 亦謂為侯伯，得與上公同再祼，亦有后祼者，同姓為子男
> 者，則與異姓后一祼，無后祼也。⑭

賈公彥認為：王后所見之王同姓賓客，其身份當在侯伯以上，若為
同姓子男則不見，因其無再祼之禮。若為異姓諸侯則后不親祼而使
人攝祼。

　　鄭玄及賈公彥的說法是否能反映先秦禮制的實況，還值得商
榷，不過對后妃會見賓客防範嚴格，應是肯定的。根據《禮記・坊
記》提及：

> 子云：禮，非祭男女不交爵，以此坊民，陽侯猶殺繆侯而竊
> 其夫人，故大饗廢夫人之禮。⑭

---

⑭　《周禮》，卷 18〈春官・大宗伯〉，頁 284。
⑭　《周禮》，卷 7〈內宰〉，頁 112。
⑭　《禮記》，卷 51〈坊記〉，頁 872。

孔穎達疏：

> 王饗諸侯及諸侯自相饗，同姓則后夫人親獻，異姓則使人攝
> 獻，則繆侯所饗蓋同姓也，且王於同姓雖為侯伯，車服與上
> 公同，上公既再祼，后與王俱祼，則上公相於與王同也。其
> 同姓上公，則后與夫人親祼獻拜送也，若異姓上公，使人攝
> 祼。故〈宗伯〉職云：大賓客則攝而載祼，謂異姓也，〈內
> 宰〉職云：凡賓客之祼獻瑤爵皆贊，注云：謂王同姓及二王
> 之後來朝覲，王以鬱鬯禮之，后以瑤爵亞獻，謂同姓也，自
> 陽侯殺繆侯後，其后夫人獻禮遂廢，並使人攝也。**⑭**

所謂大饗禮於禮書中不只一個意涵，根據《周禮·春官·大司
樂》：「大饗不入牲，其它皆如祭祀」，此處「大饗」指「饗賓
客」。**⑭**又如《禮記·仲尼燕居》：「大饗有四焉」，此時：「大
饗」指「饗諸侯來朝者」。除了饗宴賓客外，《禮記·月令·季
秋》：「是月也，大饗帝」，「大饗帝」指，「徧祭五帝」。**⑭**其
他如《禮記·禮器》：「郊血，大饗腥，三獻爓，一獻熟」，依據
祭祀對象的不同，犧牲的處理方式亦不同，此處所指之大饗禮為
「祫祭先王」**⑮**之禮。〈禮器〉還提及：「大饗其王事與？」以
「三牲、魚腊、四海、九州之美味也，籩豆之薦，四時之和氣

---

⑭ 同上，孔疏。

⑭ 《周禮》，卷 22〈春官·大司樂〉，頁 344。

⑭ 《禮記》，卷 17〈月令〉，頁 338。

⑮ 《禮記》，卷 24〈禮器〉，頁 467。

也」⑮，此處「大饗」仍是祫祭先王而言。以上大饗三種意涵，根據婦女無外事的原則，婦女所參與者當為祫祭先王之禮。所謂祫祭，《公羊傳》曾加以說明：

> 大祫者何？合祭也。其合祭奈何？毀廟之主陳于大祖，未毀廟之主皆升，合食于大祖，五年而再殷祭。⑮

合祭的對象為「先祖親疏遠近也」⑮，祭祀時間間隔為「三歲一祫」⑮，合祭的地點於太祖廟，也就是三年一次親族共聚祫祭先王的大祭祀。〈坊記〉所提及的陽侯與繆侯的關係，在文獻上雖未詳細說明，但鄭玄根據夫人會見賓客須為同姓的主張，而推斷二者應屬同姓國關係。由於陽侯「貪夫人之色，至殺君而立」，以致後來連同姓親族間的大饗之禮，夫人亦避嫌不親自行禮，而由他人攝行其事。於此可以看出，禮教上對夫人會見賓客懷著戒慎恐懼的態度，限制極為嚴格。

　　婦人即使在特殊的狀況下會見賓客，亦有一些措施來守住男女之防。以孔子見衛夫人南子的事例來看，《論語‧雍也篇》對此著墨極少，只說：「子見南子，子路不悅，夫子矢之曰：『予所否者，天厭之，天厭之』」，《史記‧孔子世家》記載得比較詳細：

---

⑮　《禮記》，卷 24〈禮器〉，頁 473。
⑮　《公羊傳》，卷 13〈文公二年〉，頁 165。
⑮　《說文解字注》，〈祫〉，頁 6。
⑮　《周禮》，卷 26〈小史〉，賈疏，頁 404。

> 靈公夫人有南子者，使人謂孔子曰：「四方之君子不辱，欲
> 與寡君為兄弟者，必見寡小君，寡小君願見」孔子辭謝，不
> 得已而見之，夫人在絺帷中，孔子入門，北面稽首，夫人自
> 帷中再拜，環珮玉聲璆然，孔子曰：吾鄉為弗見，見之禮答
> 焉。子路不說，孔子矢之曰：「予所不者，天厭之，天厭
> 之。」[155]

衛靈公夫人南子未守婦人無外事的原則，而參與國事；南子在當時
有淫亂的惡名，但在會見賓客時仍要避嫌，使用帷帳相隔。即使如
此，都還引起子路極端的不悅。對照《國語》中魯敬姜、春秋三傳
中宋伯姬，以及《禮記》〈曲禮〉、〈內則〉、〈坊記〉……等篇
的記載，當時貴族婦女在生活上嚴格的禮教限制，可見一斑。

五、宮中婦女於喪葬禮中之職司

《周禮》中的女官在喪葬中主要參與尸體的處理、哭、弔臨等
事，其中亦有某些限制，分別述於後。

(一) 屍體的處理

《禮記·喪大記》言「男子不死於婦人之手，婦人不死於男子
之手」，在始死、浴屍、更衣等事，男女有別，其中並中言及為王
沐浴之事：

---

[155] 《史記》，卷47〈孔子世家〉，頁1920。

御者入浴，小臣四人抗衾，御者二人浴，浴水用盆，沃水用
枓，浴用絺巾，挋用浴衣，如它日。小臣爪足，浴餘水弃于
坎。其母之喪，則內御者抗衾而浴。⑯

若浴王屍則由二名侍者和四名小臣洗浴，若是女性之喪，則換由婢
女負責。在〈天官・女御〉言及為后沐浴之事「大喪掌沐浴，后之
喪持翣」，所謂大喪，鄭注為「王及后之喪」，但由〈喪大記〉之
文對照來看，當指后喪為宜。故賈公彥解釋曰：「今王喪亦使女御
浴者，案〈士喪禮〉浴時男子抗衾，則不使婦人，今王喪沐或使婦
人，而浴未必婦人，或亦供給湯物而已，亦得謂之掌也。」⑰仍認
為替屍體洗浴，應遵守男女有別的原則。此外女御亦掌后出殯時為
其執棺飾，跟隨柩車而行等事宜。

(二) 哭

　　喪禮中的哭位，哭的先後次序，表現出階級身份及親疏遠近的
不同，故十分被重視。《禮記・喪大記》提及：「君喪，虞人出木
角，狄人出壺，雍人出鼎，司馬縣之，乃官代哭」⑱，君喪須使哭
喪者更替而哭，故須漏水器計量時間。《周禮》中許多女官均在喪
事中掌理宮中女眷哭喪事宜，如〈天官・內宰〉：「凡喪事佐后使
治外內命婦正其服位」，服指喪服，位指立位、哭位。〈天官・九

---

⑯　《禮記》，卷 44〈喪大記〉，頁 770。
⑰　《周禮》，卷 8〈女御〉，頁 122。
⑱　《禮記》，卷 44〈喪大記〉，頁 766。

嬪〉：「大喪帥敘哭者亦如之」，九嬪管理女眷哭之次序，鄭注：「后哭，眾之次敘者乃哭」，賈疏：

> 大喪謂王喪，帥敘哭者，謂若外內命婦哭時，皆依尊卑命
> 數，在后後，為前後列位哭之，故須帥導使有次敘也。⑮

哭須依尊卑先後。〈春官・世婦〉「大喪比外內命婦之朝莫哭，不敬者而苛罰之」，世婦落實朝暮哭，並避免有怠惰不敬的情況發生。〈春官・內宗〉亦言「大喪序哭者」、〈春官・外宗〉「大喪則敘外內朝莫哭者」，均是掌理喪事中哭之事宜。

(三) 弔臨

后與夫人參與喪時弔臨之事，但弔臨的對象有所限制，〈天官・世婦〉：「掌弔臨卿大夫之喪」，鄭玄強調王后參與弔喪之事，乃受命于王。賈公彥則進一步界定王后弔臨的對象：

> 若然后無外事，彼弔諸侯謂三公王子母弟，若畿外諸侯，則
> 后不弔。以其王為三公、六卿錫衰，諸侯總衰，后不弔，畿
> 外諸侯既輕於王之卿，卿既后不親弔，畿外諸侯不親弔可
> 知。⑯

---

⑮　《周禮》，卷7〈天官・九嬪〉，頁117。
⑯　《周禮》，卷8〈天官・世婦〉，頁122。

諸侯為賓，王后弔臨之，卿大夫已臣輕故王后不弔，故遣內
宗掌弔臨之事。⑯

根據〈春官·司服〉：「王為三公、六卿錫衰，為諸侯緦衰，為大
夫、士疑衰，其首服皆弁絰」，婦人弔服從於夫。⑯然而由於婦人
無外事，且「婦人不越疆而弔人」⑯的規範，王后弔臨諸侯有嚴格
的限制。賈公彥認為只有畿內的三公、王子母弟才弔，若非如此，
則不弔；卿大夫之喪則后派內宗往弔，故〈內宗〉的職責特別提及
「凡卿大夫之喪，掌其弔臨」。⑯至於畿外諸侯，屬於外事的範
圍，且又觸及「不越疆而弔」的規範，故王后不參與。

　　以諸侯夫人的情況來看，《禮記·喪大記》有夫人弔臨大夫、
士之文：

　　　　夫人弔於大夫、士，主人出迎于門外，見馬首，先入門右，
　　　　夫人入，升堂即位，主婦降自西階，拜稽顙于下，夫人視世
　　　　子而踊，奠如君至之禮。夫人退，主婦送于門內，拜稽顙，
　　　　主人送于大門之外，不拜。⑯

以此來看諸侯夫人親弔於大夫、士之家，且夫人升堂於東階，如國

---

⑯　《周禮》，卷21〈春官·內宗〉，頁330。
⑯　《周禮》，卷21〈春官·司服〉，頁326，及鄭注。
⑯　《禮記》，卷9〈檀弓〉，頁164。
⑯　《周禮》，卷21〈春官·內宗〉，頁330。
⑯　《禮記》，卷45〈喪大記〉，頁785。

君之禮。由於是夫人來弔，故亦以婦人為喪主，與之答禮；主婦由西階下，拜稽顙於堂下，並拜送于門內，如男主一般。以此看來，諸侯夫人弔臨的對象較經師所界定王后弔臨的對象為廣。賈公彥認為主要因為諸侯的臣子人數較少，故允許諸侯夫人親自弔臨⑯，此說似乎頗為牽強，也反映出賈公彥界定王后弔臨的限制，仍有再商榷的空間。

至於大夫階層，《儀禮·喪服》：「大夫弔於命婦錫衰，命婦弔於大夫亦錫衰」⑰，鄭玄認為所謂弔於命婦，是指命婦死，弔於命婦之丈夫，弔於大夫是指大夫死，弔於大夫之妻。如此則形成大夫與大夫行禮，命婦與大夫之妻行禮，且慰問大夫於先，慰問大夫妻於後，符合男先於女的原則。但以此可以看出禮制上允許命婦階層親臨弔唁大夫階層。至於士庶人之妻亦行弔禮，由《禮記·檀弓》：「魯婦人之髽而弔也，自敗於臺鮐始也」⑱可以得知，而弔禮的髽制亦隨俗而變。

由以上所述可以看出弔臨對象限制最嚴格的為王后，賈公彥的主張實亦配合鄭玄王后會賓客的限制而推論。婦人弔喪須謹守不越境而弔，無外事的原則。由於婦人弔喪，是受命於夫，因此，夫人弔臨的禮位為夫所當立之位（君位），喪家以女主與夫人答禮。

---

⑯　《周禮》，卷21〈春官·內宗〉，頁330，賈疏。
⑰　《儀禮》，卷34〈喪服〉，頁399。
⑱　《禮記》，卷6〈檀弓〉，頁118。

第六章
後宮婦女的生活規訓與懲罰
──由空間、時間及身體等層面為核心

一、對生活場域限制及出入管控

　　對後宮婦女的教育與規訓的貫徹，首要工作即是對所處的生活場域的控管，對內外進出人等進行嚴格的監控和盤查，以確保宮廷處於隔離和封閉的狀態，發揮徹底的控制效果。❶宮禁至重，由外

---

❶　封閉與隔離狀態，是規訓和管理重要的方法之一，能使得受規訓者免於外界的干擾，並且完全受制於規訓者。傅柯（Michel Foucault）著、劉北成、楊遠嬰譯，《規訓與懲罰──監獄的誕生》（臺北：桂冠，2003），〈全景敞視主義〉，頁 197，對規訓下的空間特性有十分精譬的說明：「這種封閉的、被割裂的空間，處處受到監視。在這一空間中，每個人被鑲嵌在一個固定的位置，任何微小的活動都受到監視，任何情況都被記錄下來，權力根據一種連續的等級體制統一地運作著，每個人都被不斷地探找、檢查和分類。」此段雖是在說明瘟疫發生時，隔絕病人、傳染源下的空間隔離和控制，然而此種控制的機制亦被廣泛地使用在醫院、學校、軍隊、監獄……種種須要控制秩序、改造身心、確保統治權的地方。傅柯更透過邊沁（Bentham）的全景

至內層層封鎖，越至內部、後宮防守越形嚴格。以下由宮廷外至內，說明對宮中的防守和控管。

㈠ 以版圖作為管控的基礎

宮廷中人數眾多，管理上以版圖為基礎，如《周禮·天官·宮正》指出：

> 掌王宮之戒令、糾禁，以時比宮中之官府次舍之眾寡，為之版以待，夕擊柝而比之，國有故則令宿，其比亦如之。辨外內而時禁，稽其功緒，糾其德行，幾其出入，均其稍食。去其淫怠與其奇衺之民，會其什伍而教之道義，月終則會其稍食，歲終則會其行事。凡邦之大事，令于王宮之官府、次舍，無去守而聽政令。❷

敝視建築（Panopticon）指出無所不在的監視和探查是規訓的精緻表現，能將規訓發展到淋漓盡致、無所不在、時時控制的境界，頁 201：「全景敝視建築是一種分解觀看／被觀看二元統一體的機制。在環形邊緣，人徹底被觀看，但不能觀看；在中心瞭望塔，人能觀看一切，但不會被觀看到。」全景敝視的構想提供了一種較古典控制更為徹底而無所不在的權力控制模式，頁 208：「邊沁則夢想把它們變成一種機制網絡，無所不在，時刻警醒，毫無時空的中斷而遍布整個社會。全景敝視結構提供了這種普遍化的模式。它編制了一個被規訓機制徹底滲透的社會在一種易於轉換的基礎機制層次上基本運作程序。」除了空間的區隔和限制，傅科亦強調現代規訓往往透過時間巨細靡遺的切割及安排，結合身體的規訓要求，以求精確有序的達到控制的目的。

❷ 《周禮》，卷 3〈天官·宮正〉，頁 50-52。

管理王宮的基礎在於「為之版以待」，所謂「版」鄭司農認為是：「為官府次舍之版圖也」，而所謂版圖，由〈天官·小宰〉：「聽閭里以版圖」，可知其為治理邦國的重要依據，鄭司農認為版指戶籍，圖指地圖。❸鄭玄則從「版其人之名籍」加以理解，即是將宮中所居之人名書於版，所居宮室之方位畫於圖，透過名籍可以確實掌握宮中之人數。如《周禮·天官·內宰》：「掌書版圖之灋，以治王內之政令」❹，所謂「王內」應指路寢以內而至於北宮之區域。掌理王內政令的基礎在於「版圖之法」，此處所謂「版」，鄭玄認為是：「宮中閽寺之屬及其子弟錄籍也」，所謂「圖」則為「王及后、世子之宮中吏官府之形象也」❺，即如〈宮正〉所職掌用以稽核人數之名籍及居住之位置圖，鄭玄所說較先鄭更進一層。版圖的目的在於確實掌握宮中的人數、居處及狀況，以達到糾禁的功效。據〈宮正〉所言，此種糾察和人數、居處的核對不斷地進行，於每日暮後比對其人是否確實留任其部署、於四時亦作較大的稽查，以確實掌握宮中之人數及其進出狀況。平常時期尚且如此，若發生國有災禍或大事的非常時期，則在考察上更形嚴格。考察與控管必須處於隔離和密閉的狀態，因此對於出入的門禁，管理十分嚴格，除了宮門啓閉有一定的時間，出入皆須有引籍等以資證明，對於衣飾言行不合禮法之人，皆禁止出入。

　　由於對宮中人數、居處、任職、出入皆能確實掌握，於是在此

---

❸　《周禮》，卷3〈天官·小宰〉，頁44，鄭司農注。

❹　《周禮》，卷7〈天官·內宰〉，頁110。

❺　又如《周禮》，卷3〈天官·小宰〉，頁44：「聽閭里以版圖」，鄭玄認為版圖指戶籍與地圖，聽人訟地而以版圖定奪之。

基礎上考核任職的狀況,與其所應領取的俸祿。如〈天官·宮伯〉:「掌王宮之士庶子,凡在版者。掌其政令,行其秩敘,作其徒役之事」❻,所謂庶子,先鄭注為「宿衛之官」,鄭玄則認為士庶子乃指「王宮中諸吏之適子也,庶子,其支庶也」,亦是透過版圖來掌握徒役和俸祿之事。漢時後宮之調度,亦以名籍為依據,如景帝母調派之例:

> 孝文竇皇后,景帝母也,呂太后時以良家子選入宮。太后出宮人以賜諸王各五人,竇姬與在行中。家在清河,願如趙,近家,請其主遣宦者吏「必置我籍趙之伍中」宦者忘之,誤置籍代伍中。籍奏,詔可。當行,竇姬涕泣,怨其宦者,不欲往,相彊乃肯行。❼

景帝母,因宦官編排名籍的錯誤而至代王處,顯見後宮婦女的調度以名籍為依據,須上奏同意後,始能前往。

　　整個邦國的治理亦以圖籍為基礎,確實掌握戶籍及土地狀況,如〈司會〉透過「書契版圖者之貳,以逆群吏之治,而聽其會計」,版是戶籍,圖為土地圖錄,透過戶籍與土地圖錄的比對,確實掌握每戶所擁有的土地廣狹、位置,以作為納稅的依憑。〈司書〉所掌的職能之一即為「邦中之版,土地之圖,以周知入出百

---

❻　《周禮》,卷3〈天官·宮伯〉,頁52。
❼　《漢書》,卷97〈外戚傳〉,頁3943。

物，以斂其財，受其幣，使入于職幣」❽，又如《論語》中提及孔子「式負版者」❾，所謂負版者即持邦國之圖籍者。在春秋時期已有戶籍制度掌控百姓之勞役、賦稅等狀況，作為國家統治的基礎。❿因此《周禮》中一再提及，透過戶籍、圖版以確實掌握被統治者之狀況。《睡虎地秦墓竹簡》中反映出戶籍等狀況的掌握已達十分精細的地步，不但作為勞役、賦稅、獎懲的依據，發生刑事案件時，亦往往派上用場。⓫漢時戶籍以版書之，《後漢書·郡國志》對各地方之戶數、口數、墾田狀況記載詳細。戶籍的登錄是國家管理，賦稅、繇役的基礎，王充即認為：「戶口眾，簿籍不得少」⓬，徐幹則指出，統治者對戶籍的掌握不確實，「戶口漏於國版」，將導致「夫家脫於聯伍，避役者有之，棄捐者有之，浮食者有之」等種種亂象。⓭

　　貴族階級有屬籍以表明被屬籍者的身份狀態，如《史記·商君列傳》：

> 宗室非有軍功論，不得為屬籍。明尊卑爵秩等級，各以差次名田宅，臣妾衣服以家次。有功者顯榮，無功者雖富無所芬

---

❽　《周禮》，卷7〈天官·司書〉，頁105。

❾　《論語》，卷10〈鄉黨〉，頁91，何晏注：「負版者，持邦國之圖籍」。

❿　有關先秦時戶籍之登錄與掌控狀況，詳參杜正勝，《編戶齊民——傳統政治社會結構之形成》（臺北：聯經，1990年）。

⓫　此類例子極多，詳參睡虎地秦墓竹簡整理小組，《睡虎地秦墓竹簡》（臺北：里仁書局，1981）。

⓬　《論衡校釋》，卷30〈自紀篇〉，頁1202。

⓭　徐幹，《中論》（臺北：世界書局，1967），卷下〈民數〉，頁39。

華。⑭

商鞅欲行軍功爵制,有功者受爵,並將宗室中無軍功者除籍,使其無所爵秩,不再能享有爵秩所帶來的尊榮。漢代時宗室的屬籍由宗正負責管理⑮,有屬籍者身份被認可,可以享有相應其身份而來的種種尊貴和賞賜,如《漢書・元帝紀》記載元帝時關東年穀欠收,因此下令減省租賦,並「賜宗室有屬籍者馬一匹至二駟」。⑯之後發生不祥天象:星孛于參,亦「賜宗室子有屬籍者馬一匹至二駟」⑰,賞賜的標準即為有屬籍者。貴族犯罪者情況嚴重往往除其屬籍,將之排除於宗室之外,以為嚴屬的懲罰,如竇太后時魏其、武安侯好儒術,與竇太后好黃老不同,因此「舉適諸竇宗室毋節行者,除其屬籍」⑱,又如《漢書・武帝紀》記載:「夏四月……復七國宗室前絕屬者」,師古注:「此等宗室前坐七國反,故絕屬。今加恩赦之,更令上屬籍於宗正也」。⑲宣帝幼年時因遭巫蠱之禍,收繫獄中,直至情況緩解才「詔掖庭養視,上屬籍宗正」,應劭曰:「始令宗正著其屬籍」。⑳又如東漢明德馬皇后律己之外親甚嚴,稍有犯過則絕其屬籍而遣歸㉑,均為其例。正因為絕屬籍為

---

⑭　《史記》,卷 68〈商君列傳〉,頁 2230。

⑮　《史記》,卷 63〈三王世家〉,頁 2118:「宗正者,主宗室諸劉屬籍」。

⑯　《漢書》,卷 9〈元帝紀〉,頁 279。

⑰　《漢書》,卷 9〈元帝紀〉,頁 285。

⑱　《史記》,卷 107〈魏其武安侯列傳〉,頁 2843。

⑲　《漢書》,卷 6〈武帝紀〉,頁 160。

⑳　《漢書》,卷 8〈宣帝紀〉,頁 236-237。

㉑　《後漢書》,卷 10 上〈皇后紀〉,頁 413:「其外親有謙素義行者,輒假借

嚴厲的懲罰，因此當皇帝寬赦天下時，往往准許有罪等削屬籍者，復其屬籍。如由於災異不斷，和帝時「夏四月庚午，大赦天下，改元元興。宗室以罪絕者，悉復屬籍」❷，順帝時亦大赦天下，「宗室以罪絕，皆復屬籍」❷、「庚寅，帝臨辟雍饗射，太赦天下，改元陽嘉。詔宗室絕屬籍者，一切復籍」。❷皆為其例。

(二) 宮門及宮中出入、行動之掌控

1.宮門的守衛

宮禁至重，漢時王宮外門有司馬把守，出入均須受到查核，即使連太子亦不例外，《史記·張釋之傳》：

> 太子與梁王共車入朝，不下司馬門，於是釋之追止太子、梁王無得入殿門。遂劾不下公門不敬，奏之。薄太后聞之，文帝免冠謝曰：「教兒子不謹」薄太后乃使使承詔赦太子、梁王，然后得入。❷

何謂司馬門，裴駰指出：「凡言司馬門者，宮垣之內，兵衛所在，

溫言，賞以財位。如有纖介，則先見嚴恪之色，然後加譴。其美車服不軌法度者，便絕屬籍，遣歸田里。」
❷　《後漢書》，卷 4〈和帝紀〉，頁 193。
❷　《後漢書》，卷 6〈順帝紀〉，頁 253。
❷　《後漢書》，卷 6〈順帝紀〉，頁 260。
❷　《史記》，卷 102〈張釋之傳〉，頁 2753。

四面皆有司馬，主武事。總言之，外門為司馬門也」。❷顏師古亦謂：「司馬門者，宮之外門也。衛尉有八屯，衛侯司馬主衛士徼巡宿衛。每面各二司馬，故謂宮之外門為司馬門」。❷《漢官儀》對司馬門的功能記載最詳：

> 公車司馬令，周官也，秩六百石，冠一梁，掌殿司馬門，夜
> 徼宮中，天下上事及闕下，凡所徵召，皆總領之。❷

漢時公車司馬令掌理皇宮司馬門的警衛，並負責夜裏巡邏宿衛宮中，凡是徵召、出入等事均須下馬通過司馬門的審核。❷由於太子及梁王憑杖身份不想接受盤查，欲直接進入，被張釋之以違法攔下，文帝還須為此事致歉，最後勞動太后下詔赦免才得以進入。太子身份尚且如此，其他身份進出司馬門應受盤查則不難想像。司馬門為宮之外門，防守已然嚴格，越往內，越接近核心，越接近帝王議事、燕居及後宮，防守將更形嚴格。

除了出入門的警衛及檢查外，若有事須上書傳達，亦須通過司馬門。《漢官儀》指出司馬門的職責在於：「天下上事及徵召皆總領之」❸，《史記·滑稽列傳》記東方朔至公車司馬門上書之事：

---

❷　《史記》，卷 7〈項羽本紀〉，頁 309。

❷　《漢書》，卷 9〈元帝紀〉，頁 286。

❷　應劭，《漢官儀》（臺北：臺灣中華書局，1981），卷上，頁 9。

❷　《史記》，卷 102〈張釋之傳〉，頁 2753，如淳曰：「宮衛令『諸出入殿門、公車司馬門，乘軺傳者皆下，不如令，罰金四兩。』」

❸　《後漢書》，卷 1〈光武帝紀〉，頁 52。

武帝時，齊人有東方生名朔，以好古傳書，愛經術，多所博
觀外家之語。朔初入長安，至公車上書，凡用三千奏牘。公
車令兩人共持其書，僅然能勝之。㉛

若宮中之人或大臣發生被劾奏之事，須立即將被劾奏之人通知宮
門，使其不得再入宮，如《漢書·酷吏傳》：

宣帝初即位，延年劾奏光……延年後復劾大司農田延年持兵
干屬車，大司農自訟不干屬車。事下御史中丞，譴責延年何
以不移書宮殿門禁止大司農，而令得出入宮，於是覆劾延年
闌內罪人，法至死。㉜

張晏曰：「故事，有所劾奏，並移宮門，禁止不得入」，即立刻管
控被劾奏者之出入，以待調查。㉝鄭司農舉漢法以為比況：「若今

㉛　《史記》，卷 126〈滑稽列傳〉，頁 3205。

㉜　《漢書》，卷 90〈酷吏·嚴延年傳〉，頁 3667。

㉝　此類例子很多，如《漢書》，卷 54〈江充傳〉，頁 2177：「貴戚近臣多奢
僭，充皆舉劾，奏請沒入車馬，令身待北軍擊匈奴，奏可。充即移書光祿勳
中黃門，逮名近臣侍中諸當詣北軍者，移劾門衛，禁止無令得出入宮殿。於
是貴戚子弟惶恐，皆見上叩頭求哀，願得入錢贖罪。」又如《漢書》，卷 76
〈韓延壽傳〉，頁 3214，記韓延壽與蕭望之官場上鬥爭之事，「延壽代蕭望
之為左馮翊，而望之遷御史大夫，侍謁者福為望之道延壽在東郡時放散官錢
千餘萬。望之與丞相丙吉議，吉以為更大赦，不須考。……延壽聞知，即部
吏案校望之在馮翊時廩犧官錢放散百餘萬。廩犧吏掠治急，自引與望之為
姦。延壽劾奏，移殿門禁止望之。」一旦被劾奏有罪，即被禁止出入殿門。

時宮中有罪禁止不能出，亦不得入；及無引籍不得入宮司馬殿門也」。㉞

漢代的法令入宮門必須引籍，何謂「籍」？應劭的解釋是：「籍者，為二尺竹牒，其年紀、名字、物色，縣之宮門，案省相應，乃得入也」。㉟《後漢書·百官》記此事更為詳細：

> 凡居宮中者，皆有口籍於門之所屬。宮名兩字，為鐵印文符，案省符乃內之。若外人以事當入，本（官）長史為封棨傳；其有官位，出入令御者言其官。㊱

《藝文類聚》引胡廣《漢官解詁》：

> 衛尉，主宮闕之內，衛士於垣下為盧，各有員部。居宮中者，皆施籍於門，案其姓名。若有醫巫儴人當入者，本官長吏為封啓傳，審其印信，然後內之。人未定，又有籍，皆復有符，符用木長二寸，以當所屬官兩字為鐵印，亦太卿炙符，當出入者，案籍畢，復齒符，乃引內之也。其有官位得出入者，令執御者官傳呼前後以相通。㊲

㉞　《周禮》，卷 3〈天官·宮正〉，頁 51。
㉟　《漢書》，卷 9〈元帝紀〉，頁 286。
㊱　《後漢書》〈百官〉，頁 3580。
㊲　歐陽修等撰，《藝文類聚》（臺北：文光，1974），卷 49〈職官部·衛尉〉，頁 880。

宮門出入之審查嚴格，原居宮中者須有名籍資料著於門屬以為核
對；若不居宮中者，因特殊原因而入宮，則不但須要查明身份、屬
官，並須核符，確認無誤後才得放行。以實際例子來看，《史記·
外戚世家》記載，漢武帝找到王太后早期於民間所生之女，在十分
興奮的情況下，直接將她帶至宮中見太后：

> 詔副車載之，迴車馳還，而直入長樂宮。行詔門著引籍，通
> 到謁太后。❸

武帝「引籍」後，經過通報才得謁見太后，正義曰：「武帝道上詔
令通名狀於門使，引入至太后所」，可見即使貴為皇帝，欲帶他人
入見太后，亦須通名狀於門使。各宮門均有門使把守，均須引籍通
報核驗才得進入。《漢書·武五子傳》記戾太子於巫蠱之禍發生
前，緊急通報太后，並密謀用兵之事：

> 太子使舍人無且持節夜入未央宮殿長秋門，因長御倚華，具
> 白皇后，發中廄車載射士，出武庫兵，發長樂宮衛，告令百
> 官曰江充反。❸

即使在緊急的狀況下，太子使者夜入未央宮殿亦須持節，且須透過
女官傳達太后。反映出欲出入宮中，須經過重重查核。由於進出不

---

❸　《史記》，卷 49〈外戚世家〉，頁 1982。
❸　《漢書》，卷 63〈武五子傳〉，頁 2743。

斷查核，手續過於繁冗，尤其對於執事宮中者的親屬，更是如此，漢元帝時特別下詔：「令從官給事宮司馬中者，得為大父母、父母、兄弟通籍。」❹顏師古認為從官指「親近天子常侍從者」，於宮之外門的司馬門，在一般情況下，其近親屬進出亦須引籍，因此元帝特別下詔通籍，使宮門中能備有家屬名籍，方便通行。

　　通籍原是為了權宜方便，但亦有可能使宮門守衛流於疏忽和形式化。宮中雖防守嚴格，但若帝王等不守禮制或寵幸佞臣，亦會出現弊端。如《漢書‧文三王傳》：

> 二十九年十月，孝王入朝。景帝使使持乘輿駟，迎梁王於關下。既朝，上疏，因留。以太后故，入則侍帝同輦，出則同車遊獵上林中。梁之侍中、郎、謁者著引籍出入天子殿門，與漢宦官亡異。❹

梁孝王深受景帝及太后的寵愛，其侍中等可以透過屬籍，輕易而自由出入於王宮之中，與宦宮無異。哀帝時寵愛董賢，董賢「常與上臥起」、「上以賢難歸，詔令賢妻得通引籍殿中，止賢廬，若吏妻子居官寺舍」。❹又如上官太后特准「顯及諸女，晝夜出入長信宮殿中，亡期度」❹，後來魏相上書言霍氏專權，其中一個理由即為「光夫人顯及諸女皆通籍長信宮，或夜詔門出入，驕奢放縱，恐寖

---

❹　《漢書》，卷 9〈元帝紀〉，頁 286。
❹　《漢書》，卷 47〈文三王傳〉，頁 2209。
❹　《漢書》，卷 93〈佞幸傳〉，頁 3733。
❹　《漢書》，卷 68〈霍光傳〉，頁 2950。

不制」❹，由於長信宮為上官太后所居，霍光為上光太后的外祖父，其妻顯以此關係任意出入宮中，因為在正常情況下，此狀況不被允許，故引起外戚專權的批評。

也正因為宮禁為統治秩序的象徵，宮禁不嚴被視為國家將衰的徵兆，如武帝時曾發生，宮門被私闖之事，被認為亂事將起的預兆：

> 上居建章宮，見一男子帶劍入中龍華門，疑其異人，命收之。男子捐劍走，逐之弗獲。上怒，斬門侯。冬，十一月，發三輔騎士大搜上林，閉長安城門索；十一日乃解。巫蠱始起。❹

又如《漢書·五行志》記國家衰亡之徵兆，其中之一即為宮禁被破壞，如：

> 成帝建始三年十月丁未，京師相驚，言大水至。渭水虒上小女陳持弓年九歲，走入橫城門，入未央宮尚方掖門，殿門門衛戶者莫見，至句盾禁中而覺得，民以水相驚者，陰氣盛也。小女而入宮殿中者，下人將因女寵而居有宮室之象也。名曰持弓，有似周家㩡弧之祥。❹

---

❹　《漢書》，卷 74〈魏相傳〉，頁 3135。

❹　《資治通鑑》，卷 22〈漢紀·世宗孝武皇帝下·征和元年〉，頁 725。

❹　《漢書》卷 27 下〈五行志〉，頁 1474-1475。

又如：

> 成帝綏和二年八月庚申，鄭通里男子王褒，衣絳衣小冠，帶
> 劍入北司馬門殿東門，上前殿，入非常室中，解帷組結佩
> 之，招前殿署長業等曰：「天帝令我居此。」業等收縛考
> 問，褒故公車大誰卒，病狂易，不自知入宮狀，下獄死。是
> 時王莽為大司馬，哀帝即位，莽乞骸骨就第，天知其必不
> 退，故因是而見象也。❹

女子擅闖宮門被認為預示女禍將起，由於女子屬陰，被認為宮內將
受陰害侵擾，水害亦為陰氣過盛所致。成帝時男子闖入宮殿而謂：
「天帝令我居此」，意味著國家將為他人所篡奪。可見私闖宮門被
視為嚴重大事。在此種背景下，門禁的嚴格，往往意味著國家統治
階層嚴謹的秩序。

2.後宮出入的控制

前已言及宮門的守衛是維持宮中秩序重要工作，對於進出人等
均須查核清楚，且有引籍始得通過。後宮位於宮廷內部，防守較前
朝更為嚴格。根據《太平御覽》引丞相薛宣奏書：

> 漢興以來，深考古義，惟萬變之備，於是制宮室出入之儀，
> 正輕重之冠，故司馬殿省門闥至五六重，周衛擊刁斗。近臣

---

❹　《漢書》卷 27 下〈五行志〉，頁 1475。

侍側尚不得著鉤帶入房。❹

所謂省為君主燕居、後宮等場所❹，屬宮廷之內部，宮中至省中（秦及漢初稱為禁中，後因避漢孝元皇后之父王禁的諱而改稱省中），尚有層層防守，省中的守衛和盤查較宮中更為嚴格。❺出入省內的執事及守衛須為宦官，如《漢舊儀》：「中常侍宦者秩千石，得出入臥內禁中諸宮」❺、「冗從吏僕射，出則騎從夾乘輿車，居則宿衛直守省中門戶」❺，又如中黃門為：「奄人居禁中在黃門之內給事者」❺，均為其例。

後宮婦女處於重重宮禁限制之下。以禮書所記來看，《周禮》官職的安排中，掌理後宮之官員最主要工作之一即是糾察後宮婦女

---

❹　《太平御覽》，卷 354〈兵部·鉤鑲〉，頁 1629。

❹　省中非一般大臣所能輕易進入，《史記》，卷 58〈梁孝王世家〉，頁 2090，提及：「諸侯王朝見天子，漢法凡當四見耳。始到，入小見；到正月朔旦，奉皮薦璧玉賀正月，法見；後三日，為王置酒，賜金錢財物；後二日，復入小見，辭去。凡留長安不過二十日。小見者，燕見於禁門內，飲於省中，非士人所得入也。」即使連諸侯王在省中亦有一定的限制，后妃的外親欲入省中亦有一定的停留限制，如《後漢書》，卷 10 上〈皇后紀〉，頁 419，和熹鄧皇后為貴人時，因病親人入省中探視的例子（詳下文）。又如《漢書》，卷 7〈昭帝紀〉，頁 218，注，伏儼引蔡邕說：省中「本為禁中，門闥有禁，非侍御之臣不得妄入。」

❺　關於宮省制度，詳參楊鴻年，《漢魏制度叢考》（武漢：武漢大學出版社，2005），頁 1-20。

❺　《漢舊儀》（臺北：臺灣商務，1981），卷上，頁 1。

❺　《漢舊儀》（臺北：臺灣商務，1981），卷上，頁 1。

❺　《漢書》，卷 19 上〈百官公卿表〉，頁 732，顏師古注。

的出入，如〈天官‧內宰〉主要工作之一即為：「憲禁令于王之北宮而糾其守」❺，鄭注：「北宮，后之六宮，謂之北宮者，繫于王言之，明用王之禁令，令之守宿衛者」。《周禮‧天官‧閽人》其主要工作為：

> 掌守王宮之中門之禁，喪服、凶器不入宮，潛服、賊器不入宮，奇服怪民不入宮。凡內人、公器、賓客無帥則幾其出入。以時啟閉。凡外內命夫、命婦出入則為之闢。❺

閽人掌守宮門，據先鄭及鄭玄注，天子有五門，孫詒讓認為閽人所掌之中門「實不專屬雉門，當兼庫雉應三門言之」。❺閽人把守宮門之禁，不使外在凶惡不正之人事物進入宮中；同時亦管理宮內之人的進出。「內人」於《周禮》泛指「上關女御，下兼女府史及女酒、女漿、內工」等宮內之人❺，此處與下文內外命婦對照，應指女府史以下而言。宮門啟閉有一定的時間，限制宮中婦女的行動。又如〈天官‧寺人〉其重要職責為：「掌王之內人及女宮之戒令，相道其出入之事而糾之」、「掌內人之禁令，凡內人弔臨于外，則帥而往，立于其前而詔相之」❺，此處所謂「內人」，鄭注為「女

---

❺　《周禮》，卷7〈天官‧內宰〉，頁113。

❺　《周禮》，卷7〈天官‧閽人〉，頁114-115。

❺　《周禮正義》，卷14〈天官‧閽人〉，頁542。

❺　《周禮正義》，卷13〈天官‧內宰〉，頁531，孫詒讓正義。根據〈天官‧內宰〉：「歲終則會內人之稍食」，鄭玄認為是女御。

❺　《周禮》，卷7〈天官‧寺人〉，頁115。

御」，至於「女宮」則為「刑女之在宮中者」。即是管理後宮女官、女眷及因故沒入宮中為女奴者之進出後宮，並於弔臨、賓客、祭祀等事中為之開道或督導其禮事。《禮記·內則》亦記載「為宮室，辨內外，男子居外，女子居內，深宮固門，閽寺守之，男不入，女不出」。❺❾後宮既不得隨意出入，內外政令則靠「掌內外之通令」❻❶之內豎傳達。若遇較重大之事，則透過世婦傳達於外官。❻❶漢代時即使官婢出入省門亦受宮禁限制，如《漢舊儀》指出：「省中侍使令者，皆官婢，擇年八歲以上，衣綠，曰宮人。不得出省門」❻❷，如此可以將內宮與外部的生活場域隔限開來，以維持其秩序與清淨。

後宮門禁於常態下即已防守嚴格，若發生特殊情況，為防止后妃淫佚，門禁更趨嚴格，如《漢書·景十三王傳·廣川王劉去》昭信欲專寵，特別誣蔑諸妃妾淫亂，而加強門戶管理：

> 昭信欲擅愛，曰：「王使明貞夫人主諸姬，淫亂難禁。請閉諸姬舍門，無令出教」，使其大婢為僕射，主永巷，盡封閉諸舍，上籥於后，非大置酒召，不得見。❻❸

---

❺❾ 《禮記》，卷 28〈內則〉，頁 533。

❻❶ 《周禮》，卷 7〈天官·內豎〉，頁 116，所謂的內，鄭注謂指六宮，所謂的外，指卿大夫，即是六宮與卿大夫之間的傳達人員。

❻❶ 《周禮》，卷 21〈春官·世婦〉，頁 330：「凡內事有達於外官者，世婦掌之」。

❻❷ 《漢舊儀》（臺北：臺灣商務，1981），卷下，頁 3。

❻❸ 《漢書》，卷 53〈景十三王傳·廣川王劉去〉，頁 2431。

嚴格限制後宮諸姬出入門戶，並令大婢看守，斷絕諸舍間的往來，以進一步達到控制的目的。

後宮門禁，還因應不同的節氣，而相應閉藏，以應合陰陽二氣之運行。婦女屬陰，被認為其德應靜閉，才能符合陽動陰靜的特質，符應陰陽二氣之運行。若違反陰陽氣化之韻律，往往被認為將使陰陽不調、宇宙失序，而導致水旱疾疫等災異。《禮記・月令》於仲冬時必須再次加強陰靜的特質，亦基於此種考量：

> 是月也，命奄尹申宮令、審門閭、謹房室、必重閉。省婦事毋得淫，雖有貴戚近習，毋有不禁。[64]

婦人被視為陰類，與冬季重閉藏的特質正相符應，因而此月之中必須重申婦女宮門之禁，順應陰靜、閉藏的特質，以參贊並調節宇宙運行之韻律。

3.宮廷中不同部門的婦女未經許可罕能見面

即使同處於宮中，未經許可各部門工作者不能私自走動、會面，如《呂氏春秋・精通篇》記載一則先秦的故事：

> 鍾子期夜聞擊磬者而悲，使人召而問之曰：「子何擊磬之悲？」。答曰：「臣之父不幸而殺人，不得生；臣之母得生，而為公家為酒；臣之身得生，而為公家擊磬。臣不覩臣之母三年矣。昔為舍氏覩臣之母，量所以贖之，則無有，而

---

[64] 《禮記》，卷17〈月令・仲冬〉，頁345。

　　身固公家之財也。是故悲也。」 ⑥

　　母子皆因連坐之罪而成為官奴婢，雖同於宮中，歷時三年而無法見面。如果說母子二人是因性別不同，被編派於不同部門，因後宮守禁嚴密，因此無法相見。那麼《漢書·外戚傳》則具體反映出即使母女同在宮中亦罕有機會見面的現象。如成帝時的官婢曹曉與宮史曹宮為母女關係，二人罕能見面：

　　　　宮即曉子女，前屬中宮，為學事史，通詩，授皇后。房與宮
　　　　對食，元延元年中宮語房曰：「陛下幸宮」，後數月，曉入
　　　　殿中，見宮腹大，問宮，宮曰：「御幸有身」，其十月中，
　　　　宮乳掖庭牛官令舍。 ⑥

曹宮受成帝的御幸而有子，曹曉時隔數月後，因職務之便得以進入殿中，方才有機會與曹宮見面而得知此事。

　　　　如果說曹曉與曹宮因地位低下，故雖同在後宮，亦難以隨意相見，那麼身份尊貴的後宮婦女如皇后或嬪妃，是否可任意與親人相見呢？答案是否定的。以東漢和熹鄧皇后為例，當她尚為貴人時，生了重病，皇上開恩「特令后母兄弟入視醫藥，不限日數」，貴人還因此勸諫皇帝：

---

⑥　王利器，《呂氏春秋注疏》（成都：巴蜀書社，2002），卷 9〈精通〉，頁
　　939-940。

⑥　《漢書》，卷 97 下〈外戚傳〉，頁 3990。

> 宮禁至重，而使外舍久在內省，上令陛下有幸私之譏，下使
> 賤妾獲不知足之謗。上下交損，誠不願也。[67]

可見在一般情況下，即使為貴人與娘家親人往來亦受限制，就算能
有機會相見，亦有日數之限。與前宮相較，如黃瓊「隨父在台
閣」、趙岐「生于御史台，因字台卿」則明顯較為嚴格。在層層宮
禁的限制之下，後宮婦女生活的空間及接觸的人事被嚴格限定，即
使貴為皇后、太后亦不能完全例外。舉孝元王皇后為例，王莽為了
討好王太后，深知：

> 太后婦人厭居深宮中，莽欲虞樂以市其權，乃令太后四時車
> 駕巡狩四郊……歲以為常。太后從容言曰：「我始入太子家
> 時，見於丙殿，至今五六十歲尚頗識之」，莽因曰：「太子
> 宮幸近，可壹往遊觀，不足以為勞」，於是太后幸太子宮，
> 甚說。[68]

以王太后在當時十分得勢，位尊權重的情況來看，她於宮中尚無法
任意走動，據太后自稱，她已五六十年不曾再入太子宮，更鮮少能
有機會能出宮。也就因為如此，王莽才會以巡守四郊投王太后所
好，並深得太后歡心。王太后尚且如此，其他嬪妃希望於宮中自由
走動甚至出宮，機會更是微乎其微。

---

[67] 《後漢書》，卷10上〈皇后紀〉，頁419。
[68] 《漢書》，卷90〈元后傳〉，頁4030-4031。

(三) 私人空間的缺乏

1.宮中婦女私人空間的缺乏

後宮婦女既受到層層宮禁的防守，身處之地被隨時掌控和記錄，無法任意行動。即使於自身居所，亦難有私人空間，本論文第一章言及經生對眾多后妃分居六宮的主張，如鄭玄認為后及其從者須五日而沐浴，輪流居於六宮之中，賈公彥亦提出一套輪替之法，何休主張一娶九女，認為居處上正嫡居中宮而稍前，右媵居西宮、左媵居東宮。由於鄭玄、何休之說不易實行，孫詒讓於是另提出后居燕寢中之一宮，而餘四宮由嬪御所居，身份更卑下的則居側室的說法。徵諸史書記載，漢代十四等后妃所居的宮室可能因具體狀況的不同而有不少的變異性，甚至有為數不少的宮女並未住於掖庭中。但整體來看，后妃所居住的宮室與身分尊卑密切相關。不論經生主張的輪替之說，或是依身份尊卑而居於特定之區內，均罕能擁有私人的空間。輪替之說缺乏固定的私人空間自不必說，即使眾多后妃居於某一宮內，亦因身邊宮婢眾多，並需參與宮中事務及接受考核，難以擁有私人空間。

更何況貴族未嫁之女於笄禮之後，須被嚴密保護於內，斷絕與外其他男性的接觸，即使是兄弟亦受「非有大故，不入其門」的限制，只留貼身侍者、傅母等與之接觸和教育。[69]已嫁婦女，於私室之外，自然屬於公共空間，須謹守禮教，出入則由傅母隨行以防嫌，如前文提及宋伯姬因傅母不在而不肯下堂，逮火而死、《列女

---

[69]　《禮記》，卷28〈內則〉，頁539：「女子十年不出，姆教婉娩聽從。」

傳》齊孝孟姬言及婦女的基本生活規範：「下堂必從傅母保阿，進退則鳴玉環佩」⑩，均為顯著例子。

即使在夫婦私密的生活中，私人空間亦顯得缺乏。《楚辭·招魂》中描寫當時貴族生活：「二八侍宿，射遞代些，九侯淑女，多迅眾些」⑪，顯然性生活並非二人封閉的私密空間。又如鄭玄主張的群妃御見之法，天子「女御八十一人當九夕，世婦二十七人當三夕，九嬪九人當一夕，三夫人當一夕，后當一夕」，諸侯「姪娣兩兩而御，則三日也；次兩媵，則四日也，次夫人專夜，則五日也」。⑫天子、諸侯一夜御數女，固然難以有私密的親近空間。即使是士人階級，未必能有眾多妃妾同時侍寢，然而仍有媵、御隨時在旁侍侯，如〈士昏禮〉提及新婚之夜主人親脫婦之纓的臥息時刻，「媵侍于戶外，呼則聞」⑬，這裏牽址出主人、主婦臥室私密性的不足，以致於「呼則聞」，另一方面亦顯示出媵御婢妾於日常生活中時時於旁服侍主人，甚至連男女行房時亦不例外。荷蘭漢學者高羅佩（Gulik, R.H）研究後代十二部畫冊，約三百幅春宮畫中，發現：「僅有約一半的畫是畫一對男女，而另一半畫畫的是有一個或更多的女人在場陪伴，觀察或輔助他們」⑭，即使連私密的性行

---

⑩　《列女傳》，卷 4〈貞順傳·齊孝孟姬〉，頁 3-4。

⑪　王逸，《楚辭章句》（臺北：藝文印書館，1974），卷 9〈招魂〉，頁 6。

⑫　《禮記》，卷 28〈內則〉鄭注，頁 533。

⑬　《儀禮》，卷 5〈士昏禮〉，頁 53。

⑭　高羅佩（Gulik, R.H）著，李零、郭曉惠等譯，《中國古代房內考》，（上海：人民出版社，1990），頁 434。江曉原亦提出傳統中國人性活動缺乏私密空間的現象，《雲雨——性張力下的中國人》（上海：東方出版社，2006），頁 174-178。

為亦無法擁有完全私密的空間。

2.君子慎獨，所思無邪

　　後宮婦女因受制於重重宮禁和考核，因此絕難擁有私人的空間，更進一步來說，在儒家慎獨之教的傳統下，即使夫婦或個人於私室之行為亦須謹守禮教，不得越分。《列女傳·母儀傳》錄了一則孟子與妻子相處的故事，頗值得深入探討：

> 孟子既娶，將入私室，其婦袒而在內，孟子不悅，遂去不入。婦辭孟母而求去，曰：「妾聞夫婦之道，私室不與焉。今者妾竊墮在室，而夫子見妾，勃然不悅，是客妾也。婦人之義，蓋不客宿，請歸父母」，於是孟母召孟子而謂之曰：「夫禮『將入門，問孰存？』所以致敬也。『將上堂，聲必揚』所以戒人也。『將入戶，視必下』恐見人過也。今子不察於禮，而責禮於人，不亦遠乎？」孟子謝，遂留其婦。君子謂孟母知禮而明於姑、母之道。❼⑤

孟子與她的妻子對於私室之內是否可以較為放鬆、適意有不同的看法。孟子要求他的妻子即使於夫婦共處的房內仍要謹守於禮，不得懈怠，因此當他看見妻子袒於房內時，將之視為違禮的行為。孟子的妻子則將居處空間分別為公與私之空間，認為「夫婦之道，私室不與焉」，既言於私，則對比於公共空間。公共空間必須謹守禮教，但於私人空間，則可允許有較私密的行為；夫婦既為至親之

---

❼⑤　《列女傳》，卷1〈母儀傳·鄒孟軻母〉，頁11。

人，因此在夫婦共處的私場域，不應再斤斤計較於公場域中的諸多束縛。將空間分出公與私，並分別出其中的行為規範寬嚴有別，學者如高夫曼（Erving Goffman）有所謂臺前為禮儀及角色扮演的空間，臺後則對比臺前為緩和休憩的空間：

> 個體的臺前區域中的表演，可被看作他公開表達其外表的努力，他在該區域中的活動維持並體著某種標準。
>
> 當一個人的活動發生在他人面前時，他會要表現性地強調活動中的一些方面，而對這些活動中的另一些方面，即可能會使其所促成印象成為不可信的方面，則竭力加以抑制。顯然，那些受到強調的事實常常出現在我稱為臺前區域地方；而那些受到抑制的事實則出現在另一個區域——臺後區域或臺後。❼

高夫曼的臺前和臺後的理論，在當今社會心理學上有重要地位，臺前的自我扮演受制於社會、道德、價值……等種種社會人格扮演的因素影響，臺後相較於臺前為一個比較自在的空間，可以暫時卸下社會人格的面具，因此較容易出現脫序及放逸的行為，然而後臺的自在也只是相較於前臺而言的，從嚴格的角度來看，亦未能完全得到自由。社會永遠存在，即使是獨處時，社會內化的人格及道德感成為監視自我行為最重要的依據，自我分裂成監視者及被監視者：

---

❼ 高夫曼（Erving Goffman）著，徐江敏、李姚軍譯，《日常生活中的自我表演》（臺北：桂冠，2004），頁 107、120-121。

表演者在用一般性的道德標準指導自己私下的活動時，很可能把這些標準與某種參照群體相聯繫，從而創造出一種想像中的觀眾，並讓這些不在場的觀眾觀察自己的活動。這種可能性使我們能夠對另一種可能性加以考慮。即個體在私下也許遵循著某些他本人並不相信行為標準。他之所以維持這些標準，是因為他總覺得有一些他看不見的觀眾正在觀察他的一言一行。如果他膽敢背離這些標準，這些觀眾就會對他進行懲罰。換句話說，個體可能成為自己的觀眾，或可能想有觀眾在場。**⓱**

因此，若從嚴格的角度來說，即使孟子的妻子所謂私人空間的說法被當時社會道德接受，也只能意味著，處於私室相較於其他公共空間來得比較放鬆，但全然的自由、放縱是不可及的（恐怕也非孟子妻之原意），因為禮教規訓下的自我，即使處於私室，亦將審視、評斷自身的作為。

更何況就儒家的道德理想來說，君子行住坐臥均不違禮，《論語·鄉黨》記孔子在不同時空環境下，應對不同的對象，均能恰如其分的彰顯禮的精神，如「居不客」、「於鄉黨恂恂如也」、「在宗廟、朝廷便便言，唯謹爾」、「朝與下大夫言侃侃如也」、「與上大夫言誾誾如也」、「君在踧踖如也」，進退合宜的禮容基礎在於時時保持在禮的精神狀態。作為君子當時時慎獨，慎獨一直為儒家論述道德實踐的焦點。慎獨的德性要求在《詩經·頌·蕩之什·

⓱　《日常生活中的自我表演》，頁89。

抑》已經出現：「相在爾室，尚不愧于屋漏，無曰不顯莫予云觀」❼，所謂「屋漏」據《爾雅·釋宮》為屋之西北隅❼，為室內隱密所，祭祀時先設奠於奧，迎尸、尸饋之後，即改設饌於西北隅屋漏之處❽，因此，屋漏不但是個隱密所，同時也具有供奉神明的神聖特性。此句原指幽暗處，神能見人行為得失，後被引申為君子即使在幽暗處亦不虧於德行。《馬王堆漢墓帛書·五行》更揉和儒、道思想，強調「君子慎亓蜀（獨）也，慎亓蜀者，言舍夫五而慎亓心」，調和仁、知、義、禮、聖等五行而達於心的一體之遍潤狀態，在此種狀態下「言舍（捨）亓體而獨亓心也」❽，心擺脫了身體的限制和束縛，而達到至德的狀態，在此種狀態下德性遍潤無所不在。❽《荀子》亦認為：

　　君子至德，嘿然而喻，未施而親，不怒而威。夫此順命，以

---

❼　《詩經》，卷 18 之 1〈頌·蕩之什·抑〉，頁 647。

❼　《爾雅》，卷 5〈釋宮〉，頁 72。

❽　《禮記》，卷 19〈曾子問〉，頁 381。

❽　詳參池田知久著，王啟發譯，《馬王堆漢墓帛書五行研究》（北京：中國社會科學出版社，2005），第二部分譯注，第七章，頁 192，第八章，頁 207。

❽　有關儒家之身體與心性關係，以及踐形等問題，詳參楊儒賓，《儒家身體觀》（臺北：中央研究院中國文哲研究所，1996）。《馬王堆漢墓帛書·五行》中的慎獨思想詳參池田知久，前揭書，〈《馬王堆漢墓帛書五行》中的身心問題──慎獨的思想〉，頁 112-125。戴璉璋亦認為：「帛書〈說〉文作者要用「捨體」來說心之所以為「獨」。我們在「舍（捨）其體而獨其心也」這樣的語句中，更可以明顯體會到「捨其體」對於「獨其心」的重要性」，詳參戴璉璋，〈儒家慎獨說的解讀〉，《中國文哲研究集刊》第 23 期（2003 年 9 月），頁 214。

慎其獨者也。善之為道者，不誠則不獨，不獨則不形，不形
則雖作於心，見於色，出於言，民猶若未從也，雖從必疑。[83]

楊倞以〈中庸〉「戒慎乎其所不睹，恐懼乎其所不聞」來理解，認
為君子當不欺於獨處時，才能誠於中而形於外，感動他人。《禮
記·中庸》：「君子所不可及者，其唯人之所不見乎，《詩》云：
「相在爾室，尚不愧于屋漏」故君子不動而敬，不言而信」[84]，君
子若於人所不見之處勤修其身心，則其德性自然無虧而朗照於外，
具有道德的感染力，雖不動、不言而人皆敬仰、信奉於他。鄭玄對
此句的理解是：「言君子雖隱居，不失其君子之容德也……視女在
室獨居者，猶不愧于屋漏，屋漏非有人也，況有人乎？」[85]，將慎
獨理解為慎其隱居時所為，〈中庸〉：

> 天命之謂性，率性之謂道，修道之謂教。道也者不可須臾離
> 也，可離非道也。是故君子戒慎乎其所不睹，恐懼乎其所不
> 聞，莫見乎隱，莫顯乎微，故君子慎其獨也。喜怒哀樂之未
> 發謂之中，發而皆中節謂之和，中也者天下之大本也，和也
> 者，天下之達道也，致中和，天地位焉，萬物育焉。[86]

鄭玄仍然將「慎獨」理解為「慎其閒居之所為。小人於隱者動作言

---

[83]　《荀子集解》，卷 2〈不苟〉，頁 47-48。
[84]　《禮記》，卷 53〈中庸〉，頁 900。
[85]　《禮記》，卷 53〈中庸〉，頁 900。
[86]　《禮記》，卷 52〈中庸〉，頁 879。

語，自以為不見睹，不見聞，則必肆盡其情也。若有佔（覘）聽之
者，是為顯見，甚於眾人之中為之。」孔穎達亦承此精神理解慎
獨。鄭玄之說正印合〈大學〉：

> 所謂誠其意者，毋自欺也，如惡惡臭，如好好色，此之謂自
> 謙。故君子必慎其獨也，小人閒居為不善，無所不至，見君
> 子而后厭然，揜其不善而著其善，人之視己如見其肺肝，然
> 則何益矣，此謂誠於中，形於外，故君子必慎其獨也。曾子
> 曰：「十目所視，十手所指，其嚴乎？」富潤屋，德潤身，
> 心廣體胖，故君子必誠其意。⑧⑦

身為君子不可一時半刻離於道，尤其於人所未見、未聞處，更當時
時警惕，不可稍微放逸其心，當時時求其放心。以君子慎於獨處時
所作所為來解釋慎獨，在漢唐之際一直蔚為大宗。至宋明儒修身工
夫最要緊即在誠意、慎獨，對「慎獨」之理解牽涉儒家心性論以及
工夫實踐的核心議題。⑧⑧慎獨說至精微，則「觀喜怒哀樂未發」之

---

⑧⑦　《禮記》，卷60〈大學〉，頁983。

⑧⑧　如《朱子語類》，卷13〈學·力行〉，頁236：「且如屋漏暗室中工夫，如
　　何便做得？須從「十目所視，十手所指」處做起，方得。」《朱子語類》，
　　卷62〈中庸〉第一章，頁1503：「問：『慎獨』是念慮初萌處否？」曰：
　　「此是通說，不止念慮初萌，只自家自知處。如小可沒緊要處，只胡亂去，
　　便是不慎。慎獨是己思慮，已有些小事，已接物了『戒慎乎其所不睹，恐懼
　　乎其所不聞』是未有事時；在『相在爾室，尚不愧于屋漏』，『不動而信，
　　不言而信』之時，『慎獨』，便已有形迹了。『潛雖伏矣，亦孔之昭』詩人
　　言語，只是大綱說。子思又就裏面剔出這話來教人，又較緊密。」又如王夫

氣象，對於心之幾，念慮初萌之時極為關照，以達「才動即覺，才
覺即化」的功效，致中和成為理學中重要的課題。當道德完全朗
現，才能遍潤其身，而達成踐形，道德化身體的境界。[89]

　　從儒者的角度來看，不論是漢儒或是宋明儒均強調君子當慎於
獨處之時。在慎獨的要求下，即使夫妻於私室的相處亦不當廢弛禮
教，士人以不好內為德行的表徵，無怪乎春秋時魯敬姜於其子公父
文伯過世時，須對文伯之妻妾情感表達嚴加要求：

> 吾聞之：好內，女死之，好外，士死之。今吾子夭死，吾惡
> 其以好內聞也。二三婦之辱共先祀者，請無瘠色，無洵涕，
> 無搯膺，無憂容，有降服，無加服。從禮而靜，是昭吾子

之，《讀四書大全說》（北京：中華書局，1989），卷 1〈大學〉，頁 10：
「至如吾心一念之非幾，但有媿於屋漏，則即與蹠為徒。」朱子雖從防之於
未然，察之於將然的戒慎工夫，來存天理去人欲，但所理解的慎獨說與陽
明、劉蕺有別，而顯其支離，此牽涉心性論及工夫上的不同，關於儒家此心
性工夫，詳參牟宗三，《從陸象山到劉蕺山》（臺北：臺灣學生，1979）、
《心體與性體》第三冊（臺北：正中，1968），牟宗三先生將〈大學〉由心
體上講慎獨，〈中庸〉由性體上講慎獨。另可參考蔡仁厚，《宋明理學》
（臺北：臺灣學生書局，1980），頁 76-106。古清美，〈劉蕺山對周濂溪誠
體思想的闡發及其慎獨之學〉，《幼獅學誌》，19：2（1986 年 10 月），頁
79-111。林月惠，〈劉蕺山對「大學」「誠意」章的闡釋〉，《中國文哲研
究集刊》19 期（2001 年 9 月），頁 407-449。戴璉璋，〈儒家慎獨說的解
讀〉，《中國文哲研究集刊》23 期（2003 年 9 月），頁 211-234。

[89] 楊儒賓，《儒家身體觀》（臺北：中央研究院中國文哲研究所，1996），
〈論孟子的踐形觀〉、〈知言、踐形與聖人〉，頁 129-210。

也。❾

孔子對此事的評點，認為公父文伯之母苦心於顯揚其子的美德，是智的表現。公父文伯之母於子死後，努力營造其子不好內的形象，顯見不好內於士人階層具有十分重要的道德評價意義。在此種態度下，張敞夫婦於私室內的歡愛曾引起士林譏評，就不難理解了。張敞治京兆雖有政績，而且由於本治春秋，因此每回朝廷大會，徵引古今之例，眾卿皆服，天子數次依循其意見，可說是極為尊崇。然而最後卻落得無威儀的批評，其中一個重要原因為：

> 為婦畫眉。長安中傳張京兆眉憮。有司以奏敞，上問之，對曰：「臣聞閨房之內，夫婦之私，有過於畫眉者」，上愛其能，弗備責也。然終不得大位。❾

張敞於閨房之內為妻子畫眉，尚且引起德性不檢的批評，並被有司劾奏於天子，勞動天子當面詢問，張敞任性的回答，天子雖因愛才而不追究，但「終不得大位」，此說明張敞行為在當時士林中被認為是不可取的行徑。也因如此，張敞本有立為太子師傅的機會，但在蕭望之評點其「材輕，非師傅之器」，天子最終只得作罷。❾夫妻畫眉於閨房之內歡愛的行為，傳揚於外，有辱於士風。夫妻執禮

---

❾　《國語》，卷 5〈魯語下·公父文伯卒其母戒其妾〉，頁 211。

❾　《漢書》，卷 76〈張敞〉，頁 3222-3223。

❾　同上，頁 3226。

嚴守禮教，往往傳為美談，如晉時的何曾「年老之後，與妻相見，皆正衣冠，相待如賓。己南向，妻北面，再拜上酒，酬酢既畢便出。一歲如此者不過再三焉」[93]，夫妻至老仍嚴防若此，何曾以此標榜於士林，亦可看出士人間所標榜夫妻相處的形態了。以此角度來看，可以理解孟子為何對其妻子墮於私室感到忿怒。亦可以看出孟子所持態度與孟子妻子的差異。

《列女傳》中孟子妻子求去的事件中，還有一個值得觀察的角度，即是從孟母的角度。孟母的態度雖未直接點明是否接受孟子妻子的言論，但技巧的以《禮記·曲禮》：

> 將上堂，聲必揚，戶外有二屨，言聞則入，言不聞則不入。將入戶視必下，入戶奉扃，視瞻毋回。[94]

入門、戶之前必須出聲、目光朝下以避免撞見他人過失，因為君子固然須慎獨，須責己以嚴，但待人須寬厚，須反求諸己，孟母以此責求孟子，避過了二者的爭論，也由此間接包容了媳婦的行為。《列女傳》收錄此則事件於〈母儀傳〉中，亦見出對孟母的處置抱持贊賞的態度。

夫婦於私室之內，固然不易要求如在十目所視的公共領域一般行禮如儀，然而禮教的約束並未失去效力，如《大戴禮記·本命篇》提出了七種允許男子可以出妻的狀況：

---

[93]　《晉書》，卷 23〈何曾〉，頁 997。
[94]　《禮記》，卷 2〈曲禮〉，頁 31。

> 婦有七去：不順父母去、無子去、淫去、妒去、有惡疾去、
> 多言去、竊盜去。不順父母去，為其逆德也；無子，為其絕
> 世也；淫，為其亂族也；妒，為其亂家也；有惡疾，為其不
> 可與共粢盛也；口多言，為其離親也；盜竊，為其反義也。❾❺

其中多言包括搬弄是非，離散家人情感，以及妒嫉……等往往於私
室之內發生，私室之內的言行亦須謹慎可見一斑。更何況身為子、
媳，亦不能毫無顧忌的停留於私室之內，除非於齋戒或是疾病的狀
態下，一般不允許晝居於內❾❻，又如〈內則〉所述「凡婦不命適私
室，不敢退」❾❼，媳婦未經公婆許可，亦不能任意待在私室之內。

　　附帶要提的是，士人以下的婦女門禁上雖不若貴族階級嚴密，
然而由於姪娣、妯娌，眾多女眷同住，往來密切，亦形成關係綿密
的網絡，亦形成綿密有效的觀看和控制網絡。《禮記·昏義》指出
婦女須「順於舅姑，和於室人」、班昭《女戒》中亦特別強調婦女
和於室人的重要：

> 婦人之得意於夫主，由舅姑之愛己也；舅姑之愛己，由叔妹
> 之譽己也。由此言之，我臧否譽毀，一由叔妹，叔妹之心，
> 復不可失也。皆莫知叔妹之不可失，而不能和之以求親，其

---

❾❺　《大戴禮記解詁》，卷 13〈本命篇〉，頁 255。

❾❻　《禮記》，卷 7〈檀弓〉，頁 129。

❾❼　《禮記》，卷 27〈內則〉，頁 522。

蔽也哉！……夫嫂妹者，體敵而尊，恩疏而義親。若淑媛謙順之人，則能依義以篤好，崇恩以結援，使徽美顯章，而瑕過隱塞，舅姑矜善，而夫主嘉美，聲譽曜于邑鄰，休光延於父母。若夫憃愚之人……是以美隱而過宣，姑忿而夫慍，毀訾布於中外，恥辱集于厥身，進增父母之羞，退益君子之累。斯乃榮辱之本，而顯否之基也。⑱

將於妯娌、小姑等相處視為婦女德性之美善與否至關重要的一環，並認為與妯娌、小姑相處與名聲毀譽密切相關。

　　鄰里之間亦為重要的監視系統，尤其在秦代特別被強調，如《戰國策·秦策三》指出：「守閭嫗曰：「某夕，某孺子內某士」，似乎反映出一種監視民間男女的機制。《睡虎地秦墓竹簡》中反映秦時鼓勵告姦，同伍之人往往互相監視、控告，因此〈法律答問〉中特別提及：

　　　　「伍人相告，且以辟罪，不審，以所辟罪罪之。」有（又）
　　　　曰：「不能定罪人，而告它人，為告不審。」⑲

甚至在審訊的案例中，鄰里士伍扮演至關重要的角色，如〈封診式〉中提及：

---

⑱　《後漢書》，卷 84〈列女傳·曹世叔妻〉，頁 2791。
⑲　睡虎地秦墓竹簡整理小組，《睡虎地秦墓竹簡》（北京：文物出版社，2001），〈法律答問〉，頁 116。

> 鄉某爰書：以某縣丞某書，封有鞫者某里士五（伍）甲家
> 室、妻、子、臣妾、衣器、畜產。甲室、人：一宇二內，各
> 有戶，內室皆瓦蓋，木大具，門桑十木。妻曰某，亡，不會
> 封。子大女子某，未有夫。子小男子某，高六尺五寸。臣
> 某，妾子女子某。牝犬一。幾訊典某、甲伍公士某某：
> 「甲黨（倘）有【它】當封守而某等脫弗占書，且有罪。」某
> 等皆言曰：「甲封具此，毋（無）它當封者」即以甲封付某
> 等，與里人更守之，侍（待）令。⑩

鄰里、士伍彼此監視，對彼此家庭人口、財產狀況，觀察深微，巨
細靡遺，在此等狀況下罕能有獨立的生活空間。

　　不論是個人獨處的慎獨要求，夫婦共處於私室的以禮相持，或
是處於私室時間的缺乏，親人、鄰里的相處狀況，均反映出私人空
間的缺乏。

二、時間的控制

　　婦女生活中的時間控制，透過不斷的工作以削除私人的時間。
婦女的生活被生子、養育、事奉舅姑、祭祀……等事所填滿。以事
奉父母、舅姑來說，如《禮記·內則》：「子事父母，雞初鳴，咸
盥漱」、「婦事舅姑，如事父母，雞初鳴，咸盥、漱、櫛、縰、
笄、總、衣紳……而適父母舅姑之所」，除了早起問安，例行盥洗

---

⑩　　《睡虎地秦墓竹簡》，〈封診式〉，頁149。

的服侍外，還必須時時隨侍在旁，噓寒問暖，「問衣燠寒，疾痛苛癢，而敬抑搔之」。當長輩出入行動時，須隨侍在側「敬扶持之」，長輩盥洗時，則「奉水請沃盥，盥卒授巾」，收理並安排長輩之臥席、坐席，以及任何孝養上之需要。⑩日常生活的照料，最費時的是飲食，以秦漢之飲食制度，每日正餐為二餐⑩，但除朝、夕食之正餐外，在朝食之外，為人子、婦者須時時問侯父母、舅姑有關飲食所需。飲食內容配合養生，手續十分繁複，如「饘、酏、酒、醴、芼、羹、菽、麥、蕡、稻、黍、粱、秫唯所欲，棗、栗、飴、蜜以甘之，堇、荁、枌、榆、免、薧、瀡、滫以滑之，脂、膏以膏之」⑩，以上所例，為早上正餐前之食飲。除了如饘（濃粥）、酏（薄粥），以及大豆、高粱、糯米……等食品供長者選擇外，須有酒、醴供長者飲，又須調和飲食，提供如甘果、醃漬物等，以甘之、滑之、膏之。飲食的準備除了促進食慾、容易咀嚼和吞嚥，並時時注意養生原理。在飧食之後，仍有額外飲食，如〈內

---

⑩　《禮記》，卷27〈內則〉，頁517-519。

⑩　秦漢平民百姓一般為二餐制，如《孟子》，卷5下〈滕文公〉，頁97：「賢者與民并耕而食饔、飧而治」，趙岐注：「饔、飧熟食也，朝曰饔，夕曰飧」，又如《睡虎地秦墓竹簡》，〈秦律十八種·倉〉，頁33：「城旦之垣及它事而勞與垣等者，旦半夕參」，供食亦以二餐為度。至漢代二餐漸轉為三餐，貴族階級所食餐數可能更多，如《論語》，卷10〈鄉黨〉，頁89：「不時不食」注引鄭玄說法：「不時，非朝、夕、日中食」，即以漢時之三餐來理解。而《白虎通疏証》，卷3〈禮樂〉，頁118：「王者平居中央，制御四方。平旦食，少陽之始也。晝食，太陽之始也。鋪食，少陰之始也。暮食，太陰之始也」則為一日四餐。

⑩　《禮記》，卷27〈內則〉，頁519。

則〉：「由命士以上，父子皆異宮，昧爽而朝，慈以旨甘，日出而退，各從其事，日入而夕，慈以旨甘」❿，則於朝之饔食前，夕之飧食後皆敬奉食飲。又如〈玉藻〉所謂：「皮弁以日視朝，遂以食，日中而餕」❺，在上朝後亦備飲食。如果將饔、飧之正食與其他食飲相加，子婦每日為父母、舅姑供食恐怕不少於五次了。餐飲的準備，須花費相當多的時間，敬奉餐飲必須等到「父母、舅姑嘗之而后退」。有時為特別彰顯孝心，如漢孝子姜詩之母喜飲江水，媳婦事母甚謹，常跋道汲水，所費時間心力難以估計，最後卻仍因無法控制的阻攔而延遲返家，姜詩之母口渴，姜詩因此理由出妻❻，反映出婦女工作上的瑣細及時間的緊迫感。除了孝養舅姑以及日常家務外，生育、養育子女，祭祀，與家中其他成員的相處……等等家務範疇的工作，亦花去大半時間。

　　如果在以上所述家務之外，仍有剩餘的時間，則不斷從事織紝工作。❼本論文前面章節已提及，織紝既是婦職的象徵，同時透過

---

❿　《禮記》，卷 27〈內則〉，頁 519。

❺　《禮記》，卷 29〈玉藻〉，頁 545。

❻　《後漢書》，卷 84〈列女傳·姜詩妻〉，頁 2783。

❼　婦女的閒暇時間及所呈現的樣態為何？與禮教的關係又為何？是一個值得深究的問題，民俗中往往透過常與非常等時空轉換來達到調節禮教的效果。現代學者或從巴赫金等對狂歡理論的論述出發，探討中國節慶所具有的顛覆禮典、法度的特性，或從婦女參與宗教活動與閒暇的關係著眼，探討此問題，如陳熙遠，〈中國夜未眠—明清時期的元宵、夜禁與狂歡〉，《中央研究院歷史語言研究所集刊》，第 75 本，第 2 分（2004 年 6 月），頁 283-327，趙世瑜，〈明清以來婦女的宗教活動、閒暇生活與女性亞文化〉，《狂歡與日常——明清以來的廟會與民間社會》（北京：三聯書店，2002），頁 259-296。筆者亦擬專文對此議題加以討論。

織紝可使婦女處於勞動狀態，透過不斷的勞動以消弭淫佚之心，《國語·魯語下·公父文伯之母論勞逸》魯敬姜以貴族身份，至年老仍不斷地織紝，孔子贊美其「不淫」，顯見婦女之織紝，除了女職與實際生產上的需要，更重要的是將私餘的時間皆用於不斷重復的織紝動作，透過織紝工作的繁複、重複以劃一心性、馴服淫心。由於織紝有調伏淫心的功效，因此後宮中對織紝之推廣不遺餘力，為了要落實織紝，並且確實控制、掌握後宮婦女的時間，因此透過查核制度，「以歲時獻功事」[108]、「比其小大與其觷良而賞罰之」[109]，由女史記錄工作成果，以進行獎懲。在一定工作量及品質的要求下，得以管控後宮婦女的時間。一般庶民百姓，織紝為婦女重要的生產工作，如《漢書·食貨志》所謂「相從夜績，女工一月得四十五日」，眾婦女相聚工作，一方面具有相互探視、扶持的功效，同時夜以繼日的工作，亦免於淫心、淫行的發生。[110]

---

[108]　《周禮》，卷 8〈天官·女御〉，頁 122。

[109]　《周禮》，卷 7〈天官·內宰〉，頁 113。

[110]　早期社會的時間控制，自然不可能如傅科所提及現代社會將時間作巨細靡遺的分配和控管，亦無法如現代科層制在專業性等種種考量下，對時間進行有系統的控制。但時間的控制仍然是規訓中的重要一環，透過織紝、透過重復劃一的動作，透過閒暇的剝奪，達到規訓心性的目的。傅科對時間控制的看法，詳參《規訓與懲罰》前揭書。有關科層制詳參馬克斯·韋伯（Max Weber），林遠榮譯，《經濟與社會》（北京：商務印書館，1997）。比瑟姆（David Beetham）著，鄭樂平譯，《科層制》（臺北：桂冠，1992）。

三、功過及身體狀況等記錄

後宮的管制其中一個重要的方式即是透過對言行、功過、身體狀況等記錄，以確實掌握后妃的具體狀況。後宮文書女官制度為何？所記錄的事件性質和範圍又如何？漢代學者常以《詩·邶風·靜女》對此進行闡述，〈靜女〉一詩小序認為是「刺時也。衛君無道，夫人無德」，然而「靜女其變，貽我彤管」一句，毛傳認為是：「古者后夫人必有女史彤管之法，史不記，過其罪，殺之。」⑪鄭玄、孔穎達亦承此脈絡，如「彤管有煒，說懌女美」，鄭玄認為是：「赤管煒煒然，女史以之說，釋妃妾之德美之」。又如《左傳·定公九年》對駟歂殺鄧析而用其竹刑的事件，透過「君子謂」的方式，提到「〈靜女〉之三章，取彤管焉」，主要取「用其道，不棄其人」的意思，不過杜預在注解時強調：「〈靜女〉三章之詩，雖說美女，義在彤管。彤管，赤管筆，女史記事，規誨之所執」⑫，杜預的注解承續了漢代以來對〈靜女〉一詩的詮釋。

有關後宮女史制度，依據《周禮》所述，後宮有女史之官專門記錄宮內行政、王后之命令、嬪妃之行事，以及六宮所須之財用等諸多事宜，其配置為「女史八人，奚十有六人」。⑬後來的學者多認為女史之於后妃的功能，一如大史之於國君，專門記錄后妃生活的點滴，如《申鑒·時事》：「內史執其彤管，記善書過，考行黜

---

⑪　《毛詩》，卷 2 之 3〈邶風·靜女〉，頁 105。

⑫　《左傳》，卷 55〈定公九年〉，頁 967。

⑬　《周禮》，卷 1〈天官〉，頁 18。

陟，以章好惡」**⑭**，又如蔡邕，〈和熹鄧后謚義〉記載欲為鄧皇后決定謚號，尚書陳忠提及：「以為鄉黨，敘孔子威儀，俯仰無所遺，彤管記君王纖微，大小無不舉。是以德著圖籍，名垂于後」**⑮**，以女史所用之彤管來代稱史官，宮中之事，不論大小均納入記載。《孔叢子》更指出：

> 古者人君外朝則有國史，內朝則有女史。舉則左史書之，言則右史書之，以無諱示後世，善以為式，惡以為戒，廢而不記，史失其官。故凡若晉侯驪姬牀笫之私，房中之事不得捨。若夫設教之言，驅群俗使人入道而不知其所以者也。今此皆書實事，累累若貫珠，可無疑矣。**⑯**

宮中史官的記事必須細緻到連牀笫之私、房中之事均無所不及。而且須據實而書，不得隱惡揚善。一如《左傳》提及對國君言行的記錄：「君舉必書，書而不法，後嗣何觀？」**⑰**，帝王亦有起居注對其生活言行進行記錄，如《隋書》〈經籍志・起居注〉：

---

⑭　荀悅撰，黃省增注，《申鑒》（臺北：世界書局，1967），〈時事〉，頁13。

⑮　蔡邕，〈和熹鄧后謚義〉，《全上古三代秦漢三國六朝文・全後漢文》，卷72，頁866

⑯　《孔叢子》，卷下〈答問〉，頁1617。《孔叢子》一書作者雖有爭議，然而即使此書為王肅所偽造，其所記述古者內朝之制度，亦與漢代其他著作所傳達女史制精神一致，可作為參考。有關《孔叢子》一書的考證，詳參羅根澤，《諸子考索》（九龍：學林書店，1977）。

⑰　《左傳》，卷10〈莊公二十三年〉，頁171。

> 起居注者，錄紀人君言行動止之事。《春秋傳》曰：「君舉
> 必書，書而不法，後嗣何觀？」周官，內史掌王之命，遂書
> 其副而藏之，是其職也。漢武帝有禁中起居注，後漢明德馬
> 后撰明帝起居注，然則漢時起居，似在宮中，為女史之職。
> 然皆零落，不可復知。今之存者，有漢獻帝及晉代已來起居
> 注，皆近侍之臣所錄。晉時，又得汲冢書，有穆天子傳，體
> 制與今起居正同，蓋周時內史所記王命之副也。⓲

起居注為近侍之臣所錄，甚至是皇后所錄，懲戒的功能大打折扣，
不過強調史筆、書法，使亂臣賊子懼的史官傳統，不畏政治上的壓
力，以獎善懲惡的直筆，對統治者發揮一定的約束作用，亦是樹立
道統以抗持政統，重要的基礎。⓳女史所記後宮事宜主要亦在發揮
「善以為式，惡以為戒」的精神。也因為希望後宮起居等記錄能發

⓲　《隋書》，卷33〈經籍志·起居注〉，頁966。
⓳　《左傳》，卷21〈宣公二年〉，頁365，記趙盾弒君之事：「乙丑，趙穿攻
　　靈公於桃園，宣子未出山而復，大史書曰：『趙盾弒其君』，以示於朝。宣
　　子曰：『不然』，對曰：『子為正卿，亡不越竟，反不討賊，非子而誰？』
　　宣子曰：『烏呼！「我之懷矣，自詒伊慼」其我之謂矣。』孔子曰：『董
　　狐，古之良史也，書法不隱。趙宣子，古之良大夫也，為法受惡，惜也，越
　　竟乃免。』」弒君者實為趙穿，但史官以趙盾未能盡臣子之忠，而責趙盾。
　　史官須不畏強權，發揮揚善懲惡的史筆，關於知識階層與統治者的關係及對
　　君權所造成的約束作用，詳參余英時，《歷史與思想》（臺北：聯經，
　　1976），〈君尊臣卑下的君權與相權——「反智論」與中國政治傳統餘
　　論〉，頁47-75，其中提及儒家文化教化的影響力、帝王之祖法、傳統官僚制
　　度均能對君權造成一定程度的規約作用。又可參考《中國知識階層史論》
　　（臺北：聯經，1980），其中對道統與政統間的關係有精彩分析。

揮規範後宮婦女的作用，因此後宮中從事文書工作的女官，象徵意義往往被凸顯，如《後漢書·皇后紀》提及：

> 后正位宮闈，同體天王。夫人坐論婦禮，九嬪掌教四德，世婦主喪、祭、賓客，女御序于王之燕寢。頒官分務，各有典司。女史彤管，記功書過。[120]

在述及女官之分職後，特別點出女史記功書過的功能，希望能達到「居有保阿之訓，動有環佩之響」、「述宣陰化，修成內則，閨房肅雍，險謁不行也」[121]的功效。記功書過成為婦禮推行的重要手段。劉知幾，《史通》強調：「古者人君外朝則有國史，內朝則有女史，內與外具任皆同，故晉獻惑亂，驪姬夜泣，牀第之私，不得掩焉。楚昭譙遊，蔡姬許從死矣……隋世王劭上疏，請依古法復置女史，具錄內儀，付于外省，文帝不許，遂不施行。」儘管女史具錄內儀的具體內容如今能知十分有限，王劭強調復置女史，具錄內儀，付于外省，亦不被帝王接受，顯示隋世並未具足學者所強調的女史巨細靡遺記錄內儀的傳統，不過透過女官以書寫後宮事件的現象仍然存在，並在推行婦教上不斷被提及，扮演著一定程度的功能和意義。[122]以下由女史記後宮婦女身體狀況及功過著眼進行分析。

---

[120]　《後漢書》，卷 10 上〈皇后紀〉，頁 397。

[121]　同上。

[122]　後代在婦教推行上亦往往強調女史的功效，如《太平御覽》卷 145〈皇親部·女史〉，頁 710，引沈約，《宋書》：「女史執策，記言是司過身戒夕蠲國畏晨」、「太宗留心後房，擬百官備置內職，紫極房，光興房各置女史

㈠ 身體狀況的掌握

　　對後宮婦女身體狀況的掌握與行房、產育、帝王房中補養及禁忌等需求密切相關。根據《漢舊儀》所記，漢代對後宮婦女何時適於受孕及進御狀況均加以掌握，由於後宮的人數眾多，御見有一定的規矩：

> 后妃群妾以禮御於君所，女史書其日月，授之以環，以進退之。生子月辰，則以金環退之。當御者以銀環進之，著于左手，既御，著于右手，事無大小，記以成法。[123]

> 掖庭令，畫漏未盡八刻，盧監以茵次上婕妤以下，至後庭，訪白錄，所錄所推當御見刻，盡去簪珥，蒙被，入禁中，五刻罷，即留，女御長入扶以出。御幸賜銀指鐶，令書得環，數計月日，無子罷廢，不得復御。[124]

> 以丹注面曰勺。勺，灼也。此本天子、諸侯群妾當以次進御。其有月事者，止而不御，重以口說，故注此於面，灼然為識。女史見之，則不書其名於第錄也。[125]

一人」，崔鴻，《十六國春秋·後趙》：「石虎置女太史於靈臺，仰觀災祥，以考外太史驗察虛實」，又將後宮婦女的功過與災祥連結。

[123] 《毛詩》，卷2之3〈邶風·靜女〉毛傳，頁105。

[124] 《漢舊儀》，卷下，頁12。

[125] 《釋名》，卷4〈釋首飾〉，頁13。

女史須確實掌握並記錄後宮婦女生理狀況，以作為後宮婦女受帝王
臨幸的紀錄和依憑。若遇經期、孕期等避忌狀況，則停止行房，並
於身上加以記號標識。如《史記‧五宗世家》：「長沙定王發，發
之母唐姬，故程姬侍者。景帝召程姬，程姬有所辟，不願進，而飾
侍者唐兒使夜進。上醉不知，以為程姬而幸之，遂有身。已乃覺非
程姬也。」所謂「有所辟」，根據注解即指月事。⑫《釋名》亦明
白指出：「有月事者，止而不御」，後代醫書中有關經期禁忌記載
極多。⑰除了經期避免行房外，經期中的婦女亦不能參與祭祀工
作，許慎即指出漢律「見姅變不得待祠」，段玉裁曰：「姅謂月事
及免身及傷孕皆是也。見姅變，如今俗忌入產婦房也」。⑱齋戒
時，若遇污染則須解齋，如《後漢書‧禮儀志》：「齋日內，有污
染，解齋」⑲，此污染亦包含經期的避忌在內。基於婦女經期避
忌，後宮婦女須對生理週期進行記錄和管理，以作為行房和產育的
參考。

---

⑫　《史記》，卷 59〈五宗世家〉，頁 2100。此記載又見於《漢書》，卷 53
〈景十三王傳〉，頁 2426。

⑰　如丹波康賴撰，趙明山等注釋，《醫心方》（瀋陽：遼寧科學技術出版社，
1996），卷 28〈房內〉，頁 1155：「卜先生云：婦人月事未盡而與交接，既
病。」李時珍，《本草綱目》（北京：人民衛生出版社，1975），卷 52〈婦
人月水〉，頁 2953：李時珍曰：「女人入月，惡液腥穢，故君子遠之，為其
不潔，能損陽生病也。」金禮蒙輯，《醫方類聚》（北京：人民衛生出版
社，1981-1982）卷 192〈諸瘡門〉，頁 182：「治男子不忌婦人月事行房，
陰物潰爛，用室女血衲瓦上過存性，為末，麻油調付，愈。」卷 199〈養性
門〉，頁 345：「且婦人月事未絕而與交接，令人成病，得白駁。」

⑱　《說文解字注》，〈姅〉，頁 625-626。

⑲　《後漢書》，〈禮儀志〉，頁 3104。

除了經期外，懷孕和產期亦被視為不潔，禁止行房及侍祠，故「生子月辰，則以金環退之」，王充亦指出漢時：「諱婦人乳子，以為不吉」⓭，即使王室婦女生產仍要另擇宮中之外的地方。

後宮受帝王臨幸，最主要的目的除了滿足帝王的情欲、補養、符應陰陽的宇宙圖式等目的外，更實際的功能在於廣繼嗣，因此對於久經幸御而未能得子的後宮婦女將被視為耗損且無補的存在，《太平經》提到：

> （真人）又問：「今何故其生子少也？」天師曰：「善哉子之言也，但施不得其意耳。如令施其人欲生也，開其玉戶，施種於中，比若春種於地也，十十相應和而生，其施不以其時，比若十月種物於地也，十十盡死，固無生者。真人欲重知其審，今無子之女，雖日百施其中，猶無所生也；不得其所生之處，比若此矣。是故古者聖賢不妄施於不生之地也，名為亡種，竭氣而無所生成。」⓮

女子不能孕育就如同乾涸無生機的不毛土地，不論如何施種亦無法長養出秧苗來，同時對男性的生命力來說則是一種浪費和折損，如果這種情況一直持續下去，則會造成「竭氣而無所生成」的後果，要改變這樣的情況，只能夠尋找另一塊肥沃的土地來進行施種。這種想法落在現實中，則產生了王室中以多產婦女進宮入御的現

⓭　《論衡校釋》，卷23〈四諱篇〉，頁975。
⓮　王明，《太平經合校》（北京：中華書局，1979）附錄佚文，頁733。

象❶❷，而無法廣納妃妾的人民，也只好去妻更娶。同時，我們還應注意到，不能孕育的女子，基於感應的原理下，可能會對農畜生產造成的一些負面效果，因為女性的身體及其所具有的生育力，被象徵為土地，也同時感應著土地與種子、作物的生長。❶❸這恐怕多少使得不能生育的婦女蒙上不祥的氣氛。因此，若發生久御不孕的狀況，則廢棄不復御。

後宮進御最重要的目的之一是能夠多產，因此女史的工作之一是要使帝王行房達到最高的功效——雨露均施，女史記錄群妃妾御於君所的日月，並以環著於身上作標識，如將御者將環戴於左手，己御者則戴於右手。雖然從實際情況來看，後宮的進御之次，往往受到許多因素的影響，未能完全按照理想的分配進行，然而雨露均霑以廣繼嗣之統仍為被崇尚的理想。❶❹

透過女史對後宮婦女身體狀況的記錄，對於經期、孕期、不孕狀況的掌握，以及行房日月、時間、次數等記錄，以此查核婦女身體狀況，確實掌握生理狀況，作為後宮管理的基礎。

---

❶❷　參見李貞德，〈漢唐之間求子醫方試探——兼論婦科濫觴與性別論述〉，《中央研究院歷史語言研究所集刊》第 68 本，第 2 分（1997 年 6 月），頁 293-297，求子與養生異同。

❶❸　關於此可參考第四章有關後宮藏種的繁育巫術，關於女性與土的關係請參見楊儒賓，〈吐生與厚德——土的原型象徵〉之土地女媧與生殖，《中國文哲研究集刊》第 20 期（2002 年 3 月），頁 13-22。

❶❹　朝臣上奏進言天子當雨露均施的例子很多如《漢書》，卷 60〈杜欽傳〉，頁 2674。卷 85〈谷永傳〉，頁 3446，均可作為參考。

㈡ 記功書過

除了生理狀況的掌握外，女史對於後宮婦女的功過及織紝工作狀況，亦加以記錄。後宮婦女既以織紝為其最重要的工作，對於工作成果，亦須「以歲時獻功事」[135]，以接受考核。〈內宰〉重要職責之一即在對女工成品「比其小大與其麤良而賞罰之」。關於此〈天官·典婦功〉及〈典絲〉、〈典枲〉有較詳細的記載。

女史記錄後宮婦女的狀況後，以「逆內宮」，所謂「逆內宮」，賈公彥認為：「六宮所有費用財物及米粟，皆當鉤考之也」。[136]女史助內宰推行內宮政務，並核計六宮的財物和米粟的支出，依照個別的狀況分配財物及米粟，以備查核。

四、懲罰

後宮嬪妃、宮女若有過失，輕則受到輿論的指責，甚至引發災異之說，重則減少後宮財用，甚至被廢、入暴室接受審訊、囚禁、乃至死亡。

㈠ 輿論指責、災異附會

後宮嬪妃之間由於爭寵往往形成彼此監視、箝制的關係，此類例子於史書中不勝枚舉。漢代後宮中除了為人所熟知的以媚道、祝詛等打擊對手以爭寵的行為。透過對手的過失加以毀謗，以使對方

---

[135]　《周禮》，卷 8〈天官·女御〉，頁 122。
[136]　《周禮》，卷 8〈天官·女史〉，頁 123。

失寵，亦為重要手段，如《漢書·景十三王傳》昭信以姦罪誣陷陶望卿、榮愛，以及譖殺其他姬妾，並加以毀屍。昭信誣陷望卿「歷指郎吏臥處，具知其主名，又言郎中令錦被，疑有姦」，以此逼望卿自殺並毀屍。顯示昭信能確實掌握郎中令所蓋之棉被狀況，以及望卿生活作息情況。昭信又誣諂「榮姬視瞻，意態不善，疑有私」，連榮愛之表情、容色均成為觀察重點。榮愛受到誣諂因畏懼而投井，最後為求速死，只得承認與醫官有姦情，下場便是「燒刀灼潰兩目，生割兩股，銷鉛灌其口中，愛死，支解以棘埋之」。[137]不管望卿、榮愛等妃子是否真如昭信所言發生姦情，昭信顯然對她的對手進行長期的監視，因此能夠細密掌握其動態，甚至表情，再將重重線索穿鑿成為鬥爭的工具，將監視、誣諂功夫發揮到淋漓盡致。后妃間彼此誣陷對方行為失德、行媚道的例子極多，鬥爭之慘烈，令人觸目驚心，史書中記載極多，此處不一一徵引。[138]

　　除了後宮的監視與鬥爭，輿論亦會形成嚴重的心理壓力，記功書過的目的即在於透過輿論及歷史評價來形塑個人的自我認同，以及依附於社會的自尊；同時社會的德性評價及象徵關係著個人在社會中的價值，甚至是以此代換出的人際網絡和力量。[139]前章已述

---

[137]　《漢書》，卷 53〈景十三王傳〉，頁 2429。

[138]　可參考李建民，〈「婦人媚道」考——傳統家庭的衝突與化解術〉，《新史學》，7 卷 4 期，1996 年 12 月。

[139]　關於社會自尊及相關權力問題，詳參黃光國，〈道德臉面與社會臉面：儒家社會中的依附性自尊〉，黃光國、胡先縉等著，《面子——中國人的權力游戲》（北京：中國人民出版社，2005），頁 179-194。布迪厄亦指出早期社會的支配方式是透過人格及象徵性方式進行的，「即由信任、義務、個人忠誠、好客、饋贈、人情債、感激、恭敬帶來的暴力，總之是榮譽倫理學所遵

· 371 ·

及，由於脫序往往被視為不祥，後宮失德亦常常被引申為災異的緣由，《漢書·五行志》反映了當時對於後宮德性的要求，並十分嚴密地將許多災異均歸咎於婦女的失德。在層層封閉宮禁嚴密的後宮，不論生活空間、時間、行禮儀容、身體狀況、言談、是非功過都被層層監控甚至記錄，身處其中者處於特殊的「氣氛」⑭下，此種「氣氛」由人與物在空間及生活、禮儀用物的諸多象徵……等極多細微部分營造出來，在知與不知之間對身心造成無所不在的滲透和影響。

(二) 削減財用

前文言及，《周禮·天官·內宰》所司其中一個重要的職務即

奉的一切德性產生的暴力，就會作為最符合系統之經濟學的、故而是最經濟的支配方式施加于人。」《實踐感》，〈支配方式〉，頁203。

⑭ 「氣氛」為當今美學所關注的議題，是由空間中物及人等眾多因素所共同外射、薰染出一種瀰漫空間的「在場」感，具有極強的滲透與感染力：「氣氛是一種空間，就是通過物、人或各種環境組合的在場（及其外射作用）所「薰染」（tingiert）的空間。氣氛本身是某物的在場領域，即氣氛在空間裏的實存。與施密茨的雛形不同，氣氛不是理解為自由飄動的，與此相反，氣氛是從物、人或兩者的各種組合發開來而形成的。因此，種種氣氛不是客觀之物（即不是物固有的特性），但又是物性的，是從屬於物的，因為物透過其（理解為外射作用的）特性來表述其在場的領域；同時氣氛也不是主觀之物（如同某種心靈況態的確定屬性），但又是主觀性的，是從屬於主體的，因為是透過身體在場而可以感受到的，而且這樣的感受同時便是主體在空間中的身體式的個人處境。」詳參伯梅（Gernot Böhme）著，谷心鵬、翟江月、何乏筆譯，〈氣氛作為新美學的基本概念〉，《當代》188期（2003年4月），頁20-21。何乏筆，〈氣氛美學的新視野──評介伯梅〈氣氛作為新美學的基本概念〉〉，《當代》，188期（2003年4月），頁34-43。

為：「掌書版圖之法，以治王內之政令，均其稍食，分其人民以居之」，所謂「稍食」即指祿稟，內宰掌管祿稟之分配，而後宮祿稟之分配實際由〈女史〉掌理，女史透過所記錄個嬪妃的狀況而「逆內宮」，分配、查核、記錄後宮所得之財物之米粟。有關後宮的財用，《漢書・外戚列傳》提到西漢的後宮制度及爵等，「昭儀位視丞相，爵比諸侯王」、「倢伃視上卿，比列侯」、「娙娥視中二千石，比關內侯」、「傛華視真二千石，比上大造」、「美人視二千石，比少上造」、「八子視千石，比中更」、「充依視千石，比左更」、「七子視八百石，比右庶長」、「良人視八百石，比左庶長」、「長使視六百石，比五大夫」、「少使視四百石，比公乘」、「五官視三百石；順常視二百石」、「無涓、共和、娛靈、保林、良使、夜者皆視百石」「上家人子、中家人子，視有秩斗食」⑭，依據漢制的俸祿：

> 三公號稱萬石，其俸月各三百五十斛穀。其稱中二千石者，月各百八十斛，二千石者百二十斛，比二千石者百斛，千石者九十斛，比千石者八十斛，六百石者七十斛，比六百石者六十斛，四百石者五十斛，比四百石者四十五斛，三百石者四十斛，比三百石者三十七斛，二百石者三十斛，比二百石者二十七斛，一百石者十六斛。⑭

---

⑭　《漢書》，卷 97 上〈外戚列傳〉，頁 3935，顏師古注。
⑭　《漢書》，卷 19 上〈百官公卿表〉，頁 721，顏師古注。

後宮嬪妃之俸祿依其身份之高低而有不同，並隨其身份之變化而發生改變。同時亦考量其女工成果在內之種種表現，如〈典絲〉、〈典枲〉等，對後宮婦女織紝成品之質地、品質、數量加以記錄，以作為獎懲之依據。

除了俸祿外，皇后、嬪妃往往因為得到皇帝歡心而得到財物的賜予。其中又以湯沐邑為補助生活費用的重要收入。所謂湯沐邑原指「以其賦稅供湯沐之具」[143]，即供給受賞的有土封君齊戒洗沐所須費用，有補助俸祿的功能。根據《史記·平準書》：提及「自天子以至于封君湯沐邑，皆各為私奉養焉，不領於天下之經費」[144]，封君以下皆以湯沐邑為私人生活費用。太后、皇后、公主等亦以所受賞之湯沐邑為重要收入。如孝成許皇后的上書中即提及「幸及賜湯沐邑以自奉養」，並表示除了湯沐邑外，未有其他額外收入，其他太后、王妃、公主等獲湯沐邑的例子很多，如景帝時梁孝王過世，竇太后十分悲傷，景帝為討好竇太后，於是盡立孝王男五人為王，女五人皆食湯沐邑。[145]又如昭帝為鄂邑公主「益湯沐邑」並供養省中。[146]平帝時太皇太后特別將其所屬湯沐邑十縣，交由大司農「常別計其租入，以賑濟貧民。[147]又如東漢和帝時，尊沘陽公主為長公主，「益湯沐邑三千戶」。[148]東漢桓帝母孝成匽皇后，宮曰永

---

[143]　《漢書》，卷1下〈高帝紀〉，頁75，顏師古注。

[144]　《史記》，卷30〈平準書〉，頁1418。

[145]　《史記》，卷58〈梁孝王世家〉，頁2086。

[146]　《漢書》，卷7〈昭帝紀〉，頁217。

[147]　《漢書》，卷12〈平帝紀〉，頁352。

[148]　《後漢書》，卷10上〈皇后紀·章德竇皇后〉，頁416。

樂，比照長樂宮故事，「起宮室，分鉅鹿九縣為后湯沐邑」⑭，均
為其例。

由於湯沐邑等為天子的賜予，因此具有獎懲的性質。除了以
上所述之例子外，又如平帝之母中山衛姬，以中山苦陘縣為湯沐
邑⑮，平帝被立後，衛后幾度欲至京師，仍然受制於「母衛姬及外
家不當得至京師」⑮的原則，王莽為安撫衛后，於是「以中山故安
戶七千益中山后湯沐邑」。⑮東漢時和帝陰皇后因牽涉巫蠱之事被
廢而死，其族人被遷往他方，資財亦皆沒收，至和熹鄧太后時才赦
免陰氏之族人能夠回歸故里，並歸還五百餘萬資財，「爵號太夫人
為新野君，萬戶供湯沐邑」⑮，亦可作為說明。

後宮之俸祿有時亦因災異等特殊原因而被削減，如孝成許皇后
時由於成帝一直未能有子嗣，而且災異時起，劉向、谷永均認為應
歸咎後宮，成帝接受此種諫言，於是省減後宮用度，並下詔：「椒
房儀法，御服輿駕，所發諸官署，及所造作，遺賜外家群臣妾，皆
如竟寧以前故事」，並且「非可復若私府有所取也」，限制皇后賜
人財物的權力。竟寧為元帝年號（元帝薨於竟寧元年），元帝恭儉好
儒，因此後宮車馬衣服、後宮用度從竟寧以前故事，即在屬行儉
約。皇后上疏苦苦表示，自己入椒房以來，賞賜外家的財物均經過
皇帝准許，並沒有過份之處，並且各帝王間用度標準亦不盡相同，

---

⑭　《後漢書》，卷 10 下〈皇后紀·孝崇匽皇后〉，頁 441-442。

⑮　《漢書》，卷 12〈平帝紀〉，頁 352。

⑮　《漢書》，卷 97 下〈外戚傳·中山衛姬〉，頁 4008。

⑮　《漢書》，卷 97 下〈外戚傳〉，頁 4008。

⑮　《後漢書》，卷 10 上〈皇后紀·和熹鄧皇后〉，頁 423。

若舉宣帝時的梁美人來看，歲時俸養不過「遺酒一石，肉百斤」而已，如此用度如今即使置於更低一級的八子都顯得太少。更何況減縮用度而又不能取未央官其他財物濟急的情況下，將使皇后無法調度後宮之人。許皇后苦苦哀求：「陛下見妾在椒房，終不肯給妾纖微內邪？若不私府小取，將安所仰乎？」，希望能保留以特牛祠大父母的前例，並且在衣服、用度上能有所通融。但成帝不為所動，列舉眾多災異以警告皇后，並認為：

> 今皇后有所疑，便不便，其條刺，使大長秋來白之。吏拘於法，亦安足過？蓋矯枉者過直，古今同之。且財幣之省，特牛之祠，其於皇后，所以扶助德美，為華寵也。各根不除，災變相襲，祖宗且不血食，何戴侯也！傳不云？「以約失之者鮮」審皇后欲從其奢與？……皇太后，皇后成法也。假使太后在彼時不如職，今見親厚，又惡可以踰乎！皇后其刻心秉德，毋違先后之制度，力誼勉行，稱順婦道，減省輦事，謙約為右。其孝東宮，毋闕朔望，推誠永究，爰何不臧！養名顯行，以息眾讙，垂則列妾，使有法焉。皇后深惟毋忽。[154]

此則事件可以看出，皇后以及後宮用度雖有前朝故事可循，不過最終仍取決於皇帝。大臣雖不斷透過災異以及勤政愛民的角度，希望皇帝減省後宮人數及用度，然而具體情況仍受多方因素影響，尤其后妃是否得帝王寵愛仍為關鍵。許皇后不得寵愛，被認為須為災異

---

[154] 以上相關引文詳參《漢書》，卷 97 下〈外戚傳〉，頁 3974-3980。

負責，減省後宮服制、車馬、外家等用度，限制皇后動用未央宮財物應急、贈人，將使得皇后地位與權限大受影響，透過削減后宮之財用，而達到警告、約束、懲罰的目的。

(三) 廢黜

后妃嚴重的過失或缺點將直接導致被廢黜的命運，一般士人之妻亦然，《大戴禮記·本命》列有七出之條，為當時構成出妻的重要條件提出說明，分別為不順父母、無子、淫、妒、惡疾、多言、竊盜。⑮後宮婦女前引《漢舊儀》所提及的無子罷廢外，因為妒忌而引發的媚道，亦為最重要的原因。⑯一旦被廢黜，娘家親人往往亦難得善終。⑰

---

⑮　《大戴禮記》，卷 13〈本命〉，頁 255。

⑯　有關出妻問題詳參劉增貴，《漢代婚姻制度》（臺北：華世出版社，1970）。劉增貴，〈琴瑟和鳴──歷代的婚禮〉，《敬天與親人》（臺北：聯經，1983），拙作《春秋至兩漢婚姻禮俗與制度研究》（國立清華大學中國文學系博士論文，2003 年），〈婚姻關係的結束──由禮教、律法、倫理與經濟層面來看離婚問題〉。

⑰　《後漢書》，卷 10 上〈皇后紀·光武郭皇后〉，頁 404-405，指出當時帝王對寵幸的后妃：「愛升，則天下不足容其高，歡隊，故九服無所逃其命。斯誠志士之所沈溺，君人之所抑揚，未或違之者也。郭后以衰離見貶，恚怨成尤，而猶思恩加別館，增寵黨戚。至乎東海逡巡，去就以禮，使後世不見隆薄進退之際，不亦光於古乎！」特別對漢光武帝郭皇后被廢後光武帝仍能善待其外親加以贊賞。后妃失勢外戚受牽連的例子很多，如孝成許皇后被廢後，其「親屬皆歸故郡山陽」。又如孝成皇帝暴崩後，哀帝新立，尊趙皇后為皇太后，封太后弟侍中駙馬都尉欽為新成侯，不久趙皇后姐妹危害後宮事蹟敗露，解光上奏：「趙昭儀傾亂聖朝，親滅繼嗣，家屬當伏天誅。前平安剛侯夫人謁坐大逆，同產當坐，以蒙赦令，歸故郡。今昭儀所犯尤誖逆，罪重於

㈣ 下永巷、掖庭審訊、囚禁

漢武帝之前，後宮婦女若犯罪過，則交由永巷令將之幽閉於獄中，永巷令為宦者擔任，《漢舊儀》謂永巷之配置為：「令一人，宦為之，秩六百石，掌宮婢侍使」❸、《後漢書·百官》亦云：「永巷令一人，六百石。本注曰：宦者。典官婢侍使」。❺永巷本指宮中之長巷❻，因而有時用以指後宮❻，後引申為宮中之獄所❻，宮中婦女犯罪，交由永巷囚禁處置。漢武帝太初元年將永巷令更名為掖庭令，屬官有八丞，副長官為永巷丞。有關掖庭令的功能《後漢書·百官》有所說明：

謁，而同產親屬皆在尊貴之位，迫近幃幄，羣下寒心，非所以懲惡崇誼示四方也。」后妃因罪被廢，同產、親屬往往受牽連，即使皇帝未加處置，輿論亦會形成某些壓力，哀帝在輿論壓力下，決定「免新成侯趙欽，欽兄子成陽侯訴，皆為庶人，將家屬徙遼西郡。」亦為一例，此類例子很多，不一一例舉。

❸　《後漢書》，卷 8〈靈帝紀〉，頁 345，注引。

❺　《後漢書》，〈百官志〉，頁 3595。

❻　《漢書》，卷 3〈高后妃〉，頁 98，師古曰：「永，長也。本謂宮中之長巷。」

❻　《史記》，卷 125〈佞幸列傳〉3195：：「平陽公主言延女弟善舞，上見，心悅之，及入永巷，而召貴延年」、《漢書》，卷 93〈佞幸傳〉，頁 3725：「嫣侍，出入永巷不禁，以姦聞皇太后。」即以「永巷」指後宮。

❻　如《史記》，卷 79〈范雎〉，頁 2406，正義：「永巷，宮中獄也」，如《史記》，卷 9〈呂太后本記〉，頁 397：記高祖死後「呂后最怨戚夫人及其子趙王，迺令永巷，囚戚夫人。」又如《列女傳·周宣姜后》：「宣王嘗早臥晏起，后夫人不出房，姜后脫簪珥，待罪於永巷。」永巷即為宮中獄，此處永巷為永巷令之省文。

> 掖庭令一人，六百石。本注曰：宦者。掌後宮貴人采女事。
> 左右丞、暴室丞各一人。本注曰：宦者。暴室丞主中婦人疾
> 病者，就此室治；其皇后、貴人有罪，亦就此室。⑯

　　主管掖庭之掖庭令以宦者為之。所負責的事務主要有後宮之采女，
以及後宮婦女之管理，其中所屬的暴室，原來主要的功能是染布，
暴曬布料的地方⑯，因此以染絲、暴曬而得名。《周禮·內宰》、
《禮記·祭統》均認為后妃於北郊親蠶，因北郊屬陰，正好與天子
於南郊的藉田相對應。染絲曝曬之所亦應於宮中屬陰的僻靜處，由
於僻靜，故宮中婦女疾病往往就此處。如《後漢書·清河孝王慶》
注引《續漢志》謂：「暴室，署名，主宮中婦人疾病」。⑯直至晉
時左思之妹左芬，雖為貴嬪，但「姿陋無寵，以才德見禮。體羸多
患，常居薄室」⑯亦為其例。

　　犯罪的宮女、妃嬪亦被送往暴室。應劭就將「暴室」定義為
「宮人獄」，又稱「薄室」。顏師古進一步解釋曰：「暴室者，蓋
暴室職務既多，因為置獄主治其罪人，故往往云暴室獄耳。然本非
獄名，應說失之矣」。⑯沈家本從婦女在獄中主織作的角度來進行

---

⑯　《後漢書》，〈百官三〉，頁 3595。又如《後漢書》，卷 10 下〈皇后紀·
　　桓帝鄧皇后〉，頁 445，注引《漢官儀》：「暴室在掖庭內，丞一人，主宮
　　中婦人疾病者，其皇后、貴人有罪，亦就此室。」
⑯　《漢書》，卷 8〈宣帝紀〉，頁 237，顏師古注：「掖庭主織作染練之署，故
　　謂之暴室，取暴曬為名耳。或云薄室者，薄亦暴也，今俗語亦云薄曬。」
⑯　《後漢書》，卷 55〈清河孝王慶〉，頁 1800，注引。
⑯　《晉書》，卷 31〈后妃上·左貴嬪〉，頁 958。
⑯　《漢書》，卷 8〈宣帝紀〉，頁 237。

理解，認為：漢之東西織室作文繡郊廟之服，考工令主織綬諸雜工，平準令主練染作采色，皆與暴室無涉。然暴室既屬掖庭，而掖庭為官獄，考工室也有詔獄，則女囚所在之獄主織作也是很自然的。❿

　　漢時後宮之皇后、妃嬪、宮女犯罪往往送暴室進行審訊，如漢武帝時鉤弋夫人因觸動武帝外戚干政的隱憂，武帝藉故譴責鉤弋夫人，並將她「送掖庭獄」❿，鉤弋夫人即於掖庭獄被處死。又如漢成帝時，宮史曹宮為成帝產子，後為趙昭儀等所妒，促使成帝下令：「取牛官令舍婦人新產兒，婢六人，盡置暴室獄，毋問兒男女，誰兒也！」❿可見一般宮女、婢女有罪亦於暴室處理。至東漢時皇后因罪而至暴室之例屢見，如和帝時陰皇后因「挾巫蠱道，事發覺，帝遂使中常侍張慎與尚書陳褒於掖庭獄雜考案之」。❿又如和熹鄧皇后時，「御者共枉吉成以巫蠱事，遂下掖庭考訊，辭證明白」。❿桓帝鄧皇后因「與帝所幸郭貴人更相譖訴」而被廢，最後「送暴室，以憂死」。❿靈帝宋皇后被構陷挾左道祝詛，而「自致暴室，以憂死」❿、獻帝伏皇后的遭遇則是「下暴室，以幽

---

❿　沈寄簃，《沈寄簃先生遺書》甲編（臺北：文海，1964），〈獄考〉，頁495。

❿　《史記》，卷49〈外戚世家〉，頁1985。

❿　《漢書》，卷97下〈外戚傳〉，頁3990-3991。

❿　《後漢書》，卷10上〈皇后紀·和帝陰皇后〉，頁417。

❿　《後漢書》，卷10上〈皇后紀·和熹鄧皇后〉，頁422。

❿　《後漢書》，卷10下〈皇后紀·桓帝鄧皇后〉，頁445。

❿　《後漢書》，卷10下〈皇后紀·靈帝宋皇后〉，頁448。

崩」❿，均為其例；東漢皇后下暴室者多以被控使用媚道有關。

(五) 由姦淫罪的處置討論宮刑的爭議

1.宮刑，淫刑也？

　　根據後宮婦女被出及犯罪的情況加以瞭解，以無子被出的情況雖然存在，但無子並不是被出的必然的原因，如東漢時期多位后妃無子，但不因此被出。后妃所犯罪行中最重者要屬謀反一類，此類刑罰至重，以死刑收場可知。其次較常見者為宮中祝詛、媚道，亦事涉嚴重，往往被廢憂死。再次則為被指稱犯淫行等罪過，在要求貞潔的社會背景下，婦女犯淫行往往事涉嚴重，禮書中認為婦女若犯淫行則處以宮刑，所謂宮刑該如何理解，貴族婦女受宮刑嗎？此均是須要釐清的問題。

　　根據《尚書·呂刑》：「宮辟疑赦」，注云：「宮，淫刑也，男子割勢，婦人幽閉，次死之刑」。《周禮·司刑》：「宮罪五百」，鄭注：「宮者，丈夫則割其勢，女子閉于宮中」，又如《白虎通·五刑》：「宮者，女子淫，執置宮中，不得出也。丈夫淫，割去其勢也」❿、《列女傳·貞順》：「士庶人外淫者宮割」。⓱可見漢代人視宮刑為犯淫罪者所受之刑罰，犯淫罪的婦女往往幽閉於宮中，然而何謂「幽閉」？歷來亦有爭論。

　　男子的宮刑為去勢，由於「丈夫割勢，不能復生子，如腐木不

---

❿　《後漢書》，卷 10 下〈皇后紀·獻帝伏皇后〉，頁 454。

❿　《白虎通疏証》，卷 9〈五刑〉，頁 441。

⓱　《列女傳》，卷 4〈貞順傳·楚平伯嬴〉，頁 5。

生實」⓱，因此又被稱為腐刑、䮾刑⓳、椓刑⓴、下蠶室之刑。㉑
宮刑往往被視為次於死刑之重刑，漢景帝時即下令「死罪欲腐者，
許之」㉒，以腐刑抵死刑。由於宮刑辱沒先人，有違宗法傳承的精
神，因此被視為大辱，司馬遷即指出：「行莫醜於辱先，而詬莫大
於宮刑」。㉓漢代雖有漢文帝除宮刑之說㉔，然而宮刑一直存在，
《漢書·五行志》甚至將之用以解釋某些災異的現象，如：「男化
為女，宮刑濫也」。㉕東漢時皇帝仍下詔行宮刑，如《後漢書·光
武紀》建武二十八年、三十一年皆下詔令「死罪繫囚皆一切募下蠶
室，其女子宮」㉖，明帝永平八年下詔：屯朔方、五原之邊縣「其
大逆無道殊死者，一切募下蠶室」㉗，章帝時亦一再下詔：「犯殊

⓱　《漢書》，卷 5〈景帝紀〉，頁 147，「死罪欲腐者，許之」，如淳注，顏師
古亦持此看法。

⓳　《說文》〈䮾〉，頁 126：「去陰之刑也。從攴，蜀聲。」

⓴　《尚書》，卷 19〈呂刑〉，頁 296。《詩經》，卷 18 之 5〈蕩之什·召
旻〉，頁 698：「昏椓」，鄭箋：「昏椓皆奄人也。昏其宮名也，椓，椓毀
陰者也。」

㉑　《漢書》，卷 59〈張湯傳〉，頁 2652，師古注：「凡養蠶者欲其溫早成，故
為蠶室，畜火以置之。而新腐刑亦有中風之患，須入密室，乃得以全，因呼
為蠶室耳。」《後漢書》，卷 1 下〈光武帝紀〉，頁 80，注：「蠶室，宮刑
獄名，宮刑者畏風，須暖，作窖室蓄火如蠶室，因以名焉。」

㉒　《漢書》，卷 5〈景帝紀〉，頁 147。

㉓　《漢書》，卷 62〈司馬遷傳〉，頁 2727。

㉔　《漢書》，卷 5〈景帝紀〉，頁 137。

㉕　《漢書》，卷 27 下〈五行志〉，頁 1472。

㉖　《後漢書》，卷 1 下〈光武紀〉，頁 80、81。

㉗　《後漢書》，卷 2〈明帝紀〉，頁 111。

死一切募下蠶室，其女子宮」⑱，和帝時仍再下詔：「其犯大逆募下蠶室，女子宮」⑲，宮刑至東漢仍然存在。

2.法律對姦淫罪的判奪與處置

根據先秦、兩漢文獻及考古資料來看，男子受宮刑的原因並不是犯了淫罪⑳，而犯姦淫罪者，貴族男子視其情節之輕重，分別處以廢、遷、自殺等刑，如《史記·五宗世家》記：

> 趙王彭祖……其太子丹與其女及同產姐姦，與其江充有郤，充告丹，丹以故廢。㉑

〈五宗世家〉：

> 易王死未葬，建有所說易王寵美人淖姬，夜人迎與姦服舍中……建又盡與其姐弟姦，事既聞，漢公卿請捕治建，天子

---

⑱　《後漢書》，卷 3〈章帝紀〉，頁 143，建初七年。頁 147，元和元年。頁 158，章和元年。

⑲　《後漢書》，卷 4〈和帝紀〉，頁 182，永元八年。

⑳　如張安世兄賀為太子黨，太子黨，張安世為兄上書陳情，而受腐刑（《漢書》，卷 59〈張安世傳〉，頁 2651），司馬遷為李陵陳情而受腐刑（《漢書》，卷 62〈司馬遷傳〉，頁 2729），孝宣許皇后之父許廣漢僅因誤取他人馬鞍，而被以盜論處，下蠶室（《漢書》，卷 97 上〈外戚傳·孝宣許皇后〉，頁 3964），下蠶室的原因皆與淫行無關。詳參李海年，《雲夢秦簡研究》〈秦律刑罰考析〉，頁 214。曹旅寧，〈秦宮刑非淫刑辨〉，《史學月刊》2002 年 6 期，頁 120-123。曹旅寧，《秦律新探》（北京：中國社會科學出版社，2002）。

㉑　《史記》，卷 59〈五宗世家〉，頁 2099。

不忍，使大臣即訊王。王服所犯，遂自殺。⑫

〈齊悼惠王世家〉：

主父偃既至齊，乃急治王後宮宦者為王通於姐翁主者，令其辭證皆引王，王年少，懼大罪為吏所執誅，乃飲藥自殺，絕無後。⑬

《漢書·諸侯王表》：

地節元年，王年嗣，四年，坐與同產妹姦，廢遷房陵，與邑百家。⑭

元鼎三年，王勃嗣，坐憲王喪服姦，廢徙房陵。⑮

以上均為王之同族觸犯淫行而致罪之例，但卻無受宮刑者。若因王之同族能免除宮刑，那麼一般臣子犯淫罪又如何？根據史書記載亦以廢、遷、自殺等收場，如平陽懿侯六世因為「與中人姦，闌入宮

---

⑫ 《史記》，卷 59〈五宗世家〉，頁 2096，《漢書》〈景十三王傳·江都易王劉非〉，頁 2414。
⑬ 《史記》，卷 52〈齊悼惠王世家〉，頁 2008。
⑭ 《漢書》，卷 14〈諸侯王表〉，頁 409。
⑮ 《漢書》，卷 14〈諸侯王表〉，頁 417。

掖門」，最後被處以「完為城旦」 ⑲、漢武帝時韓嫣因為深得皇帝寵愛，出入永巷不禁，淫亂後宮，太后十分生氣，以死刑論斷。⑲又如李延年受寵幸，但李延年弟「姦亂後宮」，李廣利又投降匈奴，最後落得族滅的下場⑲，均為其例。此類例子很多，不一一例舉。

　　至於婦女，被幽禁於宮中之婦女未必皆因於淫行，如前引《呂氏春秋·精通篇》鍾子期及其母因父殺人而連坐於宮中，即為一例。戰國時犯淫行的婦女，在特殊的情況下，亦往往有不同的處置，如《吳越春秋》記越王勾踐把犯淫罪寡婦送上山，使士人之憂思者上山游之，作為懲罰。⑲《越絕書》亦有相類記載：「獨婦山者，勾踐將伐吳，徙寡婦置獨山上，以為死士示，得專一也。去縣四十里，後說之者，蓋勾踐所以游軍士也」⑳，此可能與勾踐急欲復國，全心迎戰於吳，故而鼓勵、慰藉軍士的特殊背景有關。秦時對男女之防十分重視，秦始皇幾次巡行天下的刻石也展現了對男女關係穩定要求的決心，以及炫耀其禮教的推行，其中會稽刻石提到：「有子而嫁，倍死不貞，防隔內外，禁止淫佚，男女絜誠，夫為寄豭，殺之無罪，男秉義程，妻為逃嫁，子不得母，咸化廉

---

⑲　《漢書》，卷16〈高惠高后文功臣表〉，頁532。
⑲　《史記》，卷125〈佞幸列傳〉，頁3195。
⑲　《漢書》，卷97上〈外戚傳〉，頁3956。
⑲　黃汝成，《日知錄集釋》（長沙：岳麓書社，1996），卷13〈秦紀會稽山刻石〉，頁468引。
⑳　趙曄，《越絕書》（濟南：齊魯書社，2000），卷8〈越絕外傳記地傳〉，頁48。

清。」就法律條文來看，犯淫行之婦女，若為貴族又情節重大則往往罪至於死，若為平民則往往耐為隸臣妾。以下根據《睡虎地秦墓竹簡》及《張家山漢墓竹簡》中娶亡人為妻、一般通姦、及與階級不同的人通姦或結婚等狀況進行觀察。以逃妻與他人再婚的刑罰來看，《睡虎地秦墓竹簡・法律答問》：

> 女子甲去夫亡，男子乙亦闌亡，相夫妻，甲弗告請（情），居二歲，生子，乃告請（情），乙即弗棄，而得，論可（何）殹（也）？當黥城旦舂。[201]

> 甲取（娶）人亡妻以為妻，不智（知）亡，有子焉，今得，問安置其子？問安置其子？當畀。或入公，入公異是。[202]

〈法律答問〉連續出現三條女子私自離開原來的丈夫，甚至再與他人同居有子的案例，可見當時社會中，這樣的情形可能不少。根據律文來看，男子即使在不知的情況下，與他人逃妻同居，亦屬有罪。兩人所生之子，歸於女子原來的丈夫，標明了丈夫對妻子在外所生子的所有權。《張家山漢墓竹簡・奏讞書》亦提及：

> 取（娶）人妻及亡人以為妻，及為亡人妻，取（娶）及所取（娶），為謀（媒）者，智（知）其請（情），皆黥以為城旦

---

[201] 《睡虎地秦墓竹簡》，〈法律答問〉，頁132。
[202] 《睡虎地秦墓竹簡》，〈法律答問〉，頁133。

春。其真罪重，以匿罪人論，弗智（知）者不□。[203]

《奏讞書》提到漢高祖十年時的一個判例，是臨淄獄史闌與逃亡女子南結為夫妻，並企圖出關而被捕獲，最後闌被控以：「非當得取（娶）南為妻也，而取（娶）以為妻，與偕歸臨菑（淄），是闌來誘及奸，南亡之諸侯，闌匿之也」[204]闌因為奸、匿罪而被處以黥為城旦。另有一則也是高祖十年的判例（簡二八至三五）隱官解在不知情的情況下娶了亡人符以為妻，是不是仍然算是有罪呢？最後定讞的結果是：「符雖已詐書名數，實亡人也。解雖不智（知）其請（情），當以取（娶）亡人為妻論，斬左止（趾）為城旦。廷報曰：取（娶）亡人為妻論之，律白，不當讞」[205]，其中所引用的律文指的是〈二年律令〉簡一六九所提到的娶亡人以為妻條。

至於通姦的狀況，《睡虎地秦墓竹簡・封診式》：

> 爰書：某里士五（伍）甲詣男子乙、女子丙，告曰：「乙、丙相與奸，自晝見某所，捕校上來詣之。」[206]

此處雖沒有言明通奸兩人具體的婚姻狀態。不過可以看出通奸將會有法律刑責。《張家山漢墓竹簡・二年律令》：

---

[203]　張家二四七號漢墓竹簡整理小組編，《張家山漢墓竹簡》（北京：文物出版社，2001）〈二年律令〉，簡 168、169，頁 156。

[204]　《張家山漢墓竹簡》，〈奏讞書〉，簡 17 至 27，頁 214-215。

[205]　《張家山漢墓竹簡》，〈奏讞書〉，簡 28 至 35，頁 215。

[206]　《睡虎地秦墓竹簡》，〈封診式〉，頁 163。

諸與人妻和奸，及其所與皆完為城旦舂。其吏也，以強奸論
之。[207]

和已有婚姻狀態的女子通奸處以完為城旦舂的刑罰，如果本身為吏
的，則刑罰更重按強姦罪的方式論處。《張家山漢墓竹簡・奏讞
書》另有一條妻於靈堂守喪時期與其他男子通姦的案例，當時引起
頗多討論，可以見出當時法律對於通姦的態度：

> 奸者，耐為隸臣妾。捕奸者必案之校上。今杜瀘女子甲夫公
> 士丁疾死，喪棺在堂上，未葬，與丁母素夜喪，環棺而哭。
> 甲與男子丙偕之棺後內中和奸。明旦，素告甲吏，吏捕得
> 甲，疑甲罪。廷尉鼓正始、監弘、廷史武等卅人議當之，皆
> 曰：「律，死置後之次；妻次父母，妻死歸寧，與父母同
> 法。以律置後之次人事計之，夫異尊於妻，妻事夫，及服其
> 喪，資當次父母如律。妻之為後次夫、父母，夫、父母死，
> 未葬，奸喪旁者，當不孝，不孝棄市；不孝之次，當黥為城
> 旦舂；勞（敖）悍，完之。當之，妻尊夫，當次父母，而甲
> 夫死，不悲哀，與男子和奸喪旁，致之不孝、勞（敖）悍之
> 律二章。捕者雖弗案校上，甲當完為舂，告杜論甲。今廷史
> 申繇（徭）使而後來，非廷尉當，議曰：「當非是。律曰：
> 不孝棄市。有生父而弗食三日，吏且何以論子？」廷尉鼓等
> 曰：「當棄市」。有（又）曰：「有死父，不祠其家三日，

子當何論？」廷尉穀等曰：「不當論」「有子不聽生父教，
誰與不聽死父教罪重？」等曰：「不聽死父教毋罪」有
（又）曰：「夫生而自嫁，罪誰與夫死而自嫁罪重？」廷尉
穀等曰：「夫生而自嫁，及取（娶）者，皆黥為城旦舂。夫
死而妻自嫁、取（娶）者毋罪。」有（又）曰：「欺生夫，誰
與欺死夫罪重？」等曰：「欺死夫毋論」有（又）曰：「夫
為吏居官，妻居家，日與它男子奸，吏捕之弗得，□之，何
論？」穀等曰：「不當論」曰：「廷尉、史議皆以欺死父罪
輕於侵欺生父，侵生夫罪□於侵欺死夫，□□□□□□與
男子奸棺喪旁，捕者弗案校上，獨完為舂，不亦重虖
（乎）？」穀等曰：「誠失之。」❷⁰⁸

守喪時期，由於丈夫界於新亡的狀態，與夫生時犯奸罪是否一樣，
成為討論的焦點。廷尉等人以法律置後之倫理順位作為彼此義務的
評斷依歸，而得出「妻尊夫，當次父母」、「夫、父母死，未葬，
奸喪旁者，當不孝，不孝棄市；不孝之次，當黥為城旦舂，敖悍，
完之」的判決，認為當依不孝和敖悍二律處以完為舂的刑罰。但此
判決並非沒有爭議處，主要關鍵在夫已亡故，是否與夫仍存活狀態
下刑罰相同呢？廷尉認為「妻事夫，及服其喪，資當次父母」，因
此屢舉法律法於生、死狀態不同，刑責亦有差異的現象，如不供養
生父與不祠死父；不聽生父之言與不遵從死父之志，因父親生死狀
態不同，二者罪責亦不相同作為類比。同時又舉婦人於丈夫在世時

---

❷⁰⁸　《張家山漢墓竹簡》，〈奏讞書〉，頁227。

再嫁與夫死後再嫁刑罰不同,丈夫在世時再嫁為觸犯法令當黥為城旦舂,若丈夫已死則無法律刑責問題。議論的結果是依生夫、死夫之別,認為欺生夫罪重於死夫,欺死夫基本上無罪,所以將此通姦婦女依夫生時律法處完為舂顯然過重。[209]此條判例除了點出在一般的情況下,婦人犯通姦罪刑罰是耐為隸臣妾。其次,亦可看出刑罰的判定依據倫理關係及權力義務的親疏遠近為斷奪。以置後律來看,對婦女來說丈夫的地位,僅次於父母,妻子對丈夫的違背,可以不孝罪來議處。第三,由廷尉等的議論中看出當時認為夫死後女子再嫁是無罪的。第四、丈夫生時與死後犯姦罪,刑罰不同。

至於與階級不同的人通姦或結婚,如〈二年律令〉提及:

> 民為奴妻而有子,子畀奴主;主婢奸,若為它家奴妻,有子,子畀婢主,皆為奴婢。[210]

> 奴與庶人奸,有子,子為庶人。[211]

> 奴取(娶)主、主之母及主妻、子以為妻,若與奸,棄市,而耐其女子以為隸妾。其強與奸,除與強。[212]

奴隸階級不可娶主人階級的女子為妻,否則棄市。至於主人階級與

---

209 《張家山漢墓竹簡》,〈奏讞書〉,簡 180 至 196,頁 227。
210 《張家山漢墓竹簡》,〈二年律令〉,簡 188,頁 158。
211 《張家山漢墓竹簡》,〈二年律令〉,簡 189,頁 158。
212 《張家山漢墓竹簡》,〈二年律令〉,簡 190,頁 158。

婢女間的性關係，如簡一九五提到「御婢」即與主人發生性關係的婢，將被黥為旦舂。如果是別人家的婢女，所生的小孩歸於婢女的主人所有；如果是自家婢女與主人發生性關係而有子，主人死後，可免婢女為庶人。❹主人與婢女間的性關係還可於《列女傳》卷五〈周主忠妾〉見到：「周主忠妾者，周大夫妻之媵妾也」❹，其中又稱「媵婢」，妾稱主婦為「主母」，即是奴婢稱主人的方式，可以看出，此媵妾原來可能為陪嫁而來的婢女，後被主人所收房。

　　最為法律所不容的通姦罪為同產相姦，《睡虎地秦墓竹簡·法律答問》：

　　　　同母異父相與奸，可（何）論？棄市。❹

同母異父，可能是母親先後婚姻所生子，或是婚外所生子，可見當時婦人再嫁的情形應該也不在少數，所以法律要明令禁止。此處未提到同父異母，因為血緣和倫理的禁忌更強，刑法顯然會更重。〈二年律令〉提及：

　　　　同產相與奸，若取（娶）以為妻，及所取（娶）皆棄市。其強
　　　　與奸，除所強。❹

---

❹　《張家山漢墓竹簡》，〈二年律令〉，簡 385，頁 185：「婢御其主而有子，主死，免其婢為庶人。」

❹　《列女傳》，卷 5〈周主忠妾〉，頁 8。

❹　《睡虎地秦墓竹簡》，〈法律答問〉，頁 134。

❹　《張家山漢墓竹簡》，〈二年律令〉，簡 191，頁 158。

二者態度一致，均處以棄市之刑，前引漢諸侯王犯此條者亦入於死罪。除了同產相姦外，對於叔嫂間的通婚明令禁止，對於叔伯與姪妻間的關係亦明令禁止，〈二年律令〉：

> 復兄弟、孝（季）父柏（伯）父之妻、御婢，皆黥為城旦舂。
> 復男弟兄子、孝（季）父柏（伯）父子之妻、御婢，皆完為城旦。㉗

以此看來通姦的婦女除了觸犯倫理的重罪被處以棄市之刑外，多處以完為城旦舂、黥為城旦舂等刑。

　　如前所述，先秦已提及宮刑存在，漢以後之士人往往將婦女宮刑視為幽禁於宮中。孔穎達更明白指出：「男女不義交者，其刑宮……婦人幽閉，閉于宮使不得出也」。㉘然而實際考察秦漢時男女犯淫行及受宮刑的狀況，可以發現此時犯淫行者往往未必處以宮刑，而處宮刑者又往往不因淫行，如漢時司馬遷因李陵案而處宮刑即為顯著例子。女子因犯淫行而被幽禁於宮中的之說似乎有待商榷。亦有可能早期的肉刑在刑罰流變的過程中，施予宮刑的對象逐漸發生變化。如先秦時魏律《雜律略》曰：

> 夫有一妻二妾，其刑臧，夫有二妻則誅，妻有外夫則宮，

㉗　《張家山漢墓竹簡》，〈二年律令〉，簡195，頁159。
㉘　《尚書》，卷19〈呂刑〉，頁302，孔疏。

曰：「淫禁」。⑳

仍把宮刑視為婦女淫亂之刑罰，可見此種說法並非憑空而來。

3.公族不受宮刑

　　由於宮刑為奇恥大辱，且身體毀壞，魂魄受到污染，成為污穢禁忌的存在⑳，因此公族不受宮刑，如《禮記·文王世子》指出：「公族其有死罪，則磬于甸人，其刑罪則纖剸，亦告于甸人。公族無宮刑」㉑、「公族無宮刑，不剪其類也」㉒，公族若有罪，《周禮》主張交由甸師處置，而刑于隱處。㉓鄭玄認為《周禮·秋官·掌戮》中提到的：「髡者使守積」，所指乃是：「此出五刑之中而髡者，必王之同族不宮者，宮之為翦其類，髡頭而已。守積，積在隱者，宜也」。㉔即是將原本應受宮刑罪罰的公族處以髡頭之刑。

　　至於婦女所受刑罰，根據《左傳·襄公十九年》對婦女受刑、

㉑　董說，《七國考》（北京：中華書局，1998），卷 12〈魏刑法〉，頁 366，引桓譚《新書》言及魏律。魏律與秦漢律精神相通，唐，長孫無忌，《唐律疏議》（臺北：臺灣商務，1990），卷 1〈名例〉，頁 8-9：「周衰刑重，戰國異制，魏文侯師于李悝，集諸國刑典，造《法經》六篇，一盜法，二賊法，三囚法，四捕法，五雜法，六具法。商鞅傳授改法為律，漢相蕭何更加李悝所造戶、興、廄三篇，謂之九章之律。」
㉒　詳參拙作〈先秦至漢代禮俗中有關屬鬼的觀念及其因應之道〉，《成大中文學報》，第 13 期（2005 年 12 月）。
㉑　《禮記》，卷 20〈文王世子〉，頁 401。
㉒　《禮記》，卷 20〈文王世子〉，頁 403。
㉓　《周禮》，卷 4〈甸師〉，頁 64：「王之同姓有辠，則死刑焉」。卷 36〈掌囚〉，頁 544：「凡有爵者與王之同族，奉而適甸師氏以待刑殺。」
㉔　《周禮》，卷 36〈秋官·掌戮〉，頁 545。

暴尸的評論來看：

> 光殺戎子，尸諸朝，非禮也。婦人無刑，雖有刑不在朝市。㉕

所謂婦人無刑，杜預認為應指「無黥、刖之刑」，孔穎達進一步指出：「婦人無刑，知於五刑之中無三等刑耳，三等墨、劓、刖也」。所謂五刑，根據《尚書·呂刑》為墨辟、劓辟、剕辟、宮辟和大辟。㉖《周禮·司刑》所指的五刑之法為墨罪、劓罪、宮罪、刖罪、殺罪。杜預、孔穎達皆認為婦人不受五刑中之黥、刖之刑，甚至亦不受劓刑，若以此說，婦人主要刑罰為死刑及宮刑㉗；婦女即使犯了死刑，亦不暴尸；貴族婦女亦當符合「公族無宮刑」的原則。

4.婦女宮刑對身體的處置

女子宮刑的「幽閉」，除了「閉于宮使不得出」的解釋，是否還有其它的理解方式？後人往往有許多揣測，如周祈《名義考》認為婦人幽閉「若去牝豕子腸，使不復生，故曰次死之刑」㉘，又如徐樹丕，《識小錄》指出：「傳謂男子割勢，女子幽閉，皆不知幽閉之義，今得之，乃是于牝剔去其筋，如制馬豕之類，使慾心消

㉕　《左傳》，卷 34〈襄公十九年〉，頁 586。

㉖　《尚書》，卷 19〈呂刑〉，頁 296。

㉗　服虔則認為婦人若犯罪從男子之刑：「婦人從人者也，故不為制刑，及犯惡，從男子之刑也」，但此說與「婦人無刑」之說不合。《左傳》，卷 34〈襄公十九年〉，頁 586，注引。

㉘　周祈，《名義考》（臺北：臺灣學生，1971），頁 224。

滅，國初常用此，而女往往多死」❽，均認為婦女宮刑乃與男子相
對應，為實際閹割之刑。褚人獲《堅瓠集》提及當時民間曾存在某
些有關女陰的私刑：「搗蒜納婢陰中，而以繩縫之」或「以錐鑽其
陰而鎖之，棄其鑰匙于井」。❾清代的馬國翰曾引《碣石剩譚》述
及刑部員外郎許公對婦女宮刑的解說：

> 許曰：五刑除大辟外，其四皆侵損其身而身猶得自便，親屬
> 相聚，況婦人課罪每輕宥於男子，若以幽閉禁其終身，則反
> 苦毒於男子矣。椓竅之法，用木槌擊婦人胸腹，即有一物墜
> 而掩閉其牝戶，止能溺便，而人道永廢矣。❿

可見明清以降對婦女宮刑往往有許多揣測，甚至在明清之際亦曾實
際使用於刑法中。又如李甲孚認為：

> 〈呂刑〉中的椓刑，古書解釋是「椓破陰」，為一種去陰的
> 刑罰，陰是女子最隱蔽的部位，「椓破陰」就是「裂女子之
> 陰」。⓫

婦女宮刑的實際狀況，史料不足，難以考察，然而散見於史書記載

---

❽　徐樹丕，《識小錄》（臺北：新興書局，1988），〈婦人幽閉〉，頁 437-
　　438。
❾　褚人獲，《堅瓠秘集》（臺北：新興，1988），〈縫婢陰〉，頁 6276。
❿　馬國翰，《目耕帖》（臺北：世界書局，1963），卷 29〈周禮〉，頁 31。
⓫　李甲孚，《中國法制史》（臺北：聯經，1988），頁 168。

的民俗層面卻留下一些端倪，如《漢書・景十三王傳・劉去》昭信誣諂望卿有姦情後，劉去的處置是：

> 去即與昭信從諸姬至望卿所，臝其身，更擊之。令諸姬各持燒鐵共灼望卿。望卿走，自投井死。昭信出之，椓杙其陰中，割其鼻脣，斷其舌。[233]

對犯淫行之嫌疑的宮妃其懲罰是「臝其身，更擊之」並於死後「椓杙其陰中」。《北史・酷吏・元弘嗣》：「弘嗣為政，酷又甚之，每鞫囚，多以酢灌鼻，或椓弋其下竅，無敢隱情，姦偽屏息」[234]，椓弋下竅被視為酷刑之法。又如明朝列女王妙鳳之婆婆與多人有染，並與胡嚴串通，欲污辱王妙鳳，王妙鳳抵死不從，最後「一人乃前刺其頸，一人刺其脅，又椓其陰，舉尸欲焚之，尸重不可舉，乃火其室」。[235]《清史稿》〈列女・遷安婦〉：

> 遷安婦，不知其姓，夫行賈，翁耄，姑私於傭，傭計並污婦，稍近婦，婦色甚厲，乃與姑謀，嗾翁污婦，婦不可，遂

---

[233] 《漢書》，卷 53〈景十三王傳・劉去〉，頁 2429。

[234] 李延壽，《北史》（臺北：鼎文，1976），卷 87〈酷吏・元弘嗣〉，頁 2902。

[235] 張廷玉等撰，《明史》（臺北：鼎文，1975），卷 301〈列女・王妙鳳〉，頁 7700。王妙鳳的事件曾引起明清學者對於婦女德性及貞淫問題的討論，詳參鄭培凱，〈天地正義僅見於婦女——明清情色意識與貞淫問題〉，《中國婦女史論集》3、4，頁 97-119、253-272。

喉翁殺婦。絮塞口,杙椓下體死。㊱

後兩則對抗拒不受污辱而死的婦女,加害者採取「椓其陰」、「杙椓下體」的措施,明顯屬於報復而採取的巫術措施。對於犯淫行或不肯就範的婦女於死後破壞其生殖器,象徵毀壞其身體,而使魂魄受污染。㊲至於毀壞身體為何必須選擇破壞生殖器?生殖力為生命根源的力量,毀壞生殖力象徵對生命力的銷毀,同時在宗法承傳的社會中,生殖力的毀壞事屬嚴重,是次於死刑最嚴厲的處分,此種風俗很可能受到當時文化中存在的某些婦女極刑的影響。

㊱ 趙爾巽等撰,《清史稿》(臺北:鼎文,1987),卷 511〈列女·遷安婦〉,頁 14173。

㊲ 有關魂魄問題,學者已有不少論述,可作為參考,如余英時,〈中國古代死後世界觀的演變〉,收於《中國思想傳統的現代詮釋》(臺北:聯經,1987),杜正勝,〈形體、精氣與魂魄:中國傳統對「人」認識的形成〉,《新史學》1991 年 2 卷 3 期、〈生死之間是連繫還是斷裂?──中國人的生死觀〉,《當代》,58 期、〈從眉壽到長生:中國古代生命觀念的轉變〉,《中央研究院歷史語言研究所集刊》,第 66 本第 2 分。李建民,〈屍體、骷髏與魂魄:傳統靈魂觀新論〉,《當代》90 期、〈中國古代「掩骴」禮俗考〉,《清華學報》新 24 卷 3 期。王健文,〈「死亡」與「于朽」:古典中國關於「死亡」的概念〉,《歷史學報》第二十二號(1996 年)。亦可參考拙作〈先秦至漢代禮俗中有關厲鬼的觀念及其因應之道〉,《成大中文學報》,第 13 期(2005 年 12 月)頁 59-94。

第七章 結 論

　　後宮婦女的禮教規訓透過空間的象徵化、符號化、倫理化、權力化外，還透過容禮的要求、不斷重複的具有象徵性的工作，以期禮教能夠滲透到身體裏，成為一種身體感、身體記憶和信念。並且透過經典教育、女訓書及充斥於朝堂、起居空間的圖畫，營造一種無所不在的禮教氣氛。使身處其中的人在覺與不覺之間均能服膺此種道德規範，並對此道德標準作不斷的印證和詮釋。要達到禮教深化的目的，時空的限制及身心狀況的記錄和掌握更是重要方法。對於違反禮教秩序者，則加以譴責與懲罰，以確實維持禮教的神聖性與權威性。文中細部論述，由於牽涉層面複雜，故不在此重複，以下僅就幾個重點進行說明：

一、空間的劃分及象徵意義

　　禮教的規訓與空間和身體的分配和規訓有密不可分的關係，禮儀的空間從來不是一個客觀、均質、科學意義下的空間，而是充滿宇宙圖式、倫理關係、權力分配、文化象徵系統的空間。文化不斷地透過空間分配與象徵來薰染、教化身處其中的個人，並在習焉不察的狀況下，將種種文化規訓內化成身心的信念。因此，本論文首

先探討漢代宮廷空間之分配及其所具有的象徵意義。

漢代宮廷空間不但是倫理與權力的空間，並且也具備神聖的宇宙圖式。在人副天數和宇宙對應論的氛圍下，宮殿建築具備了「中」的神聖特質，符應天官系統、並且充滿了與四時、五行、八方、九州……相應的神秘之數。神聖空間使得倫理及權力空間的安排和分劃獲得了神聖性的氛圍和基礎，同時也使得人事的制度安排必須與之相符應。以禮書和經師關於後宮的安排來看，不論是后妃人數或象徵陰陽結合的後宮臨幸人數和行房周期的安排，背後均配合神秘數字及陰陽諧和等原理。王后所居之宮，被認為與王宮相應，一南一北、一陽一陰，各有六宮。一為正寢，如明堂而在前，其餘五寢為燕寢，依〈月令〉分為東、西、南、北、中五個方位。國君被認為依季節之轉換而相應居於不同方位之燕寢中。後宮居住、侍寢的狀況，則牽涉到后妃人數與臨幸次序、尊卑安排等問題。鄭玄依《禮記・昏義》以後宮人數百二十一人，分為三組，每五日輪替一組隨王后居於左右宮中，十五日一輪。此說法不但應合百二十一的神秘數字，同時后妃侍寢之輪替亦與月象密切配合。除了鄭玄之說尚有後宮九女、十二女、三十女等說法，九女配合先秦以來的神秘數字九、十二女與十二地支相應、後宮三十人則配合一月三十日。后妃人數配合神秘之數，再與王后六宮、諸侯三宮之說相配合，分別嫡庶、配合月令，以決定居住及侍寢之次序，說法頗為複雜。不過徵諸於史實和出土史料，往往充滿矛盾。

婦女的生活場域和行禮空間被分劃為陰、卑、北、內的部分。以史料中呈現的漢代后妃居寢狀況來看，皇后所居之椒房宮位於未央宮前殿之後，屬北（陰），相較於其他后妃所居則在前。椒房、

掖庭、北宮、桂宮、明光宮均為宮女主要居所，與西漢太后所居之東宮，正好形成眾宮拱紫微宮的格局。若以漢代自元帝後將後宮宮妃分為十四級等來看，宮妃人數十分可觀，如何分居於後宮之中？應劭將後宮分為八區，可能與漢時流傳天子一娶九女的說法相關，《三輔黃圖》則將後宮分為十四區，以配合元帝以後的后宮十四級等。以具體的狀況來看，則有不少宮妃並未居於掖庭之中，如武帝時的鉤弋趙倢伃居於城外，武帝時起明光宮，以燕趙二千美女充其宮。成帝時的許美人居上林涿沐館，孝成班倢伃因趙昭儀姐妹專寵而自請居於東宮。倢伃、美人均在十四級等之中，但並未如《漢官儀》所說皆居掖庭。大體來看，掖庭之中，身份越高者所居亦在前，與帝王所居越靠近。死後葬地亦然，皇后與皇帝合葬，其他嬪妃五官以上若守陵而死，則陪於帝陵區，五官以下葬於司馬門外，依身份高低排序。

　　除了前後之別外，空間的東、西在往往具有濃厚的陰陽象徵意涵。男子常態時的禮位於東方、婦人於西方，喪禮的哭位中，婦女位於西、男子位於東。行祭禮時，主人與主婦所在位置及儀式中的移動，相應於日月的運行，主人由東而西，主婦由西而東。又如籍田禮中，天子、諸侯親耕於南郊、東郊，后與夫人親蠶於北郊。男子位於屬陽的方位，婦女位於屬陰的方位。死亡後夫婦合葬，反於生時，並遵守凶事尚右的原則，故嫡后葬於帝陵之東，若葬於帝陵之西、北、南等方位者，因非正位，往往在身份上具有爭議性。其他特殊時刻如於軍旅中，於道路上，亦強調男女分途。由於地道尊右，以及公眾安全上的考量，因此男子由右，女子由左，尊卑有別。漢時視男女異路為治教上的理想，當時盛傳孔子任大司寇時重

要政績之一在使男女異路，漢宣帝時的穎川太守黃霸，王莽時的太傅唐尊均曾將此理想具體落實於政令中。

由於婦女被認為屬內者，因此在相對空間上一直被分劃於屬內之處。若以寢門作為基礎，寢門之外，非婦女所當駐足，亦非婦女所當議論。寢門之外根據經師主張天子有五門三朝，諸侯亦有三門二朝，門朝制度雖然不乏爭議，然而外朝為聚眾商議國家大事所在，治朝為天子、諸侯視朝之場所，燕朝為宗族議事之所，均非婦女所能參與。婦女雖無法參與三朝議事，然而於家族祭祖時亦參與禮事。廟門所在位置經師亦有不同的看法，如鄭玄認為在中門外，戴震、金鶚等學者則主張在中門內，透過婦女行禮外向空間的極限為廟門，以及中門於防守內外之禁的重要性來看，戴震等學者所說較符合於禮制的精神。

寢門為內外之別的基本界限，《國語》所錄春秋時以守禮出名的魯敬姜即強調寢門之內才是婦女治業的場所。寢門之門限為內外二場域的交界處，通過門限具有轉換身心狀態的功能，敬姜與康子的交談即以寢門之門限為隔，敬姜在門限之內，康子在門限之外，二人分屬於內外二個不同場域。在門內的行禮儀式中，婦女以不出寢門為原則。寢門內的行禮空間亦不斷區隔出內外，於寢門內行禮，婦女進一步被分劃在堂上的空間，非特殊情況不下堂，以和堂下的男子作相對的區隔。若男女均於堂上行禮，則婦女行禮空間再進一步被分劃於堂的後半段，即後楹以後、房的空間，以和位於堂的前半段或室的男子作區隔。不論於生活禮儀中的坐席「男子在堂，女子在房」，或是祭禮中主婦以房為主要行禮場域，或是喪禮中的哭位，因男女、尊卑、親疏而呈現或坐或立、或前或後、或堂

上或堂下的分別。

　　某些特殊狀態下的空間分配，亦可見出空間中呈現的倫理關係、權力分配、禁忌等問題。如後宮后妃所居因身份尊卑、嫡庶的不同而有所區別。然而若發生外藩入繼大統，空間如何安排？以哀帝時著名的四太后為例，哀帝稱嫡祖母為長信宮、親祖母為永信宮、生母為中安宮，均以所居為稱。永信宮與中安宮位於甘泉宮中，正符合漢家故事藩后不得留置京師。哀帝祖母孝元傅昭儀後來想盡辦法接近哀帝，終於居住在北宮、桂宮等處，此已明顯違背禮制，但仍與居長樂宮的正嫡太皇太后有別。死後安葬的空間，傅太后雖利用與哀帝私親的關係而與元帝合葬於正嫡的位置，但終究是違反禮制，引起極大的爭議，甚至種種災異附會，最後以改葬收場。

　　身份狀態發生變化，居寢之處亦會改變。如皇后被廢，所居地點與未央宮的距離、皇帝可能到達的頻率，因其犯罪情節輕重而有不同。常有的地點是未央宮中的北宮、桂宮，上林苑中的昭臺宮、用以通天、避暑的雲陽宮。北宮、桂宮於長安城中，地點最近，據史料來看，被廢於北宮、桂宮者多為皇帝崩後被廢的狀況。后妃被廢所居之場所多為事神幽陰之處，除了遠離中心，象徵廢后處境，亦可能透過懺悔祈求，了此殘生。另外，由於產育被視為不潔，婦女產育所居，亦有別於平時。宮中婦女生子須出居外舍，即使連皇后亦不例外。如孝宣許皇后於長定宮生子、孝成帝生於北宮、孝成班倢伃、孝元馮昭儀等均於外舍生子，均為其例。

　　行禮者身份狀態的改變，亦會影響行禮儀式中的空間分配，如新婦初入門，由西階升堂，成婦禮後則改由東階而降，象徵替代之

禮。從另一面來看，已嫁女返家的行禮空間則與在室女不同。喪禮儀式中，隨著小斂、大斂、停殯、朝廟、下葬等充滿過渡意涵的儀式，象徵亡者由新死狀態而漸過渡為鬼魂、先祖，空間層層向外移動，終至墓地將尸體埋藏。尸體未入葬前，為人子者一如父在之時，升降不由阼階。由於喪禮正處於變的狀態，因此行禮所在位置亦與平時不同，同時仍然注意區別男女。小斂前婦人位於西的方位，主人位於東的方位，男女呈現為一般的行禮禮位。小斂之後，由於主人降到堂下，婦人留在堂上，男女之別呈現為堂上、堂下之別。下葬起柩時，婦人亦降至兩階之間，男女呈現前後之別。男子若於堂下時，婦人則位於阼階上，又如反哭、虞祭時，男子位於堂下或西階，婦人則位於東階，有別於常態。

二、容禮的表演與禮儀實踐

禮教不斷透過空間的分配來使社會道德內化於個體身心之中，除此而外，生活中的容禮要求、經籍、女訓書及勸善懲惡的圖畫亦將禮教深入於身心信念之中，成為審視自己或他人理當如此的道德實踐過程。尤其漢代由於陰陽五行、宇宙對應論思想的盛行，男女即為陰陽二氣的具體化，其行為亦感應陰陽二氣的運行，陰陽殊性，故男女異行。容禮教育亦帶有強烈的對應宇宙論，以及術數化身體的特色。男女違反社會所規範應有的行為，被認為將連帶感應宇宙秩序的失序，造成種種災異現象的發生，在此種思想下，進一步將禮教對男女行為的規範提升至陰陽運行的天理的層次。從此角度來看，男子屬陽、女子屬陰，陽動陰靜，故男子被鼓勵謀慮成

事，女子則以貞靜為德。打從出生禮儀男女不同的教育方式即已展
開，不論是應答上，男應聲直率，女子應聲婉孌順從，或是衣著上
的「男鞶革，女鞶絲」，透過束身之帶的不同質材，感應穿衣者不
同的氣質、品性。醫書中透過左右、陰陽的角度來解釋男女疾病順
逆，以作為治療的依據。婦人被定義為質弱，因此在食飲上有別於
男子。即使居喪亦不食粥，乘車均採坐乘，必須繫緌以示繫屬於他
人。禮儀儀式中男女禮位的陰陽屬性不同，使用的禮器亦男女不
同，如聘禮中王執圭，夫人執璋，取陽全陰半的意涵，享禮時，國
君用璧與夫人用琮，正成天圓地方的象徵。又如拜禮中，男拜尚左
手、女拜尚右手，其根據亦是左陽右陰的想法，此種例子極多，滲
透到日常生活及行禮儀節的極細微處，可以說男女的日常及禮儀活
動即是陰陽二氣運行的具體化，因此男女更順從其陰陽屬性，方為
不失德，同時亦可感應宇宙秩序的和諧。

　　在行禮儀節上，除了呈現男女陰陽殊性，亦強調男女分工的不
同。如男主外、女主內的分工來看，衣裳服章，天子的冕服有九
章，不同的服章具有不同的象徵意涵，然而王后的祭服均以翟為文
飾，象徵婦女參與祭祀的對象有限，並無且不參與外事。除了服章
外，隨身之配用物，男女亦多所不同，男子所配為射劍所需之玦與
捍，書寫所須之筆，配刀所須之遰，女子則為箴、管、線、纊等縫
紝所須之物。男子相見禮所用之禮物，依身份階級的不同而有玉、
帛、禽、鳥的不同，婦女由於無外事，負責食物以供養他人，故所
用之禮物則為棗、栗、腶脩等日常食物。以食物為婦摯同時亦象徵
婦女主中饋，為食物之供應者。後來學者進一步由諧音及同音字詮
釋婦摯具有對婦德的期許，如棗的諧音為早，有早起的意涵，栗則

取敬慄的意涵。腶脩亦與修身相關。事實上婦女所用之禮物除了表明其無外事，無私財，無法自專斷外，棗與栗的多實，亦與期望婦女多產的願望相符。

男尊女卑於行禮儀文中多所呈現，如拜禮中，婦人與男子行禮時，不論男子身份高低，輩份尊卑，婦人均須行俠拜禮，即婦人對男子行二次拜禮，男子只回拜一次；母之於子，岳母之於女婿亦然。以飲食禮來看，除了婚禮中強調合體同尊卑的特殊情況下，飲食的先後呈現出尊卑之別，若父母在時，子、媳須待父母食後方才飲食，若父沒母存，長子侍奉母親先食，食畢後，其他階級的女眷再依序進食，娣尊姪卑，飲食先後不同，卑者餕食尊者所餘物。除了飲食先後的不同，夫婦若共同食用一牲，時有右胖及左胖的尊卑不同。嫡庶尊卑不同，典禮上所用的象徵食飲亦不相同，如嫡婦與庶婦在飲酒禮上有醴與醮的不同，王后於飲酒禮所用之酒漿較夫人減省，一如祭祀所用物，神格、身份愈高所用祭物、酒醴加工越低，同時象徵其所具有的感應力越強，越形尊貴。

男女之防在行禮儀文中，無所不在，除了空間的分隔外，男女若非祭祀或喪事等特殊狀況，不相互傳遞東西，若要傳遞東西，亦須先將物品奠之於地，以避免肢體上的碰觸。即使是夫婦，於行禮儀式中亦不相襲處，其他關係的男女自不必說了。家庭成員中，公媳與叔嫂尤其強調防嫌，叔嫂無服，為的是拉開彼此的距離。又如婦人的車乘與男子車乘的重大不同在於婦車均有幬，以防止外人之窺視。男女不同車乘，若男子為婦人駕車，亦以二人相背為原則。為了強調婦女貞一的德性，婦女於服裝上衣裳不異色，所穿之屨舃亦與裳同色。即使於喪服上，婦人的腰絰與笄不改變，直至除喪為

止。主要因為腰経束縛住下體，不變易腰帶象徵婦德貞一，從一而終。文化對婦德的要求，極細微而無所不入的滲透於容禮中，對執禮者造成時時刻刻、無所不在的深遠影響。

三、婦女的工作對身心的規訓

　　婦女所參與的工作，不但具有濃厚的文化象徵意涵，同時工作乃是不斷的身心參與的過程，禮教透過此過程對身心進行規訓，因此工作過程亦是身心規訓的過程。宮中婦女的工作職掌深受婦女無外事，以及促成物種繁育的儀典，和強調貞一的婦德觀所影響。婦女最具象徵意義的女職為織紝，織紝與繁育創造的巫術關係密切，神話中婦女透過織紝以參與世界之創造。養蠶、取絲、制作祭服的過程亦充滿神聖性，桑與蠶種、多產婦女往往密切相關。因此，婦女織紝不息，反映出母性創造力的旺盛，對於自然的繁育生命力，具有正面的價值。貴族婦女由皇后帶領參與春蠶的禮儀活動，與帝王的籍田禮相對應，二者實就是春季時與繁育巫術有關的神秘儀典。在陰陽五行思想盛行後，天子、諸侯親耕與王后、夫人親蠶被進一步分劃方位，天子於南郊屬太陽之位，諸侯於東郊屬少陽之位；王后於北郊屬太陰之位，夫人本當於西郊，但為了強調婦德專一少變，於是仍於北郊進行儀式。儀式進行的方位與漢代數術中宇宙生化的陰陽配屬正相應合。除此而外，織紝能供應祭服，及王及后日常服用所需。最重要的是，透過不斷地織紝能夠降服淫亂的心性，使心思歸於專一貞靜。因為以上諸種原因，歷來政教對婦女織紝的推行，不遺餘力。後宮有專責婦女織紝的官職，透過歲時獻功

事，查核與獎懲，以落實婦女勤於織紝。

貴族婦女最重要的禮儀工作是祭祀，在婦女無外事態度的影響下，婦女參與的祭祀活動頗受限制，天地、山川、社稷等祭祀婦女不參與，后、夫人所參與的大祭祀唯宗廟之祭，《禮祭・祭法》所列之七祀等小祭祀中，亦只及於竈、門、戶而已。貴族婦女即使參與祭祀工作亦屬粢盛之供給以及儀式上輔佐及象徵的性質。祭祀粢盛的供應，由宮中女官率官婢、女奴從事，女官主要負責督導。后妃在行禮儀式上主要工作是薦徹豆、籩，后亦隨王而有祼禮。其他內外宗婦女負責佐傳豆、籩。若王后因故無法行禮，則由內宰攝行其事，亦可看出婦女在祭祀儀式中，所具有的功能，以象徵意義為大。

除了後宮貴族婦女所參與的祭典禮儀外，女巫與女祝所參與的祭祀工作亦值得注意。《周禮》中〈女巫〉所職掌的工作有求雨、祓除、禳禍、釁浴等，其中以求雨工作最被看重，秦漢以後陰陽五行思想盛行，久旱不雨被認為是陽盛陰衰的結果，因此求雨巫術往往以助陰抑陽，達成陰陽和諧為主要方法，求雨更成為女巫的重要責任。女巫以舞降神、事神，根據〈大司樂〉、〈舞師〉及〈樂師〉等記載，天神、地示、四望、山川、宗廟、社稷等重要祭祀舞多由國子出任，國子所舞的四望之祭，亦與求雨相關，二者所參與的具體內容難以得知，然而雩祭分為正雩以及旱雩，正雩為夏季開始之求雨禮，用盛樂，儀式十分慎重。旱雩則是發生旱災時臨時所行的求雨祭，儀式簡略許多。女巫舞旱雩，大雩則由國子為之。以此看來，禮書對女巫參與儀典的態度仍受婦女無外事等思想影響頗多限制。但以漢代實際狀況來看，如〈封禪書〉中女巫實際參與

天、地、社、五帝、東君、司命等祭祀，史書記載中女巫參與戰爭
中詛軍之事，參與國家大事的咨詢和占卜，範圍顯然較禮書所定義
大得多。

一樣深受婦女無外事觀念影響，宮中婦女所參與饗賓客之禮，
限制極為嚴格，鄭玄認為除非是王同姓及二王之後，否則王后一概
不參與饗賓客之禮，賈公彥更進一步將同姓賓客限制於侯伯以上，
甚至認為即使是同姓親族參與的祫祭先王之禮，夫人亦避嫌不親自
行禮，而由他人攝行其事。以此可以看出禮教上對婦女參與饗客之
禮戒慎恐懼的態度。又如喪事之弔臨，婦女須嚴守「不越彊而弔
人」的原則，經師認為即使是畿內貴族亦只有三公及王子母弟之
喪，王后才參與弔臨，其他則由內宗代勞。由〈喪大記〉來看，諸
侯夫人可弔於大夫、士之家，限制似乎較低，但亦受不越竟而弔，
無外事等原則所規範。

四、典籍教育及禮圖對婦教的重要意義

婦女教育與規訓最重要的目標是必須將社會道德與價值觀內化
至被規訓者自身，使其成為被規訓者身心的信念，全生命的情感與
價值感皆認同此道德，並在習焉不察的情況下，不斷審視自我與他
人，成為一種社會的價值氛圍。要達到此目的，除了前面所述，空
間的分劃以及象徵、符號化外，身體的禮儀教育更是十分重要，容
禮教育絕非表面瑣碎儀文那麼單純，透過一次又一次不斷重覆的身
體表演，以及對儀文的詮釋，正在進行身體規訓的工程。即使如
此，仍不徹底，透過典籍教育不斷灌輸與詮釋的道德及價值觀，使

受教者心嚮往之，並產生與歷史人物不斷的映證和相互詮釋，更是
十分重要。貴族婦女所受的典籍教育中，《詩》、《書》、《春
秋》、禮書均有涉及，其中又以《詩》教至為重要，詩序中解詩許
多均從后妃之德等女教立場詮釋，經過學者不斷的詮釋，對婦女教
育產生極大的影響。劉向《列女傳》大量引用《詩》以表達對婦教
的看法，亦可看出其中端倪。漢代最重要的女訓作品除了劉向《列
女傳》外，要屬班昭的《女誡》，後代不斷撰著的《列女傳》中均
以此為基礎。女訓作品撰著的興盛，呈現出其在女子教育中扮演著
重要的地位，以及社會對女教的深切期待。

　　除了典籍教育外，充斥於生活場域中，教忠孝、懲淫惡的禮
圖，對婦女教育亦產生十分綿密的影響。劉向《列女傳》亦透過
《列女圖》流傳於世，由孝成班健伃、順烈梁皇后等例子可以看
出，當時婦女常將《列女圖》置於身邊作為行事的指導。不只如此
甘泉宮畫著金日磾母親的事蹟，成帝時的起居室的屏風上畫有商紂
與妲己淫樂的圖畫，東漢開國初年皇帝即以列女圖置於燕居場所的
屏風上，伴隨著忠臣、義士的圖畫，《列女圖》亦常成為大臣勸諫
皇帝的焦點。除了日常所居，充斥的歷史上的節孝故事，以警策世
人，先人所在的祠堂，亦將歷史典故摹刻於石上，母儀及婦女的節
烈故事是重要的部分。以東漢晚期的武氏家族祠堂來看，畫像中有
為數可觀的婦女節烈故事，大多出自劉向《列女傳》故事，亦可證
實劉向《列女傳》在當已深入人心的狀況。《列女傳》故事中又以
守貞及節義故事，捨私愛、護道義的題材所畫最多，主要目的在於
教化家族婦女貞潔專一，並將道義置於私愛之前，以維繫家族內部
的和諧和團結。《列女圖》與《列女傳》結合，無所不在的充斥於

生活場域中，使得生活於其中的人，時時刻刻均以歷史人物作為典範和借鑑，使身處其中的人時時生活在禮教的氣氛中，發揮著難以想像的潛移默化的功能。

五、規訓的重要條件
——封閉及充滿限制的時空

　　後宮婦女的禮教規訓建立在空間、時間、身體狀況、行事功過的確實掌握。以空間來看，宮禁至重，宮門層層守衛，由外而內越趨嚴格。進出宮門皆須接受盤查，入宮門須引籍，細查姓名、身份、屬官，核驗無誤後才可進入。由於後宮位於官廷內部，把守嚴格，宮門啟閉有一定時間，後官婦女原則上被限制外出，即使是官婢亦然，想要出宮門實在困難重重。即使位高權重如孝元王皇后，到晚年時仍要感歎已五六十年不曾再進到她初入宮時尚為太子的孝元帝住處了。太子宮於未央宮內尚還如此，出宮門的難度可想而知。無怪乎王莽要透過讓王太后巡守四郊來討太后歡心了。

　　在封閉的宮廷內部空間中，以版圖作為控管的基礎，透過後宮的名籍以及所分配居住宮室的圖文，於每日、每季、重要節慶、重大災禍均一再稽查人數，比對是否確實留任其部署，對於調派遷移部所者，確實記錄，以達到精密管控的目的。在這樣的控管下，除非經過許可，否則雖同屬後宮，不同部門的婦女亦罕能相見。後宮婦女的私人生活空間嚴重缺乏，即使在自身居所，亦非單獨存在，不論經師主張眾多宮妃如何居寢，身邊眾多的官婢，以及彼此爭寵的其他宮妃間，勢必形成一個監看、窺視的網絡。甚至連私密的性

活動，亦恐非為兩人獨處的空間。後宮婦女固然受到嚴密的監控，難以擁有私人空間，其他階層的婦女在媵御、妯娌、小姑的相處，以及鄰里的毀譽中，亦難免於私人空間的缺乏。

儒家強調君子慎獨，所思無邪，即使隱蔽如屋漏，仍當有如十目所視，十指所指般的謹慎，於行住坐臥均不違禮，飲食之間均不違仁，任重道遠，死而後已。功夫用至精微，念慮初萌之時即是道德功夫用處，以期達到踐形，成就德性化的身體。在此種重德性的態度下，現代西方學者如高夫曼等所點出的臺後現象，是不被正視的，甚至被認為是道德的怠懈。以《列女傳》所錄孟子妻袒於房，孟子極不以為然，險些造成孟子妻求去的事件來看，孟子顯然不接受妻子私室的懈惰。而孟子妻雖提出私室以對比於公共空間，認為夫婦在私室間的活動可展現較放鬆的一面，不同於公共場合相敬如賓的應對；然而亦並非毫無節制。更何況，說至精微處，社會道德所形塑的道德價值觀與情感，亦將在獨處時自我審視和評價。在慎獨傳統下，士人於閨房內行為的不檢，亦將嚴重影響其道德名聲，張敞為婦畫眉，引發「材輕」的譏評，勞動天子關切，卒不得重用，亦可說明士人對私室內行為所採取的態度了。

私人空間無法擁有，私人時間亦難存在，婦女的生活被不斷的家務如生子、養育、事奉舅姑、祭祀等填滿，若還有剩餘，則透過不斷的織紝而達到貞定心性，不淫的功效。

六、透過生理狀況、功過等記錄
確實掌握后妃身心狀況

　　後宮的控制，更強烈而有效的在於透過身體狀況的記錄，以確實掌握后妃行房、經期、懷孕、疾病的狀況。對於后妃行為和女工表現則透過功過記載，以決定獎懲。

七、懲罰以確保規訓能確實貫徹

　　後宮嬪妃若在行為上有過失，輕則引發譏評，較嚴重的甚至被附會災異，成為破壞自然秩序的不祥之人。災異發生往往必須有所贖罪的行動，承認己罪、削減後宮財用即是其中一種方式，亦是一種懲罰。若罪行重大，則將發生被廢黜、甚至牽連家族、下永巷接受掖庭審訊，囚禁、死罪等嚴重後果。透過嚴厲的懲罰以使婦女徹底接受規訓，確保制度的穩固。

參考書目

一、傳統典籍、校釋、出土文獻(按作者姓氏筆劃排序)

《女丹集萃》,北京:北京師範大學,1989 年。

《列子》,臺北:臺灣中華書局,1979 年。

《管子》,臺北:臺灣中華書局,1978 年。

上海博物館商周青銅器銘文選編寫組,《商周青銅器銘文選》,北京:文物
　　出版社,1988 年。

中國科學院考古研究所,《輝縣發掘報告》,北京:科學出版社,1956 年。

中國科學院考古研究所,甘肅省博物館編著,《武威漢簡》,北京:文物出
　　版社,1964 年。

孔　鮒,《孔叢子》,臺北:臺灣中華書局,1966 年。

孔廣森,《公羊春秋經傳通義》收於《續修四庫全書》,上海:上海古籍出
　　版社,1995 年,經部:春秋類 129。

孔穎達,《毛詩正義》,臺北:藝文印書館,2001 年。

孔穎達,《周易注疏》,臺北:藝文印書館,2001 年。

孔穎達,《尚書正義》,臺北:藝文印書館,2001 年。

孔穎達,《春秋左傳正義》,臺北:藝文印書館,2001 年。

孔穎達,《禮記注疏》,臺北:藝文印書館,2001 年。

方詩銘,《古本竹書紀年輯証》,臺北:華世出版社,1984 年。

方濬益，《綴遺齋彝器考釋》，臺北：臺聯國風出版社，1976 年。

日・安居香山，中村璋八編，《重修緯書集成》，東京：明德出版社，1978 年。

毛奇齡，《春秋毛氏傳》，《皇清經解》，臺北：漢京文化公司，出版年不詳，春秋類 12。

毛奇齡，《婚禮辨正》，《續修四庫全書》，上海：上海古籍出版社，1995 年。

王　明，《太平經合校》，北京：中華書局，1979 年。

王　肅，《孔子家語》，臺北：世界書局，1983 年。

王　肅，《聖証論》，《叢書集成續編・漢魏遺書鈔 103》，臺北：藝文印書館，1970 年。

王　逸，《楚辭章句》，臺北：藝文印書館，1974 年。

王夫之，《禮記章句》，臺北：廣文書局，1977 年。

王夫之，《讀四書大全說》，北京：中華書局，1989 年。

王先慎，《韓非子集解》，北京：中華書局，2003 年。

王先謙，《荀子集解》，北京：中華書局，1996 年。

王利器，《呂氏春秋注疏》，成都：巴蜀書社，2002 年。

王利器，《風俗通義校注》，臺北：明文書局，1982 年。

王利器，《鹽鐵論校注》，天津：天津古籍出版社，1983 年。

王國維，《觀堂集林》，石家庄：河北教育出版社，2002 年。

王毓榮，《荊楚歲時記校注》，臺北：文津出版社，1988 年。

王聘珍，《大戴禮記解詁》，北京：中華書局，1998 年。

王夢鷗，《禮記今註今譯》，臺北：臺灣商務印書館，1990 年。

包世榮，《毛詩禮徵》，臺北：臺灣力行，1970 年。

司馬光編，《資治通鑑》，北京：北京古籍出版社，1956 年。

司馬遷著，司馬貞索隱、張守節正義、裴駰集解，《史記三家注》，臺北：
　　鼎文書局，1979 年。

甘肅文物考古研究所編，《秦漢簡牘論文集》，蘭州：甘肅人民出版社，
　　1989 年。

皮錫瑞，《駁五經異義疏証》，《續修四庫全書》，上海：上海古籍出版
　　社，1995 年。

向宗魯，《說苑校證》，北京：中華書局，2000 年。

朱　彬，《禮記訓纂》，北京：中華書局，1996 年。

朱右曾，《逸周書集訓校釋》，臺北：世界書局，1975 年。

朱紅林，《張家山漢簡《二年律令》集釋》，北京：社會科學文獻出版社，
　　2005 年。

江　永，《鄉黨圖考》，新安：致和堂，乾隆丁未年重鐫。

江　永，《禮書綱目》，臺北：台聯國風出版社，1974 年。

何　休，《左氏膏肓》，《叢書集成續編之十三》，《漢魏遺鈔》（五），
　　上海：上海書店，1994 年。

余嘉錫，《世說新語箋疏》，臺北：華正書局，1984 年。

吳兆宜箋，《玉臺新詠箋注》，北京：中華書局，1985 年。

吳樹平，《東觀漢記校注》，鄭州：中州古籍出版社，1987 年。

宋敏求，《長安志》，上海：上海古籍出版社，1993 年。

宋濂等，《元史》，北京：中華書局，1997 年。

李　昉，《太平御覽》，北京：中華書局，1960 年。

李好文，《長安志圖》，臺北：臺灣商務印書館，1979 年。

李如圭，《儀禮釋宮》，臺北：臺灣商務印書館，1966 年。

李百藥，《北齊書》，臺北：鼎文書局，1978 年。

李均明，何雙全編，《散見簡牘合輯》，北京：文物出版社，1990 年。

李玓驤、李永良、馬建華釋校，《敦煌漢簡釋文》，蘭州：甘肅人民出版

社，1991年。

李宗侗，《左傳今註今譯》，臺北：臺灣商務印書館，1987年。

李延壽，《北史》，臺北：鼎文書局，1976年。

李延壽，《南史》，臺北：鼎文書局，1976年。

李時珍，《本草綱目》，北京：人民衛生出版社，1975年。

李鼎祚，《周易集解》，臺北：臺灣商務印書館，1996年。

杜　佑，《通典》，北京：中華書局，1984年。

杜臺卿，《玉燭寶典》，北京：中華書局，1985年。

沈　約，《宋書》，臺北：鼎文書局，1979年。

沈欽韓，《春秋左氏傳補注》，《百部叢書集成》，臺北：藝文印書館，1966年。

汪繼培，《潛夫論箋》，臺北：漢京文化公司，1984年。

邢　昺，《爾雅注疏》，臺北：藝文印書館，2001年。

邢　昺，《論語注疏》，臺北：藝文印書館，2001年。

阮　元，《皇清經解三禮類彙編》，臺北：藝文印書館，1986年。

周廣業，《意林注》，臺北：藝文印書館，1970年。

房玄齡等撰，《晉書》，臺北：鼎文書局，1979年。

河南省文物研究所，長江流域規劃辦公室考古隊河南分隊，《淅川下寺春秋楚墓》，北京：文物出版社，1991年。

邱豐森編，《女丹心法與導引神功》，臺北：玄真道學出版社，1991年。

金　鶚，《求古錄禮說》，濟南：山東友誼出版社，1992年。

金禮蒙輯，《醫方類聚》，北京：人民衛生出版社，1981-1982年。

長孫無忌，《唐律疏議》，臺北：臺灣商務印書館，1990年。

俞　樾，《士昏禮對席圖》，收於《皇清經解續編》卷1354，臺北：藝文印書館，1965年。

姚際恒，《儀禮通論》，北京：中國社會科學出版社，2000 年。

段玉裁，《說文解字注》，臺北：天工書局，1987 年。

段成式，《酉陽雜俎》，臺北：源流文化事業有限公司，1982 年。

洪亮吉，《更生齋集》，臺北：臺灣中華書局，1971 年。

胡培翬，《儀禮正義》，南京：江蘇古籍出版社，1993 年。

范　曄，《後漢書》，臺北：鼎文書局，1978 年。

范　曄撰，周天游輯注，《八家後漢書輯注》，上海：上海古籍出版社，
　　1986 年。

韋　昭注，《國語》，臺北：里仁書局，1980 年。

凌廷堪，《禮經釋例》，臺北：中央研究院中國文哲研究所，2002 年。

凌迪知，《萬姓統譜》，臺北：臺灣商務印書館，1983 年。

唐玄宗敕撰，《大唐開元禮》，北京：民族出版社，2000 年。

孫　奭，《孟子注疏》，臺北：藝文印書館，2001 年。

孫希旦，《禮記集解》，臺北：文史哲出版社，1982 年。

孫志祖，《讀書脞錄》續編，上海：上海古籍出版社，1997 年。

孫詒讓，《周禮正義》，北京：中華書局，1987 年。

孫詒讓，《墨子閒詁》，北京：中華書局，2001 年。

徐　彥，《春秋公羊傳注疏》，臺北：藝文印書館，2001 年。

徐　復，《秦會要》，臺北：鼎文書局，1978 年。

徐　幹，《中論》，臺北：世界書局，1967 年。

徐元誥，《國語集解》，北京：中華書局，2002 年。

徐天麟，《西漢會要》，北京：中華書局，1998 年。

徐天麟，《東漢會要》，北京：中華書局，1998 年。

徐乾學，《讀禮通考》，臺北：臺灣商務印書館，1983 年。

徐樹丕，《識小錄》，臺北：新興書局，1988 年。

浦起龍，《史通通釋》，臺北：里仁書局，1980 年。

班固著，顏師古注，《漢書》，臺北：鼎文書局，1979 年。

秦蕙田，《五禮通考》，桃園：聖環圖書公司，1994 年。

袁康，吳平《越絕書》，臺北：世界書局，1967 年。

馬國翰，《目耕帖》，臺北：世界書局，1963 年。

馬繼興，《神農本草經輯注》，北京：人民衛生出版社，1995 年。

馬繼興，《馬王堆古醫書考釋》，長沙：湖南科學技術出版社，1992 年

高　承，《事物紀原》，《文淵閣四庫全書》子部 226，臺北：臺灣商務印書
　　　館，1982 年。

高宗敕，《續文獻通考》，臺北：臺灣商務印書館，1987 年。

崔　寔，《四民月令》，《歲時習俗資料彙編》（一），臺北：藝文印書
　　　館，1970 年。

張廷玉等撰，《明史》，臺北：鼎文書局，1975 年。

張家二四七號漢墓竹簡整理小組編，《張家山漢墓竹簡》，北京：文物出版
　　　社，2001 年。

張惠言，《儀禮圖》，《皇清經解續編》10，臺北：漢京文化公司，1980
　　　年。

張閬聲校，《校正三輔黃圖》，臺北：世界書局，1963 年。

張雙棣，《淮南子校釋》，北京：北京大學出版社，1997 年。

梁端校注，《列女傳》，臺北：臺灣中華書局（四部備要本，據汪氏振綺堂
　　　補刊本校刊），1981 年。

脫　脫，《宋史》，臺北：鼎文書局，1980 年。

莊有可，《禮記集說》，臺北：臺灣力行書局，影清嘉慶九年刻本。

連雲港博物館，《尹灣漢墓簡牘》，北京：中華書局，1997 年。

連雲港博物館，中國文物研究所編，《尹灣漢墓簡牘綜論》，北京：科學出

版社，1999 年。

郭　憲，《洞冥記》，臺北：黎明文化公司，1996 年。

郭沫若，《兩周金文辭大系圖錄考釋》，考釋部份，東京：文求堂書店，1935 年。

郭沫若，《金文叢考》，東京：文求堂書店，1932 年。

郭沫若，《詛楚文考釋》收於《中國西北文獻叢書》，蘭州古籍書店影印出版，1990 年，第 7 輯《西北考古文獻》第 1 卷。

郭慶藩，《莊子集釋》，北京：中華書局，1995 年。

陳　立，《公羊義疏》，臺北：鼎文書局，1973 年。

陳　立，《白虎通疏證》，北京：中華書局，1997 年。

陳　奐，《詩毛氏傳疏》，臺北：廣文書局，1979 年。

陳　壽，《三國志》，臺北：鼎文書局，1978 年。

陳自明，《婦人大全良方》，北京：人民衛生出版社，1996 年。

陳奇猷，《呂氏春秋校釋》，臺北：華正書局，1985 年。

陳祥道，《禮書》，《文淵閣四庫全書》130，臺北：臺灣商務印書館，1983 年。

陳鼓應，《黃帝四經今註今譯：馬王堆漢墓出土帛書》，臺北：臺灣商務印書館，1995 年。

陳壽祺，《五經異義疏証》，《續修四庫全書》經部 171，上海：上海古籍出版社，1994 年。

陳橋驛，《水經注校釋》，杭州：杭州大學出版社，1999 年。

勞　榦，《居延漢簡》考釋之部，臺北：中央研究院歷史語言研究所，1986 年。

湖北省文物考古研究所編著，《江陵九店東周墓》，北京：科學出版社，1995 年。

湖北省荊州市周梁玉橋遺址博物館編，《關沮秦漢墓簡牘》，北京：中華書局，2000 年。

程　頤，《河南程氏經說》，《二程集》，臺北：里仁書局，1982年。

黃　暉，《論衡校釋》，北京：中華書局，1996年。

黃以周，《禮書通故》，上海：上海古籍出版社，1995年。

黃以周，《禮說略》，《皇清經解續編》，臺北：藝文印書館，1965年。

逯欽立輯校，《先秦漢魏晉南北朝詩》，北京：中華書局，1983年。

楊　復，《儀禮圖》，《文淵閣四庫全書》104，臺北：臺灣商務印書館，
　　　1983年。

楊士勛，《春秋穀梁傳注疏》，臺北：藝文印書館，2001年。

楊伯峻，《春秋左傳注》，臺北：洪葉文化事業公司，1993年。

萬斯大，《儀禮商》，《文淵閣四庫全書》，臺北：臺灣商務印書館，1983
　　　年。

萬斯大，《禮記偶箋》，《百部叢書集成》，臺北：藝文印書館，1966年。

董　說，《七國考》，北京：中華書局，1998年。

賈　誼，《新書》，北京：中華書局，1985年。

賈公彥，《周禮注疏》，臺北：藝文印書館，2001年。

賈公彥，《儀禮注疏》，臺北：藝文印書館，2001年。

睡虎地秦墓竹簡整理小組，《睡虎地秦墓竹簡》，北京：文物出版社，2001
　　　年。

褚人獲，《堅瓠五集》，臺北：新興，1988年。

褚寅亮，《儀禮管見》，《百部叢書集成·粵雅堂叢書》，臺北：藝文印書
　　　館，1966年。

趙　曄，《吳越春秋》，南京：江蘇古籍出版社，1999年。

趙　翼，《廿二史劄記》，北京：中華書局，2001年。

趙　翼，《陔餘叢考》，京都：中文出版社，1979年。

趙爾巽等撰，《清史稿》，臺北：鼎文書局，1987年。

劉　向，《說苑》，臺北：臺灣中華書局，1965 年。

劉　敞，《春秋權衡》，《通志堂經解》，臺北：漢京文化公司，出版年不詳，春秋類 19。

劉　熙，《釋名》，《百部叢書集成之八四》，小學彙函，臺北：藝文印書館，1966 年。

劉文典，《淮南鴻烈集解》，合肥：安徽大學出版社、昆明：雲南大學出版社共同發行，1998 年。

劉文淇，《春秋左氏傳舊注疏證》，臺北：明倫出版社，1970 年。

劉向輯錄，《戰國策》，上海：上海古籍出版社，1978 年。

劉昫撰，《舊唐書》，北京：中華書局，1975 年。

劉師培，《劉申叔遺書》，南京：江蘇古籍出版社，1997 年。

劉善澤，《三禮注漢制疏證》，長沙：岳麓書社，1997 年。

劉壽曾，〈昏禮重別論對駁議〉《皇清經解續編》第 20 冊，卷 1424，臺北：藝文印書館，1965 年。

劉寶楠，《論語正義》，北京：中華書局，1990 年。

歐陽修等撰，《藝文類聚》，臺北：文光出版社，1974 年。

蔡　邕，《獨斷》，《叢書集成簡編》，臺北：臺灣商務印書館，1965 年。

衛　宏，《漢舊儀》，臺北：臺灣中華書局，1981 年。

鄭　玄，《箴膏肓》，《叢書集成續編之十三》，《漢魏遺鈔》（五），上海：上海書店，1994 年。

鄭　玄，《鍼左氏膏肓》，《黃氏逸書考》，臺北：藝文印書館，1971 年。

鄭　玄，阮諶合著，《三禮圖》，《漢魏遺書鈔》，臺北：藝文印書館，1970 年。

鄭　珍，《禮記私箋》，《皇清經解續編》，卷 935，臺北：漢京文化公司，出版年不詳。

鄭　樵，《通志》，北京：中華書局，1990 年。

黎靖德編，《朱子語類》，北京：中華書局，2004 年。

蕭大亨，《夷俗記》，百部叢書集成第 18 輯，臺北：藝文印書館，1966 年。

蕭子顯，《南齊書》，臺北：鼎文書局，1978 年。

蕭統編，李善注，《文選》，臺北：五南出版社，1991 年。

蕭嵩等撰，《大唐開元禮》，臺北：臺灣商務印書館，1978 年。

應　劭，《風俗通姓氏篇》，百部叢書集成 50 輯，臺北：藝文印書館，1966年。

戴　震，《方言疏証》，臺北：藝文印書館，1971 年。

戴　震，《考工記圖》收於《續修四庫全書》，上海：上海古籍出版社，2002 年。

韓　鄂，《歲華紀麗》，臺北：藝文印書館，1970 年。

瞿曇悉達，《唐開元占經》，北京：中國書店，1989 年。

聶崇義，《三禮圖》，臺北：世界書局，1988 年。

魏　徵，《隋書》，臺北：鼎文書局，1979 年。

羅　泌，《路史》，臺北：臺灣中華書局，1965 年。

瀧川龜太郎，《史記會註考証》，臺北：洪氏出版社，1983 年。

嚴可均校輯，《全上古三代秦漢三國六朝文·全後漢文》，京都：中文出版社，1981 年。

竇　儀，《刑統》，北京：文物出版社，1982 年。

蘇　輿，《春秋繁露義證》，北京：中華書局，1996 年。

鍾肇鵬，《春秋繁露校釋》，濟南：山東友誼出版社，1994 年。

顧炎武著，黃汝成集釋，《日知錄集釋》，長沙：岳麓書社，1996 年。

顧棟高，《春秋大事表》，臺北：鼎文書局，1974 年。

酈道元注，楊守敬、熊會貞疏，《水經注疏》，南京：江蘇古籍出版社，1989 年。

二、今人專書論著（按作者姓氏筆劃排序）

文崇一，《楚文化研究》，臺北：東大圖書公司，1990 年。

方炫琛，《左傳人物名號研究》，臺北：政治大學中國文學研究所博士論文，1983 年。

王子今，《古史性別研究叢稿》，北京：社會科學文獻出版社，2004 年。

王子今，《史記的文化發掘》，武漢：湖北人民出版社，1997 年。

王子今，《門祭與門神崇拜》，上海：上海三聯書店，1996 年。

王孝廉，《中國的神話與傳說》，臺北：聯經出版社，1994 年。

王洪圖主編，《黃帝內經研究大成》，北京：北京出版社，1999 年。

王健文，《奉天承運——古代中國的「國家」概念及其正當性基礎》，臺北：東大圖書公司，1995 年。

王葆玹，《西漢經學源流》，臺北：東大圖書公司，1994 年。

王潔卿，《中國婚姻——婚俗、婚禮與婚律》，臺北：三民書局，1988 年。

史鳳儀，《中國古代婚姻與家庭》，武漢：湖北人民出版社，1987 年。

仲富蘭，《現代民俗流變》，上海：三聯書店，1990 年。

任　聘，《中國民間禁忌》，臺北：漢欣文化事業有限公司，1993 年。

印　群，《黃河中下游地區的東周墓葬制度》，北京：社會科學文獻出版社，2001 年。

朱自清、郭沫若、吳晗、葉聖陶等編，《聞一多全集》（一），臺北：里仁書局，1993 年。

朱鳳瀚，《商周家族形態研究》，天津：天津古籍出版社，2004 年。

朱曉海編，《新古典新義》，臺北：臺灣學生書局，2001 年。

江曉原，《雲雨——性張力下的中國人》，上海：東方出版社，2006 年。

江寶釵，《從民間文學到古小說》，高雄：麗文，1999 年。

牟宗三，《心體與性體》，臺北：正中，1968 年。

牟宗三，《從陸象山到劉蕺山》，臺北：臺灣學生書局，1979 年。

吳雁南、秦學頎、李禹阶主編，《中國經學史》，福州：福建人民出版社，2001 年。

吳福助，《秦始皇刻石考》，臺北：文史哲出版社，1994 年。

宋兆麟，《中國生育、性、巫術》，臺北：漢忠出版社，1997 年。

宋鎮豪，《中國春秋戰國習俗史》，北京：人民出版社，1994 年。

宋鎮豪，《夏商社會生活史》，北京：中國社會科學院，1994 年。

李　零，《中國方術考》，北京：東方出版社，2001 年。

李　零，《中國方術續考》，北京：東方出版社，2001 年。

李玄伯，《中國古代社會新研》，上海：開明書局，1948 年。

李甲孚，《中國法制史》，臺北：聯經出版社，1988 年。

李亦園，《文化的圖象──文化發展的人類學探討》，臺北：允晨文化公司，2004 年。

李亦園，莊英章編，《中國家庭之研究論著目錄》，臺北：漢學研究中心，1987 年。

李如森，《漢代喪葬禮俗》，瀋陽：瀋陽出版社，2003 年。

李建民，《方術、醫學、歷史》，臺北：南天，2000 年。

李建民，《死生之域──周秦漢脈學之源流》，臺北：樂學書局，2001 年。

李素平，《女神·女丹·女道》，北京：宗教文化出版社，2004 年。

李學勤，《新出青銅器研究》，北京：文物出版社，1990 年。

李學勤，《簡帛佚籍與學術史》，南昌：江西教育出版社，2001 年。

李豐楙、朱榮貴主編《中央研究院中國文哲所中國文哲論集──性別、神格與臺灣宗教論述》，臺北：中研院文哲所，1997 年。

李豐楙、劉苑如主編，《空間、地域與文化──中國文化空間的書寫與闡釋》，臺北：中研院文哲所，2002 年。

杜正勝，《古代社會與國家》，臺北：允晨文化公司，1992 年。

杜正勝，《編戶齊民——傳統政治社會結構之形成》，臺北：聯經出版社，1990 年。

沈家本，《歷代刑法分考》，臺北：臺灣商務印書館，1976 年。

沈寄簃，《沈寄簃先生遺書》甲編，臺北：文海，1964 年。

汪民安、陳永國，《後身體、文化、權力和生命政治學》，長春：吉林人民出版社，2003 年。

邢玉瑞，《《黃帝內經》理論與方法論》，陝西：陝西科學技術出版社，2004 年。

邢義田，《秦漢史論稿》，臺北：東大圖書公司，1987 年。

周　何，《說禮》，臺北：萬卷樓，1998 年。

周　祈，《名義考》，臺北：臺灣學生書局，1971 年。

周策縱，《古巫醫與「六詩」考——中國浪漫文學探源》，臺北：聯經出版社，1989 年。

尚秉和，《歷代社會風俗事物考》，北京：中國書店，2001 年。

林素英，《喪服制度的文化意義——以《儀禮》喪服為討論中心》，臺北：文津出版社，2000 年。

林富士，《漢代的巫者》，臺北：稻香出版社，1999 年。

林惠祥，《文化人類學》，臺北：臺灣商務印書館，1993 年。

邱宜文，《巫風與九歌》，臺北：文津出版社，1996 年。

信立祥，《漢代畫像研綜合研究》，北京：文物出版社，2000 年。

姜　波，《漢唐都城禮制建築研究》，北京：文物出版社，2003 年。

胡自逢，《金文釋例》，臺北：文史哲出版社，1974 年。

胡厚宣，《甲骨學商史論叢初集》，石家莊：河北教育出版社，2002 年。

胡新生，《中國古代巫術》，濟南：山東人民出版社，2005 年。

孫作雲，《詩經與周代社會研究》，北京：中華書局，1966 年。

徐復觀，《兩漢思想史》，臺北：臺灣學生書局，1990 年。

晁福林，《先秦民俗史》，上海：上海人民出版社，2001 年。

翁玲玲，《麻油雞之外：婦女作月子的種種情事》，臺北：稻香出版社，
　　1994 年。

常金倉，《周代禮俗研究》，臺北：文津出版社，1993 年。

張　珣，《疾病與文化》，臺北：稻香出版社，2000 年。

張一兵，《明堂制度研究》，北京：中華書局，2005 年。

張光直，《中國青銅時代》，臺北：聯經出版社，1994 年。

張光直，《中國青銅時代》第二集，臺北：聯經出版社，2001 年。

張光裕，《儀禮士昏禮士相見之禮儀節研究》，臺北：臺灣中華書局，1986
　　年。

張素卿，《左傳稱詩研究》，臺北：國立臺灣大學文學院，1989 年。

張從軍，《黃河下游的漢畫像石藝術》，濟南：齊魯書社，2004 年。

張意，《文化與符號權力——布爾迪厄的文化社會學導論》（北京：中國社
　　會科學出版社，2005）。

曹旅寧，《秦律新探》，北京：中國社會科學出版社，2002 年。

曹旅寧，《張家山漢律研究》，北京：中華書局，2005 年。

梁方仲編，《中國歷代戶口、田地、田賦統計》，上海：人民出版社，1980
　　年。

梅家玲，《世說新語的語言與敘事》，臺北：里仁，2004 年。

畢恆達，《空間就是性別》，臺北：心靈工坊文化，2004 年。

畢恆達，《空間就是權力》，臺北：心靈工坊文化，2001 年。

莊英炬、吳文祺著，《漢代武氏墓群石刻研究》，濟南：山東美術出版社，
　　1995 年。

許倬雲，《求古編》，臺北：聯經出版社，1989 年。

郭永吉，《自漢至隋皇帝與皇太子經學教育禮制蠡測》，2005 年 11 月，清華
　　大學博士論文。

郭沫若，《中國古代社會研究》，北京：人民出版社，1954年。

陳　鵬，《中國婚姻史稿》，北京：中華書局，1990年。

陳久金，《中國星座神話》，臺北：臺灣古籍出版社，2005年。

陳江風，《天文崇拜與文化交融》，開封：河南大學出版社，1994年。

陳江風，《天文與人文——獨異的華夏天文文化觀念》，北京：國際文化出版社，1998年。

陳東原，《中國婦女生活史》，上海：上海文藝出版社，1990年。

陳炳良，《神話、禮儀、文學》，臺北：聯經出版社，1985年。

陳寅恪，《陳寅恪史學論文選集》，上海：上海古籍出版社，1992年。

陳鼓應主編，《道家文化研究》十六輯，北京：三聯書店，1999年。

陳筱芳，《春秋婚姻禮俗與社會倫理》，成都：巴蜀書社，2000年。

陳夢家，《殷虛卜辭綜述》，北京：中華書局，2004年。

陳遵媯，《中國天文學史》，臺北：明文書局，1985年。

陳顧遠，《中國古代婚姻史》，臺北：臺灣商務印書館，1964年。

陶　陽、牟鐘秀，《中國創世神話》，臺北：東華書局，1990年。

傅隸樸，《春秋三傳比義》，臺北：臺灣商務印書館，1983年。

彭　衛，《漢代婚姻形態》，西安：三秦出版社，1988年。

彭美玲，《古代禮俗左右之辨研究——以三禮為中心》，臺北：國立臺灣大學文學院，1997年。

曾美雲，《六朝女教問題研究——以才性、南北、妒教為中心》，臺灣大學中國文學研究所博士論文，2001年。

游國恩，《天問纂義》，臺北：洪葉文化公司，1993年。

賀業鉅，《考工記營國制度研究》，北京：中國建築工業出版社，1987年。

馮　時，《中國天文考古學》，北京：社會科學出版社，2001年。

黃光國、胡先縉等著，《面子——中國人的權力游戲》，北京：中國人民出

版社，2005年。

黃金麟，《歷史、身體、國家——近代中國的身體形成》，臺北：聯經出版社，2001年。

黃展岳，《中國古代的人牲人殉》，北京：文物出版社，1990年。

黃進興，《優入聖域——權力，信仰與正當性》，臺北：允晨文化公司，2003年。

黃曉芬，《漢墓的考古學研究》，長沙：岳麓書社，2003年。

黃應貴主編，《空間、力與社會》，臺北：中研院民族所，2002年。

楊　寬，《中國古代陵寢制度史研究》，上海：上海人民出版社，2003年。

楊　寬，《古史新探》，出版地、年，不詳。

楊　寬，《西周史》，臺北：臺灣商務印書館，1999年。

楊儒賓，《中國古代天人鬼神交通之四種類型及其意義》，臺北：臺灣大學中國文學系博士論文，1987年。

楊儒賓，《中國古代的氣論與身體觀》，臺北：巨流圖書，1993年。

楊儒賓，《儒家身體觀》，臺北：中央研究院中國文哲研究所，1996年。

楊樹達，《漢代婚喪禮俗考》，臺北：華世出版社，1976年。

楊樹達，《積微居金文說》，北京：中華書局，1997年。

楊鴻勛，《宮殿考古通論》，北京：紫禁城出版社，2001年。

葉大松，《中國建築史》，臺北：信明出版社，1973年。

葉國良、李隆獻、彭美玲著，《漢族成年禮及其相關問題研究》，臺北：大安出版社，2004年。

葉舒憲，《中國古代神秘數字》，北京：社會科學文獻出版社，1998年。

葉舒憲，《高唐神女與維納斯》，北京：中國社會科學出版社，1997年。

董作賓，《中國年曆簡譜》，臺北：藝文印書館，1974年。

董家遵著，卞恩才整理，《中國古代婚姻史研究》，廣東：人民出版社，1995年。

詹鄞鑫，《神靈與祭祀——中國傳統宗教綜論》，南京：江蘇古籍出版社，1992 年。

雷海宗，《中國文化與中國的兵》，臺北：里仁書局，1984 年。

蒲慕州，《墓葬與生死——中國古代宗教之省思》，臺北：聯經出版社，1993 年。

趙世瑜，《狂歡與日常——明清以來的廟會與民間社會》，北京：三聯書店，2002 年。

趙國華，《生殖崇拜文化論》，北京：中國社會科學出版社，1991 年。

劉　建，《宗教與舞蹈》，北京：民族出版社，2005 年。

劉苑如，《身體、性別、階級——六朝志怪的常異論述與小說美學》，臺北：中研院文哲所，2002 年。

劉詠聰，《女性與歷史——中國傳統觀念新探》，臺北：臺灣商務印書館，1995 年。

劉詠聰，《兩漢時期「女禍」觀》，香港大學哲學博士論文，1989 年。

劉詠聰，《德、色、才、權——論中國古代女性》，臺北：麥田，1998 年。

劉增貴，《漢代婚姻制度》，臺北：華世出版社，1970 年。

劉增貴，《漢代豪族研究——豪族的士族化與官僚化》，臺北：臺灣大學歷史研究所博士論文，1984 年。

劉增貴主編，《法制與禮俗》，臺北：中研院史語所，2002 年。

劉德漢，《東周婦女生活》，臺北：臺灣學生書局，1976 年。

劉慶柱，《古代都城與帝陵考古學研究》，北京：科學出版社，2000 年。

劉慶柱、李毓芳著，《漢長安城》，北京：文物出版社，2003 年。

劉樂賢，《睡虎地秦簡日書研究》，臺北：文津出版社，1994 年。

樓慶西，《中國古建築二十講》，北京：三聯書店，2004 年。

蔡仁厚，《宋明理學》，臺北：臺灣學生書局，1980 年。

蔡佩如，《穿梭天人之際的女人——女童乩的性別特質與身體意涵》，臺

北：唐山，2001 年。

蔡璧名，《身體與自然——以《黃帝內經素問》為中心論古代思想傳統中的身體觀》，臺北：臺灣大學文學院，1997 年。

鄭良樹，《儀禮宮室考》，臺北：臺灣中華書局，1986 年。

鄭偉志，《唐前婚姻》，上海：上海文藝出版社，1988 年。

魯士春，《先秦容禮研究》，臺北：天工書局，1998 年。

錢　玄，《三禮通論》，南京：南京師範大學出版社，1996 年。

錢　穆，《兩漢經學今古文平議》，臺北：東大圖書公司，1983 年。

瞿中溶著，《漢武梁祠畫像考》，北京：北京圖書館出版社，2004 年。

瞿同祖，《中國法律與中國社會》，臺北：里仁書局，1984 年。

藍吉富、劉增貴共同主編，《敬天與親人》，臺北：聯經出版社，1983 年。

龐　朴，《一分為三——中國傳統思想考釋》，深圳：海天出版社，1995 年。

顧希佳，《禮儀與中國文化》，北京：人民出版社，2001 年。

顧頡剛，《史林雜識》初編，出版年、地均不詳。

三、外文、翻譯專書論著

日・下見隆雄，《儒教社會と母性：母性の威力の觀點でみる漢魏晉中國女性史》，東京：研文出版社，平成六年（1994）。

日・下見隆雄，《劉向『列女傳』の研究》，東京：東海大學出版會，平成元年。

日・小南一郎著，孫昌武譯，《中國的神話傳說與古小說》，北京：中華書局，1993 年。

日・山田業廣，《素問次注集疏》，北京：學苑出版社，2004 年。

日・山崎純一著，《中國女性史資料の研究——「女四書」と「新婦譜」三部書》，日本：明治書院，昭和 61 年。

日・丹波康賴撰，趙明山等注釋，《醫心方》，瀋陽：遼寧科學技術出版社，1996年。

日・仁井田陞，《唐令拾遺》，東京：東京大學，1983年。

日・白川靜，《甲骨文的世界》，臺北：巨流圖書公司，1977年。

日・白川靜著，加地伸行、范月嬌合譯，《中國古代文化》，臺北：文津出版社，1983年。

日・石田秀實著，楊宇譯，《氣・流動的身體》，臺北：武陵出版社，1996年。

日・栗山茂久著，陳信宏譯，《身體的語言──從中西文化看身體之謎》，臺北：究竟出版社，2002年。

日・森立之撰，《本草經考注》，上海：上海科學技術出版社，2005年。

日・湯淺泰雄，《靈肉探微》，北京：中國友誼出版社，1990年。

巴赫金著，李兆林、夏忠憲譯，《拉伯雷研究》，石家庄：河北教育出版社，1998年。

巴叶勒著，龔卓軍、王靜慧譯（Gaston Bachelard），《空間詩學》，臺北：張老師，2004年。

史宗主編，金澤、宋立道、徐大建等譯，《二十世紀西方宗教人類學文選》，上海：上海三聯書店，1995年。

弗雷澤（J. G. Frazer）著，汪培基譯，《金枝》（*The Golden Bough*），臺北：久大、桂冠聯合出版，1991年。

皮埃爾・布迪厄（Pierre Bourdieu）著，劉暉譯，《男性統治》，深圳：海天出版社，2002年。

皮埃爾・布迪厄（Pierre Bourdieu）著，蔣梓驊譯，《實踐感》，南京：譯林出版社，2003年。

伊利亞德（Mircea Eliade）著，楊素娥譯，《聖與俗──宗教的本質》，臺北：桂冠圖書公司，2001年。

伊利亞德著，楊儒賓譯，《宇宙與歷史──永恒回歸的神話》，臺北：聯經出版社，2000年。

列維・布留爾（Lévy Brühl）著，丁由譯，《原始思維》，北京：商務印書館，1997年。

安東尼・紀登斯（Anthony Giddens）著，李康、李猛譯，《社會的構成》，臺北：左岸，2002年。

安德魯・斯特拉桑（Anderw J. Strathern），王偉業、趙國新譯，《身體思想》，潘陽：春風文藝出版社，1999年。

米　德（George Herbert Mead）著，趙月瑟譯，《心靈、自我與社會》，上海：上海譯文出版社，1997年。

艾瑟・哈婷著，蒙子、龍天、芝子譯，《月亮神話──女性的神話》，上海：文藝出版社，1992年。

佛洛伊德（Freud, S.）著，楊庸一譯，《圖騰與禁忌》，臺北：志文出版社，1986年。

佛洛伊德著，賴其萬，符傳孝同譯，《夢的解析》，臺北：志文出版社，1973年。

巫鴻著，鄭岩、王睿編，鄭岩等譯，《禮儀中的美術──巫源中國古代美術史文編》，北京：三聯書店，2005年。

威士特馬克（Edward Wester Marck）著，王亞南譯，《人類婚姻史》，上海：文藝出版社，1988年。

約翰・伯格（John Berger）著，吳莉君譯，《觀看的方式》，臺北：桂冠圖書公司，2005年。

約翰・奧尼爾（John O'neill），張旭春，《身體形態──現代社會的五種身體》，瀋陽：春風文藝出版社，1999年。

埃爾曼・R 瑟維斯著，賀志維等譯，《人類學百年爭論》，昆明：雲南大學出版社，1997年。

夏鑄九、王志弘編譯，《空間的文化形式與社會理論讀本》，臺北：明文書局，2002年。

桑迪（Peggy Reeves Sanday）著，鄭元者譯，《神聖的飢餓──作為文化系統的食人俗》，北京：中央編譯出版社，2004年。

馬克・勒伯（Mare Le Bot），湯皇珍譯，《身體意象》，瀋陽：春風文藝出

版社，1999 年。

馬塞爾‧毛斯（Marcel Mauss）著，佘碧平譯，《社會學與人類學》，上海：
上海譯文出版社，2003 年。

高夫曼（Erving Goffman）著，徐江敏、李姚軍譯，《日常生活中的自我表
演》，臺北：桂冠圖書公司，2004 年。

高羅佩（Gulik, R.H）著，李零、郭曉惠等譯，《中國古代房內考》，上海：
人民出版社，1990 年。

梅洛龐蒂（Maurice Merleau Ponty），江智輝譯，《知覺現象學》，北京：商
務印書館，2001 年。

傅柯（Michel Foucault）著，姬旭升譯，《性史》，西寧：青海人民出版社，
1999 年。

傅柯（Michel Foucault）著、劉北成、楊遠嬰譯，《規訓與懲罰──監獄的誕
生》，臺北：桂冠圖書公司，2003 年。

喬治‧巴塔耶（Georges Bataille）著，劉暉譯，《色情史》，北京：商務印書
館，2004 年。

菲奧納‧鮑伊（Fiona Bowie）著，金澤、何其敏譯，《宗教人類學導論》，
北京：中國人民大學出版社，2004 年。

楊東純、馬雍、馬巨譯、摩爾根（Lewis Henry Morgan）著，《古代社會》，
北京：商務印書館，1997 年。

諾伊曼（Erich Neumann）著，李以洪譯，《大母神》，臺北：東方出版社，
1998 年。

蘇珊‧贊諾斯（Susan Zannos）著，劉緼芳譯，《人的形貌──身體與性格探
索》，臺北：方智，2000 年。

Bell Rudolph M, "Holy Anorexia", University of Chicago Press, 1985.

Caroline Walker Bynum, "Holy Feasr and Holy Fast:The Religious Significance of
Food to Medieval Women", University of California Press, 1987.

Hertz, Robert "Death & The right hand", translated by Rodney and Claudia
Needham; with an introd. by E.E. Evans ― Pritchard, Glencoe, Ill.: Free
Press, 1960.

Mary Douglas, "Purity and Danger: an analysis of the concepts of pollutions and taboo" London, routledge, 1966.

Mary Douglas, "Natural Symbols: explorations in cosmology" (New York: pantheon Books, 1982).

Victor Turner &Edith Turner, "image and pilgrimage in Christian Culture-Anthropological Perspectives." Columbia University Press, 1978.

Wu Hung, The Wu Liang Shrine: The Ideology Of Early Chinese Pictorial Art, Stanford: Stanford University Press, 1989.

四、單篇論文（按作者姓氏筆劃排序）

山崎純一，〈作為女訓書的漢代《詩經》──《毛詩》與《列女傳》的基礎性研究〉收於，李寅生譯，《日本學者論中國古典文學》，成都：巴蜀書社，2005 年。

尤煌傑，〈梅勞·龐迪思想中的身體哲學〉，《哲學與文化》1993 年 5 月。

方炫琛，〈說姓氏〉，《中華學苑》，48 期，1996 年 7 月。

王　政，〈腿、腳、鞋──生殖民俗的典型符號〉，《民間文學論壇》，第 3 期（總第 32 期），1998 年 5 月。

王明珂，〈女人、不潔與村寨認同：岷江上游的毒藥貓故事〉，《中央研究院歷史語言研究所集刊》，第 70 本第 3 分，1999 年 9 月。

王建元，〈梅露彭迪的知覺藝術與女性主義的身體論述〉，《中外文學》2000 年 5 月。

王學泰，〈從文化角度看中國飲食習俗〉，《第三屆中國飲食文化學術研討會論文集》，中國飲食文化基金會，1994 年。

伊利亞德（Mircea Eliade）著，黃海鳴譯，〈神聖空間及世界之神聖化〉，《雄獅美術》，第 256 期。

伍振勳，〈荀子的「身、禮一體」觀──從「自然的身體」到「禮義的身體」〉，《中國文哲研究集刊》，19 期，2001 年 9 月。

朱曉海，〈自東漢中葉以降某些冷門詠物賦作論彼時審美觀的異動〉，《中

國文哲研究集刊》，第 12 期，1998 年 3 月。

朱曉海，〈漢賦男女交際場景中兩性關係鉤沈小記〉，《文史哲學報》，第 55 期，2001 年 11 月。

朱曉海，〈漢賦漢俗互注示例並推論〉，《清華學報》，新 30 卷 2 期，2000 年 6 月。

江寶釵，〈論中國文學中「考驗貞潔」之故事類型及其意涵〉，《中國學術年刊》，14 期，1993 年 3 月，頁 211-235。

牟潤孫，〈春秋時代母系遺俗公羊証義〉，《新亞學報》，第 1 卷第 1 期，1955 年 8 月。

衣若蘭，〈後漢書的書寫女性──兼論傳統中國女性史之建構〉，《暨大學報》，4 卷 1 期（2000 年 3 月），頁 17-41。

衣若蘭，〈醫療、性別與身體：評介費俠莉著〈陰盛──中國醫療史之性別研究，960-1665〉，《史耘》，1999 年 9 月。

何　浩，〈尚左尚右與楚秦宋官的尊卑〉，《中國史研究》，1989 年第 2 期。

何乏筆，〈氣氛美學的新視野──評介伯梅〈氣氛作為新美學的基本概念〉〉，《當代》，188 期，2003 年 4 月。

伯　梅（Gernot Böhme）著，谷心鵬、翟江月、何乏筆譯，〈氣氛作為新美學的基本概念〉，《當代》188 期，2003 年 4 月。

呂友仁，〈說共牢而食〉，《孔孟月刊》，35 卷 8 期，1997 年 4 月。

巫　鴻著，鄭岩、王睿編，鄭岩等譯，〈從廟至墓──中國古代宗教美術發展中的一個關鍵問題〉，收於《禮儀中的美術──巫源中國古代美術史文編》，頁 549-568。

李永熾，〈「異人」與日本精神史〉，《當代》83 期（1993 年 3 月）、84 期（1993 年 4 月）、85 期（1993 年 5 月）。

李永熾，〈他者·身體與倫理──列維納斯的存在論〉，《當代》149 期，2000 年 1 月。

李玉珍，〈佛教譬喻文學中的男女美色與情慾──追求美麗的宗教意涵〉，《新史學》，10 卷 4 期，1999 年 12 月，頁 31-65。

李亦園，〈飲食男女──吃的文化內在邏輯探討〉，《文化的圖象──文化發展的人類學探討》，臺北：允晨文化，2004 年。

李仲操，〈兩周金文中的婦女稱謂〉，《古文字研究》，第 18 輯，北京：中華書局，1992 年。

李孝悌，〈十八世紀中國社會中的情欲與身體──禮教世界外的嘉年華會〉，《中央研究院歷史語言研究所集刊》，第七十二本第三分，2001 年 9 月。

李建民，〈「婦人媚道」考──傳統家庭的衝突與化解方術〉，《新史學》，7 卷 4 期，1996 年 12 月。

李建民，〈「陰門陣」考〉，《方術醫學歷史》（臺北：南天書局，2000），頁 123-129。

李建民，〈中國方術史上的形影觀〉，《臺大歷史學報》，23 期，1999 年 6 月。

李建民，〈中國古代禁方考論〉，《中央研究院歷史語言研究所集刊》68 本 1 分，1997 年。

李建民，〈王莽與王孫慶──記西元一世紀的人體刳剝實驗〉，《新史學》10 卷 4 期。

李建民，〈任脈索隱〉，《氣的文化研究：文化、氣與傳統醫學學術研討會論文》，臺北：中央研究院民族研究所主辦，2000 年 10 月。

李貞德，〈從醫療史到身體文化的研究──從「健與美的歷史」研討會談起〉，《新史學》，10 卷 4 期，1999 年 12 月。

李貞德，〈漢唐之間求子醫方試探──兼論婦科濫觴與性別論述〉，《中央研究院歷史語言研究所》，第 68 本第 2 分，1997 年 6 月。

李貞德，〈漢唐之間的女性醫療照顧者〉，《臺大歷史學報》，23 期，1999 年 6 月。

李貞德，〈漢唐之間醫書中的生產之道〉，《中央研究院歷史語言研究所》，第 67 本第 3 分，1996 年 9 月。

李貞德，〈漢隋之間的「生子不舉」的問題〉，《中央研究院歷史語言研究所集刊》，第 66 本第 3 分，1995 年 9 月。

李貞德，〈漢魏六朝的乳母〉，《中央研究院歷史語言研究所集刊》，第 70
本第 2 分，1999 年 6 月。

李家浩，〈睡虎地秦簡《日書》「楚除」的性質及其他〉，《中央研究院歷
史語言研究所集刊》，第 70 本第 4 分，1999 年 12 月。

李荊林，〈半坡姜寨遺址人面魚紋新考〉，《江漢考古》，第 3 期（總第 32
期），1989 年 6 月。

李衡眉，〈嫂叔無服新論〉，收於《先秦史論集》，濟南：齊魯書社，1999
年。

李豐楙，〈中國服飾文化的「常與非常」結構〉，收於《思維方式及其現代
意義：第四屆華人心理與行為科際學術研討會》論文，臺北：中研院
民族所及臺灣大學心理系，1997 年 5 月。

李豐楙，〈由常入非常──中國節日慶典中的狂文化〉，《中外文學》22 卷
3 期，1993 年 8 月。

李豐楙，〈先秦變化神話的結構性意義──一個「常與非常」觀點的考
察〉，《中國文哲研究集刊》，4 期，1994 年 3 月。

李豐楙，〈服飾、服食與巫俗傳統〉，《古典文學》第三集，臺北：臺灣學
生書局，1981 年。

李豐楙，〈服飾與禮儀：〈離騷〉的服飾中心說〉，《中國文哲研究集
刊》，14 期，1999 年 3 月。

杜正勝，〈內外與八方──中國傳統居室空間的倫理觀和宇宙觀〉，收於
《空間、力與社會》，臺北：中央研究院民族學研究所，2002 年。

杜正勝，〈形體、精氣與魂魄──中國傳統對人認識的形成〉，《新史學》2
卷 3 期，1991 年 9 月。

汪遵國，《良渚文化「玉斂葬」》述略〉，《文物》，第 2 期（總第 333
期），1984 年 2 月。

邢義田，〈月令與西漢政治──從尹灣集簿中的「以春令成戶」說起〉，
《新史學》，第 9 卷 1 期，1998 年 3 月。

邢義田，〈月令與西漢政治再議──對尹灣牘「春種樹」和「以春令成戶」
的再省思〉，《新史學》，16 卷 1 期，2005 年 3 月。

邢義田，〈從戰國至西漢的族居、族葬、世業論中國古代宗族社會的延續〉，《新史學》6卷2期，1998年6月。

邢義田，〈評武氏祠研究的一些問題——巫著〈武梁祠——中國古代圖象藝術的意識型態〉和蔣、吳著〈漢代武氏墓群石刻研究〉讀記〉，《新史學》8卷4期，1997年12月。

林素英，〈為「父」名、「母」名者服喪所凸顯的文化現象——以「儀禮·喪服」為討論中心〉，《中國學術年刊》，1999年3月。

林素娟，〈先秦至漢代禮俗中有關厲鬼的觀念及其因應之道〉，《成大中文學報》，第13期，2005年12月。

林素娟，〈漢代后妃的嫡庶之辨——以葬禮及相關經義為核心進行探究〉，《中國文哲研究集刊》，26期，2005年3月。

林素娟，〈漢代經師對媵婚制度的理解及其主張的背景〉，《臺大中文學報》，16卷，2002年6月。

林富士，〈六朝時期民間社會所祀「女性人鬼」初探〉，《新史學》7卷4期，1996年12月。

林富士，〈略論早期道教與房中術的關係〉，《中央研究院歷史語言研究所集刊》，第72本第2分。

林富士，〈頭髮、疾病與醫療——以中國漢唐之間的醫學文獻為主的初步探討〉，《中央研究院歷史語言研究所集刊》，第71本第1分，2000年3月。

林聰舜，〈西漢郡國廟之興廢——禮制興革與統治秩序維護之關係之一例〉，《第三屆漢代文學與思想學術研討會論文集》，臺北：國立政治大學中國文學系，2000年。

林咏榮，〈春秋決獄辨——漢文化的特徵及其發展〉，《法學叢刊》1981年12月。

林啓屏，〈論漢代經學的「正典化」及其意義——以「石渠議」為討論中心——〉，《第四屆漢代文學與思想學術研討會論文集》，臺北：政大中文系，2002年。

胡厚宣，〈卜辭中所見之殷代農叢〉，收於《甲骨學商史論叢初集·下》，石家庄：河北教育出版社，2002年。

凌純聲，〈中國古代神主與陰陽性器崇拜〉，《民族學研究集刊》，第 8 期，1959 年。

凌純聲，〈中國祖廟的起源〉，《民族學研究集刊》，第 7 期，1958 年。

埃德蒙‧R‧利奇（E.R. Leach），〈關於時間的象徵表示〉，收於《二十世紀西方宗教人類學文選》，上海：上海三聯書店，1995 年。

孫作雲，〈中國古代靈石崇拜〉，收於《中國古代神話傳說研究》，開封：河南大學出版社，2003 年。

徐苹芳，〈中國秦漢魏晉南北朝的陵園和塋域〉，《考古》1981 年 6 期。

徐福全，〈儀禮士喪禮既夕禮儀節研究〉，《國立師範大學國文研究所集刊》第 24 號，1980 年 6 月。

晁中辰，〈尚左尚右辨〉，《中國史研究》，1988 年第 2 期。

晁中辰，〈秦漢官制尚左尚右考辨〉，《中國史研究》，1990 年第 1 期。

栗山茂久，〈身體觀與身體感——道教圖解和中國醫學的目光〉，《古今論衡》，3 期，1999 年 12 月。

特納（Victor Turner）著，劉肖洵譯，〈朝聖：一個「類中介性」的儀式現象〉，《大陸雜誌》，第 66 卷第 2 期，1983 年 2 月。

祝平一，Shigehisa Kuriyama（栗山茂久），〈The Expressiveness of the Body and the Divergence of Greek and Chinese Medicine 讀後〉，《新史學》10 卷 4 期，1999 年 12 月。

袁　俐，〈宋代女性財產論述〉，收於《中國婦女史論集》續集，臺北：稻香出版社，1991 年。

袁仲一，〈秦始皇陵與西漢帝陵異同的比較分析〉，收於《秦文化論叢》，西安：陝西人民出版社，2001 年，第 8 輯。

高明士，〈皇帝制度下的廟制系統——以秦漢至隋唐作為考察中心〉，《文史哲學報》40 期（1993 年）。

常林炎，〈尊右尊左辨〉，《北京師範大學學報》，1989 年第 5 期。

張　珣，〈幾種道經中女人身體描述之初探〉，《思與言：人文社會科學雜誌》，35 卷 2 期，1997 年 6 月。

張　珣，〈傳統醫療體系中的女病人〉，《婦女與兩性研究通訊》，38 期，1996 年 6 月。

張　焯，〈秦漢魏晉官制尚左尚右問題〉，《中國史研究》，1988 年第 2 期。

張光直，〈夏商周三代都制與三代文化異同〉，《中央研究院歷史語言研究所集刊》，第 55 本第 1 分，1984 年 3 月。

張彬村，〈明清時期寡婦守節的風氣——理性選擇的問題〉，《新史學》，10 卷 2 期，1999 年 6 月。

張壽安，〈嫂叔無服？嫂叔有服？——「男女有別」觀念的鬆動〉，《十八世紀禮學考證的思想活力——禮教論爭與禮秩重省》，臺北：中研院近史所，2001 年。

曹定雲，〈周代金文中女子稱謂類型研究〉，《考古》，第 6 期（總第 381 期），1999 年 6 月。

曹旅寧，〈秦宮刑非淫刑辨〉，《史學月刊》，2002 年 6 期。

盛冬鈴，〈西周銅器銘文中的人名及其對斷代的意義〉，《文史》，第 17 輯，1983 年 6 月。

許倬雲，〈從周禮中推測遠古婦女的工作〉，《中國婦女史論集》，臺北：稻香出版社，1999 年，頁 51-62。

許倬雲，〈漢代家庭的大小〉，收於《求古編》，臺北：聯經出版社，1982 年。

郭偉川，〈秦漢史論叢〉，北京：中國社會科學出版社，1998 年，第七輯。

陳　平，〈儀征胥浦《先令券書》續考〉，《考古與文物》，第 2 期（總第 70 期），1992 年 3 月。

陳　平，王勤金，〈儀征胥浦 101 號西漢墓《先令券書》初考〉，《文物》，第 1 期（總第 368 期），1987 年 1 月。

陳　雍，〈儀征胥浦 101 號西漢墓《先令券書》補釋〉，《文物》，第 10 期（總第 389 期），1988 年 10 月。

陳　寧，〈春秋時期大國爭霸對諸侯婚姻制度的影響〉，《河北師院學報》，第 4 期，1990 年 12 月。

陳　韻，〈論魏晉之拜時禮與三日禮〉，《淡江大學中文學報》，創刊號，1992 年 3 月。

陳昭容，〈從古文字材料談古代的盥洗用具及其相關問題——自淅川下寺春秋楚墓的青銅水器之名說起〉，《中央研究院歷史語言研究所集刊》，71 本 4 份，2000 年 12 月。

陳夢家，〈高禖郊社祖廟通考〉，《清華學報》，第 12 卷第 3 期

陳夢家，〈商代的神話與巫術〉，《燕京學報》，20，1936 年。

陳夢家，〈漢簡年曆表敘〉，《考古學報》，第 2 期（總第 36 期），1965 年 12 月。

陳熙遠，〈中國夜未眠——明清時期的元宵、夜禁與狂歡〉，《中央研究院歷史語言研究所集刊》，第 75 本，第 2 分（2004 年 6 月），頁 283-327。

陳麗桂，〈《春秋繁露・循天之道》所顯現的養生之理〉，《中國學術年刊》第十九期，1998 年 3 月。

傅熹年，〈戰國中山王舋墓出土的《兆域圖》及其陵園規制的研究〉，《考古學報》1980 年 1 期。

傅熹年，〈關于明代宮殿壇廟等大建築群總體規劃手法的初步探討〉，《建築歷史研究》第三輯，北京：中國工業建築出版社，1992 年。

凱羅・史密斯・羅森伯格（Carroll Smith-Rosenberg），〈維多利亞時期純潔觀裏性的象徵意義〉，收於《文化與社會》，臺北：立緒，2001 年。

勞　榦，〈上巳考〉，《中央研究院民族學研究所集刊》，29 期，1970 年。

彭　衛，〈論漢代的血族復仇〉《河南大學學報》，第 4 期，1986 年。

彭美玲，〈君子與容禮——儒家容禮述義〉，《臺大中文學報》，16 期，2002 年 6 月。

彭美玲，〈近代民間婚禮或不親迎問題之研究〉，《文史哲學報》，第 52 期，2000 年 6 月。

費俠莉（Charlotte Furth）著，蔣竹山譯，〈再現與感知——身體史研究的兩種取向〉，《新史學》10 卷 4 期(1999 年 12 月)。

黃俊傑，〈中國古代思想史中的「身體政治學」：特質與涵義〉，《歷史月刊》，1999 年 10 月。

黃俊傑，〈中國思想史中「身體觀」研究的新視野評楊儒賓編《中國古代思想中氣論及身體觀》〉，《中國文哲研究集刊》，20 期，2002 年 3 月。

黃應貴，〈儀式、習俗與社會文化──人類學的觀點〉，《新史學》，3 卷 4 期，1992 年 12 月。

楊　琳，〈左右尊卑文化現研究〉，《中國文化研究》，1996 年夏卷。

楊瑞松，〈身體、國家與俠──淺論近代中國民族主義的身體觀和英雄崇拜〉，《中國文哲研究通訊》，10 卷 3 期，2000 年 9 月。

楊劍虹，〈從《先令券書》看漢代有關遺產繼承問題〉，《武漢大學學報》，3 期（總第 85 期），1988 年 5 月。

楊儒賓，〈吐生與厚德──土的原型象徵〉，《中國文哲研究集刊》，第 20 期，2002 年 3 月。

楊儒賓，〈知言、踐形與聖人〉，《清華學報》新 23 卷第 4 期，1993 年。

楊儒賓，〈論孟子的踐形觀〉，《清華學報》新 20 卷 1 期，1990 年。

楊儒賓，〈儒家身體觀的原型〉，收入《儒家身體觀》，臺北：中央研究院中國文哲研究所，1996 年。

楊聯陞，〈東漢的豪族〉，《清華學報》，11 卷 4 期，1936 年 10 月。

楊鴻勛，〈戰國中山王陵及兆域圖研究〉，《考古學報》1980 年 1 期。

葉國良，〈冠笄之禮的演變與字說興衰的關係──兼論文體興衰的原因〉《臺大中文學報》，第 12 期，2000 年 5 月。

葉國良，〈從名物制度之學看經典詮釋〉，《人文學報》第廿、廿一期合刊，88 年 12 月至 89 年 6 月。

董家遵，〈我國收繼婚的沿革〉，收於《婦女風俗考》，上海：上海文藝出版社，1991 年。

裘錫圭，〈說卜辭焚巫尪與作土龍〉，《古文字論集》，北京：中華書局，1992 年，頁 223-224。

裘錫圭，〈關於商代的宗教組織與貴族和平民兩個階級的初步研究〉，《文史》，第 17 輯，1983 年 6 月。

鄔玉堂，〈《墻有茨》與"昭伯烝於宣姜"無干——兼論收繼婚制〉，《齊齊哈爾師範學院學報》，第 5 期（總第 63 期），1989 年 9 月。

維克托·W·特納（Victor Turner），〈模棱兩可：過關禮儀的閾限時期〉，《二十世紀西方宗教人類學文選》，上海：上海三聯書店，1995 年。

蒲慕州，〈睡虎地秦簡《日書》的世界〉，《中央研究院歷史語言研究所集刊》，第 62 本第 4 分，1993 年 4 月。

劉云輝，〈仰韶文化"魚紋""人面魚紋"內含二十說述評——兼論"人面魚紋"為巫師面具形象說〉，《文博》，總第 37 期，1990 年 8 月。

劉來成、李曉東，〈試談戰國時期中山國歷史上的幾個問題〉，《文物》1979 年 1 期。

劉啟益，〈西周金文所見周王后妃〉《考古與文物》，第 4 期（總第 4 期），1980 年 12 月。

劉詠聰，〈漢代「婦女言色亡國」論之發展——「女禍」觀念形成的一個層面〉，《德才色權》，臺北：麥田，1998 年。

劉詠聰，〈漢代之婦人災異論〉，收於《中國婦女史論集》4 集，臺北：稻香出版社，1995 年。

劉增貴，〈中國古代的沐浴禮俗〉，《大陸雜誌》，98 卷 4 期（1999 年 4 月），頁 9-30。

劉增貴，〈門戶與中國古代社會〉，《中央研究院歷史語言研究所集刊》第 68 本第 4 分，1997 年 12 月。

劉增貴，〈秦簡《日書》中的出行禮俗與信仰〉，《中央研究院歷史語言研究所集刊》，第 72 本第 3 分，2001 年 9 月。

劉增貴，〈漢代婦女的名字〉，《新史學》，第 7 卷第 4 期，1996 年 12 月。

劉慶柱，〈漢長安城考古發現及相關問題研究〉，收於《古代都城與帝陵考古學研究》，北京：科學出版版，2000 年。

劉慶柱，〈漢長安城的宮城和里布局形制述論〉，收於《古代都城與帝陵考古學研究》，北京：科學出版版，2000 年。

劉樂賢，〈九店楚簡日書研究〉，《華學》第 2 輯，廣州：中山大學出版社，1996 年 12 月。

劉樂賢，〈九店楚簡日書補釋〉，《簡帛研究》第 3 輯，南寧：廣西教育出版社，1998 年。

劉靜貞，〈劉向「列女傳」中的性別意識〉，《東吳歷史學報》，5 期（1999年 3 月），頁 1-30。

潘武肅，〈春秋決獄論略〉，《香港中文大學中國文化研究所學報》，1990年，頁 1-33。

蔣竹山，〈女體與戰爭——明清厭砲之術「陰門陣」再探〉，《新史學》10卷 3 期，1999 年 9 月。

鄭金川，〈梅洛龐蒂論身體與空間性〉，《當代》35 期，1989 年 3 月。

鄭培凱，〈天地正義僅見於婦女——明清情色意識與貞淫問題〉，《中國婦女史論集》3、4，頁 97-119、253-272。

鄭憲仁，〈周代「諸侯大夫宗廟圖」研究〉，《漢學研究》24 卷 2 期（2006年 12 月），頁 1-39。

魯實先，《卜辭姓氏通釋》之一，《東海學報》，1 卷 1 期，1959 年 8 月。

賴錫三，〈「莊子」「真人」的身體觀——身體的社會性與宇宙性之辯證〉，《臺大中文學報》，14 期，2001 年 5 月，頁 1-34。

錢　穆，〈兩漢博士家法考〉，收入《兩漢經學今古文平議》，北京：商務印書館，2003 年。

閻雲翔，〈傳統中國社會的叔嫂收繼婚——兼及家與族的關係〉，《九州學報》，5 卷 1 期，1992 年 7 月。

羅彤華，〈漢代分家原因初探〉，《漢學研究》，11 卷 1 期，1993 年 6 月。

顧頡剛，〈由烝、報等婚姻方式看社會制度的變遷〉（上，下），分見於《文史》，14、15 輯，1982 年 7 月、9 月。

龔卓軍，〈身體與想像的辯證：從尼采到梅洛龐蒂〉，《中外文學》，26 卷11 期，1998 年 4 月。

國家圖書館出版品預行編目資料

空間、身體與禮教規訓：探討秦漢之際的婦女禮
儀教育

林素娟著. – 初版. – 臺北市：臺灣學生，
2007[民 96]
面；公分
參考書目：面
ISBN 978-957-15-1307-2(精裝)
ISBN 978-957-15-1308-9(平裝)

1. 禮儀 – 中國 – 秦（公元前 221-207）
2. 禮儀 – 中國 – 漢（公元前 202-220）

530.92   95009967

空間、身體與禮教規訓：
探討秦漢之際的婦女禮儀教育(全一冊)

著　作　者：林　　素　　娟
出　版　者：臺 灣 學 生 書 局 有 限 公 司
發　行　人：盧　　　保　　　宏
發　行　所：臺 灣 學 生 書 局 有 限 公 司
　　　　　　臺 北 市 和 平 東 路 一 段 一 九 八 號
　　　　　　郵 政 劃 撥 帳 號：00024668
　　　　　　電　話：（0 2）2 3 6 3 4 1 5 6
　　　　　　傳　眞：（0 2）2 3 6 3 6 3 3 4
　　　　　　E-mail：student.book@msa.hinet.net
　　　　　　http：//www.studentbooks.com.tw
本書局登
記證字號　：行政院新聞局局版北市業字第玖捌壹號
印　刷　所：長 欣 彩 色 印 刷 公 司
　　　　　　中 和 市 永 和 路 三 六 三 巷 四 二 號
　　　　　　電　話：（0 2）2 2 2 6 8 8 5 3

定價：精裝新臺幣六○○元
　　　平裝新臺幣五○○元

西 元 二 ○ ○ 七 年 五 月 初 版